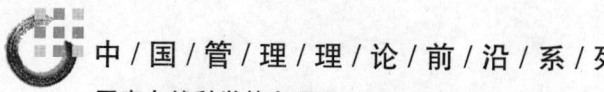

中/国/管/理/理/论/前/沿/系/列　　王元地/著

国家自然科学基金项目(71302133)
教育部人文社会科学基金项目(13YJC790154)
四川大学哲学社会科学海外优秀博士科研资助计划项目(skyb201302)

中国自主创新政策评价研究

Evaluating Chinese Policy for Indigenous Innovation Development

经济管理出版社
ECONOMY & MANAGEMENT PUBLISHING HOUSE

图书在版编目（CIP）数据

中国自主创新政策评价研究/王元地著. —北京：经济管理出版社，2013.12
ISBN 978-7-5096-2859-1

Ⅰ.①中… Ⅱ.①王… Ⅲ.①企业创新—经济政策—研究—中国 Ⅳ.①F279.2

中国版本图书馆 CIP 数据核字（2013）第 295384 号

组稿编辑：申桂萍
责任编辑：申桂萍 胡 茜
责任印制：杨国强
责任校对：李玉敏

出版发行：经济管理出版社
（北京市海淀区北蜂窝 8 号中雅大厦 A 座 11 层　100038）

网　　址：www.E-mp.com.cn
电　　话：（010）51915602
印　　刷：三河市延风印装厂
经　　销：新华书店
开　　本：720mm×1000mm/16
印　　张：18
字　　数：354 千字
版　　次：2013 年 12 月第 1 版　2013 年 12 月第 1 次印刷
书　　号：ISBN 978-7-5096-2859-1
定　　价：58.00 元

·版权所有　翻印必究·

凡购本社图书，如有印装错误，由本社读者服务部负责调换。
联系地址：北京阜外月坛北小街 2 号
电话：（010）68022974　　邮编：100836

自 序

《国家中长期科学和技术发展规划纲要（2006~2020年）》（以下简称《纲要》）的颁布是继改革开放政策之后我国经济领域的又一重要事件，其重要意义体现在以下几个方面：第一，首次将科技问题作为经济发展的关键环节提出来。过去我们对待科技和经济总是有意无意地将两者独立开来，进而形成的科技—经济"两张皮"问题长期制约着我国经济的集约化发展。《纲要》的制定将科技作为化解当前我国经济发展中出现的一系列问题的首要举措，体现了经济和科技的天然融合，这种思想充分展现了我们对科技和经济的崭新认识。第二，体现了我国科技发展的主动性。自改革开放以来，我们长期实施的战略是通过我国日益成长的本土市场来吸收国外技术，也就是所谓的"市场换技术"战略。但是，实践证明这种发展科技的做法并没有真正提高我国企业的技术能力，反而使得越来越多的新兴产业受制于国外。2006年《纲要》的颁布和一系列配套政策的出台将科技发展的主动权紧握在手，视中国市场为全球独特的稀缺资源，从我国经济发展的实际和长远需要来规划我国科技事业的发展，这在我国科技发展史上具有举足轻重的作用。第三，标志着科技规划和管理的跨时代进步。《纲要》及其配套政策将科技发展的部门、区域和产业统筹到国家宏观层面，既体现了国家对科技发展的统筹安排，又可以充分发挥各部门、各地区和各产业的自主能动性。这种做法很好地将我国政府资源动员能力强的特点同各地区、各部门发展科技的积极性有机结合起来，体现了国家意志和地区、部门利益的有机整合。第四，《纲要》定义了全球的竞争舞台。《纲要》提出的科技发展领域是结合全球科技发展趋势的超前谋划，体现了与经济科技强国俱进的先进理念。同时，《纲要》的出台也表明了我国将积极改变过去在全球价值链低端竞争的局面，努力在全球价值链高端谋求一席之地。因此，《纲要》的颁布重新定义了我国未来科技、经济竞争的全球舞台。这也注定了我们在建设创新型国家的路途上将为全球科技进步贡献力量，当然也不可避免地会受到国外发达国家的某些抵触。

虽然《纲要》的颁布具有重要的历史和现实意义，但是科技发展并不是一蹴而就的，它既会受到历史惯性的影响，也会受到现实经济和科技发展诸多问题的挑战。因此，对于国家谋划的未来科技和经济发展的美好蓝图，是否在实际中会如愿以偿，还有待时间的检验。对长期从事技术创新管理研究的学者来说，《纲要》的出台无疑是极大的鼓舞。因为他们平时思考、研究的工作被提升到了国家意志层面，他们所关注的问题也必然是目前乃至未来全民族所共同关注的话题。我很荣幸成为这个幸运群体中的一员，2002年从中国矿业大学本科毕业之后便进入大连理工大学跟随刘凤朝教授从事创新政策研究。之后，又出国攻读博士学位，其间跟随开放式创新奠基人之一的Wim Vanhaverbeke教授和国内创新领域知名的陈劲教授从事创新管理研究。因此，当我首次在比利时听到"自主创新政策"概念的时候，潜意识中感觉到了作为创新研究学者的荣耀，同时，也深感一份历史的责任。我把这种体会和感受在随后布鲁塞尔中国大使馆举行的2009年新春茶话会上和参会的留学生与华人代表进行了分享，获得了大家的一致好评。之后，我一直关注和思考中国的自主创新政策问题，记得有一次在罗马开会的时候，和一个意大利学者讨论了中国自主创新的技术来源问题。他认为中国自主创新将可能回到传统计划经济时代的思维模式，走向技术国家自给主义。我当时反驳说，现在的中国更加开放，市场的力量已经深入人心，自主创新绝对不是排斥利用国外先进技术，相反我们一直坚信自主创新事业的发展是建立在全人类先进技术之上的。后来，这次讨论促使我完成了一篇学术论文——《中国自主创新能力提升的国内外技术贡献的比较》（英文题目：Find them home or abroad? The relative contribution of international technology in-licensing to "indigenous innovation" in China. co-author: Jason Li-Ying），并发表在国际计划与发展学科（Planning & Development）重要期刊Long Range Planning上。

时光飞逝，2012年9月，我完成国外学业回国后进入四川大学商学院工作。因错过了学校2012~2013学年度课程安排时间，所以，在过去一年里基本没有教学任务。其间，我在一次散步中偶然想到自主创新政策已经颁布七年了，可否对这一政策做个评价研究？后来，我把这个想法跟一些朋友和同事谈起，大家觉得可以尝试一下，于是便决定动手准备。可是，自主创新政策涉及面极其广泛，而政策评价又不是自己的强项，更糟糕的是，虽然曾经在中央党校周天勇教授门下学习过有关政策方面的理论知识，但是这样系统地分析政策影响还未做过，该如何下手一时没能确定下来。后来偶然看到一个新闻说"中国自主创新是各地区、各部门和各产业共同完成的事业"。受此启发，我考虑可否从自主创新政策对产业、部门和地区的影响着手进行研究。查阅有关资料并与研究团队讨论后，最终将此确定为本研究的基本框架，即从地区、部门、企业的视角分析自主创新政策对我国科技的影响，同时，讨论自主创新政策实施后我国的全球科技竞争力及其国际影响。

最后，特别感谢在书稿写作过程中给予我帮助的多位同事和学生。本书只列出了一名作者的名字，但实际上还有许多具有远见卓识的同事无私地为本书提供了许多观点。此外，对于研究团队成员潘鑫、杨雪、陈轩瑾、胡园园、黄加顺、李伟平、李强、胡谍、朱容娇等人的大量付出，包括资料搜集、数据整理、实证分析、初稿撰写、文字校对等工作，在此一并表示感谢。

王元地

2013年9月于成都

前　言

2006年《国家中长期科学和技术发展规划纲要（2006~2020年）》（以下简称《纲要》）的颁布开启了中国大规模自主创新政策的新时代，引起了国内外学者、多个国家政府和一些国际组织的广泛关注。至今，中国自主创新政策所要追求的到2020年实现中国跻身世界创新型国家行列的重大战略目标已经被众人知晓。时至今日，《纲要》已颁布七年，我国科技面貌到底在全球竞争中处于什么位势，以《纲要》为核心纲领的系列自主创新政策对我国科技发展的影响是什么，我们离2020年建成创新型国家的目标还有多远，这一系列问题还缺乏系统科学的研究和回答。本研究立足于国家发布的系列宏观数据和案例，从国际、区域、部门和企业四个视角分析自主创新政策的影响。

（1）国际方面。自主创新政策有效地提升了我国在全球科技竞争中的地位，这种提升主要由快速增长的研发投入和高效的科研产出推动。自2006年以来，主要发达国家也改变了在中国创新舞台上的技术战略，更加关注和集中在具有本国专业优势的技术领域，同时，自主创新政策逐渐减少了国外在华专利申请数量。我国的创新体系国际化越来越体现在对高端技术的"主人"而非"打工"角色的转变上。中国在"金砖四国"中处于科技发展的强势地位，目前已经超过印度成为发展中国家拥有美国专利最多的国家，其国际化模式也与发达国家和其他发展中国家不同。除此之外，中国自主创新政策也引起了主要发达国家的强烈反应。

（2）区域方面。研究发现我国科技发展在区域上的"聚集"现象在自主创新政策作用下有所松动，体现在后发科技地区以更快的速度向发达地区收敛，而这种收敛效果根据我们的分析主要包括两方面的作用：一方面，充分利用后发地区优势吸收发达地区的技术，进行消化吸收，从而以更快的速度积累、学习和创新；另一方面，通过向其他地区学习，可以吸收周边地区的科技发展经验"外溢"。与此同时，我们也发现自主创新政策对区域科技发展战略产生积极影响，即总体上增强了科技探索型区域对区域创新能力的作用。但是，自主创新政策对于不同类型地区的科技发展战略的作用又有所不同，例如，它可以增强科技发展区和内陆科技带（处于后发地区）的开发型科技发展战略的作用效果。

（3）部门方面。通过对大学、科研机构、企业及产业等部门主体及其互动关系的研究发现，我国自主创新政策实施总体效果良好，科技投入产出效率较高，产学研合作创新和技术转移效率明显提高，但对不同部门及层次的影响效果不同，主要表现在：三大执行部门中，企业的研发投入对专利产出的促进作用最大；产业科技投入的增加使得科技含量较低或中等产业的科技产出效率更高，但对高技术产业科技结构和产出效率的影响更大，特别是生物产业、新能源汽车和高端装备制造业的政策实施效果更好；政策的出台使得三大部门之间的互动较《纲要》实施之前更多地考虑文化邻近和合作单位威望等因素，并通过缩短专利申请与专利许可的滞后期，提高了企业的自主创新能力。

（4）企业方面。首先从理论上讨论了主要政策工具对企业自主创新的作用机理，其次选择典型企业，具体分析了财税政策、政府采购、知识产权质押和海外人才对企业创新的作用。分析认为，这些政策均可帮助企业快速实现自主创新能力的提高。

目 录

第一章 引言 ... 1
    第一节 中国自主创新政策的开启 ... 1
    第二节 自主创新政策解析 ... 8
    第三节 自主创新政策评价研究现状 ... 15
    第四节 政策评价及本研究的分析框架 ... 18

第二章 自主创新政策影响的国际视角 ... 22
    第一节 中国科技面貌的国际比较 ... 23
    第二节 国外在华创新舞台的竞争态势 ... 34
    第三节 自主创新政策对中国创新体系国际化的影响 ... 46
    第四节 中国自主创新政策的国际影响评价 ... 71

第三章 自主创新政策对我国区域创新发展的影响 ... 83
    第一节 《纲要》与后发科技地区的技术追赶 ... 84
    第二节 后发地区科技追赶原因之一：直接技术学习 ... 98
    第三节 后发地区科技追赶原因之二：吸收科技发展经验溢出 ... 111
    第四节 自主创新政策对我国区域科技发展战略的影响研究 ... 121
    第五节 基于"西三角"的创新政策作用实证分析 ... 132

第四章 自主创新政策对我国部门科技结构的影响 ... 144
    第一节 基于部门R&D投入产出的政策实施效果评价 ... 144
    第二节 基于战略性新兴产业的政策实施效果评价 ... 161
    第三节 基于产学研合作的政策实施效果评价 ... 197

第五章 自主创新政策对我国企业自主创新能力的影响 ... 216
    第一节 财税政策 ... 217
    第二节 政府采购 ... 227

第三节　知识产权质押 …………………………………… 236
　　第四节　海外人才 ………………………………………… 246
附录　技术领域与所涉及专利分类号 …………………………… 258
参考文献 ……………………………………………………………… 260

第一章 引言

伴随着中国经济过去30多年的快速增长，党和国家逐渐意识到，中国经济发展模式存在一个严重问题，即过度依赖消耗资源的粗放式增长和依赖进口技术的外延式发展。这种发展模式很难长期维持，对中国的长期发展将带来严重风险。因此，当政者希望改变这种发展模式，在全球价值链高端谋求一席之地。在这一背景下，中国政府形成共识，即通过自主创新实现企业从低端产品的制造、出口向高附加值产品设计和生产环节转型。基于这种认识，中国政府将自主创新作为一个重要的政策概念在2006年首次提出，并希冀促进自主知识产权的创造和产业化。目前，自主创新已经成为中国经济发展政策的一个核心组成部分，得到了各地区、各部门的广泛认同。该政策旨在改变中国的科技面貌和经济发展模式，从依赖自然和劳动力资源的产业转向以技术创新为基础的高新技术产业。该政策出台已近七年，也到了需要回顾和评价总结的时候了。本章作为本研究的引言篇，在内容设置上将围绕中国自主创新政策的开启、自主创新政策的解析、自主创新政策评价研究现状、现有政策评估的基本理论和方法以及本研究的分析框架展开。

第一节 中国自主创新政策的开启

2006年《国家中长期科学和技术发展规划纲要（2006~2020年）》（以下简称《纲要》）的出台开启了中国自主创新之路，中国为什么要启动自主创新政策？政策制定者的考虑是什么？促进自主创新系列政策出台的因素是什么？搞清楚这些问题，对于理解中国自主创新政策及其效果具有至关重要的意义。中国自主创新政策发生学，是理解近年中国经济政策创新的一把重要钥匙。

一、"倒逼"学说

"倒逼"学说的观点认为，我国自主创新政策的出台是到了万不得已的地步，政策是被"逼"出来的。这种观点的主要依据来源于对现实经济发展诸多弊端的反思,希冀通过实施技术创新破解当前我国经济社会发展所遇到的各种瓶颈和难题。改革开放30多年来,我国经济确实取得了举世瞩目的成绩,但总体而言,我国的技术水平还比较落后,尤其是在关键技术与核心技术方面,基本上不拥有自主知识产权,在技术上尚处于受制于人的地步,自主创新能力薄弱而无法实现传统经济的转型成为经济发展的瓶颈。以传统制造业为主导的经济使我国成为世界制造中心,但这种"高投入、高消耗、高污染、低效益"的发展模式消耗了大量的能源,使我国承受了巨大污染。这些迫使政策制定者不得不将未来中国经济发展的希望寄托在科技创新上。

根据有关数据和专家分析,目前中国单位能耗是发达国家的8~10倍,污染则是发达国家的30倍。中国的江河水系70%受到污染;中国城市空气污染超标一般都在2~6倍;中国每年约有75万人因空气污染和水污染而过早死亡;中国的各种矿藏被无序掠夺性开发;亿亩良田被各个政府批为建设用地出售……中国的不可再生资源将很快被耗尽或污染。子孙后代赖以生存的资源将很快枯竭,这已经是中国经济发展不可回避的严峻问题。

前国家发展和改革委员会主任马凯在中国发展高层论坛2007年年会上曾指出:2006年,中国经济增长10.7%,但是经济增长付出的资源环境代价过大。2006年,按当时汇率初步测算,中国GDP总量占世界的比重约5.5%,但重要能源、资源消耗量占世界的比重却较高,如能源消耗24.6亿吨标准煤,占世界的15%左右;钢表观消费量为3.88亿吨,占比30%;水泥消耗12.4亿吨,占比54%。①这种依赖消耗自然资源和污染环境推动的中国经济已经使得我国的江河水系70%受到污染,人们失去了健康和美丽的家园。流经城市的河流90%处于严重污染状态,城市90%的地下水被污染,30%的工业污水和60%的城市污水未经处理。渤海污染程度位居四大海域之首,渤海正在成为"死海"。专家预计,渤海生态的全面恢复至少要花费200年时间。非政府组织世界自然基金会称,中国城市空气污染超标一般都在2~6倍,大量燃煤与汽车保有量迅猛增长则是主因。中国境内排放的二氧化硫和颗粒物分别有多达90%和50%是燃煤所致。再者,城市化、工业化以及居民生活的便利化与现代化产生了越来越多的生活垃圾、工业垃圾和其他特殊垃圾。2/3的城市陷入生活垃圾包围之中,不仅侵占了大片土地,而且严重污染了周围的土壤和水源。水污染、大气污染与固体废弃物污染还带来一个严重问题——土壤污染。据不完全统计,目前中国受污染的耕地约有1.5亿亩,污水灌溉污染耕地3250万亩,固体废弃物堆存占地和毁田200万亩。②世界银行的研究报告显示,在全球20个污染最严重的城市中,中国占了16个。2007

---

① http://news.xinhuanet.com/fortune/2007-03/20/content_5869958.htm.
② http://www.globalview.cn/readnews.asp?newsid=15435.

年 3 月，世界银行发布《中国污染代价》报告认为，中国每年约有 75 万人因空气污染和水污染而过早死亡，其中有 35 万~40 万人因城市严重空气污染而早亡，30 万人因室内空气污染而早亡，另有 6 万多人因水质较差患上严重腹泻、胃癌、肝癌和膀胱癌而早亡。

改革开放 30 余年，经济增长了 6 倍，而资源的消耗却增长了几十倍。如果算上生态成本，中国经济增长很可能为负值。30 年来的经济高速增长依赖于对资源的过度开发甚至浪费，并往往以牺牲环境和牺牲后代的机会为代价。面对这样一种局面，但凡有良心的中国人都明白，此种近乎掠夺式的经济增长方式将难以为继。

因此，政策制定者和广大学者将目光转移到科技创新上来，希望通过科技创新实现中国经济模式转型和增长结构调整，实现中国经济的可持续发展。但是，当眼光转向科技领域，似乎大家的心情更加沉重，改革开放的重要初衷是学习和利用西方先进技术促进国内生产力的提高，但是这 30 多年来，我们利用了外方大量技术，但是学到手的很少，这使得中国经济似乎很难实现一个华丽的转身。

据国务院发展研究中心"增强我国自主创新能力的体制、机制与政策研究 (2007)"课题组的研究报告，我国产业发展缺乏核心专利技术，对外技术依赖程度很高，存在科技支撑能力弱化的危险。我国近半数发明专利申请来自国外，其中绝大部分集中在移动通信、无线电传输等高新技术产业。在高技术领域，美国、日本拥有的专利占世界专利总量的 90%左右，包括中国在内的其他国家仅仅占约 10%。我国作为工业品的出口大国，生产装备特别是技术装备水平还比较差。装备制造业虽然规模较大，但真正体现行业竞争力的高精尖加工工艺和重大技术装备仍比较薄弱。在信息、生物、医药等产业领域的核心专利上，基本受制于人；不仅一些关键技术要依赖进口，一些具有战略意义的重大装备，如航空设备、精密仪器、医疗设备、工程机械等高技术含量和高附加值产品，甚至涉及国家安全的一些重大武器装备和急需的关键元器件也要依赖进口。中国的高端医疗设备、半导体及集成电路制造设备和光纤制造设备，基本从国外进口；石化装备的 80%，轿车制造装备、数控机床、先进纺织机械、胶印设备的 70%依赖进口。我国每年 8 万多亿元的固定资产投资，有 70%是用于购置设备，而其中又有 60%依赖于进口。目前，我国技术的对外依存度超过 50%，也就是说，一半以上的技术需要从国外引进。从产业层面看，据国家工商总局 2005 年的调查，美国微软占有中国计算机操作系统市场的 95%，瑞典利乐公司占有中国软包装产品市场的 95%，美国柯达占有中国感光材料市场至少 50%的份额，法国米其林占有中国子午线轮胎市场的 70%，米其林以及旗下品牌在各自细分市场上处于主导地位，富士公司中国市场占有率超过 25%。此外，在手机、计算机服务器、网络设备、计算机处理器等行业，跨国公司均在中国市场上占有绝对垄断地位。在中国轻工、化工、医药、机械、电子等行业,跨国公司子公司的产品已占据中国 1/3 以上的市场份额。①

虽然世界经济发展史表明,作为后发国家可以通过引进吸收国外先进技术实现快速学习进而赶超发达国家,如美国赶超英国,西欧各国通过引进英国技术实现迅速追赶,以及近代的日、韩等追赶欧美发达国家。它们无不以引进吸收国外先进技术,然后进行消化吸收再创新为基本的技术发展轨迹。但是,这种结果并没有发生在中国。我国对引进技术的消化吸收长期缺乏足够的重视,只引进而不消化吸收成为产业技术进步的一个老大难问题。2004 年,大中型工业企业投入技术引进与消化吸收的经费比例仅为 1:0.15,而日、韩两国技术引进与消化吸收的比例均保持在 1:8~1:5。《纲要》实施之前,一些重点产业用于消化吸收的经费还有相对下滑的趋势。例如,2004 年软件产业消化吸收比只有 1:16,低于 2000 年的 1:10;纺织行业的消化吸收比只有 1:35,并且在 1998~2003 年,消化吸收比最好的年份也只有 1:20。消化吸收经费投入的明显不足导致对引进技术的消化吸收能力薄弱,严重影响了产业自主创新能力的提高。②

传统模式难以为继,转型又困难重重,无法实现经济增长和科技进步提高的自动协调发展,这就迫使我们必须进行科技自主创新,从观念、政策、体制和机制上做出改变,为科技创新腾出空间。全社会都意识到,只有科技创新才能真正实现传统经济增长模式的转变,为子孙后代留下一片净土,实现中华民族的伟大复兴。这也就是自主创新提出的所谓"倒逼"学说,认为科技创新是当前万不得已、不得不进行的事情。

二、"顺推"学说

"顺推"学说是基于演化经济学的视角,认为我国出台自主创新政策是新中国成立以来经济、科技和教育以及其他方面发展、累积作用的结果。中国自主创新政策的出台是在正确的时候做出的正确决策。具有权威性的代表观点来自国务院发展研究中心"增强我国自主创新能力的体制、机制与政策研究(2007)"课题组的报告。该报告认为,我国已经具备自主创新的基础和条件,到了可以更多依靠创新推动经济发展的新阶段,课题组提出的主要依据有:

第一,新中国成立以来,特别是改革开放以来,我国社会主义市场经济体制初步建立,经济社会持续快速发展,经济实力大为增强。2005 年,我国 GDP 居世界第四位,财政收入突破 3 万亿元,全社会固定资产投资 8 万多亿元,有能力

---

① 秦海. 自主创新、产业能力与经济增长 [J]. 清华大学学报(哲学社会科学版),2007,22(5):139-144.

② http: //finance.sina.com.cn/economist/jingjiguancha/20070326/13373440013.shtml.

增加技术开发投入。

第二，我国已经形成了比较完整的科学研究与技术开发体系，生物、纳米、航天等重要领域的研究开发能力已跻身世界先进水平，科学技术发展水平和实力处于发展中国家前列。我国拥有充足的科技人力资源，科技人力资源总量已达3850万人，研发人员总数达109万人，分别居世界第一位和第二位，研发投入总额已跃居世界第六位。

第三，经过多年的自主研究开发和引进国外技术装备，产业技术水平有了较大提高，国内企业集成国内外技术资源的能力在提高，为以我为主组合技术资源进行技术创新和开发新产品打下了一定基础，为消化吸收创新提供了必要条件。

第四，巨大的国内市场资源为自主创新成果提供了宽广的应用舞台。对一个技术水平落后的发展中大国来说，自主创新成果必须找到自己的应用者才能生存和发展，而其主要应用者是本国市场。13亿人口大国的市场既具规模性，幅员辽阔、发展水平不平衡的市场又颇具差异性，这为我国各类型、各层次自主创新活动提供了最宝贵的市场需求动力。

第五，我国已经具备大规模制造能力和产业配套条件。大规模制造能力意味着巨额研发费用可以被有效分摊，使自主创新具有成本上的可行性，研发投资的回收更有保障。这是在技术成熟产业中从事核心技术研发的重要条件。目前，我国已有100多项重要的制造业产品的产量居全球第一，还有更多的产品生产已经达到了能承受巨额研发费用的规模。这就为我国诸多产业从制造环节向核心技术研发环节拓展创造了重要条件。近年来，我国一些重要产业和产品的配套能力得到显著增强，有些已经达到或接近国际先进水平。一旦国内企业在核心技术上有突破，就有现成的产业链支撑其产业化和市场化过程。

第六，对外开放为开放式研究开发提供了良好的基础和条件。自主创新是在开放条件下的创新。在经济全球化和扩大开放的背景下，要充分利用国内、国外两种资源，积极吸收和借鉴国外先进科技成果，扩大和深化国际科技交流与合作，特别是当大批跨国公司进入中国，对跨国公司的创新资源和技术资源应加以吸收和利用。

与此相类似的研究还有：齐燕[①]将新中国成立以来至2006年《纲要》出台的这段历史划分为自主创新准备阶段、自主创新起步阶段、自主创新发展阶段、全面建设创新型国家阶段，认为自主创新政策的出台是前面各个阶段发展的结果，尤其强调了前期技术引进、研发投入、技术市场发展和科研人力资源的快速增长对自主创新能力形成的影响。在该作者看来，自主创新是我国创新发展的必然结果。

---

① 齐燕.中国自主创新历史演进实证研究[D].合肥：合肥工业大学，2011.

由此可见，自主创新的"顺推"学说强调了自主创新政策提出的基础和条件，而"倒逼"学说则强调了自主创新政策提出的紧迫性和时点。他们都指出了中国科技创新必须经历一场全新的观念、制度和政策革命。但是，科技创新该如何走？尤其是在科技越来越全球开放和经济越来越一体化的今天，这引发了一场思想辩论，最终形成了"自主"创新的思想体系。

三、为什么是"自主"而非其他

现在大家已经形成共识，提升我国科技创新能力需要走"自主"创新之路，但是在政策出台之前，关于科技创新路径的选择却存在较大争议。集中起来主要有两种思潮：一种是基于"赶超"的传统思维模式；另一种是基于比较优势的思维模式。这两种思想的较量集中体现在2006年全国科技大会召开之前。①

2003年5月，国家中长期科技规划正式启动，6月召开了中长期科技发展规划高层论坛。在会上，主流经济学家们提出中国科技创新需要放弃长期以来我国经济领域追赶的思维模式，充分利用后发国家的比较优势参与全球分工，待我国资源要素禀赋结构升级后方可真正实现经济发展模式向创新驱动模式转变。这一思想在之后的10月得到了进一步升华。2003年10月，来自全国的500多位专家学者汇集国家会计学院，共同开展中长期科技发展的战略研究，围绕我国科技发展应该走"赶超"还是"自由开放"的路子展开激烈讨论。与会学者大多支持中国科技发展应该走"自由开放"的道路，不能回到政府包办的赶超发展战略，因为此时的中国资源要素禀赋结构还未到达创新驱动的要求。

但是从2004年起，在意识形态领域反对新自由主义思想的官方导向和社会上关于中国"拉美化"的争论导致官方和一部分学者在科技创新道路选择的问题上，开始向传统思路妥协，越来越多的学者开始信奉"赶超"的科技发展道路。2005年10月，在中共十六届五中全会上把增强自主创新能力作为国家发展战略摆在了经济社会发展的突出位置，要求把自主创新作为"十一五"规划的着力点，把增强自主创新能力作为调整产业结构、转变经济增长方式的中心环节。在2006年1月召开的全国科学技术大会上，胡锦涛总书记和温家宝总理明确提出了加强自主创新、建设创新型国家的重大战略。大会做出《关于实施科技规划纲要增强自主创新能力的决定》，国务院发布了《国家中长期科学与技术发展规划纲要（2006~2020年）》，明确提出了"自主创新，重点跨越，支撑发展，引领未来"的新时期科技工作方针，对未来15年中国科技改革发展做出全面部署。中共十七大高度重视科技进步和自主创新，十七大报告把"自主创新能力显著提

---

① 佟文立.创新驱动发展的"前生今世"[J].新产经，2013（30）：53-54.

高,科技进步对经济增长的贡献率大幅上升,进入创新型国家行列"作为实现全面建设小康社会奋斗目标的新要求,明确提出:"提高自主创新能力,建设创新型国家。这是国家发展战略的核心,提高综合国力的关键。要坚持走中国特色自主创新道路,把增强自主创新能力贯彻到现代化建设的各个方面"。同时,把"提高自主创新能力,建设创新型国家"摆在促进国民经济又好又快发展的突出位置。

不过自主创新在政策实施过程中却受到了多方面的挑战。首先,自主创新的提出很大程度上是传统计划经济思维方式在科技领域的体现,这种政府极力包办和推动的科技创新在重大项目领域可以在短时期内聚集大量的人力、物力进行联合攻关而取得成功,但是创新本质上是市场行为,如何解决计划和市场之间的协调问题引起了学者的思考。其次,自主创新思想在很大程度上借鉴了当今发达国家在历史发展中推动科技创新的普遍做法,即通过贸易保护来完成民族工业化。例如,第二次世界大战后的日本和韩国均是通过对进口和外资的障碍设置,以及扶持和保护本国产业发展起来的。现在的问题是世界经济一体化程度提高,尤其是2001年中国已经加入世界贸易组织(WTO),这种传统资本主义国家的通用做法在现实经济中受到极大挑战,也引起了跨国企业和国外政府的强烈不满,[①]尤其是在政府采购、政府科技投入、税收和金融以及在技术引进领域以"本土"知识产权为中心的政策体系,很大程度上需要逼迫国外企业将技术转移到中国大陆。再次,从实际操作上,政府部门和产业界发现,"自主创新产品"很难界定,导致很多政府采购和税收优惠以及金融方面的政策无法操作。因为根据WTO国民待遇原则,外资在华企业就是"中国企业"。那么政府部门如何区分"本土"企业和"外资"企业就只能通过企业的股权结构来判断,这使得问题更加复杂,因为企业股权是变动的,不同行业和企业的股权结构之间具有相对含义而缺乏绝对含义,如一个股东掌握5%的股权,他可能是企业第一股东而掌控企业,但是另一个企业的某股东拥有30%的股权也未必能真正掌控企业。最后,从产品的视角定义自主创新产品也受到了现代生产方式的制约。例如,一辆汽车由数千甚至上万个零部件组成,而世界上没有一个厂商可以单独生产一辆汽车。尤其是在全球分工和合作日益深化的今天,每个国家和企业,甚至个人只能从事自己最擅长的事务,然后通过交流和合作实现自己的价值。因此,在鉴定自主创新产品上存在很大困难。

因此,虽然自主创新已经被作为国家战略成为各地、各部门和产业的基本政策制定规范,但至今仍然有一些学者对此政策发出不同的声音。如著名经济学家林毅夫先生就认为,从当前我国国情来看,我国的人均收入与发达国家相比存在

---

① http://www.uschamber.com/reports/chinas-drive-indigenous-innovation-web-industrial-policies.

很大差距，这代表了我们的产业水平和技术水平跟发达国家还有很大差距。因此，认为我们实际上还有相当大的空间引进先进技术作为我们创新的技术来源，他引进技术并非排斥自主创新。此时的自主创新需要更多体现在流程创新和填补发达国家产业发展的空白领域，如摩托车的自主创新。[①]

不过，值得庆幸的是，这两种科技创新的思想开始慢慢走向融合。中共十八大报告提出了"创新驱动发展战略"，强调科技创新是提高社会生产力和综合国力的战略支撑，必须摆在国家发展全局的核心位置。要坚持走中国特色自主创新道路，以全球视野谋划和推动创新，提高原始创新、集成创新和引进消化吸收再创新能力，更加注重协同创新。促进创新资源高效配置和综合集成，把全社会的智慧和力量凝聚到创新发展上来。从中可以看到，关于创新技术国内来源已经弱化，强调"自主"创新的同时也强调了创新资源的全社会来源，包括国外来源。2012年12月5日，中共中央总书记习近平在同外国专家代表座谈时指出，关起门来搞建设和创新不可能成功。这再一次强调了国外技术来源的重要作用。

第二节 自主创新政策解析

正如前文指出，自主创新是实现科技创新的一种路径选择，至今关于我国该实行自主还是开放创新仍存在较大争议，在政策运行上也遇到诸多挑战。这里的关键问题就是理解自主创新的内涵和特征，进而为理解自主创新政策提供知识准备。在本节中，我们首先对自主创新的内涵和相关概念进行介绍，然后对自主创新政策做出解析。

一、自主创新的内涵

根据创新鼻祖熊彼特的定义，创新就是"建立一种新的生产函数"，也就是说，把一种从来没有过的关于生产要素和生产条件的"新组合"引入到生产体系中去。此类新组合有以下五种基本情况：①引进新产品；②采用新技术或新的生产方法；③开辟新的市场；④控制原材料的新供应来源；⑤引入新的生产组织形式。基于创新概念的定义，学者们从不同侧面对自主创新做出了界定。柳卸林[②]对自主创新的定义是"创造知识产权的创新"。傅家骥等[③]将自主创新定义为：

---

① http://opinion.people.com.cn/GB/1036/3983018.html.
② 柳卸林. 企业技术创新管理 [M]. 北京：社会科学文献出版社，1997.
③ 傅家骥. 技术创新学 [M]. 北京：清华大学出版社，1998.

"企业通过自身的努力和探索产生技术突破,攻克技术难关,并在此基础上依靠自身的能力推动创新的后续环节,完成技术的商品化,获取商业利润,达到预期目标的创新活动。"施培公[1]认为,自主创新具有不同层次的含义,当用于表征企业创新活动时,自主创新是指企业通过自身努力,攻破技术难关,形成有价值的研究开发成果,并在此基础上依靠自身的能力推动创新的后续环节,完成技术成果的商品化,获取商业利润的创新活动。当用于表征国家创新特征时,是指一国不依赖他国技术,而依靠本国自身力量独立研究开发,进行创新的活动。吴贵生、刘建新[2]对自主创新提出了三种"松紧"程度不同的定义,分别是"在创新主体控制下的创新","在创新主体控制下,获得自主知识产权的创新"和"在创新主体控制下,掌握核心技术的创新"。

2006年之后,关于自主创新的文献呈现爆炸式增长,关于类似自主创新的定义还有很多种。应该说自主创新概念的提出具有强烈的中国特色,这也是目前存在多种版本的主要原因。最权威的是《国家中长期科学和技术发展规划纲要(2006~2020年)》中对自主创新的定义,包括三个方面:一是原始创新,以获取科学发现和技术发明为目的;二是集成创新,将多种相关技术有机融合,形成新产品、新产业;三是引进消化吸收再创新。简单地说,自主创新就是要把原始创新、集成创新和引进消化吸收再创新结合起来,在积极跟踪、关注和参与原始创新、集成创新的同时,高度重视对引进技术的消化吸收再创新。

理解自主创新概念的关键是要理解"自主"二字。万君康和李华威[3]的研究认为,"自主"需要从自主主体、自主成果和自主程度三个方面去理解。从国家层面而言,自主主体应该是特定为中国公民(自然人)或内资企业,以及在中外合资企业的原始资本构成中,外资不占主导地位的法人或法人单位。自主成果则包括以下三方面:①自主主体主导的创新活动并由此而产生的创新成果;②自主主体投资、委托研究或购买的其他国家自然人、法人或非法人的创新成果,并能不受相关创新成果原权利人的影响,实现创新成果的商业价值;③合作研发取得的创新成果,并有权分享成果价值。自主程度则指一个国家的创新成果主要依靠自身实力获取还是依赖国外。作者认为,理解自主和国外关系需要认清三个问题:首先,依靠自身实力不等于不借助外力,因此,在强调自主创新的同时,要注意引进技术的消化、吸收、改进、创新。防止将自主创新赋以创新民族主义的内涵,否定国家间知识创新方面的专业化,进而否定国家间创新活

---

[1] 施培公. 自主创新是中国企业创新的长远战略[J]. 中外科技政策与管理, 1996(1): 14-27.
[2] 教育部人文社会科学重点研究基地, 清华大学技术创新研究中心. 创新与创业管理(第2辑)[M]. 北京: 清华大学出版社, 2006.
[3] 万君康, 李华威. 自主创新及自主创新能力的辨识[J]. 科学学研究, 2008, 26(1): 205-209.

动的交流和合作以及相互依赖。其次，在集成创新中，自主性主要体现在模块的组合技术及其新产品的创造上，而对于模块的来源则可以是国内自行制造也可以是国外购买。最后，原始创新属于突破的、高端的、前沿性创新。它关乎一国能否获得平等话语权，摆脱国外技术经济控制的基础与核心，是自主创新的高级阶段。在此基础上，万君康和李华威认为自主创新的本义是创新的主导权与控制权，即在于创新主体通过自身主导的不同的创新活动（行为、方式、资源整合）创造并拥有创新成果及相应的权利价值。自主创新是一个学习、模仿、独创交汇、融渐进性创新与根本性创新，由低级到高级不断演进的过程。这种理解深刻揭示了自主创新的内涵和特征，更加有利于我们对自主创新的把控。不过这里面，根据创新主体的股权结构来定义自主创新可能同样会遭遇与WTO国民待遇原则的冲突，将外资排斥在"中国企业"之外的可能，从而可能导致更多的创新优惠政策遭遇外国企业和政府的批评和抵制。这些问题属于国际商法的范畴，在此不再赘述。不过，我们坚信一点，那就是任何政策的出台都是一个不断学习、修正和完善的过程。中国自主创新政策的出台也同样属于这样一个过程，在不断的学习、探索过程中成熟起来，更好地推动自主创新事业的发展。

二、自主创新政策解析

自主创新政策可以追溯到新中国成立之后大量引进前苏联的技术政策，以及改革开放后的科技政策出台，如1982年我国实施了第一个国家科技攻关计划，1986年建立了"高技术研究发展计划"（简称863计划）。20世纪80年代以来，陆续发布了《中共中央关于科学技术体制改革的决定》、《中共中央、国务院关于加强技术创新、发展高科技、实现产业化的决定》等文件。1993年，全国人大常委会通过了《科学技术进步法》，随后出台了《促进科技成果转化法》、《农业技术推广法》、《科学技术普及法》等法律、法规和配套政策。据不完全统计，改革开放以来，仅国务院和有关部门出台的涉及科技进步和创新的具体政策就有500多项。① 这些政策法规的出台有力地推动了我国科技发展，为改革开放后经济的快速增长提供了充足的技术支撑。

本文所指自主创新政策是从狭义视角出发，将2006年之后的科技政策作为其主要成分，即以2006年2月9日国务院正式发布《国家中长期科学和技术发展规划纲要（2006~2020年）》为标志。《纲要》明确了到2020年我国科技发展的总体目标，即自主创新能力显著增强，科技促进经济社会发展和保障国家安全的能力显著增强，为全面建设小康社会提供强有力的支撑；基础科学和前沿技术研究

---

① http://www.ycwb.com/gb/content/2005-12/12/content_1036463.htm.

综合实力显著增强，取得一批在世界具有重大影响的科学技术成果，进入创新型国家行列，为在21世纪中叶成为世界科技强国奠定基础。《纲要》确定，到2020年，全社会研究开发投入占国内生产总值的比重提高到2.5%以上，力争科技进步贡献率达到60%以上，对外技术依存度降低到30%以下，本国人发明专利年度授权量和国际论文被引用数均进入世界前五位。《纲要》进一步对我国未来15年的科学技术发展进行了总体部署：一是立足于我国国情和需求，确定若干重点领域，突破一批重大关键技术，全面提升科技支撑能力。《纲要》确定了11个国民经济和社会发展的重点领域，并从中选择任务明确、有可能在近期获得技术突破的68项优先主题进行重点安排。二是瞄准国家目标，实施若干重大专项，实现跨越式发展，填补空白。《纲要》共安排了16个重大专项。三是应对未来挑战，超前部署前沿技术和基础研究，提高持续创新能力，引领经济社会发展。本纲要重点安排8个技术领域的27项前沿技术，18个基础科学问题，并提出实施4个重大科学研究计划。四是深化体制改革，完善政策措施，增加科技投入，加强人才队伍建设，推进国家创新体系建设，为我国进入创新型国家行列提供可靠保障。

2006年2月27日，国务院正式发布《关于实施〈国家中长期科学和技术发展规划纲要（2006~2020年）〉若干配套政策的通知》。该配套政策涵盖科技投入、税收激励、金融支持、政府采购、引进消化吸收再创新、创造和知识产权保护、人才队伍建设、教育和科普、科技创新基地与平台等十个部分共60条。规定进一步要求国务院各部门、各省、自治区、直辖市人民政府要结合本地实际，依照法定权限制定相应的具体政策措施。可见这些政策内容丰富，涉及财政、税收、金融、政府采购、知识产权、人才、教育、基本建设等诸多方面。

2006年初出台的《国家中长期科学和技术发展规划纲要（2006~2020年）》和相应的配套政策成为各部门、各地区落实国家自主创新战略的纲领性文件，同时也延伸出了一系列更加具体、更具操作性的政策体系。主要支撑政策概述如下：

（一）自主创新产品认证

为了营造激励自主创新的环境，推动企业成为技术创新的主体，落实国务院《关于实施〈国家中长期科学和技术发展规划纲要（2006~2020年）〉若干配套政策的通知》中提出的"建立财政性资金采购自主创新产品制度，建立自主创新产品认证制度，建立认定标准和评价体系"，2006年12月，科技部、国家发展和改革委员会与财政部联合发布了《国家自主创新产品认定管理办法（试行）》（以下简称《管理办法》）。《管理办法》的作用主要有两个方面：一是为我国自主创新产品的认定评价工作提供制度依据和方法指导，规范认定程序和认定标准，使认定工作做到公开、公正、公平和科学；二是经过认定，提出一个国家自主创新产品目录，为鼓励自主创新的相关优惠政策提供支撑和依据。管理办法中明确被认定的国家自主创新产品将在政府采购、国家重大工程采购等财政性资金采购中优先购买,并在高新技术企业认定、促进科技成果转化和相关产业化政策中给予重点支持。

(二) 自主创新财政政策

自主创新财政政策提出要发挥财政资金对鼓励企业自主创新的引导作用,要创新投入机制、整合政府资金、加大支持力度,激励企业开展技术创新和对引进先进技术的消化吸收与再创新。加大对科技型中小企业技术创新基金的投入力度,鼓励中小企业自主创新。自主创新财政政策还明确要求以国家实验室、国家重点实验室、国家工程实验室、国防科技重点实验室、国家工程(技术)研究中心、企业技术中心为依托,组织实施重大自主创新项目。加强企业和企业化转制科研机构自主创新基地建设,国家支持企业特别是大企业建立研究开发机构。依托具有较强研究开发和技术辐射能力的转制科研机构或大企业,集成高等学校、科研院所等相关力量,在重点领域建设一批国家工程实验室,开展面向行业的竞争前技术、前沿技术和军工配套、军民两用技术研究。可以预见,国家财政科技经费将通过各种形式向具有自主知识产权、知名品牌和较强国际竞争力的优势企业聚集,使我国能够尽快培育出一批具有国际竞争力的企业集团。

(三) 自主创新税收政策

自主创新税收政策相对过去出台鼓励企业增加科技投入的税收政策做了三个方面的重要创新。一是取消行业限制。过去仅工业企业才能享受技术开发费150%抵扣应税所得政策,新政策提出所有企业,包括建筑业、服务业等非工业企业均可享受这一政策。二是取消了企业技术开发费增幅的限制。原有政策规定只有技术开发费比过去一年增幅超过10%以上的企业才有资格享受这一政策,新政策则规定按照当年实际发生的费用抵扣。三是新政策取消了对当年应税所得的限制。原有政策规定企业必须有足够的应税所得,否则就不能享受,而新政策则规定企业技术开发费用当年抵扣不足部分可按税法规定在五年内结转抵扣,使得那些微利或亏损企业的技术创新得到鼓励。

(四) 政府采购政策

根据国务院《关于实施〈国家中长期科学和技术发展规划纲要(2006~2020年)〉若干配套政策的通知》的要求,财政部先后出台《自主创新产品政府采购评审办法》、《自主创新产品政府采购预算管理办法》、《自主创新产品政府采购合同管理办法》等政策文件着力将自主创新与政府采购挂钩。这些政策突出表现在以下几个方面:①

---

① 连燕华. 自主创新政策解读 [J]. 中国科技投资, 2006 (5): 21.

（1）建立激励自主创新的政府首购和订购制度。国内企业或科研机构生产或开发的试制品和首次投向市场的产品，且符合国民经济发展要求和先进技术发展方向，具有较大市场潜力并需要重点扶持的，经认定，政府进行首购，由采购人直接购买或政府出资购买。政府为鼓励自主创新而对特定产品进行首购，是政府采购政策的重大突破。这表明政府采购政策在由降低采购成本、防止腐败等构成的政策目标体系中，加入了鼓励自主创新的政策目标，使政府采购这一政策工具有了更高的战略性和前瞻性，对国家整体发展的推动作用也将明显增强。

（2）配套政策不仅规定了政府本身的采购，还将鼓励自主创新的精神扩大到国防采购、国家重大建设项目和所有使用财政性资金进行的采购，而这些采购的资金总额远远多于政府采购本身，因而其政策意义也更重大。

（3）在政府采购的评标准则方面做出了重要突破。以往在政府采购招标评标时是按照"同等条件下优先"的原则，而配套政策中明确规定了"在满足采购需求的条件下，优先采购自主创新产品"。如果是同等条件下优先，则我国企业的产品一般都很难与跨国公司的产品相竞争。而满足采购条件下优先，则降低了我国企业自主创新产品进入的门槛，同时也限制了政府采购中盲目追求国外名牌产品的冲动。①

（五）知识产权政策

加强知识产权保护是激励自主创新的重要方面。利用知识产权保护有关制度促进自主创新，一方面要求保护私权激励创新，另一方面也要合理界定权利界限，确保私权与公共利益的平衡，促进知识传播和运用，平衡好权利人、使用者和社会公众间的利益格局，为后续创新留下空间。因此，既要加大知识产权保护力度，又要规制滥用知识产权排除和限制竞争、阻碍创新的行为。② 自主创新知识产权政策主要体现在以下三个方面：③

（1）提升工业企业知识产权创造运用能力。结合改造提升传统产业、培育发展战略性新兴产业、节能减排、两化融合等专项，开展重点关键技术领域知识产权战略研究、布局分析与评估、共性和热点问题研究；支持企业在掌握核心专利技术基础上联合将专利纳入标准，开展标准中专利处置、评估与利益分享机制研究与实施。在产业基地开展知识产权优势企业培育。

（2）激励和推动创新成果保护、扩散和转化。依托产业基地，利用现有公共服务平台，支持知识产权宣传、实务培训与咨询服务、企业知识产权管理运用试

---

① 迫于外部压力，2011年财政部叫停了这三个办法，不过我们认为该办法对我国自主创新发展仍然起到了重要作用，尤其对于增强民族产业、民族品牌和民族产品意识方面。
② 蒋玉宏，黄勇. 自主创新、知识产权和竞争政策的协调［J］. 电子知识产权，2011（4）：1-7.
③ http://www.chnsourcing.com.cn/outsourcing-news/article/26161.html.

点示范、关键核心专利技术扩散和转化等，在此基础上选择一批工作基础条件好的典型平台。

（3）产业知识产权预警与纠纷应急机制建设。支持企业和行业机构开展专利检索、动态跟踪、风险监测与应对，推动建立重点行业知识产权预警信息服务平台；构建技术标准中知识产权数据库；开展重点行业、关键技术领域知识产权态势分析研究，支持建立重点产业知识产权态势分析与发布平台；支持重点行业和企业应对涉外知识产权纠纷。

（六）工业技术标准政策

与其说自主创新是要形成大量自主知识产权成果，不如说是要在专利成果基础上形成大量的技术标准，实现技术专利化、专利标准化。因此，工业技术标准成为自主创新事业发展的关键。为此，2006年中国标准化专家委员会成立，并确定了我国今后5年和10年两个阶段的标准化发展目标：一是在2010年实现基本建成重点突出、结构合理、适应市场的技术标准体系，使我国标准化工作达到中等发达国家水平。具体目标为：相关联的国际标准采标率由目前的44%增加到85%，标准制定和修订由2000项/年增加到6000项/年，标准制定周期由4.5年缩短到2年，标龄由10.2年缩短到5年以内。二是在实现第一阶段目标的基础上再经过5年的努力，争取2015年实现标准总体水平达到国际先进水平，家用电器、能源、汽车等重点领域技术标准水平达到国际领先水平。具体目标为：我国自主创新技术的标准达到5000项；以我国标准为主制定国际标准和重点参与制定的国际标准达到2000项；相关联的国际标准采标率达到90%以上；我国成为国际标准化组织的常任理事成员国，我国承担国际标准化技术委员会、分技术委员会、工作组的比例由1.7%提高到10%；形成龙头企业积极跟踪和参与国际标准、国家标准制定和修订工作的机制。①

为了确保目标的实现，国家标准委提出了实施标准战略的12项重点保障措施。如形成以企业为主体参与国际标准和国家标准制定和修订的新机制；形成以龙头企业的专家为主体参与国际、国内标准组织领导机制等。

（七）人才政策

创新说到底是需要人来完成的，创新人才是自主创新的关键。因此，自主创新人才政策作为创新型国家建设的重要支撑受到了广泛关注和重视。在国务院颁布的《实施〈国家中长期科学和技术发展规划纲要（2006~2020年）〉的若干配套政策》60条配套政策中有七条涉及人才队伍建设，78项实施细则中有14项涉及人才队伍建设。这七条人才队伍建设政策包括：①加快培养一批高层次创新人

---

① http://blog.voc.com.cn/blog_showone_type_blog_id_403294_p_1.html.

才；②结合重大项目的实施加强对创新人才的培养；③支持企业培养和吸引创新人才；④支持培养农村实用科技人才；⑤积极引进海外优秀人才；⑥改革和完善科研事业单位人事制度；⑦建立有利于激励自主创新的人才评价和奖励制度。

这些政策旨在培养和引进高层次战略科学家和创新团队，促进创新人才向企业集聚，培育专业人才和农村实用科技人才，营造有利于创新人才成长的文化环境等。在中央、各部委和地方政府对这一系列政策的贯彻落实过程中，具有典型代表的是海外高层次人才引进计划（简称"千人计划"）。在国家层面成立海外高层次人才引进工作小组，由其负责"千人计划"的组织领导和统筹协调。工作小组由中央组织部、人力资源和社会保障部会同教育部、科技部、中国人民银行、国资委、中国科学院、中央统战部、外交部、发改委、工业和信息化部、公安部、财政部、侨办、中国工程院、自然科学基金委、外专局、共青团中央、中国科协等单位组成。"千人计划"主要是围绕国家发展战略目标，从2008年开始，用5~10年时间，在国家重点创新项目、重点学科和重点实验室、中央企业和国有商业金融机构、以高新技术产业开发区为主的各类园区等，引进并有重点地支持一批能够突破关键技术、发展高新产业、带动新兴学科的战略科学家和领军人才回国（来华）创新创业。

第三节 自主创新政策评价研究现状

通过对2006年至2013年7月的国内外文献搜索发现，目前仅有少数学者开始关注我国自主创新政策的评价问题。对这些少量文献进行梳理后发现，目前的研究在方法上既有定性规范分析，也有定量实证研究；在研究范围上涵盖国际、国家层面、国内区域和具体行业。但是还缺乏综合、系统分析自主创新政策效果的研究。下文将介绍目前文献中具有代表性的研究成果：

曲婉、穆荣平、宋河发[①]从自主创新人才队伍政策着手，结合政策分析方法和调研数据，系统分析了《国家中长期科学和技术发展规划纲要（2006~2020年）》及其配套政策和实施细则中人才队伍建设部分的政策关联性。他们的研究表明，我国已初步建成自主创新人才队伍政策体系，但还存在部分配套政策与实施细则不一致、某些实施细则不能有效支撑配套政策等问题。他们进一步认为，为建立规模宏大的创新人才队伍，我国应该规范自主创新人才队伍政策相关概念

---

① 曲婉，穆荣平，宋河发.自主创新人才队伍政策关联性研究[J].科研管理，2012，33（2）：40–47.

和标准，培养并引导创新人才向企业和农村集聚，建立健全以自主创新为核心的人才激励机制，完善创新人才流动配置机制。

彭鸿广[①]对我国政府采购扶持自主创新政策效果进行了评估并提出政策建议。对我国政府采购扶持自主创新政策的实施效果进行调查，有助于发现其中存在的问题，改进政策执行的效果。调查结果发现：①大部分的政府采购单位对采购自主创新产品的意识依然非常淡薄。目前仍有相当多的政府采购项目不仅没有考虑自主创新因素，反而歧视国货，直接指定国外品牌或产品。②企业对扶持政策的知晓度依然很低。据一项对上海市涉及央企、地方国企、集体企业、民营企业、外资企业等在内的一千余家企业进行的抽样调查发现，对政府采购扶持自主创新产品的政策根本不知道的企业比例竟高达44%，非常熟悉的仅占5%。作者认为政府采购自主创新产品不足的原因在于：①政府采购自主创新的监管机制的缺位；②政府采购自主创新的绩效评价制度的缺失；③扶持自主创新的政府采购的范围过窄。鉴于此，该作者建议应健全政府采购自主创新产品的监管机制，建立政府采购自主创新产品的绩效评价和奖惩制度，扩大政府采购的主体范围，在自主创新产品的实际使用者和开发机构之间建立良好的互动机制。

张凌、李锦慧[②]从自主创新政策主要作用对象——企业、中介机构、地方政府及创新环境出发，建立自主创新政策实施效果评价体系。该指标体系包括自主创新环境改善、大中型企业自主创新能力、中小企业自主创新能力、中介机构创新服务能力及地方政府创新服务能力5个二级指标和对应的29个三级指标。该作者选取吉林、辽宁、北京、上海、江苏及广东地区作为比较对象，运用模糊层次综合评价方法对黑龙江省自主创新政策实施效果进行评价。

吕明洁[③]以上海市高技术行业科技经费筹集来源中的政府资金、企业资金、金融机构贷款以及科技活动人员中的科学家与工程师人数作为该市政府自主创新政策效率评价的科技投入指标，选择专利申请数和新产品销售收入作为该市政府自主创新政策效率评价的科技产出指标，并基于DEA前沿生产面，将技术效率分解为技术进步指数、技术效率变化指数两项指标，分析了该市政府针对高技术行业的自主创新政策效率以及影响因素。

陈伟、张昊一、杨彩霞[④]提出企业自主创新政策机制是企业能够享受到自主创新政策推动作用的保障，"机制"的好坏又决定着自主创新政策的效果。在此

---

① 彭鸿广. 我国政府采购扶持自主创新政策效果评估与对策 [J]. 科技与管理，2011，13 (3)：1-4.
② 张凌，李锦慧. 黑龙江省自主创新政策实施效果研究 [J]. 科技管理研究，2009 (2)：50-53.
③ 吕明洁. 我国自主创新政策绩效评价的 DEA 分析——以上海市高新技术产业为例 [J]. 经济论坛，2009 (20)：63-65.
④ 陈伟，张昊一，杨彩霞. 企业自主创新政策机制评价研究 [J]. 科技进步与对策，2010，27 (7)：110-113.

基础上，他们首先选取具有代表性的 20 项指标构建了企业自主创新政策机制的评价指标体系，并运用层次分析法确定了各层评价指标的权重。然后，该作者建立了模糊综合评价模型运用实证分析方法对黑龙江企业自主创新政策机制进行了评价，并深入分析黑龙江企业自主创新政策机制存在的问题并提出相应的改进政策。

宁凌、汪亮、廖泽芳[①]集中在自主创新政策对高新技术的作用评价上，采用相关统计指标，从政策投入和政策产出两方面构建高技术产业政策评价指标体系，并利用 DEA 分析法对广东省高技术产业政策绩效进行了评价。他们的分析表明，广东省高技术产业政策整体有效，改善自主创新政策是提升产业政策综合绩效的关键因素。

我国自主创新政策也受到国外学者和国外机构的广泛关注。最为综合和具有代表性的是美国公布的"332 调查"报告。2010 年 5 月，美国国际贸易委员会（USITC）正式启动对中国知识产权侵权和自主创新政策的"332 调查"。2010 年 11 月，USITC 向美国参议院提交《中国的知识产权侵权和自主创新政策对美国经济影响》的报告，概述了中国自主创新政策，提出量化分析其对美国就业和经济影响的框架。[②] USITC 报告引述美国研究者的观点，认为中国已构建了一个由政府采购、知识产权、技术标准、反垄断等政策组成的自主创新政策网络，[③] 试图将少数国有企业打造成拥有大量先进技术、足以同跨国公司展开竞争的市场领导者。这些政策歧视对待国外竞争者，对 FDI 和向中国出口形成障碍。实际上，根据中央的统一部署，我国已初步形成由科技投入、政府采购、引进消化吸收再创新、创造和保护知识产权等构成的自主创新配套政策体系，其目的在于培育有利于创新的政策环境，而非限制外企的市场竞争。相反，中国企业自主创新能力增强，会促使外企将更有竞争优势的新技术和产品投入中国市场，从而提升中外企业在创新和产品市场的竞争层次。[④]

---

① 宁凌，汪亮，廖泽芳.基于 DEA 的高技术产业政策评价研究——以广东省为例 [J]. 国家行政学院学报，2011（2）：99-103.

②③ U.S. International Trade Commission. China: intellectual property infringement, indigenous innovation policies, and frameworks for measuring the effects on the U.S. economy [J]. Investigation, 2010 (10): 332-514.

④ 蒋玉宏，黄勇.自主创新、知识产权和竞争政策的协调 [J]. 电子知识产权，2011（4）：1-7.

第四节 政策评价及本研究的分析框架

自主创新政策属于公共政策范畴,源于国外。国外对公共政策的研究始于20世纪50年代,至今已经形成了丰富的研究成果。本节我们首先介绍公共政策分析评价的简单发展历程,以及本研究对公共政策评价的定义。基于对公共政策的评价理解,进一步对本研究的分析框架做出说明。

一、公共政策分析评价的理论背景

政策分析与评价起源于"二战"后20世纪50年代的美国。1951年,美国经济学家莱斯韦尔与勒恩纳合作,在美国出版《政策科学》一书,为政策分析和评价奠定了基础。为此,莱斯韦尔也被后人认为是政策分析与评价研究的鼻祖。然而,《政策科学》一书出版后,并未引起应有的重视。直到20世纪60年代末,由于各种复杂的社会问题不断出现,暴露出系统分析方法的局限性,政策分析才开始受到政策制定者和学者的广泛重视。1969年,莱斯韦尔组织领导了世界上第一个政策科学研究小组。20世纪60年代末到70年代初,美国兰德公司的德洛尔主编了一套政策科学丛书,有人称之为政策科学三部曲,即《重新审查公共政策的制定过程》(1968)、《政策科学探索》(1971)、《关于政策科学的设想》(1971)。20世纪70年代初,美国社会学家奎德主编的《政策科学》杂志正式创刊。政策科学的奠基人莱斯韦尔也发表新著《二十年之后》,对政策分析作了深入的探讨。1980年,美国社会学家尼格尔主编的《政策研究手册》一书正式出版,1983年,尼格尔主编的《政策科学百科全书》正式出版,标志着政策分析这一学科已渐趋成熟。自20世纪80年代开始,美国兰德公司正式培养政策分析博士研究生,社会上开始出现政策分析家。1985年,美国设立"莱斯韦尔奖",授予对政策分析作出重要贡献的学者。现在国际上已公开出版多种政策分析方面的杂志,如《政策分析》、《政策科学》、《公共政策》、《公共利益》、《政策研究杂志》。

截至目前,政策分析经过不断演化和发展,表现为三种主要方法:[①] 第一种政策分析方法强调政策制定过程,以及这一过程中利益主体的地位和相互关系,并采用政策网络等分析工具对政策覆盖面和影响力进行研究。该方法将政策制定

[①] 曲婉,穆荣平,宋河发.自主创新人才队伍政策关联性研究[J].科研管理,2012,33(2):40-47.

过程分为四个步骤：①形成政策备选方案；②建立用于评估备选方案的政策目标；③在政策目标下对备选方案的影响力进行预测和评估；④选择最优的政策备选方案。第二种政策分析方法则主要从问题视角入手，从技术和经济视角出发，通过不同政策工具的运用，解决实际存在的问题。该类方法首先明确需要解决的问题，将问题细化为一系列的子问题并制定每类子问题的评价标准，然后根据问题特征选择合适的政策工具，并对政策执行进行评估。第三种是基于实证的政策分析方法，强调实证研究在政策制定过程中的核心作用。这类方法认为政策制定过程是一个复杂的系统过程，应该更多地从定性和定量的实际案例入手，而不是单纯从人的主观方法入手。

以上三种方法，第一种和第二种方法强调的是公共政策的制定过程。一项政策除了需要科学合理的制定，还需要有效的执行。因此，公共政策分析还需要对政策实施以后的效果进行判断，以确定政策的价值，并及时反馈。所以，公共政策评价既要强调政策的制定，更要关注政策的效果。公共政策评价在我们看来就是按照一定的科学方法，对公共政策的效益、效率、效果及价值进行判断，为政策的调整、改进，甚至新政策的制定提供依据。我们的定义和目前学术界的主流定义相似。例如，Jones[①] 在《公共政策研究导论》一书中提出，政策评估是"政策经执行之后，政府有关机构对政策执行的情况加以说明、量度与分析，其作用在于确认政策是否正确，推断政策之利弊，为将来改进政策提供参考"。美国都会研究所（Urban Institute）在提交给联邦政府的评估报告中，将绩效评估概念引入到政策评估中，提出政策评估应该包含以下内容：第一，衡量一项政策所达成预期目标的效果；第二，区分该项政策的效力与其他因素作用的差异；第三，通过执行过程中对方案的修正，使政策得以完善。Hogwood & Gunn[②] 认为："政策过程存在两种不同的状态，其一是应然状态，即政策应该怎样制定；其二是实然状态，即制定了怎样的政策。公共政策评估就是把应然状态和实然状态作比较，提供反馈信息，是两种状态不断修正和完善的过程。"同国外定义相似，国内在政策评估概念的界定方面，虽然见仁见智，但基本共识是政策评估是对政策全过程的评估，既包括政策方案的评估，也强调对政策执行以及政策结果的评估。[③]

二、自主创新政策影响的国际、区域、部门和企业视角

自主创新不是关起门来搞创新。一方面，我们需要充分利用全球化带来的机

---

① 张国庆. 公共政策分析 [M]. 上海：复旦大学出版社, 2004.
② Brian W., Lewis A.Policy analysis for the real world [M]. New York: Oxford University Press, 1984.
③ 魏真. 我国公共教育财政政策评估研究 [D]. 北京：北京师范大学, 2008.

遇加快创新能力建设；另一方面，我们也需要将本国的创新事业放在全球范围内进行比较，以明确我国在全球科技竞争中的地位。

（1）我们从全球的视角考察自主创新政策对我国科技实力在全球的位势影响。经济全球化加速了创新要素跨国流动和国际产业结构调整以及我国经济融入世界经济的进程，使我国可以更好地利用全球科技资源促进我国自主创新能力的提升和创新型国家的建设。同时，创新能力日益成为国际竞争的焦点，原本就具有科技优势的发达国家更强化知识产权保护，极力维护其技术垄断地位，如何有效保护本国利益、保护本国产业安全和提升科技自主创新能力，也成为各国特别是发展中国家必须要面对的挑战。在这种情况下，自主创新政策是否改变了我国在全球科技竞争舞台上的格局成为评价自主创新政策的首要任务。

（2）自主创新事业发展最终需要落实到一定的地理空间，由具体的区域来完成。为此，本研究需要从自主创新政策影响的空间视角来分析2006年前后各区域自主创新面貌的变化情况。由于我国区域创新能力发展的一个现状是区域科技聚集现象明显，科技能力发展呈现较强的层次性，后发科技地区成为制约我国创新型国家建设的瓶颈。因此，关注自主创新政策对于后发科技地区的影响成为本研究的重要任务。紧接着，我们抓住区域创新能力成长的核心要素——区域科技发展战略，考察自主创新政策对地区科技发展战略的影响。

（3）从部门视角，自主创新主体不仅包括产业部门，也包括大学、研究机构和政府部门。因此，本研究拟从部门视角分析包括产业、大学和研究机构在内的各个部门在2006年前后的科技面貌变化，希冀从部门的视角对我国自主创新政策的实施效果进行分析。其中将产业按照科技含量的水平分高、中、低三个层次分别进行研究，重点针对七大战略性新兴产业分析政策实施效果，并选择部分重大专项总结政策实施前后的创新变化。在此基础上，研究自主创新政策对各部门之间合作创新的影响。

（4）自主创新能力建设的重要体现是要培育和形成一批具有强大自主创新能力的企业，并参与全球竞争。因此，在政府文件和学者言论中，企业常常被视为创新主体。原因在于自主创新不等于搞出多少论文和专利，关键是要通过企业的商业模式将研究成果转化为现实生产力。从世界各国的经验来看，创新最终往往也是体现在一大批企业通过不断的技术学习和积累，把发明或其他科技成果转化为市场需要的商品，把知识、技术转变为物质财富，形成规模产业，推动产业结构优化升级。因此，分析自主创新的政策影响，从企业层面考察是一个不可缺少的视角。具体来讲，我们以案例的形式考察财税优惠、政府采购、知识产权质押和海外人才引进政策对企业自主创新能力的影响。

综上，本研究拟从国际、区域、部门和企业四个视角分析自主创新政策对我国科技面貌的影响，并在此基础上对我国自主创新政策的整体运行情况做出必要的评价,希冀对自主创新政策的矫正和调整,以及未来新政策的制定提供科学依据。在本书中,以下各章依次讨论国际、区域、部门、企业视角的自主创新政策效果评价。

第二章 自主创新政策影响的国际视角

改革开放30余年来，中国凭借自身的不懈努力从一个积贫积弱的人口大国发展成为世界上第二大经济体。在经济改革和发展的艰辛历程中，科学技术在其中起着举足轻重的作用。从1956年科学规划委员会制定的《1956~1967年全国科学技术发展远景规划》开始到2006年的《国家中长期科技发展规划纲要（2006~2020年）》，从1978年邓小平重申"科学技术是第一生产力"的观点，到江泽民提出的"科教兴国"战略，再到如今的"自主创新"，这些科技政策和战略不仅见证了我国经济的腾飞过程，更为经济的飞速发展提供了有力保障。在当今全球经济飞速发展、国际化竞争愈演愈烈的情形下，我国应该如何依靠科技进步来发展经济成为21世纪经济发展的重要课题。

为了能够充分利用21世纪头20年经济社会发展的重要战略机遇，同时也是科学技术发展的重要战略机遇期，国务院制定了《国家中长期科技发展规划纲要（2006~2020年）》来为我国今后15年的科技工作提供指导方针。本章内容主要是在国际视角下考察我国在《纲要》实施之后科技发展水平的国际竞争力变化情况，主要由以下四个部分组成：①选取竞争力排名以及各项科技指标，对比分析中国与发达国家之间的科技竞争力状况，研究发现自主创新政策有效提升了我国在全球科技竞争中的地位，主要由日益增多的研发投入和高效的科研产出驱动。②以中国国家知识产权局专利申请数据为依据，分析自2006年《纲要》实施后国外主要国家在华技术战略的变化，研究结果表明，我国自主创新政策的实施不仅使得国外在华专利申请领域和数量发生了变化，更是改变了其在华的技术战略。③通过构建国家创新体系国际化分析框架，对比研究创新政策下我国创新国际化路径与发达国家、金砖国家之间的异同，研究发现我国国际创新化路径正从以技术引进为主向以自主创新为主转变。④评价我国自主创新政策对他国的影响，并利用高铁发展的案例来说明自主创新政策的实施并没有对其他国家造成威胁。相反，中国的自主创新是在技术引进、消化吸收的基础上实现的再创新，是对全人类的贡献。

第一节 中国科技面貌的国际比较

为了更好地反映在《纲要》实施后我国科技竞争力水平在国际科技竞争舞台上的位势,本节首先通过对中国在全球竞争力和科技竞争力上与发达国家的比较,总体上客观分析我国科技发展现状以及科技竞争力的国际地位;接着从科技竞争力的四个方面,即研发人员全时当量、研发经费投入、科技论文产出和美国专利局专利授权量来阐释推动我国科技竞争力发展的主要因素。研究结果表明,《纲要》的实施提升了我国的国际科技竞争力,并为我国今后的科技发展奠定了坚实的基础。

一、引言

随着经济全球化进程的不断加深,我国正面临着激烈的国际竞争,并在国际竞争中处于不利地位。具体来说,我国在高新技术产业发展方面相对滞后,知识转化效率低下,国内企业缺乏核心竞争力,在一些高新技术领域对发达国家的先进技术依存度较高,缺乏自主创新能力。这就导致了我国经济增长方式是以资源、能源的过度消耗为代价的,资源配置方式极其不合理。[①] 在此种情形下,国家充分认识到现有的国情以及发展过程中所存在的问题,因此颁布了《纲要》来促进我国科技竞争力的发展。《纲要》是以自主创新为核心促进科技发展和提高国家竞争力的重要指导性规划。我国通过提升自主创新能力和科技发展水平来调整经济结构、转变经济增长方式,依靠科技进步和创新来带动生产力的发展。如今距《纲要》的颁布已经长达七年之久,在这期间与国际上其他国家相比,我国的科技面貌发生了什么样的变化?在全球竞争中我国的科技竞争力是否有了显著的提升?这些问题将是本节研究的重点。

二、中国科技面貌的总体提升

科技面貌是对一个国家或地区的科技发展总体水平及潜力的反映,对科技面貌的考察会涉及许多科技发展方面的指标。本节首先将全球竞争力和科技竞争力与发达国家进行对比,分析我国科技实力总体发展现状,接着从研发人员全时当量、研发经费、科技论文产出和美国专利授权量对我国科技面貌的变化情况进行

---

① 范柏乃,蓝志勇.国家中长期科技发展规划解析与思考[J].浙江大学学报(人文社会科学版),2007,37(2):25-26.

衡量。为了全面反映情况，本书不仅从纵向角度对2006年《纲要》实施前后我国科技竞争实力的变化情况进行了考察，还从横向角度对比分析我国与发达国家的科技发展状况。

（一）全球竞争力排名提升迅速

竞争力是决定一个国家生产力水平的重要影响因素。世界经济论坛（World Economic Forum，WEF）发布的《全球竞争力报告》是以全球竞争力指数为基础，对一个国家或地区综合因素的考评，其计算基础是可公开获得的数据和私有数据，涵盖了12个指标。它是目前世界上使用最为普遍，也是较为全面和综合的竞争力评价报告。因此，本节将利用《全球竞争力报告》的各项指标对中国在全球的竞争力排名情况进行分析评价。

表2-1 2004~2012年各国全球竞争力综合排名

年份	中国	日本	韩国	德国	美国
2004~2005	46	9	29	13	2
2005~2006	49	12	17	15	2
2006~2007	54	7	24	8	6
2007~2008	34	8	11	5	1
2008~2009	30	9	13	7	1
2009~2010	29	8	19	7	2
2010~2011	27	6	22	5	4
2011~2012	26	9	24	6	5

资料来源：根据历年《全球竞争力报告》统计得出。

由表2-1可知，2004~2012年这八年间，我国全球竞争力由第46位上升到了第26位，尽管仍然落后于日本、韩国、德国和美国，而且差距较大，但是排名基本保持不断上升的趋势。尤其是在2007年，我国全球竞争力的排名相较前一年度前进了20名。相比较而言，日本、韩国、德国和美国全球竞争力的排名在近年来却有所下降。由此可见，在《纲要》颁布和实施后，我国政府根据自身国情和当今世界竞争发展态势，调整我国科技和经济发展路线，有效地提升了我国的整体国际竞争实力。

《全球竞争力报告》主要包括制度、基础设施、宏观经济、健康和基础教育、高等教育和培训、商品市场效率、劳动力市场效率、金融市场完备性、技术成熟度、市场规模、商业成熟度和创新12个指标。为了摸清支撑我国全球竞争力快速提升的重要因素，尤其是在《纲要》颁布前后，我们对比分析了2008~2009与2011~2012年度各项指标的情况，具体见图2-1。从图2-1中可以看到，《纲要》的实施促进了我国的竞争力水平在短时期之内的提升。就各单项指标来看，除在创新能力方面的得分与2008~2009年度持平之外，其余各项指标均超越了以前，其中金融市场发展、健康和基础教育、基础设施等方面的提高较快。从各项指标的得分情况可以看出，我国的优势主要体现在市场规模、健康和基础教育、宏观环境三方面，我国的全球竞争力总体上正在提升，下面将讨论我国的科技竞争力情况。

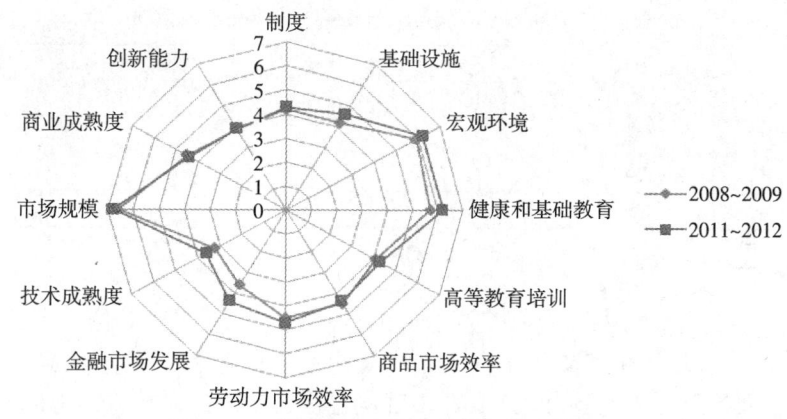

图2-1 中国国际竞争力各指标得分情况

资料来源：《全球竞争力报告》。

（二）科技竞争力发展情况

科技竞争力是衡量一个国家或地区的科技总量、科技水平以及发展潜力的一个指标，它是国家竞争力的核心组成部分，对国家的国际竞争力具有重要的决定性作用。[1]

本节借鉴Altenburg等人[2]的做法，将WEF指标体系中的高等教育培训、技术成熟度和创新作为衡量国家科技竞争力的指标。高等教育培训是衡量科技竞争力的潜在指标，它对一国研发人员的数量和质量有着较大的影响。高等教育培训又可以细分为中等教育入学率、大学教育入学率、教育系统治疗、数学和科学教育质量、商学院质量、学校网络化水平、当地研究及培训机构的可供给性和员工培训程度等八个二级指标。技术成熟度主要是指企业对于技术的吸收、转化和应用能力，它能够衡量企业将技术应用于商品生产的能力。技术成熟度又可细分为先进技术的可得性、企业技术吸收能力、外商投资及技术转移、互联网用户、宽

---

[1] Archibugi D., Planta M. Measuring technological change through patents and innovation surveys [J]. Technovation, 1996, 16 (9): 451–519.

[2] Altenburg T., Schmitz H., Stamm A. Breakthrough? China's and India's transition from production to innovation [J]. World Development, 2008, 36 (2): 325–344.

带互联网接入数和宽带用户使用数六个指标。创新则是科技发展的关键，它能够为科技活动带来直接收益。它包括创新能力、科学研究机构质量、企业研发投入、大学和企业合作研发投入、政府高科技产品采购、科学家和工程师可得性、每百万人发明专利数等七个指标。根据数据的可得性，这里主要考察2008~2012年的科技竞争力状况。

表2-2　2008~2012年各国科技竞争力排名总体情况

年份	中国	日本	韩国	德国	美国
2008~2009	56	16	11	16	6
2009~2010	55	17	14	14	7
2010~2011	54	17	15	12	9
2011~2012	54	16	16	9	13

资料来源：根据历年《世界竞争力报告》计算得出。

由表2-2可知，中国的科技竞争力排名由2008年的第56位上升到了2012年的第54位，尽管仍然落后于日本、韩国、德国和美国这四个发达国家，但相较于美国和韩国科技竞争力排名逐年下降的趋势，中国的科技竞争力排名在小幅稳步上升。此外，日本的科技竞争力维持在一个比较稳定的水平，而德国在全球科技竞争力的排名则呈现快速上升的趋势。由此可见，在这五国中，从2008年开始只有德国和中国的科技竞争力呈现不断提升的态势。

其中，我国在高等教育培训这项二级指标的排名由2008年的64位上升至2012年的58位，这为我国科技竞争力排名的上升做出了主要贡献。而技术成熟度和创新指标则维持在较为稳定的水平，其中创新指标在世界上的排名情况明显好于技术成熟度的排名状况，具体情况参见表2-3：

表2-3　2008~2012年决定中国科技竞争力的三项指标及其变化

年份	高等教育培训	技术成熟度	创新指标
2008~2009	64	77	28
2009~2010	61	79	26
2010~2011	60	78	26
2011~2012	58	77	29

资料来源：历年《世界竞争力报告》。

综上所述，近年来尤其是在《纲要》颁布和实施后，我国的全球竞争力和科技竞争力的排名都在不同程度上实现了提升。同时，通过对中国国际竞争力相关指标得分的分析可知，我国已逐渐从要素驱动型经济体过渡到了效率驱动型经济体，这不仅进一步推动了我国科技实力的发展，更为我国综合国力的提升打下了坚实的基础。为了更好地探讨和发掘政策实施背后是何种要素推动了我国科技实力和国家竞争力的提升，我们将从研发人员全时当量、研发经费投入、科技论文产出和美国专利局专利授权量这四个要素进行深入分析。

1. 研发人员全时当量

在当前建设创新型国家战略实施的背景下，为了提高我国的自主创新能力，人才战略是核心，科技人力资源则是提升国家科技竞争力的核心因素。① 研发人员作为科技人力资源的最重要组成部分，其规模大小对研发活动成果质量有着重要影响。国际上通常将研发人员全时当量作为衡量一个国家或地区研发人员投入多少的指标。表2-4是2002~2010年中、日、韩、德、美五国的研发人员全时当量情况。从总量来看，我国在短短九年时间内研发人员全时当量翻了2.47倍，在2010年达到了255.38万人/年，居世界之首。和其他国家对比发现，在2006年之前中国研发人员全时当量虽然领先于日、韩、德三国，却略逊于美国；而2006年之后，中国研发人员全时当量出现了井喷式的增长态势，美国发展则十分缓慢。就我国研发人员的增长速度来说，2006年以前的年均增长速度为7.73%，落后于2006年之后10.13%的平均增速。可见，《纲要》实施的相关政策促进了我国研发人员全时当量的增加，并且遥遥领先于其他各国。然而，考虑到我国是世界上人口最多的国家，单纯从总量上来考察研发人员全时当量不能够准确反映一个国家的研发人员投入情况，因此这里选取每千人劳动力中研发人员数量指标来做进一步的研究，具体情况请参见表2-5。

表2-4 2002~2010年各国研发人员全时当量比较

单位：万人/年

年份	中国	日本	韩国	德国	美国
2002	103.51	83.38	17.23	26.58	134.25
2003	109.48	85.95	18.62	26.89	143.06
2004	115.26	87.28	19.41	27.02	138.45
2005	136.48	89.69	21.53	27.21	137.53
2006	150.25	91.04	23.76	27.98	141.43
2007	173.62	91.22	26.94	29.09	141.26
2008	196.54	88.27	29.44	30.25	—
2009	229.13	87.84	30.91	31.72	—
2010	255.38	97.79	33.52	32.79	—

资料来源：OECD数据库（美国2008~2010年数据缺失）。

---

① 高飞鹏，杨多贵，周志田. 中国科技竞争力的成长特征及影响因素的SWOT分析 [J]. 中国科技论坛，2007（2）：101-104.

表 2-5 2002~2010 年各国每千人劳动力中研发人员数量

单位：人

年份	中国	日本	韩国	德国
2002	1.39	12.47	7.52	12.11
2003	1.46	12.89	8.11	11.96
2004	1.53	13.14	8.29	11.78
2005	1.79	13.48	9.07	11.61
2006	1.97	13.66	9.91	11.78
2007	2.27	13.65	11.13	12.18
2008	2.55	13.23	12.09	12.54
2009	2.96	13.21	12.67	12.82
2010	3.26	13.24	13.55	13.16

资料来源：OECD 数据库。

由表 2-5 可知，我国 2010 年每千人劳动力中研发人员数量是 2002 年的 2.34 倍，其中 2002~2006 年的年均增长速度为 8.93%，2007~2010 年的年均增长速度高达 13.44%，均高于同期研发人员全时当量的增长速度。与其他国家相比，我国每千人劳动力中研发人员数量较少，但其增长速度较快。2002 年，我国每千人劳动力中的研发人员数量不足韩国的 1/5，仅为日本的 1/10；经过 9 年的发展，2010 年该数量均占到了日本、韩国的 1/4。由此可见，《纲要》的实施不仅促进了我国研发人员规模的扩大，还推动了我国每千人劳动力中研发人员数量的增长。

2. 研发经费投入

研发经费是研发活动的基础和保障，没有可靠的研发经费投入很难有较高质量的科技产出。各国也都意识到研发经费投入是研发活动的重要环节，因此都不遗余力地提高研发经费投入。由表 2-6 可知，在过去的 10 年时间里，我国研发经费从 2002 年的 39606 百万美元增长到 2011 年的 208172 百万美元，总量翻了 5.26 倍。虽然除日本外其余各国的研发经费都呈逐年递增的趋势，但我国在研发经费方面的增长速度远远高于其他国家。2002 年我国研发经费只占德国的 7/10，不足日本的 2/5；而 2011 年我国研发经费是德国的 2.24 倍，日本的 1.42 倍。2008 年全球金融危机爆发，受此影响全球经济低迷，很多国家都陷入了经济停滞的状态，很难拿出多余的资金投资到研发活动中（日本就是典型的例子）。而我国在金融危机期间，不仅没有减少研发经费的投入，反而保持了年均 20.41% 的增长速度进行投资，并且在 2009 年一举赶超日本，成为研发经费投入仅次于美国的国家。

表 2-6 2002~2011 年各国研发经费投入情况

单位：百万美元

年份	中国	日本	韩国	德国	美国
2002	39606	108166	22507	56657	277066
2003	47127	112165	24007	59444	289736
2004	57782	117640	27871	61307	300293
2005	71055	128695	30618	64299	325936
2006	86619	138339	35293	70108	353328
2007	102323	147702	40723	74016	380088
2008	120743	148719	43906	81971	406258
2009	154025	135952	46729	82361	405072
2010	178168	139626	52844	86280	408657
2011	208172	146537	59890	93055	415193

资料来源：OECD 数据库。

研发经费投入是从规模和总量上对一个国家研发活动投入的衡量，然而研发经费投入的多少还与一个国家的经济总量密切相关。例如，中国的经济总量大于韩国，那么中国的研发经费投入总量自然比韩国多，但这并不能够说明韩国在研发活动方面的投入不如中国。在综合考虑了国家经济总量等各方面因素后，为了能够较为客观地衡量各国在研发活动资金方面的投入力度，这里将引入研发投入强度这一概念。

所谓研发投入强度，是指全社会的研究发展试验经费占 GDP 的比重，它是国际上通用的反映一个国家或地区科技投入水平的核心指标，高水平的研发投入强度被认为是提高国家或地区自主创新能力的重要保障。从图 2-2 可知，我国研发投入强度在不断增强，在 2002~2011 年这 10 年间，其数值翻了 1.72 倍，增长速度远超其他各国。中国与美国在研发投入强度方面的差距由 2002 年的 2.49 倍缩小到了 2011 年的 1.51 倍。2009 年是我国研发投入强度的拐点，这一年研发投入强度超过了 1.5%，达到了 1.7%，较上一年增长 15.65%。其中 2007~2011 年的平均增长速度为 5.89%，比 2002~2006 年高出了 0.84%。

3. 科技论文产出

《纲要》中明确指出为了应对未来挑战，需要超前部署前沿技术和基础研究，提高基础研究占总研究费用的比重，其总体目标是：到 2020 年，基础科学研究和前沿技术研究综合实力显著增强。而国际上公认的科技论文产出数量能够体现出一个国家和地区的科技创新能力，因此普遍将科技论文产出作为衡量一个国家

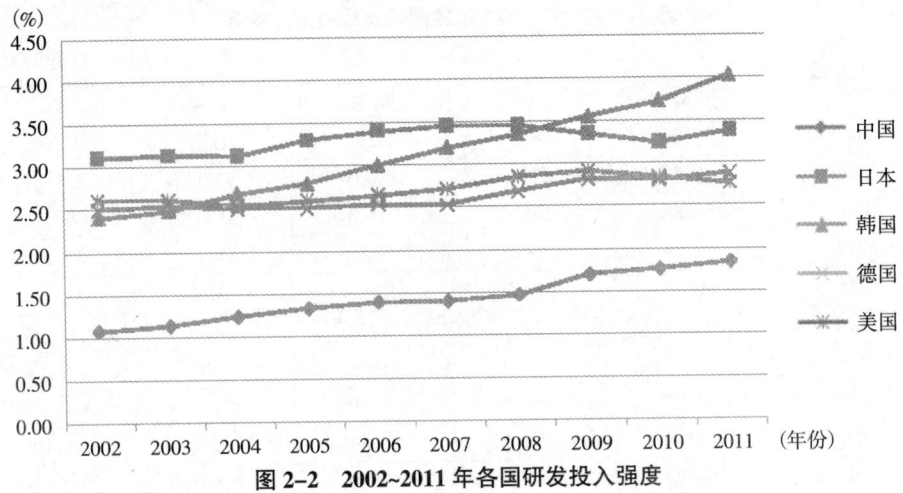

图 2-2　2002~2011 年各国研发投入强度

资料来源：OECD 数据库。

或地区基础科学研究水平的指标。[①] 本研究选取美国费城科学信息研究所（ISI）收录的具有国际影响力的科学期刊编制的科学引文索引（SCI），其提供的数据对于评估科学论文具有较高的参考价值。[②] 从图 2-3 中可以看出，美国每年发表的 SCI 论文数量远远超过其余各国，2002 年论文发表数量是中国的 8.16 倍，是韩国的 19.71 倍。随着时间的推移，中国与其他国家之间的差距在不断缩小，甚至实现了赶超。2011 年，美国论文发表数量为中国的 2.21 倍，且从 2006 年开始，中

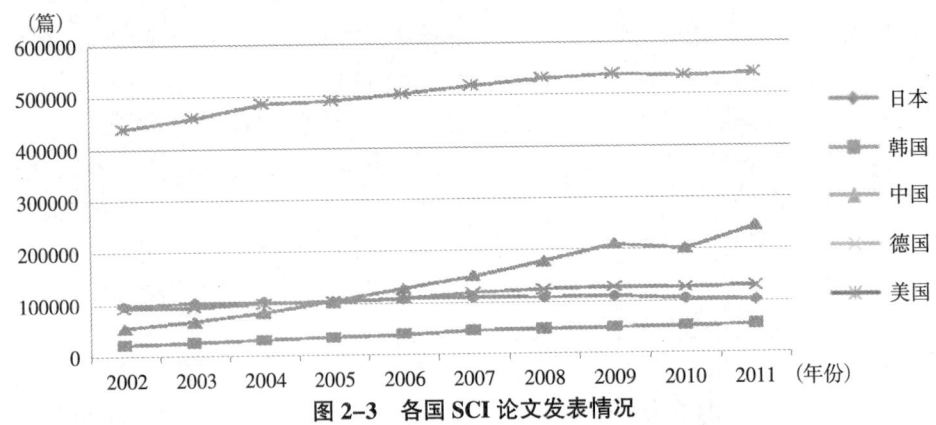

图 2-3　各国 SCI 论文发表情况

资料来源：通过 ISI 数据库检索得到。

---

① 高璐，仝芳妍，邓心安. 科技基本投入对论文产出的影响研究——以中国国际论文为例 [J]. 科技进步与对策，2007，24（9）：25-28.

② 马野青，林宝玉. 在华 FDI 的知识溢出效应——基于专利授权数量的实证分析 [J]. 世界经济研究，2007（5）：20-25.

国相继取代日本和德国，成为仅次于美国发表SCI论文数量第二多的国家。中国之所以能够不断缩小同其他国家的差距甚至实现赶超，主要是由于我国SCI论文增长迅速，在上述研究的10年时间里，我国论文总量增长了4.55倍。

SCI论文发表情况反映了科技论文产出的基本情况，而为了研究各国科技论文产出质量情况，本研究将发表在Science和Nature两本顶尖杂志上的论文定义为高质量的论文。选择Science和Nature杂志是基于以下三点考虑：首先，它们是科学研究领域最具影响力的杂志，是衡量学术研究水平的最高标准；其次，它们涵盖了自然科学的各个领域，能够客观公正地反映各领域的杰出成果，它们中的很多理论成果具有转换为现实生产力的巨大潜力；最后，在这里发表的论文很少受到政府和学术机构的左右。因此，运用Science和Nature杂志上的论文发表数量可以客观公正地评价各国在高端科技论文方面的产出情况。从表2-7可以看出，中国在顶尖杂志上发表论文的数量在逐年递增，与日本、德国之间的差距在不断缩小。而美国无论在Science还是在Nature上发表论文的数量均是最多的，这显示出美国在基础科学研究方面的超强实力。从纵向来看，2011年中国发表在Science上的论文数量是2002年的2倍，在Nature杂志上的数量更是在10年内翻了3.14倍。2002~2006年，中国发表在Science上的论文数量平均增长率仅为2.69%，2006年之后的平均增长率高达15.50%；Nature上发表的论文数量同样出现了2006年之后年均增长率高于2006年之前的情况，2002~2006年的平均增长率为15.77%，而2007~2011年的平均增长率为26.27%。

表2-7 2002~2011年各国在Science和Nature上的论文发表情况

年份	日本		韩国		中国		德国		美国	
	Science	Nature	Science	Nature	Science	Nature	Science	Nature	Science	Nature
2002	71	105	5	9	35	22	148	164	1317	1102
2003	74	105	6	5	32	18	128	157	1251	1077
2004	73	94	8	7	33	41	171	177	1208	1035
2005	82	102	11	17	40	29	154	186	1223	1113
2006	92	90	9	12	38	24	166	181	1249	1042
2007	79	87	12	10	37	29	173	182	1193	1033
2008	78	80	13	11	32	51	165	187	1221	1065
2009	84	89	15	16	50	60	166	169	1210	1021
2010	99	84	19	23	64	75	175	203	1152	1049
2011	92	87	20	25	70	69	166	226	1151	1084

资料来源：通过ISI数据库检索得到。

前一部分是对我国高端领域论文发表在国际上的总体情况介绍，这里将探讨高端论文的相对比例情况，以研究高端论文发表的增长情况是否与SCI论文的增长情况同步,具体情况如表 2-8 所示。表中数据是由以下公式计算得出:(Nature 论文数量+Science 论文数量)/SCI 论文数量。从表 2-8 可以看出,中国该项指标的比值较低,与韩国处在同一水平,近几年比例稍有扩大。美国高端论文所占比重依然是各国中最高的,而德国和日本的比重则维持在一个相对比较稳定的水平。对比表 2-7 和表 2-8 可知,中国自 2006 年以来,虽然在 Science 和 Nature 上发表文章的数量较之前出现了普涨,且涨幅较大,但就高端论文占 SCI 的比例来说,与之前相比还出现了下降。这说明我国在高端杂志上的论文增长情况略低于同期 SCI 论文的增长速度。可以说,我们还没有摆脱几十年来"数篇篇"的旧思维束缚,重数量,轻质量。

表 2-8 2002~2011 年各国高端论文占 SCI 论文的比重

单位:%

年份	日本	韩国	中国	德国	美国
2002	0.18	0.06	0.11	0.33	0.55
2003	0.17	0.04	0.08	0.30	0.50
2004	0.16	0.05	0.09	0.34	0.46
2005	0.18	0.08	0.07	0.32	0.47
2006	0.17	0.05	0.05	0.32	0.45
2007	0.15	0.05	0.04	0.30	0.43
2008	0.15	0.05	0.05	0.28	0.43
2009	0.16	0.06	0.05	0.26	0.41
2010	0.17	0.08	0.07	0.30	0.41
2011	0.17	0.08	0.06	0.30	0.41

资料来源:依据 ISI 数据库检索信息计算所得。

4. 美国专利及商标局专利授权量

本书将选取包括中国在内的几个典型国家在美国专利及商标局发明专利授权的数据来进行分析说明。[①] 主要基于几下五点考虑:第一,专利授权数量被许多经济学家认为不单是发明活动的指标,更是在产业和国家层面上技术进步和变革的指标,同时专利授权数量还能够反映原始创新能力。[②] 第二,专利具有重要的地理位置特征,只有当专利拥有人在某个市场范围内使用该技术时才可能在该国或地区申请相关专利。[③] 第三,由于在国外申请专利需要负担高额的成本费用

---

① 美国专利数据包括发明专利、设计专利、植物专利、法定注册发明、公开出版物等。
② 马野青,林宝玉. 在华 FDI 的知识溢出效应——基于专利授权数量的实证分析 [J]. 世界经济研究,2007(5):20-25.
③ Grupp H., Schmoch U. Patent statistics in the age of globalisation: new legal procedures, new analytical methods, new economic interpretation [J]. Research Policy, 1999, 28 (4): 377-396.

(如翻译费、律师费、咨询费、申请费等),只有真正具有价值和创新性的专利才甘愿花费如此大的成本去国外申请,因此在国外获得授权的专利比国内专利更加"值钱",这更能反映出一个国家或地区的科技实力。① 第四,美国拥有世界上最发达的科技和全球最大的产品市场,企业在美国获得授权专利就意味着该项专利具有较高的国际竞争力和技术先进性,因此学者们通常将拥有在美国获得的授权专利作为衡量一个国家科技竞争力的重要指标。② 第五,美国专利数据容易获得,这也为研究提供了便利。

图2-4是日本、德国、韩国、中国四国2002~2012年在美国专利局获得的发明专利情况。

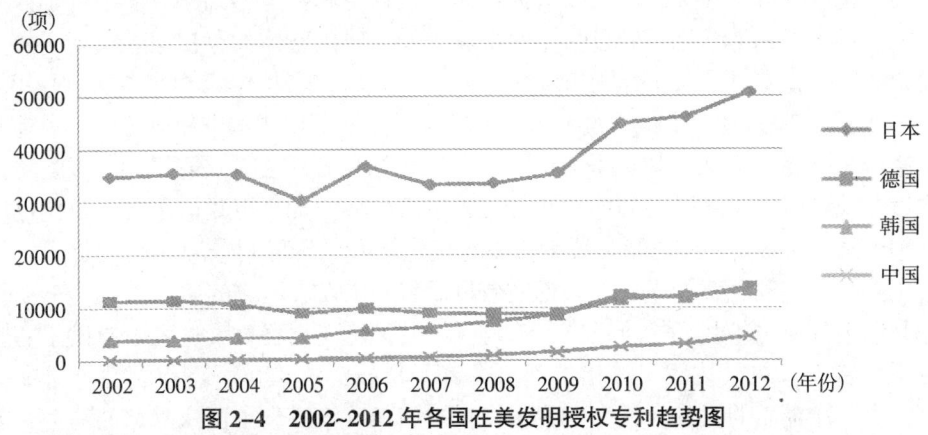

图2-4 2002~2012年各国在美发明授权专利趋势图

资料来源:美国专利及商标局,http://www.uspto.gov。

从图2-4中可以看出,中国获得的授权专利数量增长最快,而日本是在美国获得授权专利最多的国家,2002年日本获得34858件,占整个非美国拥有发明专利数量的43.38%。随着各国在美专利申请数量增加,这一比重下降至2012年的38.35%。2002年,日本在美授权专利数量是中国的120倍之巨,而到了2012年,这一比值缩小到了10倍,中国与日本之间的差距在不断缩小。不仅如此,中国2012年获得的发明专利是2002年的16倍之巨,并且获得的授权专利占整个非美国拥有发明专利数量比重从2002年的0.36%提升至了2012年的3.51%。韩国在上述11年间呈现出较快的增长势头,2012年数据较2002年相比翻了3.49倍,有赶超德国的趋势。德国则是在波动中缓慢地增长,2012年仅比2002

---

① Caviggioli F. Foreign applications at the Japan patent office—an empirical analysis of selected growth factors [J]. World Patent Information, 2011, 33 (2): 157-167.

② Criscuolo P. The "home advantage" effect and patent families: a comparison of OECD triadic patents, the USPTO and the EPO [J]. Scientometrics, 2006, 66 (1): 23-41.

年多了2555件发明专利。就纵向来看，中国的发明专利数量开始显著增长始于2007年，即《纲要》颁布实施之后。2007~2012年的平均增长率达到39.44%，与2002~2006年相比增长率多出10个百分点，其中2010年的同比增长率更是高达60.54%，这种强劲增长势头是其他国家无法比拟的。

三、结论及政策建议

本节从定量角度出发，首先，分析了我国的全球整体竞争力和全球科技竞争力的排名情况，并和发达国家科技竞争力进行了比较；其次，为了进一步研究我国科技竞争力发展的动因，本节从研发人员全时当量、研发经费投入、科技论文产出情况以及各国在美国专利及商标局获得授权专利数量等四个方面进行了深入探究。得出了如下结论：经过数年的快速发展，我国整体的科技面貌得到了较大的改善，不仅在国际上的排名有所上升，同时还与发达国家之间的差距不断缩小。尤其是2006年《纲要》颁布之后，我国科技发展和技术进步显著，大大提升了我国全球竞争力和科技竞争力的排名。取得这些成绩主要得益于《纲要》实施之后，我国研发投入强度的加大和科技成果产出率的提升迅猛。不过，我们也应看到，虽然《纲要》及其配套政策有力地促进了我国国际科技竞争力的提升，但是也存在一些问题，如重视发表论文数量而忽略了发表论文的质量。

以上分析也给我们在今后贯彻实施《纲要》及其配套政策过程中提供了一些启示：首先，在科技成果产出方面，尤其是科技论文产出，不仅要注重量的提高，更要注重质的提升。如今，我国将自主创新政策提到了国家战略的高度，就是为了能够尽快地提升自己的科研实力和科技水平。如果单纯是量的提高，既解决不了现实问题，也达不到实施《纲要》的真正目的。因此，在一定数量累积的基础上，重视质量的提高才是提升科技实力的根本。其次，在增加科技投入的同时也要注重科技产出的增长。从结果可以看出，《纲要》对于研发经费和研发人员全时当量的促进作用明显，这两个指标都是属于研发投入方面的。而在产出指标方面，我们发现，SCI论文和申请的美国专利有明显的提高，但是，高端科技论文产出的增长速度与SCI论文的增长速度不协调。因此，我们还需要更加关注产出指标方面的增长情况，尤其是高端科技论文的产出情况。

第二节　国外在华创新舞台的竞争态势

中国在2010年超越日本成为继美国之后的全球第二大经济体。因此，中国市场日益成为全球市场的重要组成部分。似乎在大家眼中，在这个全球市场中，中国的分工就是价值链低端的生产制造环节,而高端的研发、设计和精密制造均掌控在发达国家手中。中国推行以《纲要》为代表的自主创新政策就是要努力改变这种全球分工格局,要在高端价值链环节谋求一席之地。在此情况下,中国舞台的竞争将如何发展和演化是本节需要重点讨论的问题。在这个问题的分析过程中,我们采用国外主要国家在华申请专利情况来刻画这种竞争态势。把专利作为刻画指标的理由在于它是作为产品或者服务市场竞争背后的技术支撑力量,是产品或服务进入某市场的先行军。因此,使用专利指标可以在一定程度上反映外国在华的科技竞争态势和变化。

一、引言

为了应对激烈的国际竞争和经济全球化发展,以科技创新带动区域经济的发展,我国于2006年颁布了《国家中长期科技发展规划纲要(2006~2020年)》以提升国家创新能力的层次,从而更好地应对经济和社会发展所带来的挑战。那么在2006年前后各国和地区在华创新方面的竞争态势是怎样的?在这前后竞争态势是否发生了变化?《纲要》的实施对这些国家和地区在中国舞台上的创新竞争力造成了什么样的影响?本节将采用国际上认可的衡量创新能力的中国专利数据来研究上述问题。

二、中国知识产权局专利申请总体概况

新中国的第一部《专利法》颁布于1984年,并于1985年4月正式开始实施。根据国家知识产权局专利数据库收录的信息显示,1985年的申请总量是12004件(1985年从9月10日开始收录),而到了2010年,这一数值已经飙升到了683629件,是1985年的57倍之巨,专利申请总量呈逐年递增的趋势,且增长迅速。就国外在华专利申请总量来看,1993年和2001年是专利激增的两个时间点。究其原因,主要是受中国政策以及重大事件的影响。1993年,邓小平同志的南方谈话进一步确立了中国市场经济体制的地位,这一举措坚定了中国发展市场经济的决心,国外的组织和个人也深受该举措的鼓舞,在华专利申请量激增。资料显示,1993年的专利申请总量是1992年的1.84倍。2001年中国正式加入世界贸易组织,使得各国和各地区看到了一个更加开放的中国,坚定了他们来华投资的决心,因此专利申请量在这以后出现了较快的增长。

图2-5展示了不同的时间段专利申请的数量变化,1985~2006年平均增长速度为17.82%,较2007~2010年的平均增长速度低了1.52%。就不同申请主体来看,国内专利申请的增长趋势和中国专利申请总量的增长趋势基本保持一致,在2006年之后增速明显加快,而国外在中国申请专利的增长则较为缓慢。1985年,国外申请专利4549件,占所有申请总量的38%,而到了2010年,国外申请专利

112110件,虽然是1985年的25倍,但其所占比重已经降至16%。国外专利申请比重在不断缩小,且在2006年达到顶峰之后开始出现下降的趋势,而国内专利申请的势头则是越来越猛。

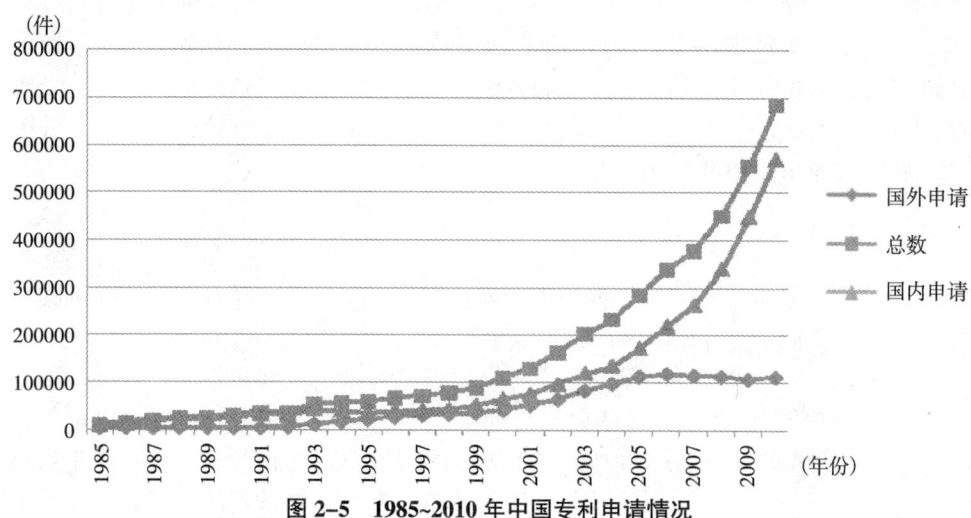

图2-5 1985~2010年中国专利申请情况

资料来源:国家知识产权局专利数据库。

由此可见,《纲要》的实施对于国内组织和个人在专利申请方面的促进作用已经开始显现,而国外受此影响专利申请数量开始出现下降。下面将通过研究国外在华专利申请情况和专利申请结构分布状况来分析《纲要》对国外在华技术战略的变化情况。

三、各国和地区在华专利申请基本情况

通过中国专利数据库可以检索到1985~2010年国外在中国总共申请专利1250219件,[①]其中有25个国家和地区在华申请专利总量突破1000件,[②]占到了国外申请总量的97%左右。这里选取这25个国家和地区作为样本来研究《纲要》政策实施后对国外在华科技创新发展的影响。由表2-9可知,1985年在中国申请专利最多的是日本和美国,均超过了1000件,其专利申请量占到了国外专利申请总量的62%,比新西兰26年来在华申请的总量还要多。与此同时,韩国、中国台湾、以色列、爱尔兰和俄罗斯五个经济体在1985年的专利申请量为0。

---

① 考虑到研究问题数据的可得性,这里只统计到2010年的专利申请数量。
② 这25个国家和地区分别是:奥地利、澳大利亚、比利时、丹麦、德国、法国、芬兰、韩国、荷兰、加拿大、美国、日本、瑞典、瑞士、中国台湾、西班牙、中国香港、以色列、意大利、英国、爱尔兰、挪威、新加坡、新西兰和俄罗斯。

到了1993年,中国台湾地区的专利申请量迅速飙升,在以上各经济体中排名第一,紧随其后的是美国和日本,而后中国台湾在华专利申请数量继续保持着强劲的势头,在26年内总共申请了220444件,在所有国家和地区中排名第三。相较于2001年,2007年这25个国家和地区在华专利申请的数量呈现出大幅增长。2007年,韩国在华专利申请的数量达到了8800件,是2001的3倍之多。但是到了2010年,从表2-9中的数据可以发现,国外在华申请专利的数量除奥地利、澳大利亚、比利时、丹麦、德国等9个国家和地区有小幅增长外,其余16个国家和地区的专利申请数量均有下降趋势。

表2-9 1985~2010年25个国家和地区在中国的专利申请状况

单位:件

地区	1985	1993	2001	2007	2010	1985~2010
奥地利	36	59	181	387	555	4511
澳大利亚	88	138	392	529	554	7731
比利时	24	33	167	491	508	5214
丹麦	25	38	231	553	582	6476
德国	487	839	3754	8766	10368	96146
法国	154	314	1630	3156	3498	38207
芬兰	23	46	522	847	747	10714
韩国	0	383	2467	8800	6781	78377
荷兰	228	266	1789	3268	2517	36602
加拿大	49	103	416	821	781	9305
美国	1218	2709	10168	22744	22539	256579
日本	1519	2050	14780	32799	32263	354420
瑞典	58	154	680	1612	1071	17670
瑞士	173	366	1140	2524	2489	27677
中国台湾	0	4184	12535	20263	19073	220444
西班牙	3	30	117	317	337	3028
中国香港	55	120	517	1261	1453	12166
以色列	0	46	190	375	443	3943
意大利	80	160	512	1222	1129	13618
英国	191	377	1038	1718	1664	21698
爱尔兰	0	9	48	144	142	1217
挪威	15	28	113	189	255	2428
新加坡	3	17	70	343	317	2591
新西兰	9	16	51	84	75	1012
俄罗斯	0	17	60	95	95	1542

资料来源:国家知识产权总局专利数据库。

四、国外在华专利申请技术领域分布状况

上文分析了 1985~2010 年国外在华专利申请数量的变化,而 2007 年前后即在我国政府出台《纲要》之后,国外在华专利申请的数量由持续大幅增长到逐渐下降。为了进一步分析我国自主创新政策对国外在华科技发展战略的影响,这里将从国外在华专利申请结构分布状况入手来探究国外在华创新舞台竞争态势的转变。鉴于中国专利检索数据库中涉及的行业和领域较多,这里运用 2008 年世界知识产权组织(WIPO)①《世界专利报告》在 FHG/OST/INPI 对照表的基础上提出的新的《国际专利分类号与技术领域对照表》,②将所涉及的申请专利划分为 5 大技术领域 30 个技术子领域,以方便研究国外在不同领域的专利申请状况,见表 2-10。

表 2-10 世界知识产权组织技术领域分类

技术领域	子技术领域	技术领域	子技术领域
电气工程	1. 电气机械设备及电能 2. 声像技术 3. 通信 4. 计算机技术 5. 半导体	化学	16. 生物技术 17. 药品及化妆品 18. 农业、食品 19. 石油工业及基础材料化学
工具	6. 光学 7. 分析及测量控制技术 8. 医学技术 9. 环境技术 10. 运输	机械工程	20. 原子核工程 21. 搬运及印刷 22. 农业和食品加工、机械和设备 23. 材料加工、纺织、造纸 24. 机床 25. 发动机、泵、叶轮机 26. 热处理及设备 27. 机械组件 28. 航天技术、武器
化学	11. 有机精细化学 12. 高分子化学及聚合物 13. 化学工程 14. 表明加工、涂层 15. 材料、冶金	其他领域	29. 消费品及设备 30. 土木工程、建筑、采矿

图 2-6 展示了国外在华五大技术领域专利申请格局情况。1985~2010 年国外在华各个领域的专利申请均呈上涨趋势,而电气工程领域的增长尤为迅速,其申

---

① 俞文华. 韩国在华发明专利申请格局,技术结构与比较优势及政策含义 [J]. 中国科技论坛,2007 (7):132-140.
② OECD. Using patent data as science and technology indicators—patent manual [M]. OECD,1994.

请数量远远高于其他各领域，成为了国外申请的重点行业；而其他领域则是申请数量最少的领域，其增长速度也较为平缓。从图 2-6 中还可以得知，2006 年成为国外各个领域的分界点：虽然国外在电气工程领域具有比较优势，但从 2006 年开始其申请量出现了急剧下降；在其他四个领域中，2006 年之后的申请总量均与 2006 年持平，没有再出现明显的增长，这种情形和国外专利申请总量走势较为一致。由此可见，《纲要》的实施取得了积极的作用，不仅增加了我国研发人员的数量，还增加了研究经费的投入，这些措施均有助于增强国内的研发实力，使得国内专利申请量激增，而国外专利申请在此时则开始下降。

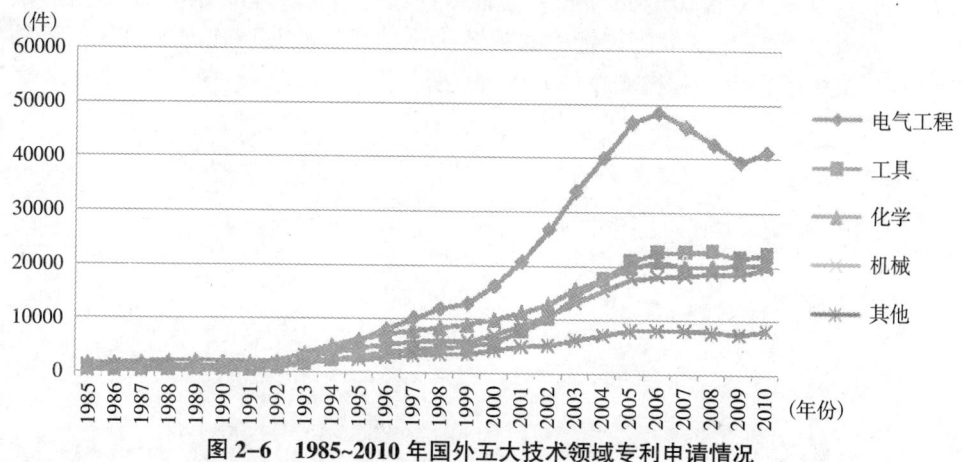

图 2-6　1985~2010 年国外五大技术领域专利申请情况
资料来源：根据国家知识产权局专利数据库相关信息计算所得。

为了研究国外在华专利申请时所偏向的领域，本文借鉴 Ernst[①] 的研究，采用技术领域相对重要性这一指标来进行衡量。所谓相对重要性指标是衡量一个国家或地区在某技术领域专利申请量占总技术申请量的比重，其具体的指标计算方法如下：

$$RI_{ij} = \frac{PA_{ij}}{\sum_j PA_{ij}} \tag{2.1}$$

PA_{ij} 表示国家或地区 i 在 j 技术领域申请的专利数量，$\sum_j PA_{ij}$ 表示国家或地区 i 在所有技术领域申请的专利总和。根据式（2.1）对数据进行处理，得到的结果如图 2-7 所示。国外企业在五大技术领域申请比重的变化反映了他们在各技术

[①] Ernst H. Patent information for strategic technology management [J]. World Patent Information, 2003, 25(3): 233-242.

领域的资源分配和技术的变化。从图 2-7 中可以看出，随着时间的推移，各国和地区在华专利申请方向出现了较大程度的调整，如今的偏好主要在电气工程领域。就发展过程来说，国外企业在电气工程和工具领域的申请比重呈现出递增的趋势，但工具领域的增长较为平缓，27 年间比重仅增加了 8.52%；而电气工程领域的增长较为迅猛，从 1985 年的 20.29%增长到了 2011 年的 41.38%，其申请比重远远高于其他四个领域。化学和机械领域则不仅没有出现申请比重增长的情况，比重反而在下降。机械领域从 1985 年的 25.7%下降至 2011 年的 19.48%；化学领域在上述期间内的下降幅度竟高达 23.62%。国外企业在其他领域的申请比重则是在波动中保持了总体的平稳，总体申请比重维持在 7%~8%。由以上分析可知，国外在华具有技术比较优势的领域从化学和机械领域转向了电气工程领域，他们失去了在化学和机械领域的比较优势。

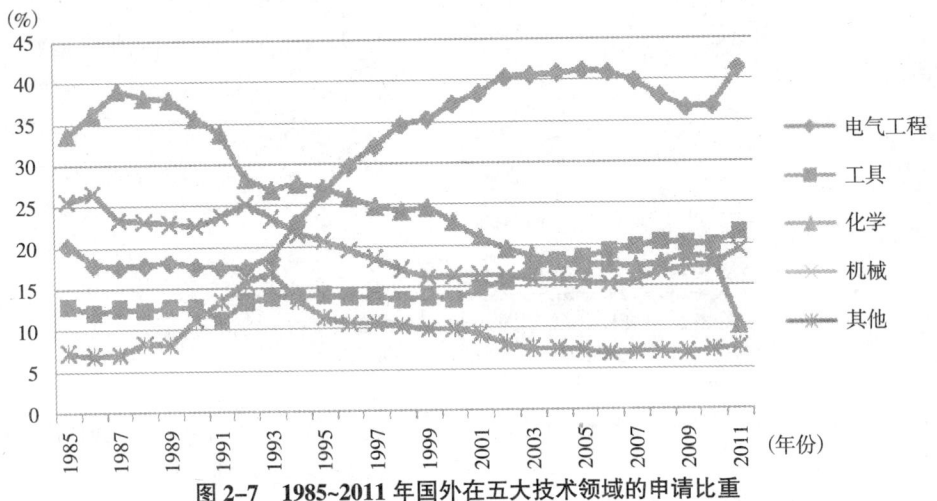

图 2-7　1985~2011 年国外在五大技术领域的申请比重

资料来源：根据中国专利数据库公开信息整理所得。

从以上分析可以看出，我国政府在出台《纲要》后成为国外在华专利申请的一个分水岭，专利申请的数量和结构都发生了较大的转变，不仅数量开始递减，而且专利申请的领域也逐渐侧重于其优势领域。这也就意味着中国出台的自主创新和科技发展政策在很大程度上促进了我国科技实力和创新能力的提高，且不再是单单依靠引进国外的先进技术，而是具备自主研发的资金、人力和科技实力。面对这一变化，国外在华创新舞台竞争态势也随着中国综合国力和科技实力的崛起发生改变——越来越收敛到他们具有优势的技术领域而非挤占中国的所有技术领域。下面，我们采用实证分析方法来验证这种发展趋势。在这里，假设中国自主创新政策的推行会使得国外在华专利申请技术面收缩，那么这种趋势很可能体现在自主创新政策对国外在华申请专利数量的负面影响上，即与 2006 年之前相比，2006年之后的国外在华申请专利数量将相对减少。

五、自主创新政策对其他国家和地区在华申请专利影响的实证分析

目前有50多个国家和地区在华有专利申请，这里我们选择在华申请专利最多的25个国家和地区作为代表。这些国家和地区的选择标准主要根据他们1985~2010年①在中国专利申请的数量，在本研究中我们选择累计突破1000件的国家和地区，共计25个。② 这些国家和地区的专利申请总量占到了国外申请总量的97%左右，因此极具代表性。同时，为了进一步探究中国自主创新政策是否对不同国家和地区产生了不同的影响，我们将对这25个国家和地区进行分组研究。

（一）政策变量及其相关因素定义

为了考察自主创新政策是否影响国外在华专利申请，以及对不同类型国家和地区的影响是否相同。这里首先定义政策变量，我们将《纲要》颁布的年份2006年及其之前设为0，之后设置为1。由于各个经济体的科研实力、经济发展状况、在华发展战略不同，我们希冀考察不同类型国家和地区是否同时受到自主创新政策的影响，改变了他们在华的科技战略。在此，我们运用各个经济体2011年国内生产总值这一指标将25个国家和地区分为四组。其中，美国、日本、德国、法国、意大利和英国作为第一组为特大型发达国家，国内生产总值超过20000亿美元；韩国、加拿大、澳大利亚、西班牙和俄罗斯作为第二组为大型发达国家，国内生产总值为10000亿~20000亿美元；比利时、荷兰、瑞典和瑞士作为第三组为中型发达国家，国内生产总值为5000亿~10000亿美元；奥地利、丹麦、芬兰、中国台湾、中国香港、以色列、爱尔兰、挪威、新加坡和新西兰作为第四组为小型发达国家和地区，国内和地区生产总值在5000亿美元以下。

除政策因素和不同国家类型之外，我们再引入一些控制变量。这些变量可以分为国外方面和国内外相互关系两类。其中反映国外方面的相关变量有：各国和地区在美国专利局获得的授权专利。反映国内外相互关系的变量有：中国对在华申请国和地区的进口额、中国吸收在华申请国和地区的外商直接投资额、各国和地区与中国的空间地理距离。

1. 中国对在华申请专利国和地区的进口额

专利申请的目的在于保护发明人利用发明的权利，以保证通过专利能够赚取

---

① 考虑到研究问题数据的可得性，这里只统计到2010年的专利申请数量。
② 这25个国家和地区分别是：奥地利、澳大利亚、比利时、丹麦、德国、法国、芬兰、韩国、荷兰、加拿大、美国、日本、瑞典、瑞士、中国台湾、西班牙、中国香港、以色列、意大利、英国、爱尔兰、挪威、新加坡、新西兰和俄罗斯。

中国自主创新政策评价研究

利润。然而,在国外申请专利需要花费大量的费用,如果国外市场没有足够的吸引力和潜力,发明人在国外申请专利不仅不能赚取利润,还有可能要负担高额的成本,在这种情形下,发明人便不愿意花高额的成本和精力去国外申请专利。① 那么我们应该用什么指标来衡量一个市场的吸引力?本文借鉴 Bosworth② 的研究,用中国对一个国家或地区的进口额作为衡量指标。由于中国有广泛的市场,且随着经济的高速发展,居民的消费能力和水平也在不断提高,这些都吸引着国外产品源源不断地流入中国。《中国统计年鉴》的数据表明,我国的进口额从 1985 年的 1257.8 亿元飙升至 2010 年的 94699.3 亿元,在 26 年间翻了 75 倍之巨,可见我国市场对于其他经济体的吸引力越来越大,他们正是看中了我国市场的发展潜力,进口到中国的货物数量逐年上升。因此,其他经济体为了保护其在海外市场上的利益,会加大在中国的专利申请力度。

2. 中国吸收在华申请专利国和地区的外商直接投资

随着全球化进程不断加深,各经济体之间的联系越来越紧密。中国已经成为仅次于美国的世界第二大 FDI 投资地。2010 年,中国实际使用外资金额达到 1057.4 亿美元,首次突破了千亿美元的大关。在 FDI 大量流入的同时,国外企业为了保护他们的技术,需要在中国申请专利保护其利益。据冼国明等③ 学者的研究,外商直接投资对中国的专利申请产生了显著的正面溢出效应,FDI 流入量每增加 1%,可以促使专利申请总量增加 0.16%~0.17%。徐全勇④ 研究认为,在市场换技术的引进外商直接投资过程中,外商凭借技术优势和资本优势,控制了技术和市场,抑制了国内企业的研发行为,进而在相关领域申请专利保护他们的技术优势。因此,理论上认为一个国家和地区在中国的投资越多,其在中国申请的专利也就越多。

3. 各国和地区与中国的空间地理距离

Sláma⑤ 和 Soete et al.⑥ 研究表明,在地理距离上越临近的国家,相互之间的专利申请量越多。文章运用一个国家和地区与中国首都北京的理论空中距离作为

---

① Basberg B.Foreign patenting in the US as a technology indicator: the case of Norway [J]. Research Policy, 1983, 12 (4): 227–237.

② Bosworth D. Foreign patent flows to and from the United Kingdom [J]. Research Policy, 1984, 13 (2): 115–124.

③ 冼国明,严兵. FDI 对中国创新能力的溢出效应 [J]. 世界经济,2005,28 (10): 18–25.

④ 徐全勇. 外商直接投资对我国自主创新作用的实证分析——基于区域层面的面板数据分析 [J]. 世界经济研究,2007 (6): 14–18.

⑤ Sláma J.Analysis by means of a gravitation model of international flows of patent applications in the period 1967~1978 [J]. World Patent Information, 1981, 3 (1): 2–8.

⑥ Soete L., Wyatt S. The use of foreign patenting as an internationally comparable science and technology output indicator [J]. Scientometrics, 1983, 5 (1): 31–54.

衡量地理距离的指标。按照常规的设想来说，距离中国越近的经济体，其在华专利申请量越多。同时，在计算地理距离时是衡量各个经济体与中国首都北京的距离，然而，由于中国领土所占范围较广，如果单纯计算地理距离可能会存在误差。例如，韩国首都首尔距离北京的理论空中距离是 957 千米，但实际上首尔距离山东威海仅有 432 千米，事实上由于地理位置邻近，韩国同山东之间的联系十分紧密。因此，为了避免产生这样的误差，这里再引入一个地区虚拟变量，即衡量一个国家是否属于亚洲国家。① 理论上的假设是同等情况下，亚洲国家在中国申请专利数量多于非亚洲国家。

4. 各国和地区在美国专利及商标局获得授权专利

专利是衡量创新能力的重要指标之一，能够准确客观地反映科技产出成果。②③ 因此，一般认为创新能力越强的国家更有可能在国外申请更多的专利。Bosworth et al.④ 曾经用国内专利数据作为衡量一国创新能力的指标。但是正如 Baughn et al.⑤ 指出的一样，由于各个国家之间的专利法律方面存在着较大的差异，如果用本国的专利数据作为衡量指标，那么各国之间很难进行一个比较客观的对比。例如，很多国家将专利授予给第一个提交申请的人，而美国可能是将专利授予给第一个发明出产品的人。不仅如此，使用美国专利数据还有以下的一些优点：根据 Grupp & Schmoch⑥ 的研究，在美国专利及商标局授予的专利具有较高的创新质量。正如前文指出，美国是世界上最发达的技术和市场中心，一项发明能够获得美国专利说明该专利位于世界科技先进行列，并且具有巨大的商业价值。因此，在创新研究中，许多学者纷纷采用美国专利数据作为衡量一个国家和企业国际技术创新水平和能力的指标。⑦ 在这里，由于美国本国在其专利及商标局申请数量较多，为了保证结果的平稳性，对所有国家和地区在美国获得的授权专利取对数。

（二）实证方法及结果

本研究的因变量为各国在华申请专利数，是计数型变量（Count Variable）。通常对这种变量采用泊松回归模型。但是，泊松回归模型要求均值和方差相等，这

---

① Sun Y. Determinants of foreign patents in China [J]. World Patent Information, 2003, 25 (1): 27-37.
② Griliches Z. Patent statistics as economic indicators: a survey [A]//R&D and productivity: the econometric evidence [C]. Chicago: University of Chicago Press, 1998: 287-343.
③ Pavitt K. R&D, patenting and innovative activities: a statistical exploration [J]. Research Policy, 1982, 11 (1): 33-51.
④ Bosworth D. The transfer of US technology abroad [J]. Research Policy, 1980, 9 (4): 378-388.
⑤ Baughn C., Bixby M., Woods L. Patent laws and the public good: IPR Protection in Japan and the United States [J]. Business Horizons, 1997, 40 (4): 59-65.
⑥ Grupp H., Schmoch U. Patent statistics in the age of globalisation: new legal procedures, new analytical methods, new economic interpretation [J]. Research Policy, 1999, 28 (4): 377-396.
⑦ Archibugi D., Planta M. Measuring technological change through patents and innovation surveys [J]. Technovation, 1996, 16 (9): 451-519.

在很多条件下无法满足。因此，通常学者们常采取经过改良的负二项回归方法。但是这种方法用于本例的面板数据时又存在许多缺陷，如无法控制样本的自相关问题。因此，广义估计方程（GEE）常被学者在计数型面板数据中使用。基于以上考虑，这里我们也采用 GEE 方法对 25 个国家和地区在 1985~2010 年的面板数据进行统计分析。为了保证模型的平稳性，对进口额、地理距离以及在美获得的授权专利取对数。通过逐步加入自变量、虚拟变量和交叉项之后，得到的计量模型如下所示：

$$\text{patents} = \beta_0 + \beta_1 \text{lnimport} + \beta_2 \text{lngeo} + \beta_3 \text{lnpatentinus} + \beta_4 \text{classify} + \beta_5 \text{asianregion} + \beta_6 \text{year} + \varepsilon \tag{2.2}$$

模型中，patents 是因变量，代表国外在华专利申请数量；自变量包括：lnimport 是进口额，lngeo 是地理距离，lnpatentinus 是在美授权专利数量，classify 是对各国和地区的分类；虚拟变量包括：asianregion 是亚洲地区，year 为政策哑变量。

在回归分析中，我们首先引入 FDI、进口额、地理距离和在美授权专利等控制变量以及政策变量构建基础模型（1）、模型（2）至模型（5）分别对各分组国家和地区进行回归计量。回归是在统计软件 STATA12.0 下运行，其结果如表 2-11 所示。其中，模型（4）中因为所分类国家均为非亚洲国家，所以对虚拟变量亚洲地区的回归系数和检验值未显示。

表 2-11 自主创新政策对各国或地区在华申请专利影响的计量结果

变量	（1）在华申请专利	（2）第一组在华申请专利	（3）第二组在华申请专利	（4）第三组在华申请专利	（5）第四组在华申请专利
政策变量	−0.586*** (0.0947)	−0.783*** (0.117)	−0.739*** (0.166)	−0.530*** (0.123)	−0.572*** (0.173)
亚洲地区	1.296*** (0.452)	6.512*** (1.970)	2.130 (1.747)	—	2.471*** (0.807)
FDI	1.69e−06*** (1.67e−07)	4.35e−06*** (8.56e−07)	7.68e−06*** (1.93e−06)	0.0263*** (0.00264)	−3.46e−08 (2.36e−08)
进口额	1.28e−07*** (2.95e−08)	1.37e−08 (2.93e−08)	1.04e−08 (4.46e−08)	0.00156*** (0.000329)	−3.06e−08 (2.07e−08)
地理距离	−0.000255*** (7.68e−05)	−0.000808*** (0.000240)	−0.000160 (0.000184)	−0.0466 (0.122)	−0.000398*** (0.000115)
在美授权专利	0.580*** (0.224)	1.261*** (0.211)	0.140 (0.216)	120.9* (71.93)	1.280*** (0.0768)
常数项	3.896*** (1.198)	2.734*** (0.564)	2.542*** (0.322)	−388.1 (1.245)	1.260 (1.528)
观测数量	614	156	119	103	236
国家数量	25	6	5	4	10
deviance	632.1	75.30	69.71	1.800e+07	222.7

注：***、**、* 分别代表在 1%、5% 和 10% 的水平下显著。

由模型（1）可知，政策虚拟变量显著并呈现负值，表明在其他条件不变的情况下，2006年后国外主要国家和地区与2006年之前相比减少了在华专利申请量。换句话说，自主创新政策的出台减少了国外主要国家和地区在华的专利申请数量。从模型（2）到模型（5）同样可以看出政策变量显著并为负，即自主创新政策对所有在华申请专利的国家和地区都产生了相同的负作用。

六、结论及政策建议

从以上分析可以得到如下结论：①我国自《专利法》实施以来，国内外企业在国家知识产权总局的专利申请量呈直线上升趋势，但2006年成为了国内外企业在华专利申请的分水岭：2006年之后国外在华的专利申请情况不论是总量还是在各个领域的申请量均开始呈下降趋势，而国内的专利申请数量则在2006年后出现了激增现象；②国外专利申请大多集中在电气工程领域，即它们在该领域具有较强的比较优势，自主创新政策的实施使得国外收缩了其专利申请面，如在机械领域的技术比较优势正在逐渐减弱；③根据在华专利申请量最多的25个国家和地区的实证分析发现，自主创新政策减少了这些国家和地区在华的专利申请量，而且，这种政策效应对所有类型国家均一样。以上分析折射出这些国家和地区确实对中国自主创新政策产生了反应。一方面，自主创新政策减少了他们在华的申请数量，但另一方面，我们看到隐藏在背后的逻辑是他们改变过去在华原有技术领域的占领，而将其在华科技战略集中于他们在全球科技领域中具有比较优势的一些技术领域。以上分析可以为自主创新政策的实施和未来调整提出如下建议：

首先，坚持自主创新政策的国家意志不动摇。自主创新政策从《纲要》出台便被冠以国家意志而受到国内外政府和组织的广泛关注。从目前来看，这种国家意志已经强烈传达到了国外在华申请专利的组织和机构，使其调整了在华的技术战略。从现有分析来看，这种调整也为中国本土技术创新腾出了空间。因此，我们要继续保持自主创新政策的国家意志不动摇，从媒体宣传和国家政策中强化这种态势。

其次，警惕国外组织或机构的其他技术战略。本研究仅仅使用国外组织和机构在华申请专利这一单一指标来分析他们在华的技术战略。实际上，在华申请专利保护是跨国企业国际经营的一个重要支撑条件，但是其技术战略还有很多种，如技术标准化战略、使用技术秘密保护产品市场等。所以，我们需要警惕国外机构和组织在华技术战略的变化，同时也要关注他们在华商业模式的变化，以便采取更有效的自主创新政策，在非专利领域内形成更有效的竞争策略，为国内企业的自主创新营造良好环境。

最后，我们建议未来自主创新政策可否做到更加差异化，以应对不同国家或地区的在华技术战略。例如,某些北欧国家,他们往往集中在少数优势技术领域,又限于本国市场较小这一国情,因此,这些国家的创新国际化程度非常高。而相对于一些大国来说,由于涵盖的比较优势技术领域较多,国内本土市场也较大,往往在国际创新舞台上显得较为保守。从我们的分析来看,目前的自主创新政策对这些不同类型国家的作用是相似的,那么未来的自主创新政策可否延伸考虑这些在华竞争国家和地区的技术和经济发展特点,出台更有针对性的政策干预他们在华的技术战略值得政策制定者进一步思考。

第三节 自主创新政策对中国创新体系国际化的影响

自主创新绝不是关起门来创新。因此,积极利用全球创新资源构成了我国自主创新政策制定的重要指导思想。从国家层面来说,就是要开放国家创新系统,积极吸收国外先进的技术和优秀人才,参与国际技术合作,鼓励国内企业走出去到国外并购技术主导型的企业或研发机构,在技术先进国家新建研发中心。这些综合体现在国家创新体系的国际化程度及路径选择上。因此,本研究首先通过对美国专利和商标局定义的专利发明人和所有人信息进行分析,形成一个 3×3 的矩阵用于识别国家体系的国际化模式,以此为分析工具,分析我国国家创新体系国际化在近年来的主要变化情况,同时与主要发达国家(德国、日本和韩国)及主要发展中国家(印度、巴西和俄罗斯)进行比较,旨在分析自主创新政策实施以来我国创新体系国际化路径的特点,进而为自主创新政策实施效果进行另一个国际化视角的评价。

一、引言

1978 年开启的中国改革开放承接了西方制造业向发展中国家转移的发展机遇,实现了中国经济 30 多年的快速发展。这是中国凭借其低廉的劳动力和资源成本成功地嵌入全球价值分工体系的结果。然而,随着中国产业结构的升级和全球竞争格局的变化,中国经济正面临新的挑战和机遇。第一,中国经济发展面临从世界制造工厂到创新中心升级的需要,也就是向上要和欧美、日本企业在价值链高端环节进行竞争,而从这些国家获得先进技术的可得性降低,因为发达国家企业担心在国际市场上培养竞争对手;[①] 向下则面临低端制造业向制造成本更低

---

① Ernst D.Beyond the "Global Factory" mode: innovative capabilities for upgrading China's IT industry [J]. International Journal of Technology and Globalisation, 2007, 3(4): 437-459.

的东南亚国家转移的威胁。① 第二，20世纪90年代开始的基于创新价值链的国际分工逐步取代基于资源禀赋和地理区位的国际分工。新的国际分工首先发生在发达国家内部，进入21世纪之后逐步向发展中国家转移。② 新一轮国际分工为发展中国家技术的学习和追赶提供了重要契机。③

根据Edquist的理论，在全球创新进入新时代的背景下，所有国家的创新体系都受到更广阔的全球创新体系的影响。④ 其结果是，包括发展中国家在内的所有国家不管是被动地或是主动地都参与到了全球创新活动中。⑤ 政府在国际竞争中扮演着促进者和创新能力投资者的重要身份。⑥ 在这种情形下，最核心也是最为紧迫的是要研究创新价值全球分工条件下国家创新体系国际化的实现路径问题。2006年颁布的《纲要》及其后续自主创新配套政策非常强调利用全球创新资源为我国创新型国家建设服务。从具体微观层面来看，这也是使我国有效地嵌入创新全球化的价值分工体系，进而推动中国实施以技术创新为支撑的产业升级的重要举措。本节主要研究在自主创新政策实施背景下，我国2006年前后在国际创新化路径选择方面有何差别？与其他金砖国家相比，我国国际化路径有什么相同点和不同点？与发达国家相比，我国政策实施后在创新国际化模式选择方面又有什么差别？中国在创新国际化模式方面的改变主要体现在哪些方面？

二、国家创新体系国际化的分析框架

在讨论我国国家创新体系国际化之前，有必要对国家创新体系及其国际化研究现状做一简要介绍。从目前我们掌握的文献来看，国家创新体系国际化研究目前还处于初步探索阶段。基于此，本书提出一个新的国家创新体系国际化分析框架，并以此为基础分析《纲要》颁布前后我国及主要发展中国家和发达国家的国家创新体系国际化路径情况，希冀摸清我国自主创新政策对国家创新体系国际化路径的影响。

---

① 方向明，尚言. 中国向何处去 [J]. 三联竞争力，2006，48（2）：20-21.
② Dunning J, Lundan S. The Internationalization of corporate R&D: a review of the evidence and some policy implications for home countries [J]. Review of Policy Research, 2009, 26 (1-2): 13-33.
③ Archibugi D., Pietrobelli C. The globalisation of technology and its implications for developing countries: windows of opportunity or further burden? [J]. Technological Forecasting and Social Change, 2003, 70 (9): 861-883.
④ Edquist C.Identification of policy problems in systems of innovation through diagnostic analysis [C]. PRIME Conference, Mexico City, 2008 (9).
⑤ 江小涓. 理解科技全球化——资源重组，优势集成和自主创新能力的提升 [J]. 管理世界，2004 (6)：4-13.
⑥ Jang S., Yu Y., Wang T. Emerging firms in an emerging field: an analysis of patent citations in electronic-paper display technology [J]. Scientometrics, 2011, 89 (1): 259-272.

(一) 国家创新体系概念及国际化研究现状

国家创新体系这一概念产生于20世纪80年代中期,不过对国家创新体系概念的最早提出存在较大争议。弗里曼教授认为,朗德维尔教授是第一个使用"国家创新体系"这一概念的学者,他是在1992年出版的《国家创新体系:建立一种创新和互动型学习的理论》一书中提出的。而朗德维尔教授本人又在其出版的《国家创新体系》一书中清楚地指出,第一个明确使用国家创新体系这一概念的学者可能是弗里曼教授,并且认为他是在1987年出版的《科技政策和经济绩效:日本经验》这一有关日本经济发展实绩的研究专著中使用这一概念的。而与此同时,纳尔逊教授也发表了有关美国国家创新体系的研究成果。从以上介绍可以看出,三位教授均对国家创新体系这一概念的提出做出了贡献,因此这里借鉴王春法①学者的观点,认为这一概念由三位教授共同创立。而由于三位教授对于国家创新体系的理解并不完全相同,因而形成了三种不同的学术研究视角,即以纳尔逊为代表的美国传统、以弗里曼为代表的英国传统和以朗德维尔为代表的北欧传统。

但是截至目前,学术界还缺乏统一的概念定义,具有典型代表的是弗里曼、朗德维尔和纳尔逊的观点。弗里曼教授的理论主要分析的是技术创新与国家经济发展之间的关系,他特别强调国家专有因素对于一国经济发展的作用。他认为,现代国家的创新体系既包括各种制度因素以及技术行为因素,也包括致力于公共技术知识的大学等。②而以盈利为目的的厂商则是所有这些创新体系的核心。概括而言,弗里曼国家创新体系的核心思想是,"无论技术如何好,也不论企业家如何具有进取心,如果没有必要的基础设施和网络以支持其创新活动允许新技术的扩散,这种技术动力在经济中就不可能变为现实。这样一种制度框架包括从政治性和制度性国家机器到作为市场所提供新产品或服务的最终消费者的特定个人"。③

纳尔逊的研究是以技术变革的存在及其演进特点当作研究起点,研究重点在知识生产和创新对于国家创新体系的影响。他的贡献主要在于将国家创新体系与高技术产业的发展联系了起来,并将企业、大学体系与国家技术政策之间的相互作用置于国家创新体系分析的核心地位。④在他1993年出版的著作中,将国家创

---

① 王春法. 关于国家创新体系理论的思考 [J]. 中国软科学, 2003 (5): 99-104.
② Freeman C. Technology policy and economic performance: lessons from Japan [M]. London: Pinter Publishers, 1987.
③ Lundvall B., Christensen J., Universitet A., Syd H. Extending and deepening the analysis of innovation systems: with empirical illustrations from the DISCO-project [M]. Department of Industrial Economics and Strategy, Copenhagen Business School, 1999.
④ Nelson R. National innovation systems: a comparative analysis [J]. University of Illinois at Urbana-Champaign's Academy for Entrepreneurial Leadership Historical Research Reference in Entrepreneurship, 1993.

新体系进一步定义为"其相互作用决定着一国企业创新实绩的一整套制度",① 而这种企业的创新实绩又直接地与一国的国际竞争能力相联系。

朗德维尔②认为,国家创新体系是植根于其生产体系之中的,并且在理论上被定义的规范和规则的制度在这里起着重要的作用。他的国家创新理论体系侧重点在于分析国家创新体系的微观基础,即国家边界是如何对生产者—消费者之间的相互作用产生影响的,以及这种相互作用是如何影响到了一国经济发展的。在他看来,创新过程中用户和生产者分离这一现象具有重要的经济意义,用户—生产者之间的相互作用是技术创新过程中的核心内容。国家的重要性在于地理和文化的差距阻碍了用户与生产者之间的相互作用,而国家又是作为这种相互作用的框架存在并发挥作用的。③ 总体来看,在朗德维尔的方法中,关键的概念是用户—生产者的相互作用。这种以地方专有的学习模式为核心的相互作用创造出了不同的技术综合能力,这种技术能力决定了国家创新体系的特定差异。④ 朗德维尔⑤甚至认为至少可以确认出三种创新体系:第一种是植根于研究开发体系的创新体系,第二种是植根于生产体系的创新体系,第三种是植根于生产与人力资源开发体系的创新体系。

尽管存在着这样一些学术传统的分歧,但是,国家创新体系的研究者大都接受了这样一个事实,即国家创新体系的概念是建立在这样一个假设的基础之上的,即创新过程中各主体(Actors)之间的联系对于改进技术实绩至关重要。创新和技术进步是生产、分配和应用各种知识的各主体之间一整套复杂关系的结果。

虽然在国家创新体系的概念问题上至今未能形成一致意见,但是国家创新体系的概念从出现便受到了现实发展的挑战,其中的典型代表就是创新国际化对国家创新体系的挑战。国家创新体系强调的是体系的国家边界,但是创新国际化强调的则是创新的跨国组织和产业化。具体体现在,20世纪90年代初期,以跨国公司为主导的全球化创新活动迅速升温,使得国家创新体系的边界问题受到了广

---

① Lundvall B. National innovation system-analytical concept and development tool [R]. DRUID Tenth Anniversary Summer Conference, 2005.
② 刘云,李正风,刘立,王兆华,张祥. 国家创新体系国际化理论与政策研究的若干思考[J]. 科学学与科学技术管理, 2010 (3): 13.
③ 王春法. 关于国家创新体系理论的思考[J]. 中国软科学, 2003 (5): 99-104.
④ Miettinen R. National innovation system: scientific concept or political rhetoric [M]. Edita, 2002.
⑤ Cassiolato J., Lastres H.. Local systems of innovation in Mercosur countries [J]. Industry and Innovation, 2000, 7 (1): 33-53.

泛关注。①②③④ 技术创新活动大规模跨国转移，科技创新要素如知识、研发人员、研发投入等在全球范围内优化配置，各国科技发展的依赖关系不断增强。⑤ 其结果是，国家创新体系产生了两个要素：国内拥有研发技术，机构设在国外；国外拥有研发技术，机构设于国内。这就意味着创新价值链经过了重新调整，研发、生产和价值创造不再局限于同一个国家。不同的国家在价值链重新调整的过程中依赖关系增强，而研发全球化带来的在全球创新体系范围内的国内经济和社会价值对所有国家来说将是更大的挑战。

为了应对这个挑战，学者们研究了国家创新体系的国际化实现路径。根据Carlsson⑥的研究，关于国家创新体系国际化的观点主要有以下两种：一是用一个国家创新体系国际化的程度和其国家政策来衡量；二是基于企业研发全球化来研究对国家创新体系国际化进程的影响。Niosi & Bellon⑦ 进行了较为综合的国家创新体系国际化分析。他们采用跨国公司的国际研发投入、国际战略联盟数、国际技术转移收入、国际技术贸易量和国际科技人员流动等五方面指标分析了美国、日本和欧洲主要大国的创新体系国际化程度。其研究结果表明，国家之间的国际化程度存在着较大的差别。一个国家的规模大小在解释其开放程度方面起着重要的作用。关于国家创新体系的测量在随后的研究过程中有了进一步的发展。⑧⑨⑩⑪ 然而，学者们更倾向于无论创新体系的国际化程度如何，国家政策和体

---

① Pavitt K. Public policies to support basic research: what can the rest of the world learn from US theory and practice? (and what they should not learn) [J]. Industrial and Corporate Change, 2001, 10 (3): 761-779.

② Freeman C. The "National System of Innovation" in historical perspective [J]. Cambridge Journal of Economics, 1995, 19 (1): 5-24.

③ 黄军英. 科技全球化及其政策启示 [J]. 国际经济合作, 2007 (10): 46-49.

④ 周叔莲. 用好科技全球化提供的重要机遇 [J]. 管理世界, 2005 (1): 169-169.

⑤ Archibugi D., Michie J. Technological globalisation or national systems of innovation? [J]. Futures, 1997, 29 (2): 121-137.

⑥ Carlsson B. Internationalization of innovation systems: a survey of the literature [J]. Research Policy, 2006, 35 (1): 56-67.

⑦ Niosi J., Bellon B. The global interdependence of national innovation systems: evidence, limits and implications [J]. Technology in Society, 1994, 16 (2): 173-197.

⑧ Castellacci F., Archibugi D. The technology clubs: the distribution of knowledge across nations [J]. Research Policy, 2008, 37 (10): 1659-1673.

⑨ Guellec D., Van Pottelsberghe de la Potterie B. The internationalisation of technology analysed with patent data [J]. Research Policy, 2001, 30 (8): 1253-1266.

⑩ Ma Z., Lee Y. Patent application and technological collaboration in inventive activities: 1980~2005 [J]. Technovation, 2008, 28 (6): 379-390.

⑪ Picci L. The internationalization of inventive activity: a gravity model using patent data [J]. Research Policy, 2010, 39 (8): 1070-1081.

系在其中仍然扮演着重要角色的观点。①② 从公司层面分析国家创新体系的研究散见于关于企业创新国际化的文献中,他们认为,东道国的创新体系在塑造跨国研发活动中起着重要作用。不同层级的政府,如省级、国家和超国家层面更想要制定政策或者是开出有利条件以保证该地区的吸引力,来支持全球知识生产和技术发展,以保证相当比例的成果来源于这些重要的创新活动。新兴国家有越来越多的机会来获得全球知识和创新资源的最优化配置,并且他们能够在促进本国创新体系国际化进程方面与发达国家进行较量。③

然而就目前来说,还缺乏一个较为实用的框架来描绘国家创新体系的国际化路径。Archibugi & Michie④ 提出了一个关于全球技术的分类方法,随后还研究了全球创新体系,试图找到一个国家或地区在全球创新体系中所采用的模式。这些作者将全球创新活动分为三类:国内创新—国际化开发、全球创新产出和全球高科技领域的合作。第一种类型与互补性扩大的概念相类似,即通过出口、外向的FDI和许可将国内已经发展成熟的创新应用到国外市场。⑤ 第二种类型主要是指跨国的全球研发活动,如投资国和东道国的研发活动以及通过对东道国的研发投入来获取知识。第三种类型是前面两种类型的综合,这种类型能够节约创新成本和减小不同国家多方代理的风险,因此被越来越多的国家采用。以上的这种分类方法主要用于发达国家。但是对于发展中国家来说,这种分类方法遇到了更大的挑战,如新技术和创新产生的微不足道以及有限的数据等。⑥ 代替最初新技术的赠与,发展中国家经常支持国外技术发展和提供新产品销售的市场。在这个过程中,发展中国家逐渐研发出自己的技术进而开发全球市场。

在本节中,我们将用一个新型的框架来分析一个国家的创新体系国际化进程模式,用于分析我国自主创新政策实施后对我国创新体系国际化的影响。从创新价值链主体划分角度看,一个国家在全球创新体系中将以发明人、技术所有者或

---

① Granstrand O., Håkanson L., Sjölander S. Internationalization of R&D—a survey of some recent research [J]. Research Policy, 1993, 22 (5): 413–430.

② Kwon K., Park H., So M., Leydesdorff L. Has globalization strengthened South Korea's national research system? National and international dynamics of the triple helix of scientific co-authorship relationships in South Korea [J]. Scientometrics, 2012, 90 (1): 163–176.

③ Liu X. Can international acquisition be an effective way to boost innovation in developing countries? Evidences from China's TFT-LCD industry [J]. Journal of Science and Technology Policy in China, 2010, 1 (2): 116–134.

④ Archibugi D., Michie J. The globalisation of technology: a new taxonomy [J]. Cambridge Journal of Economics, 1995, 19 (1): 121–140.

⑤ Granstrand O., Håkanson L., Sjölander S. Internationalization of R&D—a survey of some recent research [J]. Research Policy, 1993, 22 (5): 413–430.

⑥ Archibugi D., Pietrobelli C. The globalisation of technology and its implications for developing countries: windows of opportunity or further burden? [J]. Technological Forecasting and Social Change, 2003, 70 (9): 861–883.

者两者皆有的双重身份出现。从发明人角度来看，一个国家的发明人可以独立参与发明活动，也可以和国外发明人合作共同参与国内外所有者拥有高质量的创造发明活动。从所有者的角度来看，一个国家可以独立拥有或者与国外企业和组织共同拥有具有高质量的发明创造。通常来说，在研发全球化进程的初期，拥有者和发明人都是来自同一个国家；而随着研发全球化进程不断加深，拥有者和发明人身份发生了改变，不再来自同一个国家。因此，一个国家创新体系的国际化模式和程度由这两种力量所决定，即发明人和拥有者角色。下面，我们将以专利数据为基础，提出一种国家创新体系国际化识别框架，从而为研究《纲要》实施后我国创新体系国际化实现路径的变化做准备。

(二) 国家创新体系国际化框架设计

虽然各国法律对专利框架的定义有所不同，但是各国普遍认为，专利是国家某权威部门（如专利局）按照某项法律授予申请人在一定时间内对其发明创造成果所享有的独占、使用和处分的权利。专利通常以标准化的格式记录下了专利名称、编号、权利要求、申请和批准日期、发明人和所有人等多项重要信息。因此，在技术创新和科技进步中，专利常常作为衡量创新产出的通用指标。[①] 与此同时，多个国家的专利系统都包含了发明人地址和所有人地址等信息，这些信息常被用来生成各种各样的指标来刻画创新的国际化程度。[②] 另外，专利拥有的统一审批标准和程序、专利数据时间跨度长、容易获取、电子结构化信息等优点也使得其在研究创新国际化中得到了广泛使用。[③] 因此，本节将用专利数据分别从所有人与发明人维度和创新模式维度来设计国家创新体系国际化框架。

1. 所有人维度与发明人维度的框架设计

根据以上论述，我们按照专利所有人和发明人两个维度，同时每个维度分以下三种情况，将这些信息放入一个表格中，见表2-12。在所有人维度，三种情况分别为：本国拥有、本国和外国共同拥有以及外国拥有；而在发明人维度，得到相似情况，即本国发明人、本国和外国发明人及外国发明人。这样，就可以得到一个分析矩阵。

虽然创新国际化程度可以通过发明人维度和所有人维度来进行解析，但是在国际科技经济竞争中，以所有人的角色出现可能对国家具有更大的经济意义。因为发明人虽然是技术的贡献者，但是他并不能控制技术的使用以及决定技术交易

---

① Liu X., Zhi T. China is catching up in science and innovation: the experience of the Chinese Academy of Sciences [J]. Science and Public Policy, 2010, 37 (5): 331-342.

② Ernst D. Beyond the "Global Factory" model: innovative capabilities for upgrading China's IT industry [J]. International Journal of Technology and Globalisation, 2007, 3 (4): 437-459.

③ Guellec D., Van Pottelsberghe de la Potterie B. The internationalisation of technology analysed with patent data [J]. Research Policy, 2001, 30 (8): 1253-1266.

表 2-12 所有人和发明人在全球研发中的关系重组

发明人＼所有人	本国拥有	本国和外国共同拥有	外国拥有
本国发明人	A1	B1	C1
本国和外国发明人	A2	B2	C2
外国发明人	A3	B3	C3

和技术商业化模式等重要问题。从这一意义来说，表 2-12 中纵向第一栏，以本国居民和组织拥有专利的国际化创新模式就是所谓的自主创新——内源主导模式，包括三种情况：情况 A1，本国独立研发，本土所有人加本土发明人；情况 A2，本土所有人拥有国内外发明合作专利，这种情况可能是本国独立研发，也有可能是本国和国外合作，如研发项目合作，或是本国海外研发中心与国内总部及其他组织和个人合作研究的结果；情况 A3，本国拥有的，由国外发明人发明的技术，这种情况可能是本国企业的海外研发中心雇用当地员工完成。我们进一步定义表 2-12 中第二栏，国内外共同拥有专利模式为合作创新——共同主导模式，包括 B1、B2、B3 三种情况。这种模式反映了国家之间彼此融入对方创新体系的程度。情况 B1 反映了国外跨国公司与本国当地企业和大学等组织合作，是与东道国创新组织建立长期关系的结果，或者是进行技术商业化的结果。情况 B3 与 B1 相似，反映本国企业在海外，融入东道主国家创新体系的情况。情况 B2 是国内外双方开展合作研发项目、深入合作的结果，双方互派研发人员共同攻关，并由双方共同拥有专利。表 2-12 中纵向第三栏，可定义为创新体系国际化的技术引进——外源主导模式。这是东道主国家积极吸收外商研发投资的结果，反映本国创新人力资源的禀赋。C1 为外方拥有由本国发明人完成的技术，反映国外企业到本国设立研发中心，雇用本土创新人才进行研发，最终将专利授权给其母公司。C2 表征国外跨国公司利用在本国的研发中心和总部，及其他组织和人员进行知识共享和合作，最终将专利授予总部。C3 为国外发明人和所有人拥有具有全球竞争力的专利技术，反映了除本国以外的其他国家的国际化创新绩效。在分析一国的创新体系国际化模式时，我们仅将 C1 和 C2 纳入技术引进模式中。

2. 国家创新体系国际化模式及其具体形式

尽管有学者注意到不论什么样的模式都对国家有利，但政府通常还是倾向于拥有创新活动的所有权而不是仅仅主持研发活动。换句话说，大多数国家还是想要成为研发成果的所有人而不仅仅是在全球创新舞台上的发明者。[①] 成为全球研发活动的所有人有以下好处：较高的全球市场回报率、减小对国外技术的依赖、

---

① Katrak H. Imports of technology and the technological effort of Indian enterprises [J]. World Development, 1990, 18 (3): 371-381.

吸引更多的外商直接投资和人力资本，这些都对一国经济的长期发展具有至关重要的作用。① 表2-13显示从所有人维度我们可以定义三种模式的国家创新体系：自主创新、合作创新和技术引进。自主创新模式意味着一个国家的全球研发由自己主导，可以选择自己想要的方式。合作创新是指与伙伴合作完成创新活动时，该活动既能在国内实施又可以在国外实施。技术引进模式则反映出一国在全球创新体系中的不足，需要向国外引进先进的技术。这种模式主要是该国向发达国家的跨国公司提供研发人员，并通过进口、学习、技术溢出和模仿等方式向发达国家的跨国公司学习先进技术。相关的定义和关于研发全球化的具体模式如表2-13所示。

表2-13 国家创新体系国际化进程模式

国际化进程模式	行为人		具体表现形式
	所有人	发明人	
自主创新	国内拥有	1. 国内发明	• 自主创新
		2. 国内外联合发明	• 联合研究项目
			• 外向研发FDI
			• 海外总部集成
		3. 国外发明	• 海外研发子公司
			• 签订国际合同的研究
			• 技术购买
合作创新	国内外联合拥有	1. 国内发明	• 联合研究项目
			• 内向研发FDI
			• 合资企业
		2. 国内外联合发明	• 联合研究项目
			• 科技交流
			• 研究人员或回国人员的国际流动
		3. 国外发明	• 联合研究项目
			• 外向研发FDI
			• 合资企业
			• 技术购买
技术引进	国外拥有	1. 国内发明	• 国外研发子公司
			• 签订国际合同的研究
			• 技术购买
		2. 国内外联合发明	• 联合研究项目
			• 内向研发FDI
			• 国外研发子公司—公司总部整合
		3. 国外发明	• 外生创新

---

① Mowery D. The changing structure of the US national innovation system: implications for international conflict and cooperation in R&D policy [J]. Research Policy, 1998, 27 (6): 639-654.

与 Archibugi & Michie[①] 的分类方法相比，这种关于国家创新体系全球化新的分类方法有了许多进步之处。首先，描述了不同地理位置的经济行为主体之间的相互依赖关系。其次，区分了一个国家在全球创新体系中所有人和发明人的角色，这将有助于研究发展中国家的情况。更重要的是，这种分类方法能够反映一国角色之间的转化，如一国可能从发明者，也可称为技术创新"打工者"，转化成拥有者，也可称为技术"老板"，从而加强了其在全球研发活动中的主导地位。最后，就像前文所叙述的那样，这种分类方法便于用专利数据进行测量和分析。因为专利数据最大的优点在于能够很方便地对跨国数据进行横向和纵向的研究。

三、数据及方法

在现有的文献中，大多数研究主要关注基于不同测量的研发全球化，如研发经费、研发人员、科技论文产出和专利数据等。在研发经费中，有大量国家层面的调查来衡量跨国公司在国内企业的研发状况，以及国内企业在海外的研发状况。[②] 截至目前，只有包括美国在内的少数国家统计了用在研发全球化上所花费的研究经费。对于其他国家来说，大多数研究所采用的数据来自官方的粗略调查或者是学者们小范围内的调查。[③] 而关于发展中国家的调查尤为困难，甚至是不太可能完成的。[④] 科技论文作为衡量一个国家创新体系国际化进程的指标，受到了很大的争议，因为科技国际化和创新国际化之间还存在着很大的差距，但它还是被当作衡量创新体系国际化进程的重要因素。[⑤]

与此同时，专利数据被越来越多地用于研发全球化的研究当中，在每条披露的专利中，发明人的地址可以用来衡量研发活动地理距离的远近。[⑥⑦] 而正如 Patel & Pavitt[⑧] 所言，使用专利数据最大的好处在于其能够提供很多详尽的信息以及在

[①] 由于发展中国家在参与全球创新活动时主要是提供高质量的研发人员，因此有必要将研发成果的所有者和发明者进行区分。

[②] OECD. Globalization and open innovation [R]. Paris, 2008.

[③] Dunning J., Lundan S. The internationalization of corporate R&D: a review of the evidence and some policy implications for home countries [J]. Review of Policy Research, 2009, 26 (1-2): 13-33.

[④] Von Zedtwitz M. International R&D strategies of TNCs from developing countries: the case of China [C]. Globalization of R&D and Developing Countries, UNCTAD 117-140.

[⑤] Castellacci F, Archibugi D. The technology clubs: the distribution of knowledge across nations [J]. Research Policy, 2008, 37 (10): 1659-1673.

[⑥] Bergek A, Bruzelius M. Are patents with multiple inventors from different countries a good indicator of international R&D collaboration? The case of ABB [J]. Research Policy, 2010, 39 (10): 1321-1334.

[⑦] Cantwell J. The internationalization of technological activity and its implications for competitiveness [J]. 1992, 17 (4): 567-578.

[⑧] Patel P., Pavitt K. National systems of innovation under strain: the internationalisation of corporate R&D [J]. Science Policy Research Unit, 1998, 19 (5): 1-25.

研究全球研发活动时能够保持高度的一致性。因此,很多文献广泛地研究正确使用专利数据来衡量研发国际化进程的方法。在不同的专利数据库中,美国专利局的授权数据容易获得且经常被使用。根据 Grupp & Schmoch[①] 的研究,美国专利和商标局授予的专利意味着其具有较高的创新质量。因为美国是世界上最发达的技术和市场中心,一项发明能够获得美国专利说明该专利位于世界科技的先进行列,并且具有巨大的商业价值。因此,在创新研究中,大量学者纷纷采用美国专利数据作为衡量一个国家和企业国际技术创新的水平和能力。[②] 本书也采纳美国专利数据作为分析发达国家和发展中国家创新体系国际化模式的基础数据。

高端创新活动的国际化进程主要开始于 20 世纪 90 年代,[③] 考虑到数据的可得性,本研究将使用美国专利及商标局 1990~2009 年的专利授权数据进行分析。美国授权专利包括专利授权日期、专利发明人及国别、所有人及其国别等多项信息。以上所有信息和数据均来自美国专利及商标局官方检索系统(www.uspto.gov)。下面的术语与表 2-12 一致,在矩阵中的 9 个因素都被转化成了授予专利的特定数字编号,我们将利用这些数字编号(在一些例子中采用比值)来衡量创新体系国际化发展路径以及国家创新体系的具体模式。

四、中国创新体系国际化现状分析

下面具体分析中国创新体系国际化的情况,尤其是考察《纲要》颁布之后的变化情况。

(一)中国创新体系国际化的总体情况

根据上述国家创新体系国际化框架设计,对于专利发明人和所有人地址的分类和组合情况,使用美国专利及商标局公布的数据,检索获得中国 1990~2009 年 20 年间的美国专利授权数据(见表 2-14)。1990~2009 年,美国授权专利总数为 3055133 件,其中包括中国发明人和所有人共计 15203 件,约占该时期美国专利授权总量的 0.5%。中国创新国际化程度经过 1990~1999 年约 10 年的平稳发展之后,在近 10 年内呈现了快速增长的趋势,尤其是在 2006 年《纲要》实施之后,其增长势头更为迅猛。2007~2009 年三年时间里,包括中国发明人和所有人的授权专利共计 8023 件,占到了总量的 52.77%。这表明中国全球化创新程度在 2006 年之后进入了一个新的阶段,中国对于全球化创新贡献增长迅猛。

---

① Grupp H., Schmoch U. Patent statistics in the age of globalization: new legal procedures, new analytical methods, new economic interpretation [J]. Research Policy, 1999, 28 (4): 377-396.

② Archibugi D., Planta M. Measuring technological change through patents and innovation surveys [J]. Technovation, 1996, 16 (9): 451-519.

③ Cantwell J., Janne O. Technological globalisation and innovative centres: the role of corporate technological leadership and locational hierarchy [J]. Research Policy, 1999, 28 (2): 119-144.

第二章 自主创新政策影响的国际视角

表 2-14 1990~2009 年中国介入（发明人和所有人）的美国专利授权情况

时间	A1	A2	A3	B1	B2	B3	C1	C2	C3
1990	22	0	5	2	1	0	7	26	99077
1991	23	0	4	1	0	0	21	22	106696
1992	19	0	5	0	0	0	19	21	107394
1993	27	0	9	0	0	0	20	27	109746
1994	25	0	5	0	0	0	25	27	113587
1995	23	1	4	0	2	0	32	35	113834
1996	17	0	11	0	0	0	39	24	121696
1997	24	1	8	0	0	0	48	31	124069
1998	31	1	13	1	0	1	40	62	163142
1999	35	0	25	0	1	0	83	55	169085
2000	66	0	29	0	0	0	94	112	175979
2001	125	1	57	1	1	1	194	150	183970
2002	175	3	102	0	2	2	170	276	184374
2003	176	3	99	1	1	0	139	305	187012
2004	224	4	74	1	3	1	397	381	181299
2005	252	10	110	5	3	0	293	402	157718
2006	**358**	**15**	**102**	**5**	**7**	**5**	**517**	**715**	**196405**
2007	575	28	158	9	19	2	499	697	182899
2008	920	75	135	17	21	1	712	911	185224
2009	1143	91	133	22	17	2	804	1032	191927

资料来源：美国专利及商标局（1990~2009）。

其中，以所有人的角色贡献专利的为5660件，以发明人的角色贡献专利的为11289件，这表明在过去20年的创新全球化过程中，中国拥有份额占其贡献份额的33%，即所有人和发明人之比为1:2，中国国际化创新贡献的2/3由外方控制（见图2-8）。但是，从图2-9中可以看出，2000年后中国创新全球化介入程度/贡献的比重发生了变化，数值呈逐渐上升趋势，表明中国开始逐步重视科技的发展，并且介入创新全球化发展的程度越来越高。图2-10反映了1990~2009年所有人和发明人比例的动态变化情况。在前十年中，这种比例关系没有太大的变化，始终维持在一个较低的水平。进入2000年后，所有人占发明人的比例在直线上升，尤其是2006年《纲要》实施以后，出现了飙涨的情况。2009年所有人占发明人的比重达到了54%，是2006年的2.84倍，是1990年的21.6倍。这种增长趋势意味着中国在强化其所有人角色的意识，即我国对世界先进技术的拥有权和控制权在逐步提高。

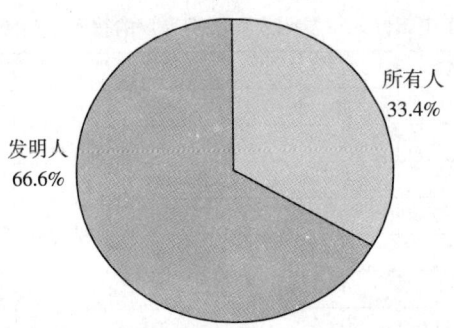

图 2-8 中国创新国际化中所有人和发明人角色构成

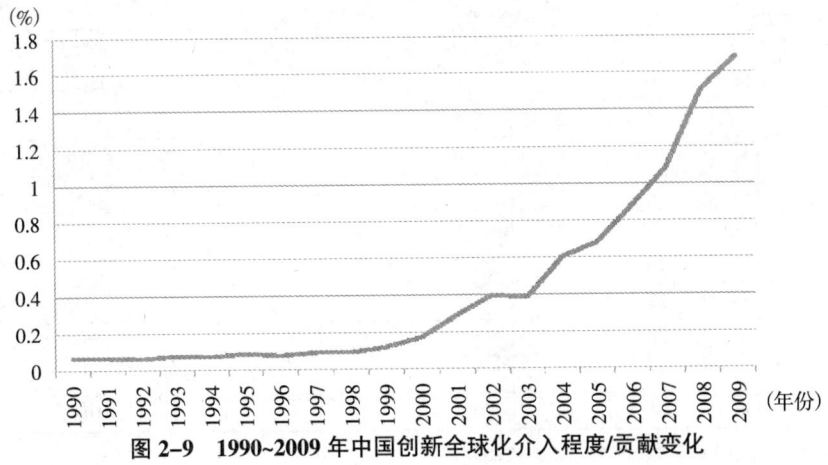

图 2-9 1990~2009 年中国创新全球化介入程度/贡献变化

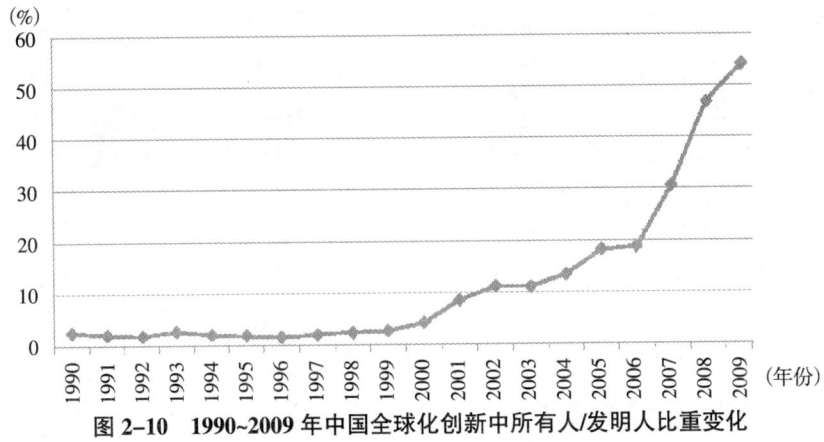

图 2-10 1990~2009 年中国全球化创新中所有人/发明人比重变化

(二) 中国创新体系国际化模式及其变化

中国创新体系国际化模式主要包括技术引进模式、自主创新模式和合作创新模式，如图 2-11 所示。其中，技术引进模式占据了主导地位，其次是自主创新模式，而合作创新模式比重仅为1%。整体的比例划分情况与大多数发展中国家的总体情况较为一致，都是技术引进模式占据了主导地位。

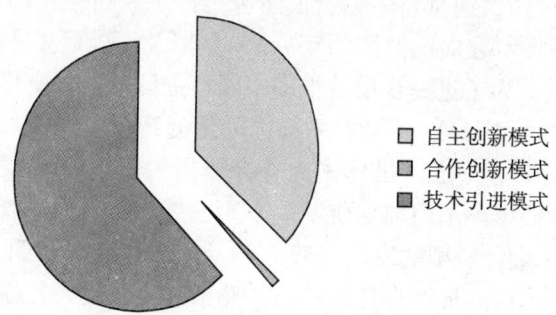

图2-11 中国创新体系国际化模式

而中国创新体系国际化模式的历史演变情况从图2-12可以看出，1990~2009年中国创新体系国际化模式经历了较大的变化，在2000年之前主要以技术引进模式为主，2000年之后呈现出了三种模式共同向上发展的态势，尤其是自主创新模式快速崛起，在2000~2005年经历了一个平稳上升之后，2006年开始进入了快速增长阶段。就增长率来说，2006年之后自主创新模式的平均增长率为43.22%，明显高于技术引进模式15.30%的平均增速。这种增长形势反映了我国在对国外先进技术引进的基础之上，更加注重培养和发展自身的先进技术，大力推广和发展自主创新模式，是实施了《纲要》之后我国自主创新能力不断增强的表现。《纲要》明确将自主创新作为今后15年科技工作的指导方针，强调加强原始创新、集成创新和引进消化吸收再创新，将提高自主创新能力摆在全部科技工

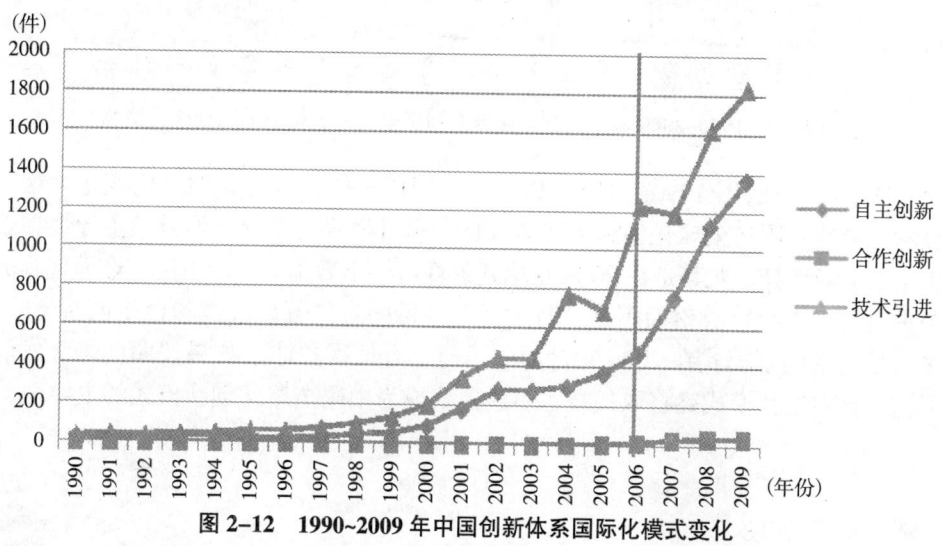

图2-12 1990~2009年中国创新体系国际化模式变化

作的突出位置。由此可见,《纲要》的实施确实改变了我国创新体系国际化程度和实现模式。

由表2-12可知,通常自主创新模式有三种宏观路径:国内独立研发(A1)、海外研发中心及技术导向的并购活动(A3),以及海外研发中心和国内公司总部合作(A2)构成。为了进一步反映推动中国自主创新模式变化的结构因素,我们绘制了图2-13。由图2-13可知,中国国际化创新自主模式主要由本土独立研发和海外设立研发中心构成,虽然国内外合作模式在2006年之后呈现增长态势,但是其贡献仍然较小。国内独立研发呈U型发展趋势,而海外研发中心和并购获得技术的模式呈现倒U型的发展态势。两者的加和结果表明,2000年后中国通过设立海外研发机构的形式在逐渐减弱,并被本土独立研发模式所取代。并且从2006年开始,国内独立研发模式出现拐点,并呈现上升的趋势,而海外研发中心和并购获得技术的模式则直线下降。目前,中国独立拥有的美国专利中80%是由本国独立研发完成。

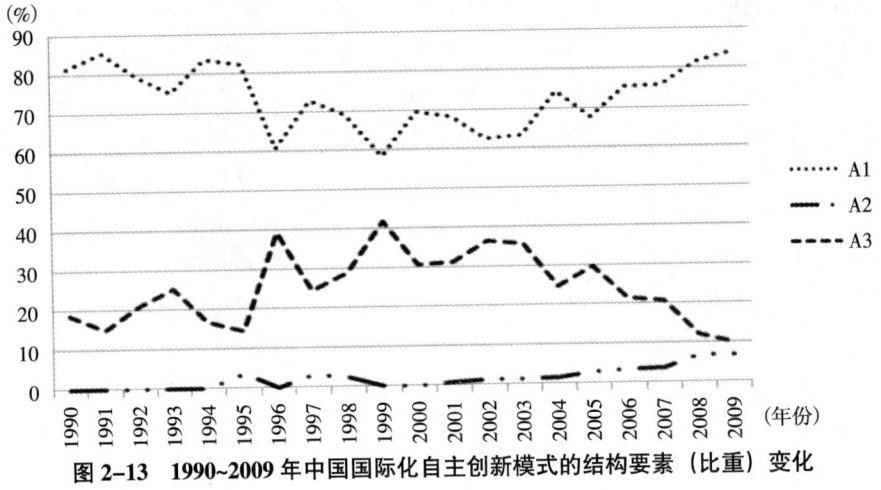

图2-13 1990~2009年中国国际化自主创新模式的结构要素(比重)变化

图2-14反映了1990~2009年以来,中国创新体系国际化的结构变化。结果显示,虽然中国在全球化创新中依然以技术引进模式为主导,但是其主导性在近年呈现下降趋势,尤其是在2006年达到顶峰后,出现了急速的下降。取而代之的是更具有"老板"身份而不是"打工者"身份的自主创新模式和合作创新模式。尤其是自主创新模式在2006年之后的迅速上升值得关注。如果按照此趋势发展下去,自主创新模式终将取代技术引进模式成为中国全球化创新模式的主导。

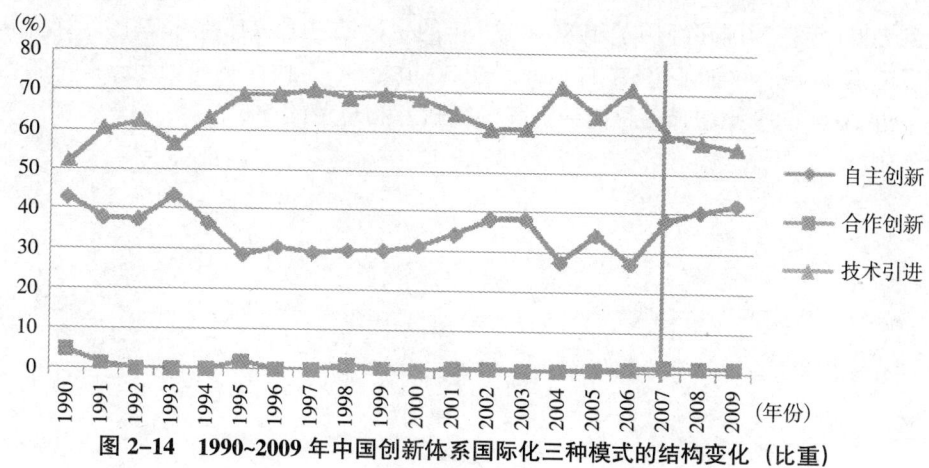

图 2-14 1990~2009 年中国创新体系国际化三种模式的结构变化（比重）

五、中国国家创新体系国际化模式的国际比较视角

通过以上分析可以发现，中国自主创新政策确实对其创新体系国际化产生了积极影响。那么这种变化是中国的独特现象还是同其他国家（尤其是发展中国家）的发展具有相似性？为此，本研究首先将中国国家体系创新国际化同发达国家相比，考察中国国家创新同主要发达国家的差异。这种分析的动机主要是基于发达国家自身科技发展很强，创新国际化经验较为丰富。将中国与发达国家比较的主要目的就是想了解中国与它们的差距。之后，再对比分析中国同主要发展中国家的创新体系的国际化情况。这种分析的思想是基于中国和主要发展中国家具有相似的发展经历，创新国际化的起步时间相近。那么，分析中国同这些发展中国家的创新国际化路径差异可以进一步对中国自主创新政策的影响进行确认。

（一）主要发达国家创新体系国际化发展现状

根据上述研究框架，检索德国、日本和韩国 1980~2009 年介入的美国专利授权情况，并对其模式发展进行分析。① 从美国国家自然基金会 2004 年的报告可以看出，1963~2001 年，日本、德国和英国占美国国外专利申请总量的 72%。2003 年，国外申请美国专利最大来源地为日本、德国、中国台湾、韩国、英国、加拿大和法国。其中，日本占 40%，德国占 12%。

图 2-15 为德国、日本和韩国的创新国际化情况。我们使用包括国家作为创新所有人和参与人角色的所有专利授权数占当年美国专利及商标局总授权数的比值来刻画。图 2-15 显示，日本在 20 世纪 80 年代国际化创新迅速提高，从 1980 年占美国 11% 左右增加到 1992 年的 22%，之后基本保持在 20% 的水平，一直持

---

① 在计算中，本国和国外双方共同拥有的专利，我们取 0.5 作为权重，即双方所有人各占一半。相似的，在本国和国外合作发明的专利中，我们同样划分它们对创造发明的贡献各为 50%。

续到2009年。德国在经历了1980~1988年的平稳期之后（10%），其国际化介入程度略有下降，目前在7%左右。韩国在20世纪90年代后迅速崛起，并一直维持了近20年的平稳增长，目前约占美国授权专利总量的5%。

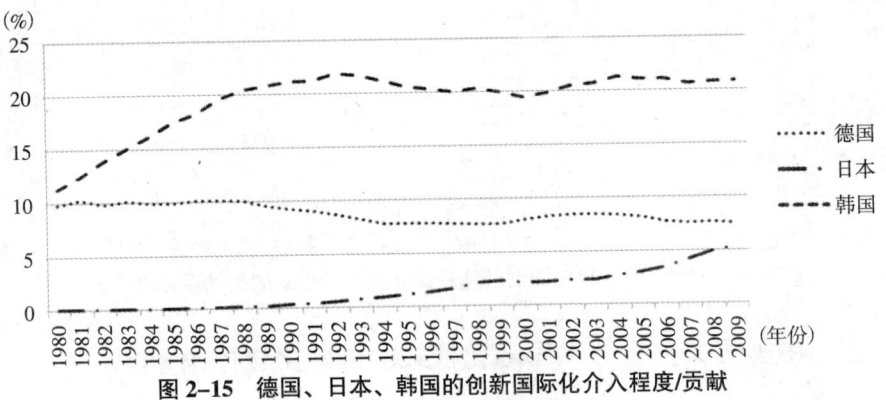

图2-15 德国、日本、韩国的创新国际化介入程度/贡献

图2-16反映了德国、日本和韩国在国际创新中的所有人角色和发明人角色变化。使用国家拥有专利占其本国居民参与发明专利的比重来表示。从图2-16中可以看出，日本在创新国际化中保持了较高的主导性作用，其所有人身份参与的专利占其发明人参与的比值高于德国和韩国，比值从1980年的12倍上升到1993年的28倍，之后略有下降，但是目前仍然高达25倍以上。德国该比重保持在5倍的水平。韩国在1980年该值为0，经过20世纪80年代的缓慢增长，在1990年达到0.97倍，又经过20年的缓慢增长，目前达到1.76倍。

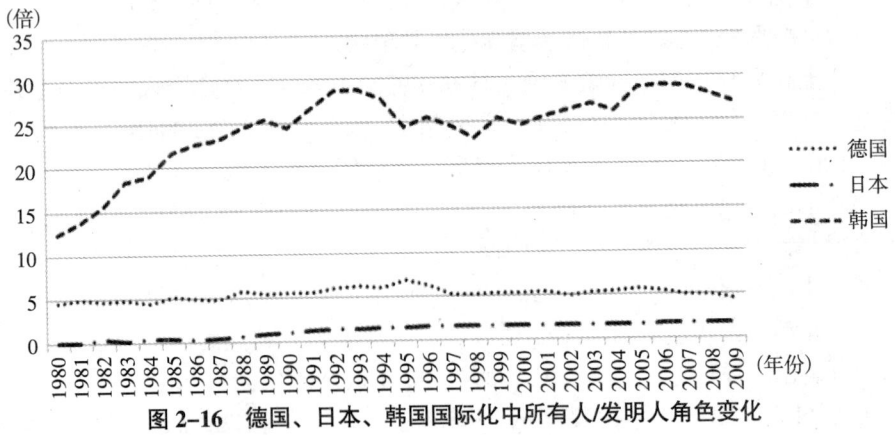

图2-16 德国、日本、韩国国际化中所有人/发明人角色变化

根据前文对创新体系国际化模式的定义和测量，计算得到德国、日本和韩国1980~2009年国家创新体系国际化模式及其演化情况，分别见图2-17、图2-18

和图 2-19。通过图 2-17 可以看出，德国主要采取自主创新模式，其次是技术引进模式和合作创新模式。自主创新完成德国 80%的国际专利，而技术引进模式约为 20%，合作创新模式所占份额很小。不过在最近几年，技术引进和合作创新模式呈现上升趋势，而相应的自主创新模式的主导作用在减弱。图 2-18 反映了日本的创新体系国际化模式及其演化情况。日本创新体系基本由自主创新模式主导，尤其是经历了 20 世纪 80 年代的短暂上升之后，96%的国际化创新由该模式推动。其次是技术引进模式和合作创新模式，两者所占份额仅在 4%左右。

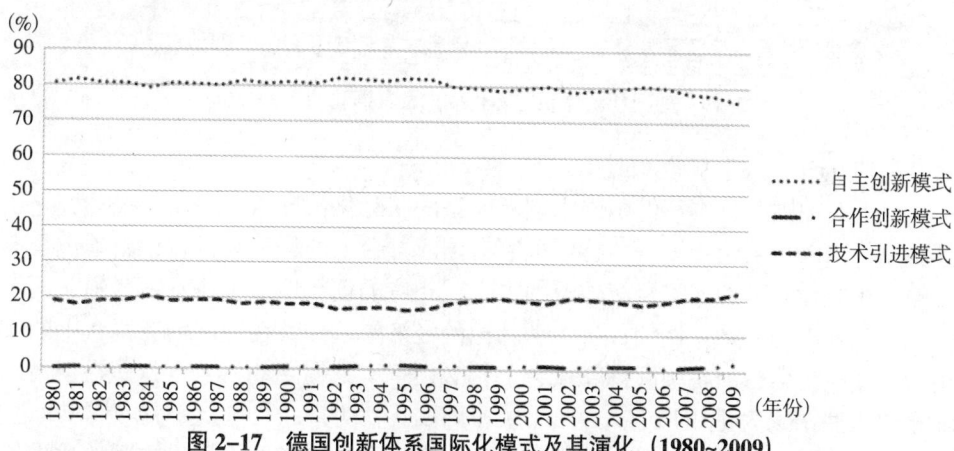

图 2-17　德国创新体系国际化模式及其演化（1980~2009）

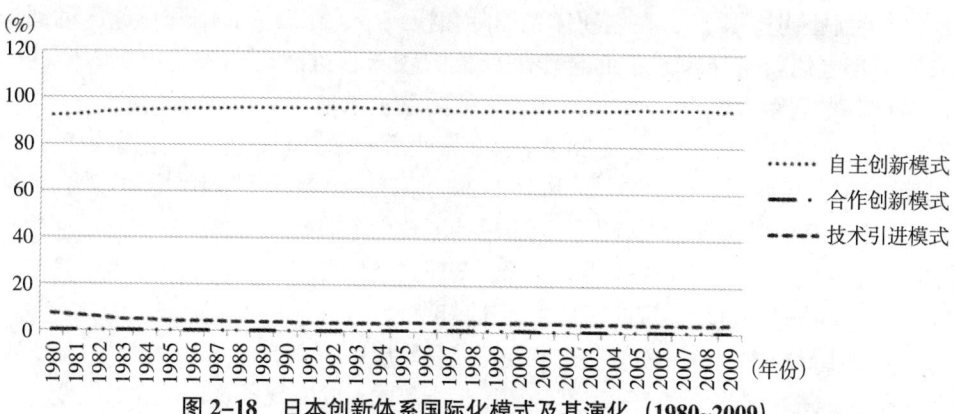

图 2-18　日本创新体系国际化模式及其演化（1980~2009）

图 2-19 反映了韩国国家创新体系的国际化模式及其演化情况。我们可以看出，韩国国际化创新模式经历了较大的转折：在 20 世纪 80 年代初期，国家创新体系完全由外方主导，然后自主创新模式迅速发展，并在 1988 年超过技术引进模式成为韩国的主导模式。外方主导模式一直保持了下降趋势，尤其是 1986 年之后基本保持了单向下降趋势。目前，韩国自主创新模式获得的专利约占其总国

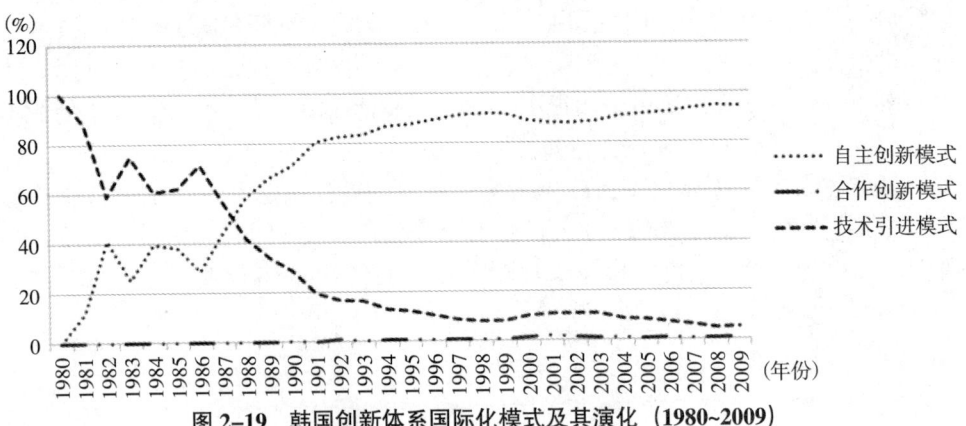

图 2-19 韩国创新体系国际化模式及其演化（1980~2009）

际专利的 94%，低于日本 96% 的水平。

以上对德国、日本和韩国国家创新体系的国际化情况进行了简要描述，从中可以概括出以下结论：第一，特定国家在国际舞台上的经济地位和创新地位具有较强的相关性。随着国家经济地位的提升，相应的创新地位也在不断增强，两者存在相互促进的关系。例如，日本和韩国的经济崛起和其在国际创新舞台上的作用相互呼应。第二，在国际创新舞台上，必须牢牢把握主动权，也就是在创新国际化中这些国家大都以所有人的身份，而不是以发明人的身份参与创新国际化，其中以日本尤为突出，不过不同国家之间所有人身份与发明人身份之间的比重关系存在明显区别。第三，在创新体系国际化模式中，德国、日本和后起的韩国均采取了自主创新主导模式，而合作创新模式较弱，虽然近期表现出了一定的增长。在自主创新模式下，德国、日本和韩国基本采取了完全本土化形式（A1），不过海外研发分支机构情况在 20 世纪 90 年代后开始兴起，尤其是德国表现较为明显（A3），见图 2-20、图 2-21 和图 2-22。第四，创新体系国际化模式存在一个动态演化过程，德国作为老牌发达国家保持了较稳定的模式结构，其次是后起的日本，而新兴的韩国经历了快速的国际化创新模式结构转变，实现了从技术引进模式向自主创新模式的过渡，目前其自主创新程度接近日本并超过了德国。因此，从模仿—外源主导模式到自主创新模式转变可能是发展中国家追赶发达国家的一个普遍演化路径。从韩国的个案来看，其经历了近十年的时间实现了这个模式的转变。

通过中国与发达国家创新体系国际化现状的比较可以看到：第一，中国作为全球第二大经济体而言，创新体系国际化水平还较低。不过庆幸的是，我们看到《纲要》颁布之后，我国的创新体系国际化水平在快速提升，但是离发达国家还存在较大差异。第二，虽然我们看到我国创新体系的国际化模式正在向"自主创新"模式转变，但是目前来看，其主导力同发达国家相比还显得较弱。不过，随着我国自主创新政策的不断推进，这种"自主创新"模式有望逐渐提升其影响

第二章 自主创新政策影响的国际视角

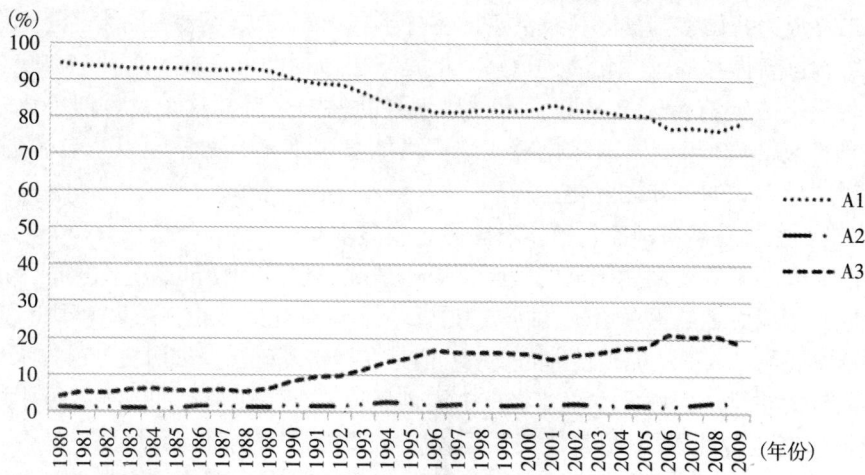

图 2-20 德国创新体系国际化模式的自主创新—内源推动模式结构变化（1980~2009）

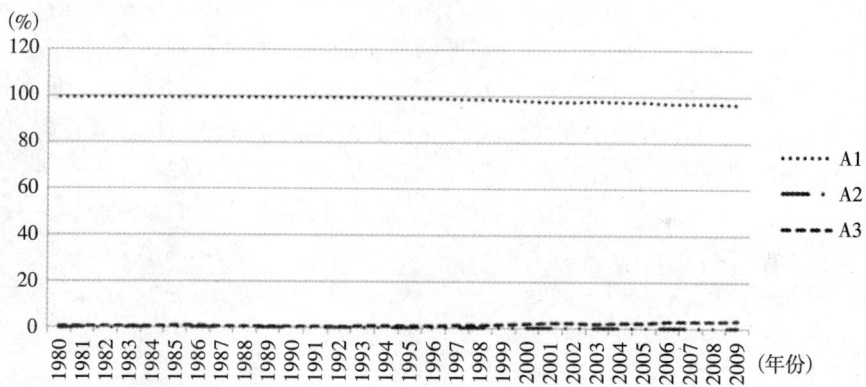

图 2-21 日本创新体系国际化模式的自主创新—内源推动模式结构变化（1980~2009）

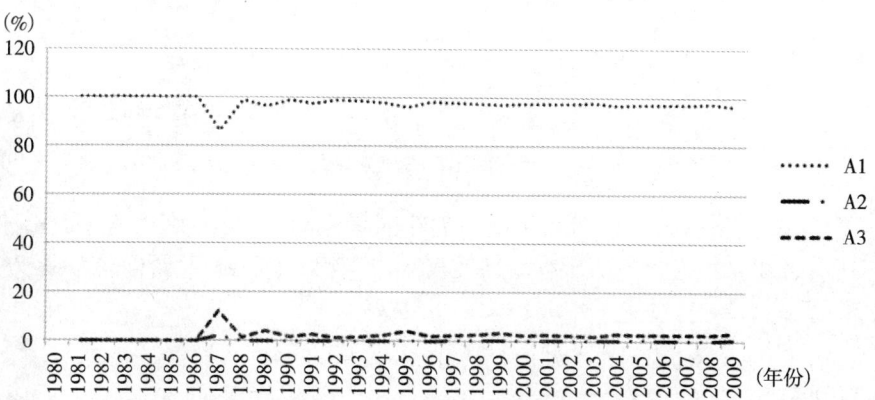

图 2-22 韩国创新体系国际化模式的自主创新—内源推动模式结构变化（1980~2009）

力,最终成为我国参与国际科技活动的主导形式。第三,《纲要》虽然已经开始影响到中国创新体系的国际化演进道路,但是限于数据的可得性,这种趋势是否会持续发展下去还有待未来检验,不过从新兴的韩国来看,这个过程似乎比较漫长,预计到2020年中国国际化模式结构可能稳定下来,并呈现以"自主创新"为绝对主导形式的创新国际化路径。

(二) 主要发展中国家创新体系国际化发展现状

前文介绍了主要发达国家的国际化模式情况,以及我国同这些发达国家的比较。这种比较更多是想考察我国同这些国家创新国际化的差距,因为中国近30多年来的发展虽然取得了突飞猛进的成绩,但是在经济基础、发展历史、科技水平上仍存在较大差异。因此,本小节将把中国创新体系国际化情况同主要发展中国家比较,即"金砖四国"①的其他三个国家,希望能进一步确认《纲要》是否真正对中国国家创新的国际化产生影响,而不是发展中国家呈现的一种普遍形式。

1990~2009年这20年间,美国专利局总共授权近3055133项专利,其中65006件(约为2.23%)授权给了"金砖四国"②(包括受让人和发明人)。从图2-23中"金砖四国"每年贡献给全球创新的份额我们可以看到,在过去的20年中,其所贡献的份额从1990年的1.5%迅速上升到2009年的3.5%。尤其是在2000年之后,这种上升速度明显加快。但就其所占份额来说,"金砖四国"20年在美国专利局授权专利所占比重还赶不上日本在美一年所占份额。

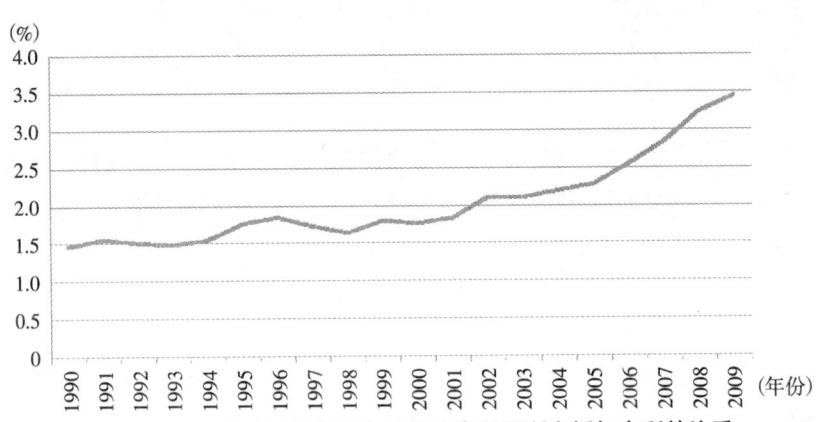

图2-23 1990~2009年"金砖四国"占美国专利局所有授权专利的比重

图2-24是俄罗斯、巴西和印度的创新国际化情况。我们使用包括国家作为创新所有者和参与人角色的所有专利授权数占当年美国专利及商标局总授权数的

---

① 由于本文选择1990~2009年的数据进行相关研究,而南非于2010年加入"金砖国家"行列,故未将其考虑在内。

② 由于历史原因,俄罗斯1990~1991的数据缺失,因此其数据均是从1992年开始统计的。

比值来刻画。俄罗斯虽然从 1995 年开始创新国际化程度超过了巴西，但其仍维持在一个较低的水平，其增长并不是特别明显。巴西则始终维持在 0.08%左右的水平，没有较大的进步。而印度是这三个国家中创新国际化程度最高的国家，但其国际化程度在过去的 20 年中波动性较强，在 1996 年达到巅峰之后其创新国际化程度有所回落。从图 2-24 中可以得知，俄罗斯、印度、巴西三国对全球创新国际化的贡献程度均较小。2009 年，日本对全球创新的贡献率是印度对全球创新贡献率的 21 倍之多。在对全球创新贡献方面，发展中国家与发达国家存在着较大的差距，而且由于发展中国家创新国际化程度增长速度较慢，不仅不能够追赶上发达国家的脚步，还可能会拉大与发达国家之间的差距。

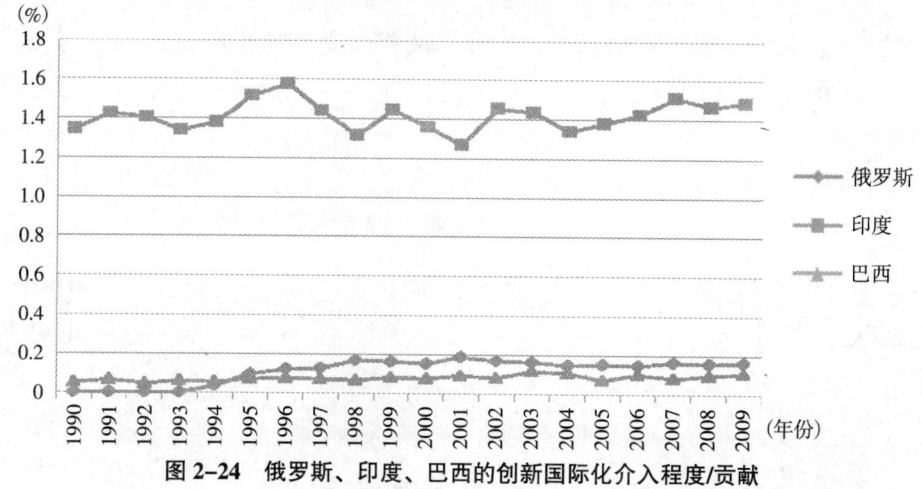

图 2-24　俄罗斯、印度、巴西的创新国际化介入程度/贡献

图 2-25 反映了俄罗斯、印度、巴西三国在国际创新中的所有人角色和发明人角色的变化情况。从图 2-25 可以看出，三国均呈波动性下降趋势，即所有人占发明人的比重在不断减小。在三国参与的创新活动中，它们更多地充当了发明人的角色而不是创新活动的拥有者。通过对比可知，发达国家在创新国际化中保持着主导性作用，它们更多地拥有创新活动的所有权，而发展中国家很明显处于被动的地位，且这种下降趋势在过去的 20 年中很明显。

根据前文对创新体系国际化模式的定义和测量，可以计算得到俄罗斯、印度和巴西三国 1990~2009 年国家创新体系国际化模式及其演化情况，见图 2-26、图 2-27 和图 2-28。从图 2-26 中可以看出，在俄罗斯的创新体系国际化模式中，在过去 20 年间占主导地位的是技术引进模式[①]，并且技术引进模式所占比重在近

---

① 1992 自主创新模式所占比重为 100%，这是由历史原因所造成的。1992 年俄罗斯参与的创新活动仅 1 项，并且该项活动的发明人和所有人均为本国人，因此在 1992 年其自主创新模式比重为 100%。

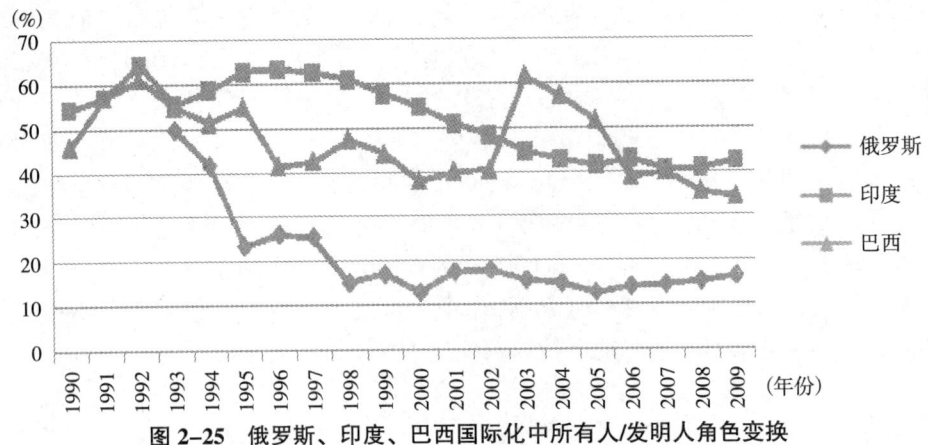

图 2-25 俄罗斯、印度、巴西国际化中所有人/发明人角色变换

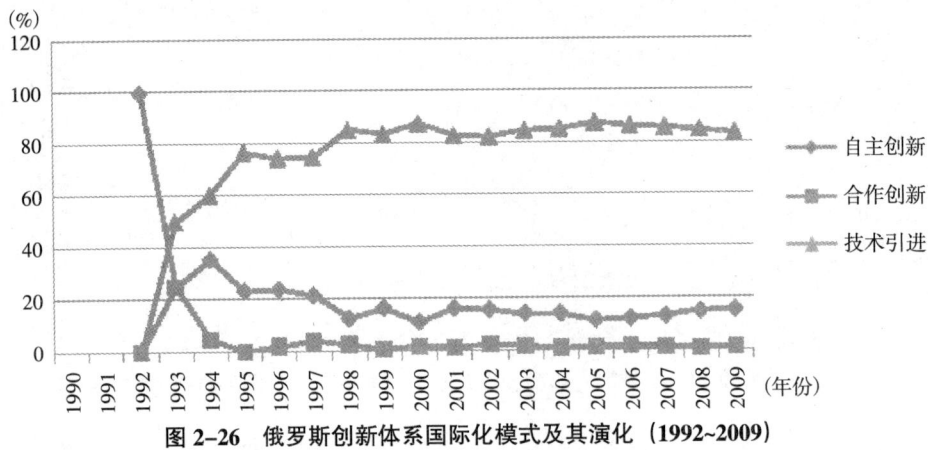

图 2-26 俄罗斯创新体系国际化模式及其演化（1992~2009）

10年都维持在如图 2-26 中用百分比则应为 80% 以上。相应地，自主创新模式和合作模式占据的比重较小。俄罗斯这样的创新体系模式意味着在它们所参与的创新活动中，高达 80% 的创新活动拥有权都被国外控制，它们在这过程当中处在了创新环节的低端层面，只是充当了"打工者"的角色，并没有真正享受到所有人的权益。

图 2-27 为印度创新体系国际化模式演化过程。在 2000 年以前，自主创新模式和技术引进模式交替成为印度国际化模式的主导，从 2000 年开始，自主创新模式开始直线下降，技术引进模式直线上升至 60% 的位置，使得技术引进模式在最近 10 年成为印度国际化创新模式的主导。合作创新则是一直维持在一个相对稳定的较低水平。从印度的国家创新发展历程来看，该国创新体系在最近 10 年完全是由外方占据着主导地位，其自主创新能力在不断下降。

图 2-28 展示的是巴西创新体系国际化模式演化过程。和印度的情形相类似，2005 年以前，自主创新和技术引进模式交替成为巴西国际化模式的主导模式，从

第二章 自主创新政策影响的国际视角

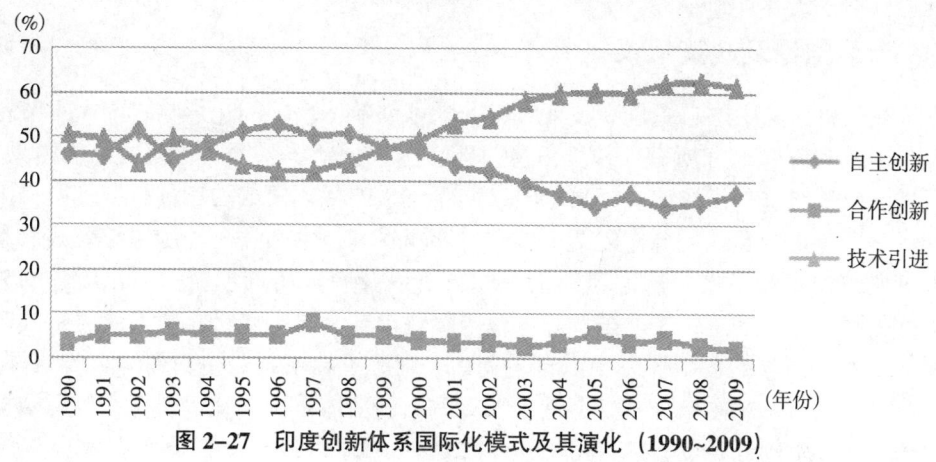

图 2-27 印度创新体系国际化模式及其演化（1990~2009）

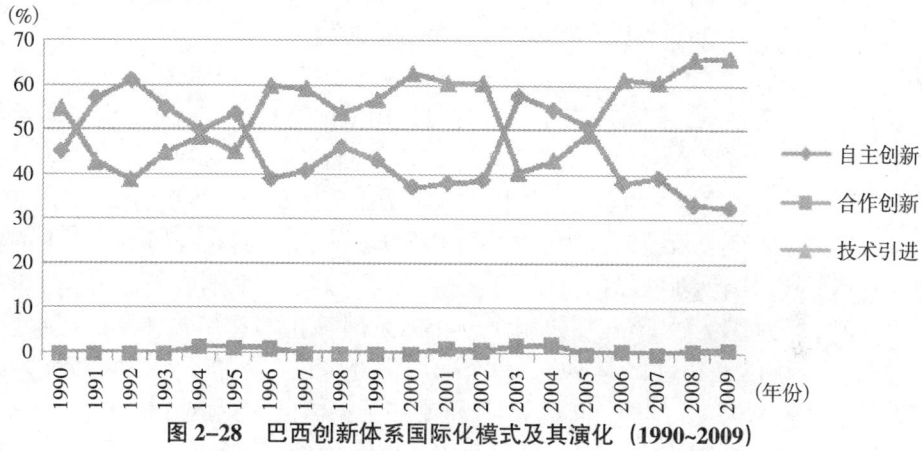

图 2-28 巴西创新体系国际化模式及其演化（1990~2009）

2005 年开始，自主创新模式的比重急速下降，降至 30% 左右。与此同时，技术引进模式则直线上升，成为了如今巴西的主导模式。

以上分析了俄罗斯、印度和巴西的创新体系国际化情况，从分析结果来看，这些国家目前的国际化模式仍然以"技术引进"为主，而且呈现上升的发展趋势。虽然中国目前仍然以"技术引进"为主，但是我们对比这些国家可以看到，2006 年之后的自主创新政策确实改变了我国的创新国际化模式，自主创新已经开始翘头，并呈现快速上升的发展势头。因此，这种对比可以进一步确定我国自主创新政策确实正在改变我国创新国际化模式的发展和演化轨迹。中国在创新国际化中越来越多地扮演了"老板"身份而逐渐减少了作为"打工者"的角色作用。这种角色的转变，主要由本土独立研发和海外设立研发中心完成。

六、结论及政策建议

在分析讨论中国自主创新政策对中国国家创新体系国际化影响之前，本节首先利用专利发明人和所有人地址信息，建立国家创新体系国际化模式分析模型。通过该模型的进一步讨论，定义了国家创新体系国际化模式的三种类型，即自主创新—内源主导模式、合作创新—多方主导模式和技术引进—外源主导模式。基于对发达国家和发展中国家整体情况的分析以及中国实现创新国际化历程的分析，得到了如下结论：①一国创新体系国际化模式和该国经济社会发展水平紧密相关，发达国家的创新体系中以自主创新—内源主导模式为主，而"金砖四国"以技术引进—外源主导为主，但近年来，中国创新体系国际化模式正在经历结构化的转变，中国开始逐步向自主创新—内源主导方向演化，这一现象在我国2006年《纲要》颁布之后表现得尤为明显。②在1990~2009年，以中国为代表的"金砖四国"中在融入全球化创新体系的步伐呈加速态势。但是，值得注意的是，中国在2006年之后的增长态势明显加快。③近年来，中国自主创新模式主要依赖于本土独立研发推动，海外研发中心和并购作用呈现绝对上升趋势，但是相对作用在减弱。总体可见，《纲要》的实施对于我国在创新国际化过程的介入有明显的促进作用，并且《纲要》的实施还加快了我国融入全球化创新体系的步伐。

根据上述实证分析结果，从未来自主创新政策视角来看，我们认为自主创新政策应当继续强调创新国际化和本土化的"双轮"推动。从本节国际视角分析的结论来看，我们要积极增强加快国家创新体系国际化实现模式转换的紧迫性。2010年，中国已经超过日本，成为世界第二大经济体，然而，与之形成反差的是中国创新体系国际化程度却较低，严重制约了中国国际竞争力的提升。此外，自主创新政策支持在推动中国国家创新体系国际化模式（路径）选择要以掌控"自主"权为价值目标。中国的崛起和当初日、韩两国面临的历史机遇不同。当今世界，技术资源更加丰富，技术和知识的跨国流动日趋频繁。任何一个国家的技术创新优势和劣势都可能在全球化过程中被放大或削减。因此，在更加开放的背景下，中国坚持自主创新—内源主导的模式既遵循了国家创新体系国际化的一般规律，也体现了中国提升国际事务话语权的国家意志，而国家创新体系国际化路径选择的关键是要体现国家全球化创新舞台上的主动控制权。相关的创新政策要从过去的"请进来"，即靠国外企业的技术溢出推动本土创新，到"走出去"主动按照本国需要，有选择地获取国外先进技术。最后，我们需要强调的是，在推动国家创新体系国际化的具体路径上，我们要顺应当前创新全球化的总体趋势和通行做法，采取在海外设立研发中心，购买跨国公司研发实体，以及中方主导的国际创新合作等，全方位、多元化推进国家创新体系国际化进程的做法。

第四节 中国自主创新政策的国际影响评价

在全球一体化进程日益加快的过程中,作为世界第二大经济体的中国所实施的任何一项政策都可能对其他国家产生影响,这就是所谓的全球一体化的联动效应。中国自主创新政策作为改革开放之后的第二次重大政策创新必然会引起其他国家和地区的反应。由于缺乏相关数据来刻画这种影响,在此,我们主要介绍美国国际贸易委员会的"332"调查情况。当然,这种调查是带有偏见的,在此,我们也同时提出反驳意见。我们认为,中国自主创新政策并没有对其他国家造成不良影响,相反,中国的科技进步必然能够为全球科技事业发展贡献自己的力量。

一、引言

从前文的描述分析来看,以《纲要》为代表的自主创新政策不论是在科技投入、科技产出还是科技成果转化等多方面都促进了我国科技水平的提升。这表明我国准确把握了当前经济社会的发展形势,同时也紧紧抓住了这个科技发展的重要战略机遇期,为我国的科技工作实现重点跨越式发展提供了推力。

然而,我国的自主创新政策却引起了一些跨国公司以及发达国家政府的担忧和质疑,它们担心自主创新政策的实施会使中国政府有差别地对待外企,从而增加它们在华商务活动的成本、困难和麻烦。为此,2010年5月,美国国际贸易委员会(U.S. International Trade Commission,USITC)正式启动对中国知识产权侵权和自主创新政策的"332"调查。2010年11月,USITC正式提交了《中国知识产权侵权和自主创新政策对美国经济影响》的报告,概述中国自主创新政策对美国就业和经济的影响。那么,我国的自主创新政策是否如美国所宣称的那样对他们造成了巨大影响?自主创新政策的实施是否是通过打压外企在华利益从而使得国内企业得到发展?这两个问题构成了本节研究的重点。

二、自主创新政策对国外造成的影响——基于"332"调查的观点

根据USITC报告的研究,美国工业代表公开指出,他们认为中国的自主创新政策对他们在华业务的开展构成了极大的威胁。不仅如此,美国研究者认为中国已经构建了一个由政府采购、知识产权、技术标准、反垄断等组成的自主创新政策网络,试图将少数国有企业打造成拥有大量先进技术、足以同跨国公司展开竞

争的市场领导者。①该报告甚至还给出了一个中国如何利用自主创新政策培养少数国内企业在高技术领域获取垄断地位的路线图,如图2-29所示。然而,指控中国利用自主创新政策来培养国内企业获取垄断地位的事件是不成立的。首先,国际上通常采用政府采购、税收优惠等手段来扶持本国企业的发展。美国就是世界上最早实行政府采购政策的国家之一,也是运用政府采购支持技术创新和高新技术产业化发展最为成功的国家。我国的自主创新政策实施仅仅是采用国际上通用的手段来扶持本国企业在创新能力方面的发展,并没有通过不正当竞争行为为本国企业谋取利益。其次,我国在制定新产品的标准时均严格参照国际标准实行,并没有给国外竞争者造成困难。再次,我国并没有滥用市场支配地位或者是强制许可制度等手段强迫外企将关键技术转让给中国。

不仅如此,美国工业代表还担心外商在华投资的环境恶化,影响到他们对华的投资和出口。表2-15是中国对各主要国家的进口情况。然而,从表中数据可以看出,在过去的10年里,除了2009年全球金融危机的影响导致中国对各国的进口额均有所下降以外,中国每年从这些国家的进口额都呈递增的趋势。中国对美国的进口额在过去10年间增长了4.48倍,在2010年更是突破了1000亿美元的大关。由此可见,《纲要》的实施不仅没有影响到中国从国外进口商品和技术,反而在《纲要》实施后,中国从国外进口商品和技术的金额在不断增大。

事实上,依据中央的部署,我国已经初步确立形成由科技投入、政府采购、引进消化吸收再创新、创造和保护知识产权等构成的自主创新配套政策体系,其目的在于培育有利于创新的政策新环境,而并非国外所宣传的那样,限制外企在中国市场上的竞争。②相反,国内企业在增强自身创新能力的同时,还会因为对国外技术需求的增多促使国外更多先进技术和产品流入中国,这样不仅不会影响国外企业在华市场上的竞争状况,反而会提升国内外企业在创新竞争方面的层次。这一点可以从中国引进国外技术合同金额上反映出来,具体情况参见表2-16。

从表2-16中可以看出,2005~2011年,我国的国外技术引进合同金额呈上升趋势,且在7年时间里引进技术合同总金额增长了1.69倍。虽然受金融危机的影响,2009年合同金额有所下降,但在2010年又迅速回升,并在2011年达到历史最高点。在技术引进方式的选择上,专利技术的许可或转让、技术咨询、技术服务以及计算机软件进口这三项是逐年递增的,也就是说,我国在这三个方面对于国外技术的需求较大。这是由于我国已经初步确立了自主创新政策的配套

---

① U.S. International Trade Commission. China: intellectual property infringement, indigenous innovation policies, and frameworks for measuring the effects on the U.S. economy [J]. Investigation, 2010 (10): 332-514.
② 蒋玉宏,黄勇.自主创新、知识产权和竞争政策的协调——兼评USITC对我国自主创新政策的332调查报告[J].电子知识产权,2011 (4): 43-48.

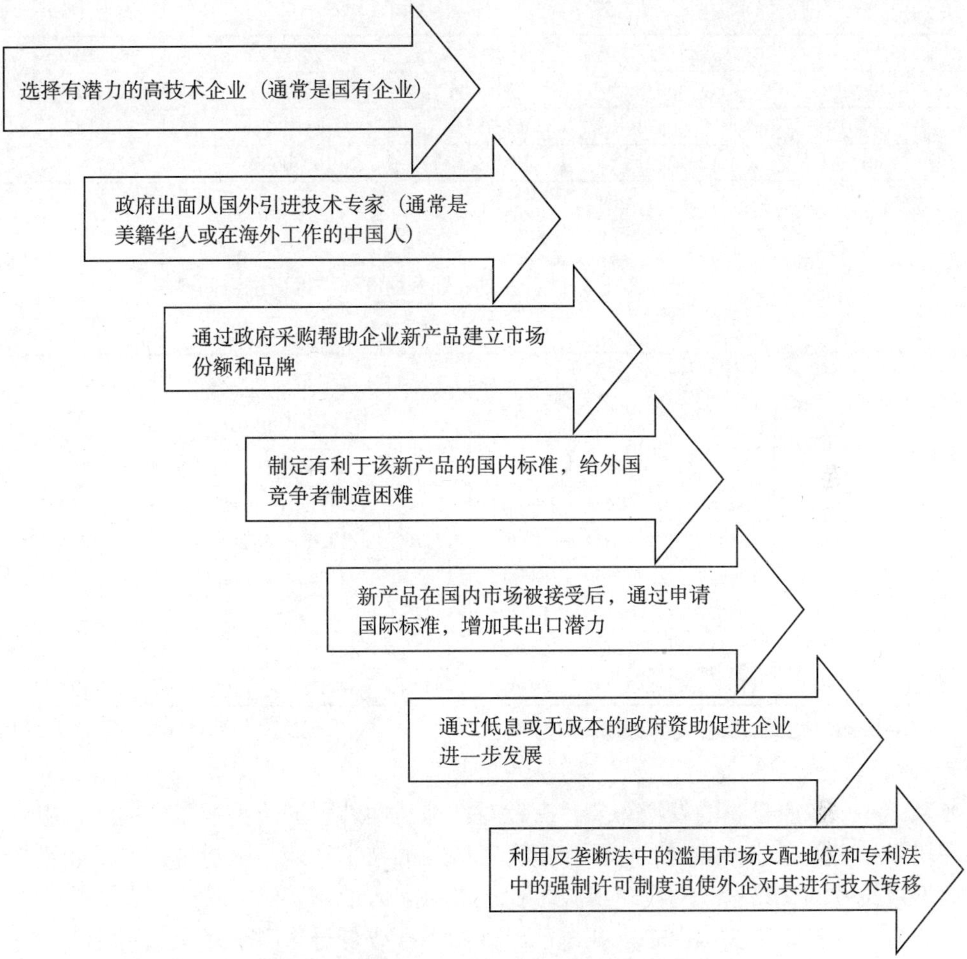

第二章 自主创新政策影响的国际视角

```
选择有潜力的高技术企业（通常是国有企业）
    政府出面从国外引进技术专家（通常是
    美籍华人或在海外工作的中国人）
        通过政府采购帮助企业新产品建立市场
        份额和品牌
            制定有利于该新产品的国内标准，给外国
            竞争者制造困难
                新产品在国内市场被接受后，通过申请
                国际标准，增加其出口潜力
                    通过低息或无成本的政府资助促进企业
                    进一步发展
                        利用反垄断法中的滥用市场支配地位和专利法
                        中的强制许可制度迫使外企对其进行技术转移
```

图 2-29　美国认为的中国获取垄断地位路线图
资料来源：根据 USITC 报告整理所得。

表 2-15　2002~2011 年中国对各主要国家的进口情况

单位：万美元

年份	美国	日本	韩国	德国
2002	2723764	5346600	2856801	1641642
2003	3386609	7414813	4312805	2429189
2004	4465655	9432673	6223410	3035602
2005	4862177	10040768	7682040	3072293
2006	5921105	11567258	8972414	3787937
2007	6939061	13394237	10375195	4538293
2008	8135993	15060004	11213792	5578993

续表

年份	美国	日本	韩国	德国
2009	7746038	13091490	10254507	5571943
2010	10209873	17673610	13834886	7426122
2011	12212891	19456352	16270629	9274397

资料来源：国家统计局历年统计年鉴。

表 2-16　　2005~2011 年按引进方式划分的国外技术引进合同情况

单位：万美元

年份	专利技术的许可或转让	专有技术的许可或转让	技术咨询、技术服务	计算机软件进口	商标许可	合资、合作生产	进口成套设备等	其他方式技术进口	合计
2005	127838	509533	472845	43251	27181	172294	533312	18050	1904304
2006	139843	727674	518024	66534	9140	429471	286859	24777	2202322
2007	168332	859432	649374	87400	17170	85820	663192	10815	2541535
2008	177618	1265197	793769	86013	13833	94237	210788	72892	2714347
2009	182091	956279	660323	108805	14226	61865	150036	23555	2157180
2010	190128	941134	747461	229583	42225	82230	271623	59173	2563557
2011	256454	1194080	1153034	297350	32392	80237	91485	110848	3215880

资料来源：国家统计局科技专题数据。

体系，完全按照自身的发展需要，有针对性地从国外引进所需技术。因此，中国在增强自主创新能力的同时，不仅不会对国外的技术和产品造成冲击，反而会加大引进技术的交易量，对全球科技事业发展贡献力量。

　　自主创新政策实施以来，我国已经开始逐渐改变过去只注重引进不注重消化吸收的工作。近年来，一方面，我国十分重视国外关键技术的引进；另一方面，加大了对引进技术的吸收消化工作。改变了以往引进国外先进技术方面存在着盲目引进、重复引进等做法。如《纲要》中明确规定："需要完善和调整国家产业技术政策，加强对引进技术的消化、吸收和再创新能力。制定鼓励自主创新、限制盲目重复引进的政策。通过调整政府投资结构和重点，设立专项资金，用于支持引进技术的消化、吸收和再创新，支持重大技术装备研制和重大产业关键共性技术的研究开发。"与此要求相适应，表 2-17 反映了近年来我国政府设立专项资金用于支持引进技术消化吸收的情况。

　　从表 2-17 可以看出，近年来政府设立用于支持引进技术消化的资金增长情况明显，不论是技术改造经费支出还是消化吸收经费支出增长都较为迅速。说明政府意识到过去在消化吸收引进技术方面的力度不够，造成了引进技术的浪费，加强在对现有技术消化吸收基础上进行创新，这样就摆脱了以往的盲目引进模

第二章 自主创新政策影响的国际视角

表 2-17 技术获取和技术改造情况

单位：万元

年份	引进技术经费支出	消化吸收经费支出	技术改造经费支出
2009	3946130	1638464	36713512
2010	3861321	1652015	36384926
2011	4489861	2021669	42936624

资料来源：国家统计局科技专题数据。

式，在对引进技术的利用率上有所提升，能够有效地避免对引进资金的浪费。在此期间，最为典型的一个例子就是中国的高铁技术发展。接下来，我们以这个案例进一步论证中国自主创新政策的实施并未损害外方的利益，反而更加突出了自己的努力。实际上，高铁的发展也为其他国家输出了技术，加速了全人类的高铁科技发展。

三、中国引进吸收再创新的典范——高铁的发展

自主创新作为《纲要》的灵魂和核心，贯穿于《纲要》的始终。在这里，自主创新不仅仅是指原始创新，还包括集成创新和引进消化吸收再创新。通过前文的分析可知，引进消化吸收再创新是我国自主创新过程中最为重要的途径之一，高铁在中国的发展便是引进吸收再创新的集大成表现。在这里将用高速铁路在中国的发展作为案例，进一步了解我国是如何在高科技领域进行引进消化吸收再创新，并为世界科技事业的发展做出应有贡献的。

交通运输行业作为国民经济的命脉，对当前经济发展转型有着重要的作用，大力发展交通运输业是当今社会经济发展的必然要求，而高速轨道交通系统又是发展交通运输行业的优先主题。根据《纲要》的规划精神，我国需要重点研究开发高速轨道交通控制和调速系统、车辆制造、线路设计和系统集成等关键技术，形成系统成套技术。在这一背景下，我国高铁开始了其引进吸收再创新的艰难历程。不过与过去我们引进国外技术不同，这次引进吸收的过程中特别强调了自主创新成分。

（一）高铁技术引进消化再创新体现自主创新的时代要求

我国高铁行业的技术进化史是一部技术的引进、消化、吸收，然后国产化、再创新，最终向全球输出的历史。这一技术进化的历程不仅打破了中国过去单纯引进技术，一直处于价值链末端的境况，而且体现了我国在自主创新时代"引进先进技术、联合设计生产、打造中国品牌"的新要求，建立了具有自主知识产权和世界先进水平的高速铁路技术体系，走出了一条具有中国特色的适应时代发展的铁路自主创新之路。

一直以来，不管是在外国人眼中还是从我国自身发展的情况来看，我国人口

众多，拥有劳动力资源丰富且成本低廉等优势，而在先进技术和知识方面的发展较为欠缺。因此，按照传统的比较优势理论来说，我国应当充分发挥劳动力资源的优势，优先发展劳动密集型产业。①然而，面临当今自主创新时代发展的需求，这样发展下去可能造成的结果是我国将一直处于产业链的低端，没有办法拥有先进技术和核心竞争力，在国际产品市场的竞争中始终处于不利地位。而根据林毅夫②的后发优势理论，我国虽然在收入、技术发展、产业结构水平等方面都与发达国家有着较大差距，但我们可以利用通过技术引进和专利许可授权等方式来获得先进技术，少走弯路，加快技术变迁过程，从而使经济发展得更快。因此，2006年我国出台的《纲要》中提出，要想实现中国经济的跨越式发展，推动科技进步，不能单纯依靠国外技术的引进和买卖，而是需要我们掌握更多的核心技术，在引进的同时进行消化和吸收，并实现技术的突破和创新。而这一政策恰好为我国实现对发达国家的技术赶超提供了有利条件。

我国的高速铁路技术发展正是响应了这一政策，使我国迅速成长为全世界公认的高铁大国。2004~2005年，由于国内高铁技术实力有限，中国南车青岛四方公司、中国北车长客股份和唐车公司先后从加拿大庞巴迪、日本川崎重工、法国阿尔斯通和德国西门子引进技术，联合设计生产高速动车组。然而，高速铁路具有基础性和重要的战略价值，因此，不论是政府还是科学界对于国内企业进行自主创新和自主掌握高铁核心技术的诉求都非常明确和强烈。不仅如此，中国汽车行业所采取的"以市场换技术"的失败教训也为高铁的发展敲响了警钟，如果在开放市场的同时不进行自主创新，那么不仅引进不了关键技术，反而会陷入越引进越落后、越落后越引进的两难境地，中国的高铁企业可能会走汽车行业的老路，再次沦为国外企业的配套车间。因此，专家们纷纷表示，在面对高速铁路这个对国家未来竞争力有重大影响的产业，不能再重蹈汽车行业的覆辙。③在此境况下，国务院特意设立了技术车辆专业委员会，铁道部也成立了动车组项目联合办公室，从2004年开始以国际招标的方式，使国内重点机车制造企业分别受让了世界各国的先进技术，避免了日后一家企业独大的局面；接着在技术引进的过程中，打破了从前只要是国外先进技术就盲目引进的局面，而是将外方的技术转让进行严格的国产化考核，使其成功地运用到我国高铁技术的发展中并很好地实现了技术转让与市场采购的捆绑。引入世界各国的先进技术后，中国高铁动车组的发展速度之快，大大出乎了当事人的预期。1964年日本新干线开通以来，全

---

① 林善波.动态比较优势与复杂产品系统的技术追赶——以我国高铁技术为例 [J].科技进步与对策，2011, 28 (14)：10-14.
② 林毅夫.发展战略、自生能力和经济收敛 [J].经济学（季刊），2002, 1 (2)：269-300.
③ http://finance.ifeng.com/roll/20120719/6785650.shtml.

球只有日本、法国、德国等少数几个国家达到了每小时 200 公里的运营速度。2003 年下半年，南车集团选择日本新干线作为平台，在当时国内既有线提速的基础上引进改造后，时速就直接达到了 250 公里。

回头审视这段技术引进再消化和自主创新的历史，我们可以看出，正是在技术引进的阶段对各国先进技术的兼容并蓄才让中国高铁企业具备了极强的系统集成、适应修改、综合解决并完成本土化创新的能力，而这一特征恰恰体现了我国自主创新时代的要求和未来我国自主创新发展的方向，也因此为我国高铁技术的发展实现华丽转身提供了技术保障。

（二）高铁技术引进吸收再创新的国际影响

我国高铁技术的发展，从最初的输入到最终的输出，从开始的"学生"到最后的"对手"，不仅仅是经历了技术的引进吸收本土化和创新，更重要的是将中国自主创新的高铁技术推向了世界的科技舞台。

从技术自主创新的角度来看，首先，我国高铁在短短的几年时间里已投入运营的高速铁路（包括新建高速铁路和既有线提速达到时速 200~250 公里的线路）总计为 6552 营业公里，高速铁路运营里程居世界第一位；其次，中国高铁目前最高运营时速为 350 公里，预计最高时速将达到 380 公里。因此，我国高铁技术在世界高铁技术领域实现了两个"第一"，将高铁技术的老牌国家远远甩在了后面，连一向自认先进的美国，面对中国先进的高铁技术也自叹不如。

从自主创新成果来看，第一，我国掌握了时速 200~250 公里的高速列车制造技术，这标志着中国高速列车技术已跻身世界先进行列；第二，在此基础上，自主研制生产了时速高达 350 公里的高速列车，标志着中国高速列车技术达到世界领先水平；第三，中国铁路以时速 350 公里高速列车技术平台为基础，成功研制生产出新一代高速列车 CRH380 型高速动车组，标志着我国在世界高速列车技术方面的实力发展到了一个新高度。

中国在高速铁路技术上，依靠自主研发在各关键技术领域均取得了重大突破。尤其是在铁路提速动力和平稳运行的主要设备方面，我国拥有了接触网、列车与路轨道岔三大高速铁路的关键技术。不仅如此，中国还在世界上率先攻克了时速高达 350 公里条件下的空气动力学、轮轨关系、车体气密强度、减震降噪、大断面车体等一系列重大技术难题。截至目前，我国已掌握了时速 250 公里和时速 350 公里及以上速度等级涵盖设计施工、装备制造、系统集成、运营管理等高速铁路成套技术，构建了具有自主知识产权和世界先进水平的高速铁路技术体系。① 中国高速铁路在工程建设、高速列车、列车控制、客站建设、系统集成、

---

① http://finance.ifeng.com/roll/20120719/6785650.shtml.

运营维护和环保标准等方面形成了一套完整的技术标准体系。

从以上我国高铁在技术上的创新以及科技成果来看,我国的高速铁路技术已摆脱了对国外技术的依赖,从最初的技术引进"学生"身份华丽转身成为国际高铁技术领域竞争的对手。因此,为了让"中国制造"成为国际知名品牌,中国铁路设备制造企业开始了一系列面向国际市场的战略调整:

(1) 实现了将中国高铁出口产品由零部件为主到整车为主,再由整车普通产品为主到高端产品为主的转变。仅北车、南车这两家企业,一年中就在海外赢得了 23 亿美元的合同,其中动车组和城轨、地铁等高端产品占据了签约总额的 70% 以上,中国高铁海外订单含金量大大提升。

(2) 实现了出口地区由发展中国家到发达国家的转变。从最初高铁产品出口国主要集中在中东和东南亚等不发达国家和地区,到现在整车产品已进入东欧、亚洲、非洲、南美洲和大洋洲等 40 多个国家和地区,并开始逐步向美国、澳大利亚和新加坡等发达国家拓展。据有关资料表明,2009 年 10 月,中国与俄罗斯签署了中俄发展高速铁路备忘录,将运用自主研发的高铁技术帮助俄罗斯建设高铁。2009 年 11 月,美国通用电气和中国铁道部签署备忘录,双方承诺在寻求参与美国时速高达 350 公里以上的高速铁路项目方面加强交流与合作。2010 年 7 月 12 日,阿根廷与中方签署金额高达 100 亿美元的多项铁道科技出口合约,这是中国近年来出口铁道科技中最大的一笔交易。高铁的出口表明,中国在寻找新的经济增长点的同时又占据了未来能源利用的制高点。这不禁让人感慨,中国高铁已经开始向全球重拳出击,进入了国际化大跃进时代。

(3) 为了更快地适应全球化技术和经济的发展,仅仅依靠国内技术创新和出口是远远不够的,因此我国开始在大洋洲、美洲、印度、非洲以及亚洲等地区建立办事机构,并与国外研究机构和跨国企业建立合作,既开展以联合制造世界先进水平铁路装备产品为主要目标的广泛合作,又联合开拓国际市场。例如,我国南车集团先后与美国通用电气、日本伊藤、美国密歇根州立大学建立了电力电子研究中心,并签订了战略框架协议,形成了战略合作伙伴关系。

此外,由于中国高铁技术以及自主创新的"中国模式"使中国高铁的发展受到了世界的瞩目,因此,在参与国际市场竞争的过程中,我国国内高铁技术市场的表现会直接影响到国外决策者的决断,并促使他们尽量采用中国的系统和标准,规避技术壁垒的限制。这充分展示了中国高铁技术发展的信心,改变了过去完全遵守国外技术条例的现状,中国也可以在世界的科技舞台上提出自己的见解和看法。

由此可见,中国高铁技术的发展在经历了技术吸收引进之后,更重要的是实现了自主技术研发和创新,开始了将中国轨道装备出口国外并快速发展的华丽转变,为世界高铁技术的发展做出了巨大的贡献。这进一步体现了《纲要》的自主创新政策不仅推动了我国经济的发展和科学技术的进步,还为世界科技和全球经济化的发展贡献了来自中国的能量。

(三) 高铁技术引进吸收再创新的政策推力

中国高铁在发展的过程中无论是引进还是参与国际化,都离不开国家政策的支持和推动以及相关部门组织协调下的制度化安排,而这些都成为了中国高铁企业国际化运营背后的关键推力。

从技术引进吸收和创新的角度来看,中国高铁研发技术坚持政府为主导的"举国体制",构建了"产学研"相结合的再创新平台,走出了一条引进吸收再创新的新路子。这正是社会主义制度的优越性以及集中力量办大事的充分体现。在"产学研"合作的创新平台上,依托西南交通大学建立的层次最高的现代轨道交通国家实验室成为了高铁技术的研究基地。其研究的主要方向有车辆设计及制造、通信与信号控制系统设计及制造、供电系统设计及制造、道路和车站工程设计、检测和管理等方面。不仅如此,参与高铁技术研发生产的有国内一流重点高校 25 所,一流科研院所 11 所,国家级实验室和工程研究中心 51 家,63 名中国科学院院士、500 余名教授、200 余名研究员以及上万名工程技术人员。[1] 如此庞大的研发人员群体构成了我国高铁技术引进再创新研究的中坚力量。

从自主创新技术走向国际化的角度来看,原铁道部要求不论南车还是北车,"走出去"的战略都必须坚持以(原)铁道部为主导,以关联企业联盟为主体,注重发挥中国铁路产业集成优势,统一部署,形成合力。这一策略让中国高铁在与国外企业的技术转让谈判中占尽了上风。以中国高铁参与竞标的沙特阿拉伯项目为例,原铁道部作为行业管理部门设有沙特阿拉伯项目办统一管理部署,南车为项目牵头单位,联合中国铁建、北京铁路局两家单位一起竞标。由于项目牵涉数个成员,原铁道部同时还协调包括造车、建线、供电、运营等各方面的企业行为。这样一来,整个中国铁路建设的可比性优势相对于发达国家就更大了。

由此可以看出,国家创新政策实施以及政府领导的集约化系统能力成为中国高铁海外出口的一个极大优势。这进一步说明中国自主创新政策的提出和实施并没有影响到国外在华创新的发展,相反,中国以崭新的发展面貌促进了科技资源的整合,中国的技术创新也推动了世界各国科技的发展,明确了我国政府未来制定政策的方向。

(四) 高铁技术引进吸收再创新的企业主体

高铁技术在引进吸收再创新的过程中,除了国家政策和各部门的协调之外,也离不开我国高铁企业在自主创新过程中的主体作用,其中中国南车股份有限公

---

[1] http://money.163.com/11/0708/05/78DRNG7Q00253B0H.html.

司就是我国高铁技术发展过程中具有代表性的企业。

中国南车股份有限公司是经国务院国有资产监督管理委员会批准,由中国南车集团公司联合北京铁工经贸公司共同发起设立的,主要从事铁路机车、客车、货车、动车组、城轨地铁车辆及重要零部件的研发、制造、销售、修理、租赁和轨道交通装备专有技术延伸产业的相关技术服务、信息咨询、实业投资与管理、进出口等业务。按照《国际标准产业分类》划分,高铁属于机械制造业中的交通运输装备制造业。该公司拥有中国最大的电力机车研发制造基地、全球技术领先的高速动车组研发制造基地、行业领先的大功率内燃机车及柴油机研发制造基地,既是国内最大的城轨地铁车辆制造商,也是中国高速轨道交通发展的先行者和践行者。同时,公司还拥有变流技术国家工程技术研究中心、国家高速动车组工程实验室和五家国家认定的技术中心、四个博士后工作站,并在美国成立了我国轨道交通装备制造行业的第一个海外工业电力电子研发中心。目前,公司的技术研发和制造水平已经达到或接近世界同行业的先进水平。

中国南车的发展历程正是中国高铁发展历程的缩影,走的是一条引进、消化、吸收、再创新之路。在南车践行引进国外先进技术的过程中始终坚持着"以我为主"的理念,即在合资合作过程中牢牢把握住企业的主动权,在引进技术的同时依据中国自身独特的国情进行再创新。① 由于先进和关键的技术引不来,也换不来,因此在引进技术的同时必须坚持"以我为主"。正是在这一思想的指导下,中国南车自主对动车组实施了110余项优化设计,成功解决了动车组本地化的问题,掌握了时速200公里的动车组设计和制造技术,搭建了动车组产品设计制造平台。2007年,南车通过提升技术和自主研发,使中国首列时速300~350公里的动车组问世;2008年,中国南车又设计研制出世界首创的时速高达250公里的长编组卧车动车组,该动车组型满足了长途夜间旅客运输市场的需求,填补了世界高速列车卧车动车组领域的空白。②

在引进技术再创新的同时,中国南车也在苦练内功,培育自主创新的内生动力。因为先进的技术可以引进学习,但自主创新能力却需要靠自己培育。南车在引进技术后,快速建立基础的研发平台、制造平台和"产学研"联合的开发平台,为自主创新预留了空间。其中,CRH380A高速动车组成功实现了头型、轻量化车体、转向架、减震降噪、系统集成等关键技术的重大突破,被誉为国家装备制造业自主创新的典范,是其自主创新能力的有力证明。它一经问世便在上海世博会、世界高铁大会、"十一五国家科技成就展"上惊艳亮相。2010年12月,CRH380A高速动车组在京沪先导段创造了486.1公里的世界铁路运营试验最高时

---

① http://news.hexun.com/2013-03-13/152024709.html.
② http://finance.qq.com/a/20120426/007315.htm.

速,动车组的速度、安全、舒适和节能等各项技术指标均已达到世界领先水平。2012年12月,CRH380A担当了世界上运营线路最长的高速铁路——京广高铁的运营重担,其高速度、高安全、高可靠、高节能的优势赢得了社会各界的广泛赞誉。据了解,截至目前,中国南车在高速动车组领域获得的专利已达367项,这是南车在自主创新路上取得的重大成果。①

四、结论及政策建议

从以上分析可以看到,国外企业对自主创新政策的实施将影响其在华利益的担心是不存在的。不仅如此,随着《纲要》的实施,我国需要从国外引进许多高新技术,其结果是中国进口额的增加以及技术引进合同额的激增。这些事实均表明,我国自主创新政策的实施不是为了打压国外企业在华的利益,而是为了在不断提升我国自主创新能力的同时,促进国外先进技术和产品的流入,使得国内企业能够在一个更高的平台和良好的环境中与国外企业进行良性竞争。也就是说,《纲要》的实施无论对国内还是国外来说,均产生了积极的影响,因此,可以将《纲要》的实施看作是国内外在科技领域发展的双赢过程。中国高铁案例则是这个双赢过程的集中体现。中国从引进国外的高铁技术到在引进技术基础上进行的自主研发,不仅可以促进各国在高铁技术领域的良性竞争,更为世界上其他国家高铁技术的发展做出了重要的贡献。因此,中国自主创新政策的实施不仅促进了国内科学技术水平的提升,对世界科技水平的提高亦有积极贡献。

根据以上分析,在此,我们提出如下几条政策建议:

(1)政策制定要充满自信。今天,我们面临的国际国内形势同之前日、韩追赶发达国家时的形势截然不同,在创新政策制定和实施过程中也必然面临国内外的诸多挑剔和批评。事实上,国外的这种反应好像已经成为了一种常态。在这种情况下,我们既要遵守国际惯例,也要能够经受得住国外的批评,在政策制定和实施中保持自信。当然,政策制定也要尽量公开、透明,敞开胸怀接受国内外的正、反两方面意见。在很多情况下,有效沟通可能是减少国外对我国自主创新政策误解的重要手段。

(2)强调中央政府在技术引进消化再创新中的作用。过去,我们也引进了很多技术,但是为什么都没有成功,其中很重要的一条就是我们没有把这种引进上升到国家层面。高铁的成功启示我们,只要国家想干,中央领导高度重视,消化、吸收、再创新就能够成功。因此,自主创新在一定程度上可以选择关乎国计民生的一些重要技术领域,然后采取高铁的形式,由国家某一部门牵头,集中全

---

① http://finance.qq.com/a/20120426/007315.htm.

国人力联合攻关。同时，在从技术引进到吸收、消化、再创新的这个全过程中体现企业的主体作用，以市场选择作为创新成功与否的唯一标准。

（3）自主创新要重视市场这一稀缺资源的作用。改革开放以来，我国日益成长的市场成为推动我国自主创新的重要资源。过去，我们不重视这个资源，没有认识到其对创新的重要作用。今天，我们要将其作为中国独特的不可复制的稀缺资源来对待。高铁的成功就充分反映了这一点——中国城市之间的距离较大，而人口的流动性又强，这种独特的市场特征必然对高速列车的发展产生强烈需求，而国外现成的技术又无法满足中国的这种需求，这种需求最后便转化为推动中国高铁技术成功的重要因素。所以，未来我国推行自主创新的过程中要充分利用这个市场，而不能再寄希望于通过"市场换技术"。

第三章 自主创新政策对我国区域创新发展的影响

《纲要》中不仅提出要发展高科技产业的宏伟目标,更强调要通过创新型国家建设解决长期制约我国科技发展的地区不均衡性问题。如《纲要》提出的"建设中国特色的国家创新体系"的目标中就十分强调这点,即"建设各具特色和优势的区域创新体系。充分结合区域经济和社会发展的特色和优势,统筹规划区域创新体系和创新能力建设……加强中、西部区域科技发展能力建设"。因此,协调我国各地区科技发展既是创新型国家建设的目标,也是提高国家整体自主创新能力的重要体现。

我国区域科技发展的总体水平不高,即便较为发达的东部沿海科技带同世界其他国家和地区也不具有可比性。但是,已有研究指出,我国改革开放以来区域科技差距呈现逐渐拉大的趋势。

因此,我们认为《纲要》的实施应该缓解这种趋势,缩小我国后发地区与相对发达地区的差距,从而保证区域之间的协调。当然,我们也不认为我们需要抛开各地区科技发展的历史、现实和未来经济发展需要,使各区域科技发展同步前行,正如《纲要》指出的,要充分体现各个地区的特色和优势,要在一个相对平衡的发展过程中去实现地区科技发展和地区经济的协调,以及全国科技资源在地区的优化布局和合理流动。

落后地区科技的追赶包括质和量两方面,也包括科技发展战略的改变。限于对技术本身的不熟悉,笔者所拥有的经济管理知识无法从质的视角分析地区的科技追赶。同中外诸多学者一样,我们选择从量的视角入手,如通过常用的地区科技投入、科技产出指标来刻画区域科技发展。

本研究遵循这种传统,以各地区可以较为客观并可横向比较的专利申请作为指标,分析《纲要》实施后对后发地区科技追赶的影响,并进一步解释这种追赶效应产生的原因。除此,本研究还将讨论《纲要》出台后对地区科技发展战略的影响。在本章结尾,我们引入一个案例,以便进一步增强我们对上述研究工作的理解。各节具体安排如下:

第一节首先利用科技指标将全国进行分区,在分区的基础上通过静态偏离份额分析方法研究《纲要》实施后对全国各个区域发展的影响。以此为基础,进一步通过动态偏离份额分析方法探讨后发地区向先发地区的追赶情况。研究表明，《纲要》促进了后发科技地区向科技相对发达地区的快速收敛与赶超，但不同科技后发地区的追赶速度并不一样。

第二节和第三节我们将分别讨论后发科技地区向先发地区科技收敛的原因。在探寻原因过程中，我们的基本思路是借鉴后发优势的有关理论，从后发地区技术直接学习视角和后发地区向其他地区学习科技发展经验的视角分析。研究表明：一方面，后发地区通过吸收先发地区的成熟技术，然后进行吸收、消化、模仿和再创新，提高了自主创新能力，呈现出更快的创新速度；另一方面，后发地区通过向周边其他省市学习先进的科技发展经验，提高了本地区的科技管理水平，进而使得本区域以更高的效率推动当地科技事业的发展。

第四节将不同科技区域的科技发展战略分为探索型（Explorative）和开发型（Exploitative），然后分析《纲要》的实施对我国区域科技发展战略的影响。研究表明：从全国总体来看，《纲要》的颁布增强了采取探索型区域的科技发展战略对区域创新能力的作用。同时，也使后发地区的科技发展战略从开发型向探索型转变。

第五节选取近年日益兴起的"西三角"地区（陕西—四川—重庆）作为案例，对以上各节的研究结论进行某种程度上的佐证，希冀深化对这些研究结论的理解。

第一节 《纲要》与后发科技地区的技术追赶

我国科技区域发展不均衡，并在改革开放以后呈现差距日益拉大的趋势，已经引起了国内外学者的广泛关注。①②③《纲要》也指出当前我国"各方面科技力量自成体系、分散重复，整体运行效率不高……科技宏观管理各自为政"。因此需要"统筹规划区域创新体系和创新能力建设，加强中、西部区域科技发展能力建设"。从这点来看，缩小区域之间的差异关键是要让中、西部等科技后发地区加快科技发展，实现科技追赶。因此本节将集中对《纲要》施行前后科技后发地区的科技发展进行分析；同时也对《纲要》实施后对不同科技区域的影响进行比较。

---

① Hong W. Decline of the center: the decentralizing process of knowledge transfer of Chinese universities from 1985 to 2004 [J]. Research Policy, 2008, 37 (4): 580-595.

② Liu F., Sun Y. A comparison of the spatial distribution of innovative activities in China and the US [J]. Technological Forecasting and Social Change, 2009, 76 (6): 797-805.

③ Sun Y. Spatial distribution of patents in China [J]. Regional Studies, 2000, 34 (5): 441-454.

一、引言

受到历史传统、地理因素、资源禀赋及其结构差异等方面的影响，我国各地区呈现了不同的经济和科技发展水平。改革开放之后，这种不均衡被进一步强化。例如，邓小平在1985年提出的"让一部分人先富起来，先富带动后富"的思想，要求具有经济和科技优势的省市进行率先发展。在过去30多年里，非均衡性发展取得了"巨大成果"，形成了发达的东部沿海地区、中等发展的中部地区以及广大西部欠发达地区。不仅区域之间存在较大差异，在每个区域内部也同样存在巨大的差异：如江苏省先进的苏南和落后的苏北共存，有人说这种差距大概有20年。科技领域同样存在这种特征，各地区的科技投入和产出相差较大，有些地方之间相差数十倍。进入21世纪后，这种非均衡性发展的思想越来越显示其弊端，突出表现在与我国努力实现的共同富裕的国家意志相冲突。因此，一系列的纠正措施陆续出台，如西部大开发战略及其之前的老工业基地振兴计划等。2006年颁布的《纲要》中明确要求"加强中、西部区域科技发展能力建设、加快推进国家创新体系建设和切实加强县（市）等基层科技体系建设"，这正是国家平衡区域间差距的具体要求和策略。《纲要》实施7年多以来，我国后发科技地区是否缩小了与科技先发地区之间的差距？后发地区的科技追赶是否同步？这些问题构成了本节研究的主要内容。

二、相关研究综述

已有的国内科技政策评价文献主要关注科技政策对行业和个别省市的影响，如国内学者徐伟民[①]利用上海市的数据研究得出科技政策对高新技术企业的发展起到了作用。易明、刘航[②]通过对湖北省的数据进行实证分析，得出科技自主创新政策对产业研发空间结构有影响，但解释力在下降。张楠[③]等人对ICT行业的16家企业进行了访谈，探讨了当前科技自主创新政策体系的薄弱环节。吕明洁、陈松[④]利用数据包络分析对高技术产业政策绩效进行了评价。国外关于科技政策的研究主要基于国家或者产业层面对科技政策进行评价，并讨论了科技政策与经

---

① 徐伟民. 科技政策、开发区建设与高新技术企业全要素生产率——来自上海的证据[J]. 中国软科学, 2008（10）：141-147.
② 易明, 刘航. 科技政策对产业研发空间结构的影响研究——基于湖北省的实证分析[J]. 中国科技论坛, 2009（2）：18-21.
③ 张楠, 林绍福, 孟庆国. 现行科技政策体系与ICT自主创新企业反馈研究[J]. 中国软科学, 2010（3）：22-26.
④ 吕明洁, 陈松. 我国高技术产业政策绩效及其收敛分析[J]. 科学学与科学技术管理, 2011, 32（2）：43-47.

济发展的关系。[1] 如 Amsden[2] 在 1989 年对日本的科技政策进行的比较分析表明，科技政策对国家经济取得的成功发挥了重大作用。Beason & Weinstein[3] 利用 13 个产业部门 1955~1990 年的样本数据，考察了日本产业政策对部门全要素生产率的增长效应。Lemola[4] 通过芬兰的数据对该国的高科技政策进行了评价分析。从文献的回顾来看，已有文献较少涉及不同科技区域对科技政策响应速度的研究，而这个研究的不足正好构成本节研究的主要任务。

三、数据及方法

本研究采用各省级行政区的具体数据作为区域的科技发展指标，对国家知识产权局 2001~2011 年各省市在 30 个技术领域专利申请数进行分析。考虑到数据的可获得性和一致性，西藏未包括在内。本研究统计的技术领域与所涉及的 IPC 分类号的对应关系来自 OECD 发布的技术领域与 IPC 分类号对照表。其他所需数据均来自于相应年份《中国统计年鉴》和《中国科技统计年鉴》。

选用专利数据对技术发展收敛性进行分析，是因为以往的文献已经证实专利数据具有多方面的优点，且已被学术界广泛采用。专利数据包含丰富的信息，如专利申请所在省市、技术类型、发明人、技术所有人、申请时间等信息，并且专利数据易获得，同时几乎所有国家的专利系统都是免费向公众开放的。但专利数据也存在一些固有缺陷，如不是所有的技术都能申请专利。又如，使用专利数据无法区分各个专利技术的重要程度，因为在学者看来专利之间的差别只有数量上的而没有质量上的，即可以同等对待不同类型的两件专利。此外，不同国别的专利数据不能进行简单比较，如日本的专利通常一件专利一个权利主张，而美国的一件专利则可能有多个权利主张。总体而言，使用专利数据的优点大于缺点。同许多学者一样，我们选择专利作为衡量区域科技发展的重要指标。

四、我国科技区域分类

在讨论中国区域科技发展情况之前，需要对中国科技发展的区域现状进行分类。徐建国[5] 2005 年的研究通过四项科技指标，对全国进行了科技区域的划分，

---

[1] 冯锋，汪良兵. 协同创新视角下的区域科技政策绩效提升研究——基于泛长三角区域的实证分析 [J]. 科学学与科学技术管理，2011，32 (12)：109-115.

[2] Amsden S. Hitting the service excellence target [J]. Industrial Management，1989，31 (1)：6-11.

[3] Beason R, Weinstein D. Growth, economies of scale and targeting in Japan (1955–1990) [J]. The Review of Economics and Statistics, 1996, 78 (2): 286-295.

[4] Lemola T. Convergence of national science and technology policies: the case of Finland [J]. Research Policy, 2002, 31 (8): 1481-1490.

[5] 徐建国. 我国科技资源空间分布的实证研究 [D]. 北京：清华大学，2005.

第三章 自主创新政策对我国区域创新发展的影响

这种分类方式较好地展示了全国不同区域的科技发展情况。但由于其采用的是2003年的数据,这些数据已经不能完全反映现阶段国内发展状况。本节参照徐建国的研究,选取了各地区2011年的研发费用、研发人员全时当量、技术改造费用、每万人国内申请专利数4项指标对我国30个省市科技发展现状进行分类。①表3-1为各省市4项指标及排名。

表3-1 基于部分科技指标的全国各省区分类

省(市、区)	研发费用(万元)	研发地区分类	研发人员全时当量(人/年)	按全时当量分类	技术改造费用(万元)	按技术改造分类	每万人国内专利数(件)	按专利数分类
北京	9366438.8	2	217255.2	2	962114.3	4	20.84	2
天津	2977580.2	3	74293.4	4	851800.7	4	10.76	3
河北	2013376.9	3	73024.8	4	1908089.1	3	1.55	5
山西	1133926.3	4	47354.5	5	1285884.1	4	1.39	5
内蒙古	851685.3	5	27603.5	5	989408.3	4	0.92	6
辽宁	3638347.6	3	80976.5	4	2304972.7	3	4.38	5
吉林	891337.3	5	44814.6	5	594574.4	5	1.79	5
黑龙江	1287788.1	4	66599.1	4	748095.7	5	3.19	5
上海	5977130.7	2	148500.4	3	1384810.1	3	20.83	2
江苏	10655109.1	1	342765.3	1	6729448.2	1	25.39	1
浙江	5980824.4	2	253686.9	2	2572741.9	3	23.9	2
安徽	2146439.4	3	81086.9	4	2009899.9	3	5.49	4
福建	2215151.3	3	96884.1	4	1095487.2	4	5.92	4
江西	967528.8	5	37517.2	5	657884.1	5	1.24	5
山东	8443667.1	2	228607.5	2	3114585.5	2	6.14	4
河南	2644922.5	3	118040.5	3	1645949.1	4	2.05	5
湖北	3230129.1	3	113919.6	3	1007668.4	4	3.32	5
湖南	2332181.1	3	85783.0	4	3256684.8	2	2.45	5
广东	10454872	1	410805	1	1810850.3	3	12.3	3
广西	810205.3	5	40135.3	5	1308802.4	4	0.95	6

---

① 分类规则如下:①R&D经费分类(单位:万元):第一类>10000000;10000000>第二类>5000000;5000000>第三类>2000000;2000000>第四类>1000000;1000000>第五类>500000;第六类<500000。②R&D全时当量(单位:人/年):第一类>300000,300000>第二类>200000,200000>第三类>100000,100000>第四类>50000;50000>第五类>10000;第六类<10000。③技术改造费用(单位:万元):第一类>5000000;5000000>第二类>3000000;3000000>第三类>2000000;2000000>第四类>1000000;1000000>第五类>500000;第六类<500000。④每万人国内专利数(单位:件):第一类>25;25>第二类>20;20>第三类>10;10>第四类>5;5>第五类>1;第六类<1。

续表

省（市、区）	研发费用（万元）	研发地区分类	研发人员全时当量（人/年）	按全时当量分类	技术改造费用（万元）	按技术改造分类	每万人国内专利数（件）	按专利数分类
海南	103717.1	6	5396.6	6	14119.1	6	0.88	6
重庆	1283560.2	4	40697.7	5	672935.3	5	5.38	4
四川	2941008.9	3	82484.8	4	2725632.3	3	3.54	5
贵州	363089.4	6	15885.5	5	807739.1	5	0.97	6
云南	560796.6	5	25091.9	5	615286.1	5	0.91	6
陕西	2493548.2	3	73500.5	4	800778.2	5	3.12	5
甘肃	485260.7	6	21332.1	5	419642.1	5	0.93	6
青海	125756.1	6	5006.2	6	42134.4	6	0.96	6
宁夏	153182.6	6	7357.5	6	337285.4	5	0.97	6
新疆	330031.2	6	15450.6	5	259319.8	6	1.21	5

资料来源：根据《中国科技统计年鉴（2012）》、《中国统计年鉴（2012）》整理。

各省市四项排名加权得分情况如表3-2所示：

表3-2 各省市分类加权值

省（市、区）	分类加权值	省（市、区）	分类加权值	省（市、区）	分类加权值
江苏	4	辽宁	15	吉林	20
广东	8	福建	15	江西	20
浙江	9	河南	15	广西	20
北京	10	湖北	15	云南	21
上海	10	四川	15	贵州	22
山东	10	陕西	17	甘肃	22
天津	14	山西	18	新疆	22
安徽	14	黑龙江	18	海南	24
湖南	14	重庆	18	青海	24
河北	15	内蒙古	20	宁夏	24

与徐建国通过2003年数据对各省市的分类不同，江苏已成为了全国科技实力最强的地区，在各项指标中都排名第一，内陆科技圈明显扩大，包括湖北、陕西、安徽、四川、河南、河北、湖南。

根据上述分析，将全国各省市分为以下六类：

- 全国科技极——江苏。

- 中央科技极——北京。
- 沿海科技带——广东；浙江、上海、山东；天津、辽宁、福建。
- 内陆科技带——湖北、陕西、安徽、四川、河南、河北、湖南。

相比徐建国的研究结论，福建、河南、安徽从科技的非聚集区进入了内陆科技带。

- 科技发展区——黑龙江、重庆、山西。
- 科技欠发达地区——内蒙古、江西、吉林、云南、广西、贵州、青海、甘肃、宁夏、新疆、海南。

本研究将后三类地区定义为后发地区，并作为本研究的重点分析对象以期反应《纲要》实施后对后发地区的影响。但是，这种分析离不开同相对发达地区的比较。同时，为了更进一步反映我国地区科技差异较大的特点，提供一个详细的科技发展全景，我们首先按六类地区的分类方法进行研究，然后重点分析后发地区的科技追赶情况。

五、区域科技偏离份额分析

下面运用专利数据以及静态和动态偏离份额分析法对 2006 年《纲要》施行前后各个区域的科技实力（以申请专利数衡量）变化进行分析。偏离份额分析法（shift-share analysis）最初是由美国经济学家 Daniel 和 Creamer 相继提出的，后经 Perloff、Dunn、Lampard、Muth 等学者不断完善，[1]在 20 世纪 80 年代形成现在普遍采用的形式。[2] 偏离份额分析法是将一个特定区域在某一时期经济总量的变动分为三个分量，即份额分量、结构偏离分量和竞争力偏离分量，以此说明区域经济发展和衰退的原因，评价区域经济结构优劣和自身竞争力的强弱，找出区域具有相对竞争优势的产业部门，进而确定区域未来经济发展的合理方向和产业结构调整原则。在科技和专利研究领域已有国内学者运用偏离份额分析法进行了研究，[3] 这为本研究的方法选择提供了借鉴。

传统偏离份额分析法是相对静态的，无法揭示考察期内各时间分段对总体变化的贡献与影响，以及时间维度的变化趋势。Thirlwall[4] 在 1967 年提出动态偏离

---

[1] 袁晓玲，张宝山，杨万平.动态偏离—份额分析法在区域经济中的应用 [J].经济经纬，2008 (1)：55-58.

[2] Dunn E. A statistical and analytical technique for regional analysis [J]. Papers in Regional Science, 1960, 6 (1): 97-112.

[3] 刘凤朝，王元地，潘雄峰.老工业基地知识增长结构与产业发展分析 [J].科学学与科学技术管理，2004, 25 (3): 50-52.

[4] Thirlwall A. A measure of the "proper distribution of industry" [J]. Oxford Economic Papers, 1967, 19 (1): 46-58.

份额分析法,他认为将研究时段分为两个或更多的时段,可以减少对产业结构中激烈变化信息的忽略。动态偏离份额分析不仅考虑初始年份和末年的变化,还可以发现时间段内是否有先增长后减小或其他的变化趋势。① 故运用动态偏离分析法可以较好地体现出科技政策对不同地区、不同时间段的影响情况。

(一) 模型构建

假设某一科技区域基年和末年的区域申请专利总数分别为 b_0 和 b_t;$b_{j,0}$ 和 $b_{j,t}$ ($j = 1, 2, \cdots, 30$) 分别代表某区域在第 j 个分类基年和末年申请的专利总数;B_0 和 B_t 为基年和末年全国申请的专利总数;$B_{j,0}$ 和 $B_{j,t}$ 代表全国基年和末年在第 j 分类申请的专利总数。

区域与全国第 j 分类在 [0,t] 时间段的变化率为:

$$r_j = \frac{b_{j,t} - b_{j,0}}{b_{j,0}}, \quad R_j = \frac{B_{j,t} - B_{j,0}}{B_{j,0}} \quad (j = 1, 2, \cdots, 30) \tag{3.1}$$

将区域各科技专利规模标准化,得:

$$b'_j = \frac{b_{j,0} \cdot B_{j,0}}{B_0} (j = 1, 2, \cdots, 30) \tag{3.2}$$

则在 [0,t] 时间段内:

$$G_j = RS_j + PS_j + DS_j \tag{3.3}$$

$$RS_j = b'_j \cdot R_j \tag{3.4}$$

$$PS_j = (b_{j,0} - b'_j) \cdot R_j \tag{3.5}$$

$$DS_j = b_{j,0} \cdot (r_j - R_j) \tag{3.6}$$

$$G_j - RS_j = G_j - b'_j \cdot R_j \tag{3.7}$$

其中 RS_j 为份额分量,PS_j 为结构分量,它是指该区域第 j 个技术领域按照全国相应技术领域增长率与按照全国全部技术领域增长率所实现的增长额之差。它单独用于分析结构对增长的影响和贡献,反映该区域第 j 个技术领域的结构优劣程度。若 $PS_j > 0$,说明研究区域的科技结构合理,促进了区域科技实力的增长;若 $PS_j < 0$,说明研究区域的科技结构不合理,阻碍了区域科技实力的增长。DS_j 被称之为区位份额分量(竞争力分量),它指区域第 j 个技术领域的增长额与按照全国相同技术领域增长的差异引起的偏差,反映区域第 j 个科技分类的竞争能力。若 $DS_j > 0$,说明该地区具有区位优势(竞争力优势);若 $DS_j < 0$,则不具有区位优势。G - RS 为总偏离,若实际增长水平(G)高于假定的增长水平,则该地区总偏离量(G - RS)为正;反之,则为负。本节将各区域各技术领域的结构份

---

① Horlings E., Van den Besselaar P. Convergence in science: growth and structure of worldwide scientific output, 1993~2008 [C]. Science and Innovation Policy, 2011 Atlanta Conference on IEEE: 1-19.

额分量、区位份额分量和总偏离进行加总来观察分析时段内科技政策的影响。

(二) 实证结果

1. 静态偏离份额分析结果

表3-3为利用2007~2011年各科技分类区域专利申请数据并对数据作静态偏离份额分析得到的结果。

表3-3 2007~2011年六个分类地区的静态偏离份额分析

地区	RS地区份额		PS地区份额		DS地区份额		G地区份额		G-RS地区份额	
	增长率	增量	增长率	增量	增长率	增量	增长率	增量	增长率	增量
江苏	1.78283	48439.36	0.13555	3683.01	1.37419	37336.63	3.29257	89459	1.50974	41019.64
北京	1.78283	44066.09	−0.19403	−4795.82	−0.52475	−12970.27	1.06404	26300	−0.71878	−17766.09
沿海科技带	1.78283	256569.95	−0.02519	−3624.96	−0.30877	−44436.00	1.44886	208509	−0.33396	−48060.95
内陆科技带	1.78283	72352.40	0.08288	3363.33	0.60001	24350.28	2.46571	100066	0.68289	27713.60
科技发展区	1.78283	20297.47	0.09310	1059.99	0.28384	3231.55	2.15977	24589	0.37695	4291.53
科技欠发达地区	1.78283	28200.73	0.01988	314.46	−0.47491	−7512.19	1.32779	21003	−0.45503	−7197.73

资料来源：从国家知识产权局网站检索并整理得到。

从表3-3中可以看出江苏在2007~2011年的总偏离为41019.64，其增速高于全国平均1.51，说明江苏地区在《纲要》实施后的时间段内科技领域的发展速度高于全国。其中科技结构优势带来的增长为3683，对总增长的贡献为0.14，区位优势带来的增长为37337，对增长的贡献为1.37，表明江苏地区在全国的科技布局中具有很强的区位优势。此外，从表3-3中也能看出，江苏地区的科技结构带来的增长远小于区位优势带来的增长。北京地区在分析时间段的增长低于假定的增长，低于全国平均水平0.72。此外，北京地区的科技产业结构带来了0.19的负增长，区位分量（竞争分量）带来的增长为−0.52。沿海科技带在分析的时间段的情况与北京类似，总偏离也为负，结构分量和区位（竞争）分量的增长也都低于全国平均水平。从表3-3中可以看出，内陆科技带的发展增速要高于全国的平均水平，总偏离为27714，增速高于全国平均0.68。其中区位优势（竞争优势）带来的增长最大，为24250，贡献增长0.60。科技发展区的发展与内陆科技带的发展类似，但总增幅不如内陆科技带，总偏离为4292，高于全国平均0.38。科技欠发达地区的增长低于全国平均0.46，科技产出结构带来正向的增长，为0.02，区位优势带来的增长为−0.47，表明该区域在科技布局中处于地区劣势。

通过纵向比较全国六个科技分类地区，可以看出江苏的科技发展领先于全国其他科技区域。无论从总偏离份额、结构优势和区位优势的角度，江苏都在全国排名第一，科技结构优势和区位优势明显。除江苏外，科技发展高于全国平均的区域有：内陆科技带和科技发展区，并且这两个地区的平均结构偏离份额和区位偏离份额都为正。这说明该类地区的科技结构合理，区位优势也能正面促进这两个地区的科技发展。上述分析表明，《纲要》的实施促使全国的科技结构趋于合理。

2. 动态偏离份额分析

表3-4、表3-5和表3-6为利用2004~2011年后发科技地区（内陆科技带、科技发展区和科技欠发达地区）的专利申请数据并对数据作动态偏离份额分析得到的结果。此分析的目的是进一步了解后发地区内部不同区域是否同步受到《纲要》的作用。图3-1、图3-2和图3-3为根据动态偏离分析结果做出的结构分量、区位分量以及总偏离的增长率变化图。通过该动态偏离份额分析，我们可以观察到《纲要》是如何对不同科技后发区域的科技追赶发挥作用的。

表3-4 内陆科技带2004~2011年动态偏离份额分析

年份	RS 地区份额		PS 地区份额		DS 地区份额		G 地区份额		G-RS 地区份额	
	增长率	增量	增长率	增量	增长率	增量	增长率	增量	增长率	增量
2004	0.12563	2870.63	-0.01713	-391.29	-0.06523	-1490.34	0.04328	989	-0.08235	-1881.63
2005	0.27336	6516.40	-0.01338	-318.86	-0.10729	-2557.54	0.15270	3640	-0.12066	-2876.40
2006	0.27476	7549.95	-0.01635	-449.37	0.01275	350.43	0.27116	7451	-0.00360	-98.95
2007	0.20097	7019.83	0.00012	4.32	-0.14372	-5020.15	0.05737	2004	-0.14360	-5015.83
2008	0.28667	11634.10	0.01566	635.38	0.07391	2999.53	0.37624	15269	0.08957	3634.90
2009	0.32498	18150.57	0.01359	759.01	0.09284	5185.43	0.43141	24095	0.10643	5944.43
2010	0.27184	21733.00	-0.00245	-195.91	0.03490	2789.91	0.30429	24327	0.03245	2594.00
2011	0.28344	29555.54	0.00718	749.07	0.05822	6070.39	0.34884	36375	0.06540	6819.46
总计		105030.01		792.34		8327.65		114150		9119.99
平均		13128.75		99.04		1040.96		14268.75		1140.00

资料来源：从国家知识产权局网站检索并整理得到。

表3-5 科技发展区2004~2011年动态偏离份额分析

年份	RS 地区份额		PS 地区份额		DS 地区份额		G 地区份额		G-RS 地区份额	
	增长率	增量	增长率	增量	增长率	增量	增长率	增量	增长率	增量
2004	0.12563	805.70	-0.02586	-165.83	0.07159	459.13	0.17137	1099	0.04574	293.30
2005	0.27336	2053.50	-0.03072	-230.78	-0.19032	-1429.72	0.05232	393	-0.22105	-1660.50
2006	0.27476	2172.00	-0.02134	-168.67	-0.03900	-308.33	0.21442	1695	-0.06034	-477.00
2007	0.20097	1929.35	-0.00264	-25.30	-0.01240	-119.05	0.18594	1785	-0.01504	-144.35
2008	0.28667	3263.78	0.02898	329.97	-0.07499	-853.76	0.24067	2740	-0.04601	-523.78

续表

年份	RS 地区份额		PS 地区份额		DS 地区份额		G 地区份额		G-RS 地区份额	
	增长率	增量	增长率	增量	增长率	增量	增长率	增量	增长率	增量
2009	0.32498	4590.29	0.00411	58.05	0.02405	339.66	0.35313	4988	0.02816	397.71
2010	0.27184	5195.73	-0.00990	-189.18	0.06794	1298.46	0.32988	6305	0.05804	1109.27
2011	0.28344	7204.51	0.00151	38.35	0.13035	3313.14	0.41530	10556	0.13186	3351.49
总计		27214.85		-353.38		2699.53		29561		2346.15
平均		3401.86		-44.17		337.44		3695.125		293.27

资料来源：从国家知识产权局网站检索并整理得到。

表 3-6 科技欠发达地区 2004~2011 年动态偏离份额分析

年份	RS 地区份额		PS 地区份额		DS 地区份额		G 地区份额		G-RS 地区份额	
	增长率	增量	增长率	增量	增长率	增量	增长率	增量	增长率	增量
2004	0.12563	946.66	-0.02104	-158.52	-0.08854	-667.14	0.01606	121	-0.10958	-825.66
2005	0.27336	2092.86	0.00315	24.15	-0.04924	-377.00	0.22727	1740	-0.04609	-352.86
2006	0.27476	2581.68	-0.04196	-394.24	-0.03996	-375.44	0.19285	1812	-0.08192	-769.68
2007	0.20097	2252.52	-0.00666	-74.62	-0.06619	-741.90	0.12812	1436	-0.07285	-816.52
2008	0.28667	3624.71	0.01716	217.00	-0.10422	-1317.71	0.19962	2524	-0.08705	-1100.71
2009	0.32498	4929.24	0.00066	10.06	-0.04769	-723.30	0.27795	4216	-0.04702	-713.24
2010	0.27184	5269.40	-0.00748	-145.05	-0.04098	-794.35	0.22338	4330	-0.04846	-939.40
2011	0.28344	6721.52	-0.01487	-352.54	0.04107	974.01	0.30965	7343	0.02621	621.48
总计		28418.58		-873.76		-4022.82		23522		-4896.58
平均		3552.32		-109.22		-502.85		2940.25		-612.07

资料来源：从国家知识产权局网站检索并整理得到。

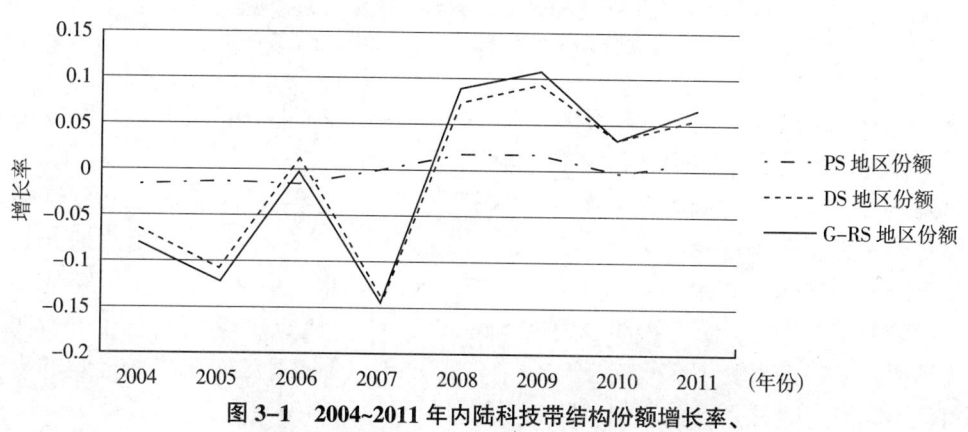

图 3-1 2004~2011 年内陆科技带结构份额增长率、区位份额增长率以及总偏离 (G-RS) 增长率

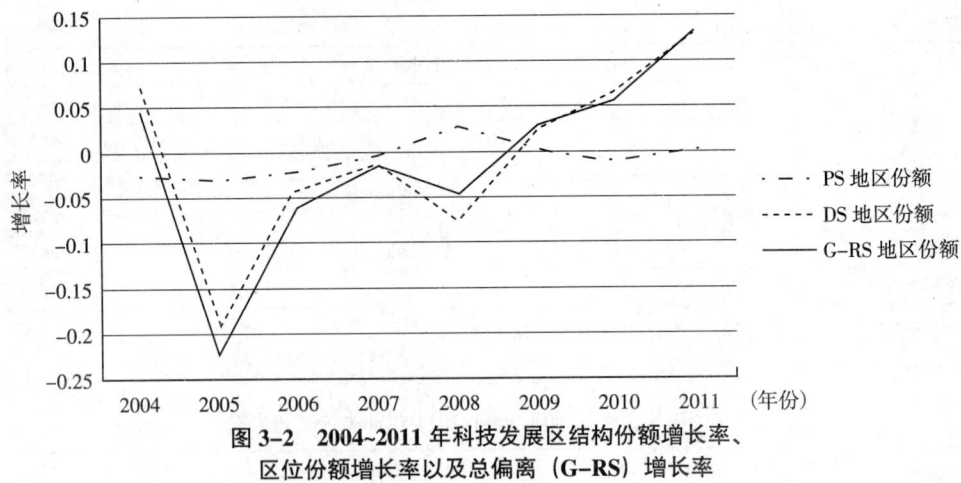

图 3-2 2004~2011 年科技发展区结构份额增长率、区位份额增长率以及总偏离（G-RS）增长率

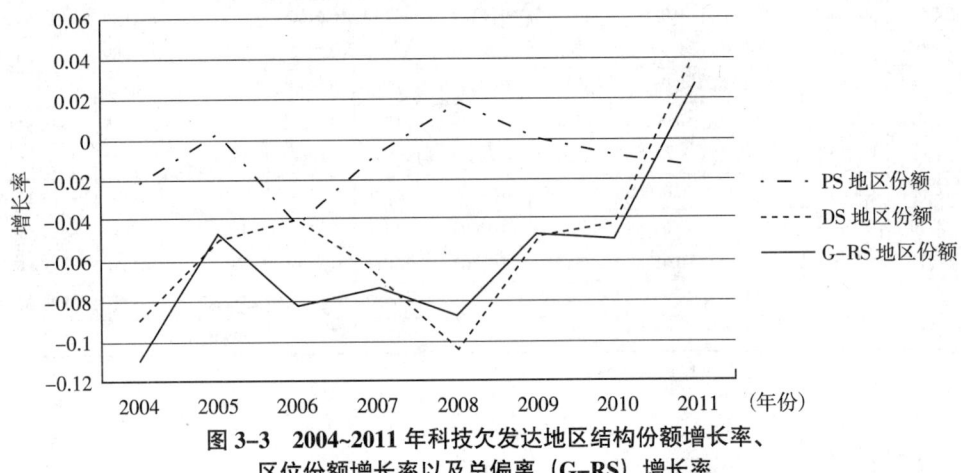

图 3-3 2004~2011 年科技欠发达地区结构份额增长率、区位份额增长率以及总偏离（G-RS）增长率

由表 3-4 以及图 3-1 可以看出，在该时间段内（2004~2011 年）内陆科技带七个省的科技发展总体状况。该时间段内，区域的总体增长高于全国平均水平，总偏离为 9120，平均偏离为 1140。具体来看，在 2007 年（含）以前，该地区的增长分别低于全国平均水平 0.08，0.12，0.004，0.14。在 2007 年之后增速开始高于全国平均水平 0.09，0.11，0.03，0.07。此外，2007 年（含）之前，该地区的区位分量（竞争分量）偏离也为负（除 2006 年），从 2007 年之后区位分量转为正值，平均偏离为 1041。分析时段内，2007 年（不含）之前的结构分量均为负值，2007 年及之后变为正值（除 2010 年），平均偏离为 99。

根据表 3-5 和图 3-2 可以得出 2004~2011 年科技发展区的三省市科技发展情况。该时间段内，区域的总体增长高于全国平均水平，总偏离为 2346，平均偏离为 293。具体来看，在 2008 年（含）以前，该地区的增长分别与全国平均水平的差值为：0.05，-0.22，-0.06，-0.02，-0.05。2008 年之后增速开始高于全国平均水平 0.03，0.06，0.13。此外，2008 年（含）之前（2004 年除外），该地区的区位分量（竞争分量）偏离也均为负，从 2008 年之后区位分量变为正值，平均偏离为 337。分析时段内，2008 年（不含）之前结构分量均为负值，2008 年之后（除 2010 年）变为正值。但在该时段内，该地区的结构分量平均偏离为 -44。

根据表 3-6 和图 3-3 可以得出 2004~2011 年科技欠发达地区的 11 个省份科技发展情况。可以看出在时段内，区域的总体增长低于全国平均增长，总偏离为 -4897，平均偏离为 -612。除 2011 年外，其余各年份的区位份额增长、总偏离的增长均为负。在分析时段内，结构份额的平均偏离为 -109，区位份额的平均偏离为 -503。但可以发现从 2011 年开始，区位份额、总偏离开始呈现正的增长。

综上所述，从总体上看，《纲要》实施后，后发科技区域呈现科技收敛与追赶的趋势，但不同科技后发区域的追赶速度快慢不一，即科技的发展以及政策对地方科技的作用呈现阶梯状特点。产生这个结果的原因是多方面的，如后发地区自身增加了科技投入，也可能是由于各地方的基础研究实力不均导致自主创新政策对科技后发地区科技实力的影响不一致。以地方基础研究实力为例，它对于响应自主创新政策具有重要作用，如《纲要》中指出的鼓励发展重点领域、优先主题、重大专项和前沿技术都需要以强大的基础科研实力作为保障，而全国这种地方基础科研实力存在明显的分布不均状况。如根据方勇[①]等人 2011 年的研究，我国的基础研究投入存在着明显的不平均现象，其主要集中在华北和华东。虽然近年来我国各地区的科技基础研究投入都有了很快增长，但华北、华东明显增长较快，出现了强者更强的趋势。他们的研究与本节对全国科技区域的分类基本一致。这种阶梯状的基础科研实力的分布显示了各区域响应自主创新政策可能存在时间差异。另一个可能造成区域对自主创新政策响应时间不一致的原因可能是区域的体制机制差异。体制机制差异在创新领域的一个重要体现就是区域的科技产业化水平差异。因此，我们认为一个地区要实现科技的发展与追赶，不应仅依靠政府的资金投入，更取决于通过体制机制创新，营造良好的商业环境，高效地实现地区的科技产业化。为此，我们通过各地区的产业化难易程度来反映各地区的体制机制差异。具体来讲，本研究分别选取内陆科技带、科技发展区以及科技欠发达地区的典型城市各两个，利用《世界营商报告》提供的数据来代表各地区产业化的难易程度。表 3-7 为六个城市三个指标的概况。通过综合三个指标可以看

---

① 方勇，乔庆敏，王明明等. 我国基础研究投入的区域战略布局研究[J]. 科技进步与对策，2011，28（12）：114-118.

出,科技后发地区(内陆科技带、科技发展区以及科技欠发达地区)的产业化难易程度差异较大,这种差异很可能是由各地区促进科技产业化的体制机制不同造成的。因此,我们认为这种差异很可能是导致各地区对自主创新政策响应时间不同的重要原因。

表3-7 三类后发地区代表城市三类指标概况

城市	开办企业			注册财产		合同执行	
	程序(个)	时间(天)	成本(占人均GDP的百分比)	程序(个)	时间(天)	程序(个)	时间(天)
成都	13	35	19.1	11	39	31	295
武汉	13	36	13.6	9	60	31	277
呼和浩特	14	48	7.9	11	47	31	330
太原	14	55	9.3	10	62	31	300
南宁	14	46	16.5	12	66	31	397
西宁	14	51	12	8	69	31	458

资料来源:世界营商报告2013。

不过我们需要强调的是,这种分析将各个地方独立起来,并未能反映出《纲要》所体现的实现各个地区的协调,尤其是当下政策所倡导和追求的"先富帮后富"的平衡性发展思想,也就是没有从区域的联系中去理解后发地区的科技快速追赶现象。因此,基于这种认识,我们将在接下来的两节中去讨论后发地区在区域互动中实现科技追赶的原因。

六、结论及政策建议

简言之,本节综合静态和动态偏离份额分析法(结果见表3-3至表3-6),发现《纲要》的实施促进了后发地区以更快的速度向科技先发地区追赶和收敛,但在后发地区内部不同省市呈现了不同的追赶速度,即不同后发科技区域的科技发展不同步,呈现出阶梯状的特点:

(1)内陆科技带在2007年以前的总偏离以及结构份额偏离和区位份额偏离基本为负,2007年后变为正值,表明2006年《纲要》的颁布实施使得内陆科技带受益,科技实力发展速度从2007年后超过全国平均水平,实现了后发地区科技实力的追赶。

(2)科技发展区各省市的科技追赶与发展相比于内陆科技带有一年的滞后期。从上述分析可以看出,科技发展区的总偏离以及结构份额偏离和区位份额偏离在2008年之后才基本由负变为正。在该时间段内总偏离平均以及区位偏离平均都为正,表明该地区的平均增长快于全国平均水平,竞争力优势也显著提高。

但值得注意的是，该时段的平均结构偏离为负值，表明该地区的科技结构还不甚合理，科技结构的劣势已经阻碍了该地区科技实力的发展。

（3）科技欠发达地区的科技发展相比于前两个地区又有了一个明显的滞后。在分析时段内，该地区的总偏离以及结构份额偏离和区位份额偏离基本均为负值。总偏离平均为负表明该地区的发展要慢于全国科技发展的平均水平。区位份额偏离平均为负表明该地区的竞争力不强。结构份额偏离平均为负表明该地区的科技结构不合理，阻碍了地区科技的发展。但研究发现从2011年开始，该地区的区位份额偏离以及总偏离已经为正值，说明科技欠发达地区正在逐步实现科技实力的追赶。

对于本节的结论，我们认为《纲要》对不同地区的科技实力有不同的影响，政策不会也不可能促进各地区科技实力的同步发展，具有显著特征的是《纲要》促进了后发地区的科技追赶。通过这个发现，我们建议，由于科技政策对不同科技基础的区域影响不同，因此在制定区域间的科技政策时不能不考虑区域间的科技实力差距，也不可能有一个能够普遍适合全国各个区域的科技政策。在今后科技政策的制定和地方科技发展中的建议如下：

（1）从国家层面上来看，应该对各地区"区别对待"、宏观调控。对于各先发科技区域，出台的科技政策应该充分考虑到各先发科技地区的优势与劣势，实现取长补短、优势互补。例如，从专利申请数量上看，北京地区在原子核工程、环境技术等领域具有很强的优势，沿海科技带在声像技术、通信技术、信息技术等领域具有优势，相应的科技政策应该针对该地区具体的优势领域，对地区科技发展进行引导，避免不同地区重复投资建设。此外，充分发挥国家的宏观调控职能，设立区域发展协调机构来协调各省市的利益，建立完善区域利益分享和补偿机制，保障国家整体利益。

（2）从地方科技发展层面来看，各地区应该优势互补，实现良性竞争。根据本节分析结果，不同科技区域的科技基础不尽相同，后发地区不注重基础科技领域的发展，在后发地区发展高新技术产业，不仅不能促进该地区的发展，反而会因为缺乏相应的配套措施使该地区错失发展良机。因此对于后发地区，首要的目标仍是在体制机制、科研基础、市场环境等方面加大投入，才会为科技实力的赶超奠定基础。

（3）后发科技区域应该注重发展自身的优势领域，而不是力图在高科技行业实现赶超。例如，云南在农业、食品、花卉、药材这些技术领域发展领先全国，相应的科技投资应该向该领域倾斜。具有科技优势的先发科技地区应该理性发展，根据自身的科研优势选择科技发展道路，而不是为了当前利益，在不具备优势的领域跟风投资建设。

第二节 后发地区科技追赶原因之一：直接技术学习

上一节研究表明，《纲要》等一系列自主创新政策促进了后发地区向科技发达地区的科技追赶。后发地区科技追赶的原因很多，我们认为一个可能的解释是后发地区充分利用后发优势实现了快速追赶。后发优势可能是《纲要》所要求的加快科技成果转化和科技成果流动所带来的。这种政策效应使得后发地区可以直接获得先发地区的成熟技术，进而减少了技术创新风险，降低了研发成本。与此同时，这些外部流入技术往往成为后发地区技术学习的原始起点。通过对后发地区引入技术的消化、吸收、模仿和再创新，进而实现科技发展的快速追赶。这种效应实际上在跨国技术流动、发展经济学中已经被学者广泛用来解释发展中国家的快速技术收敛现象。这里，我们借鉴这种思想来分析我国后发地区如何通过吸收先发地区的技术实现科技发展的快速追赶。具体来讲，本节以实证分析为主，通过对2006年前后中国省际行政区之间的技术流动状况进行研究，从而对后发地区的科技追赶原因进行讨论。分析结论表明科技后发地区在2006年《纲要》施行之后获得了比2006年之前更多的来自于科技先发地区直接的技术输入，而这种直接的技术输入是后发科技地区进行技术吸收、消化、再创新的始点，后发科技地区可以利用该后发优势实现科技追赶。

一、引言

《纲要》中提出要加强中、西部地区的发展，而中、西部地区大多属于科技的后发地区。上一节的结论也表明后发地区在《纲要》实施后已经实现了某种程度的科技追赶。追赶的原因可能概括为地区内部科技努力的结果，也可能是受到外部环境的影响。从中国的发展现状来看，过去几十年的发展战略被一种所谓"非均衡"的思想所主导。这种战略在改革开放初期全国人才、资源和发展经验缺乏的情况下是明智的。如今，这种战略的弊端开始显现，如区域发展不平衡已经严重制约了我国经济的长期可持续发展。这里可以说是弊端，也可以从另外一个侧面看是一种优势。因为，我们毕竟完成了部分地区的快速发展，呈现了区域经济欣欣向荣的繁荣局面。这些先发地区积累的技术、人才、资本和先进的管理经验将为下一个时期后发地区的快速发展提供充足条件。从理论高度看，这就是所谓"追赶"理论，其中最有代表的就是关于后发优势的发展学说。

关于追赶的研究始于Gerschenkron，但最初的研究主要基于国家层面。

Gerschenkron[①]首次提出了"追赶"的概念,认为后发的工业化国家通过运用先发国家的技术和科技优势,并结合本国科技的相对优势来加速其发展进程。此外,他也认为,尽管后发国家在追赶的过程中存在很多阻碍,但是后发国家可能会比同时期的先发国家在建立研发机构的方面更有效率,这种相对优势会使后发国家更有效的处理科技发展的问题,也即存在后发优势(Late-mover Advantage)效应。随后,Abramovitz[②]明确提出了追赶假说,他认为生产率水平的落后为后发地区快速发展带来了潜力,一个科技暂时落后的国家可以利用其后发优势向发达国家快速进行收敛。概括来说,后发优势假说认为后发地区的后发优势主要包含如下两点:

(1)技术性后发优势。在技术研究与开发环节,后发地区可以避免大量技术探索中的失误,大大降低其技术开发活动的不确定性;从产品的生产环节来看,后发地区能直接借助于从率先者处获得生产操作培训、聘请熟练工人来企业传授经验等方式迅速提高自身的生产技能;从市场环节来看,节约了大量新市场开发的公益性投资,有效回避了新产品市场成长初期的不确定性和风险。

(2)制度性后发优势。成本优势即后发地区直接模仿、吸收和采纳先发地区已经形成的有效的制度,与先发地区的制度创设变迁相比较,避免了因不断"试错"而支付的高额成本;时间优势指与制度创设变迁往往要花费较长的时间相比,后发地区对有效制度的及时模仿、跟进和移植只需要较短的时间;经验优势就是通过吸取先发经济体制度变迁的经验教训获得的后发利益。制度性后发优势使后发地区能提高资源配置的效率、改变激励机制、降低交易费用和风险,从而促进经济增长。

受此思想影响,加之本研究所讨论的主题为技术追赶,所以本研究认为后发地区进行科技追赶的源泉正是充分利用了后发地区在科技发展方面的后发优势。同时,借鉴 Lieberman 和 Gerschenkron 等人后发优势理论的分析,我们认为中国科技后发地区存在的后发优势可能体现在以下两个方面:

(1)后发地区的"免费搭乘"(Free Rider)效应。首先,后发地区可以低廉地获得先发地区成熟的技术来进行学习、模仿和再创新。其次,先发地区在技术、人员、设备等方面的经验可以被后发地区模仿,从而为后发地区进行科技超越提供了可能。最后,从学习成本视角来看,创新是一项成本投入极其高昂的经济活动。所以,后发地区往往受制于资源不足、科技投入少的约束,在创新中处

---

① Gerschenkron A. Economic backwardness in historical perspective [M]. Boston: Harvard University Press, 1962.
② Abramovitz M. Thinking about growth: and other essays on economic growth and welfare [M]. London: Cambridge University Press, 1989.

于不利地位。当后发地区和先发地区之间的技术流动渠道建立起来之后，后发地区便可以通过相比于自主研发成本低得多的付出获得先发地区的成熟技术。已有很多研究表明，用于购买技术的成本往往不到整个研发成本的1/3。在历史上，有很多成功的案例。例如，"亚洲四小龙"在追赶阶段依靠大量的技术引进，这种低于发明成本方式进行的引进和消化吸收使得这些国家的经济增长一直保持在8%~10%的水平。所以，通过直接获得先发地区的技术可以大大降低后发地区的学习成本，进而使他们可以以更快的速度进行创新，从而提高科技产出水平。

（2）后发地区的风险规避效应。在中国，后发地区由于经济和科技基础实力有限，一般很少涉及高新技术领域的研发，而是在传统或者成熟领域进行科技投入。科技发达地区在高新技术领域进行研发，由于新技术的不确定性以及新领域的未知性和复杂性，必然要面临顾客市场和技术环境的不确定性和"非连续性"（Discontinuities）带来的困难，这些困难必然使得研发风险增大，研发的成功率大大降低。后发地区进行相应科技领域的发展时如果能对先发地区进行模仿，避免犯发达地区之前犯过的错误，那么后发地区就可以很好地规避创新过程中的风险。

在本节中，我们主要分析后发地区如何利用先发地区的技术来获得技术后发优势。本节研究认为，后发地区可以通过直接获得先发地区的技术，然后通过吸收、消化、模仿以及再创新。这种直接的技术学习成本远远小于先发科技地区的研发成本，同时，以引进的成熟技术作为学习起点，也大大降低了技术创新过程中的风险，这种思想如图3-4所示。

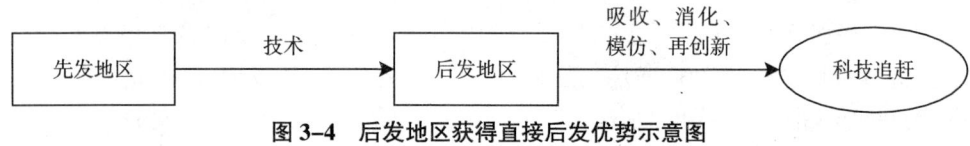

图3-4 后发地区获得直接后发优势示意图

二、研究背景、数据及方法

（一）研究背景

中国区域科技发展不均衡常在政府文件和学者的研究报告中出现。科技活动，无论是科技投入还是科技产出均集中在少数先发地区（如图3-5所示）。在图3-5中，我们以2000年和2011年中国各省市专利申请的累计比例情况为例来说明这种科技发展的不均衡性。

图3-5表明，在2000年，前五位创新的省市申请专利数占到了总申请数的45%。到2011年，前五位创新的省市申请专利数占到了总申请数的56%。在2000年和2011年，前十位省市申请的专利数分别占到全国总数的69%和76%。

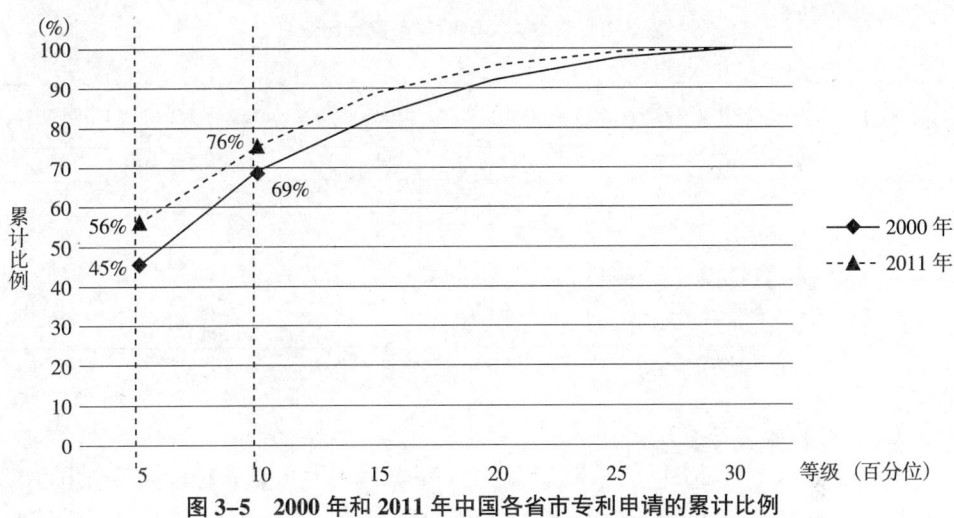

图 3-5 2000 年和 2011 年中国各省市专利申请的累计比例

此外,我们使用研发投入和研发人员全时当量数据来刻画我国科技区域发展的不均衡性(如表 3-8 和表 3-9 所示)。表 3-8 和表 3-9 表明,2011 年,前五位创新省市占据了全国研发支出的 50%,前十位省市占据了 70%。2011 年,前五位省市的研发人员全时当量占据了全国的 52%,前十位省市的研发人员全时当量占据了全国总全时当量的 73%。不过我们也看到,从专利产出和研发投入的视角,自 2000 年以来,我国科技发展确实存在不均衡性发展趋势,不过这种趋势有所缓和。更重要的是,从研发人员全时当量的指标上看,2000 年和 2011 年,前十位省市累计占比呈现下降趋势,从 74% 下降到 73%。这种下降虽然幅度不大,不过这是否意味着我国地区科技发展到达了一个拐点,开始向均衡性发展,可能难以准确回答。不过正如我们将要分析的一样,至少从某种意义上说明,后发地区的科技发展确实在变化。这种变化可能表现为后发地区利用先发地区的成熟技术进行吸收、消化、模仿和再创新。在本节接下来的篇幅中,我们将开展更加详细的分析。

表 3-8 研发投入累计比例

单位:%

位次\年份	2000	2001	2002	2003	2004	2005	2006	2007	2008	2009	2010	2011
1	11	10	11	10	13	13	11	12	12	12	14	14
2	18	19	20	20	22	22	21	22	22	24	26	26
3	26	27	28	28	30	31	30	32	32	33	35	35
4	33	34	35	36	36	37	37	39	40	41	42	43
5	40	39	41	41	42	43	44	46	48	48	50	50
10	65	64	67	66	66	66	66	68	69	69	69	70

资料来源:《中国统计年鉴》以及《中国科技统计年鉴》。

表 3-9 研发人员全时当量累计比例

单位：%

位次\年份	2000	2001	2002	2003	2004	2005	2006	2007	2008	2009	2010	2011
1	17	16	17	16	16	16	14	14	13	12	12	12
2	29	30	29	28	27	27	26	25	25	24	24	24
3	38	38	38	38	38	37	36	36	35	35	35	35
4	46	47	47	46	46	45	45	45	45	44	45	45
5	52	53	53	52	54	53	53	53	53	51	52	52
10	74	76	76	76	76	76	75	75	74	73	73	73

资料来源：《中国统计年鉴》以及《中国科技统计年鉴》。

（二）数据及方法

本研究选取中国 30 个省（市、区）之间的技术转移数据①对科技后发地区获得先发地区的技术进行技术学习的相关问题进行研究。我们假设，如果技术转移的受让人来自科技后发地区，而技术的让与人来自技术的先发地区，则我们认为该技术后发地区直接从技术的先发地区获得了技术，从而节约了研发成本，获得了后发优势。此外，中国各省（市、区）之间的技术转移数据是可以被追溯的，这也为我们跟踪后发地区获得先发地区技术的发展和演变提供了便利。关于中国专利许可数据，目前在国内学者中较少使用。因此，下面首先对这个数据进行简要介绍。

根据中国知识产权局颁布的《专利实施许可合同备案管理办法》，从 2000 年起，中国知识产权局及其分支机构开始登记国内专利许可情况，其目的是保护专利权、规范交易行为、促进专利实施。根据该管理办法，当事人应当自专利合同生效之日起三个月内办理备案手续。经过备案的专利合同的许可性质、范围、时间、许可使用费的数额等，可以作为人民法院、管理专利工作的部门进行调解或确定侵权纠纷赔偿数额时的参考依据。根据《专利实施许可合同备案管理办法》第二十条，专利合同备案的有关内容由国家知识产权局在专利登记簿上登记，并在专利公报上公告以下内容：合同案号、让与人、受让人、主分类号、专利号、专利申请日、授权公告日、合同性质、备案日期、合同履行期限、合同变更等。同时，第十九条规定，国家知识产权局设立专利合同备案数据库，管理备案数据，并提供公众查询。通过我们近年来持续对中国专利许可备案数据的清洗和初步统计，2000~2012 年全国共有 27412 件许可协议，涵盖了 91551 件专利，涉及 15959 个让与人和 18076 个受让人。

根据本研究的目的，我们需要了解技术是否从先发地区流向了后发地区。首

---

① 在本研究中，30 个省级行政区域被选取作为分析单元。行政区域即指省、直辖市以及自治区。由于中国台湾、中国香港、中国澳门和西藏在经济情况上与我国其他行政区不同，同时基于数据的可获得性与一致性，以上四个区域并未被包括在本文分析单元中。下文中，我们不对省、直辖市以及自治区进行区分。

先，我们依据让与人和受让人名称，人工识别了他们所在的省市，这使得我们可以清楚地追踪每件专利是从何地区流向另一地区。其次，因本研究重点在于考虑国内后发地区如何通过许可获得先发地区的专利技术，因此，我们仅考虑专利的国内许可情况。最后，为了精确捕捉我国后发地区从先发地区获得技术的情况，我们将分析时段（2000~2012年）分为两个子阶段：2006年之前和2006年之后，即比较《纲要》实施前后后发地区利用先发地区技术的情况。

在使用方法上，我们采用点中心度、社会网络分析以及块模型分析等方法，希冀把握我国科技后发地区从科技先发地区获得技术进行技术学习的现状和特点。下面简要介绍这三种方法。

1. 点中心度

点中心度是应用于网络分析的一个重要指标，用于测量网络中节点的重要性。节点的重要程度由网络的拓扑属性、结构特点及节点在网络中的具体位置决定。在本研究中，我们借鉴这种思想来分析某一个地区的技术流入和流出情况。我们用这种流入或者流出的量的大小定义某地区的重要性。

2. 社会网络分析

根据百度百科的解释，社会网络分析方法是由社会学家根据数学方法、图论等发展起来的定量分析方法。近年来，该方法在职业流动、城市化对个体幸福的影响、世界政治和经济体系、国际贸易等领域广泛应用并发挥了重要作用。社会网络分析是社会学领域比较成熟的分析方法，近期也在经济学、管理学等领域被学者们广泛使用。网络指的是各种关联，而社会网络即可简单地称为社会关系所构成的结构。通过研究网络关系，有助于把个体间关系、"微观"网络与大规模的社会系统的"宏观"结构结合起来。在本研究中，通过社会网络分析我们可以看到某一地区在全国技术流动网络中的位置，以及这些流入（或流出）技术的源头（或去向）。

3. 块模型分析

块模型分析法是20世纪70年代由西方学者提出的。它实际上是一种研究网络位置模型的方法，是对社会角色的描述性代数分析。后来，经过学者的深入研究和拓展，块模型分析法有了较大发展，如有学者提出了随机块模型。块模型从诞生开始便被学者们广泛采纳，并应用于一些具体问题上，如对学科共同体的研究和对世界经济体系的研究，对组织问题以及对技术流动的研究等。目前，在国内，这种方法的使用还处于初步探索阶段。在本研究中，我们用来分析具有相同区域技术流动的地区，希冀分析后发地区是否逐渐在临近区域获得技术进行技术学习，而非单纯从全国的技术中心获取技术。

（三）实证结果

下面根据以上三种方法对2000~2012年我国各省之间技术流动情况进行描

述，希望从中捕捉后发地区从先发地区获得技术的情况，尤其是2006年之后。这三种方法分析的结果相互补充，共同反映2006年之后后发地区向先发地区获取技术并进行学习的情况。

图3-6和图3-7为各省（市、区）在2000~2006年和2007~2012年两个阶段全国各个省（市、区）的中心度（该省作为让与人和受让人的专利的数量）。如前文所述，一个省（市、区）的入度（Indegree）就代表该省（市、区）接收（作为受让人）其他省（市、区）的专利数，与此相同，一个省市的出度（Out-degree）表明该省（市、区）作为让与人输出到其他省（市、区）的专利的数量。因此，观察科技后发地区的入度可以了解到在这两个时间段内，科技后发地区从其他地区获得了多少技术输入。但需要指出的是，这种分析也仅仅是总量的计算，而无法知道技术输出的具体源头，即是其他后发地区还是科技先发地区向本地区的技术输出无法获悉。

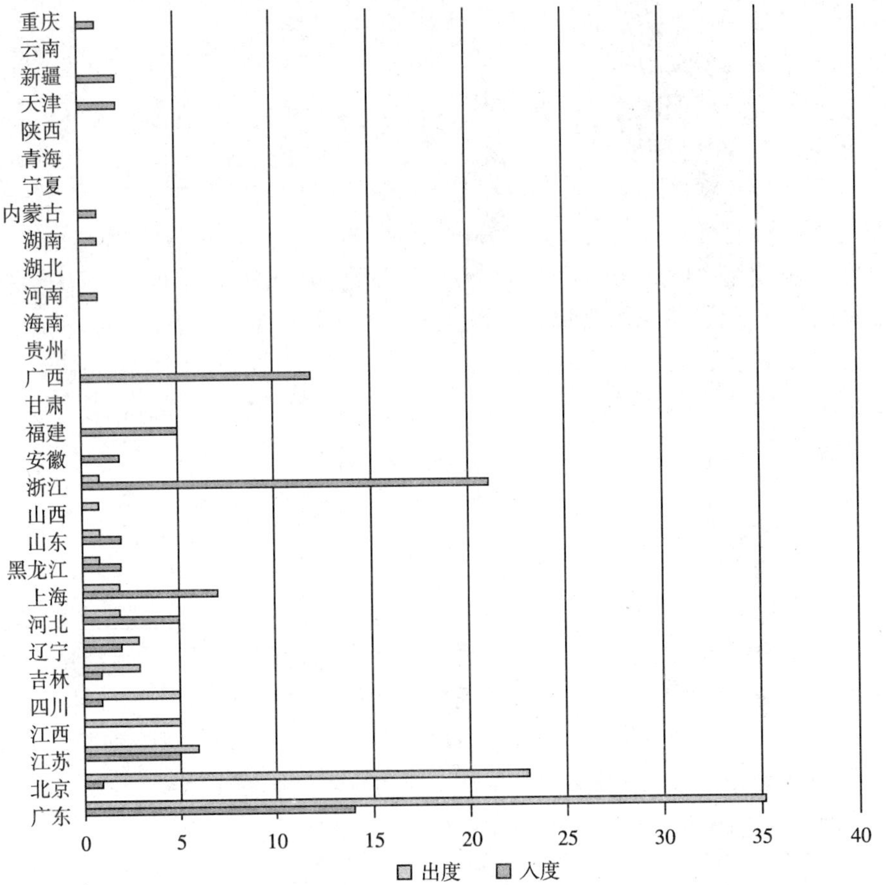

图3-6　2000~2006年各省（市、区）点中心度

从图 3-6 中可以观察到，在《纲要》实施之前，我国后发地区的入度较少，这表明 2006 年之前，科技后发地区较少获得其他地区的技术输入。同时在图 3-6 中也可以发现，部分科技先发地区的出度和入度都较大，这表明在该时段内技术主要在科技先发地区之间进行流动，后发科技地区获得先发地区的技术较少。因此，在《纲要》实施之前，科技后发地区较少利用科技发展的后发优势进行技术学习。

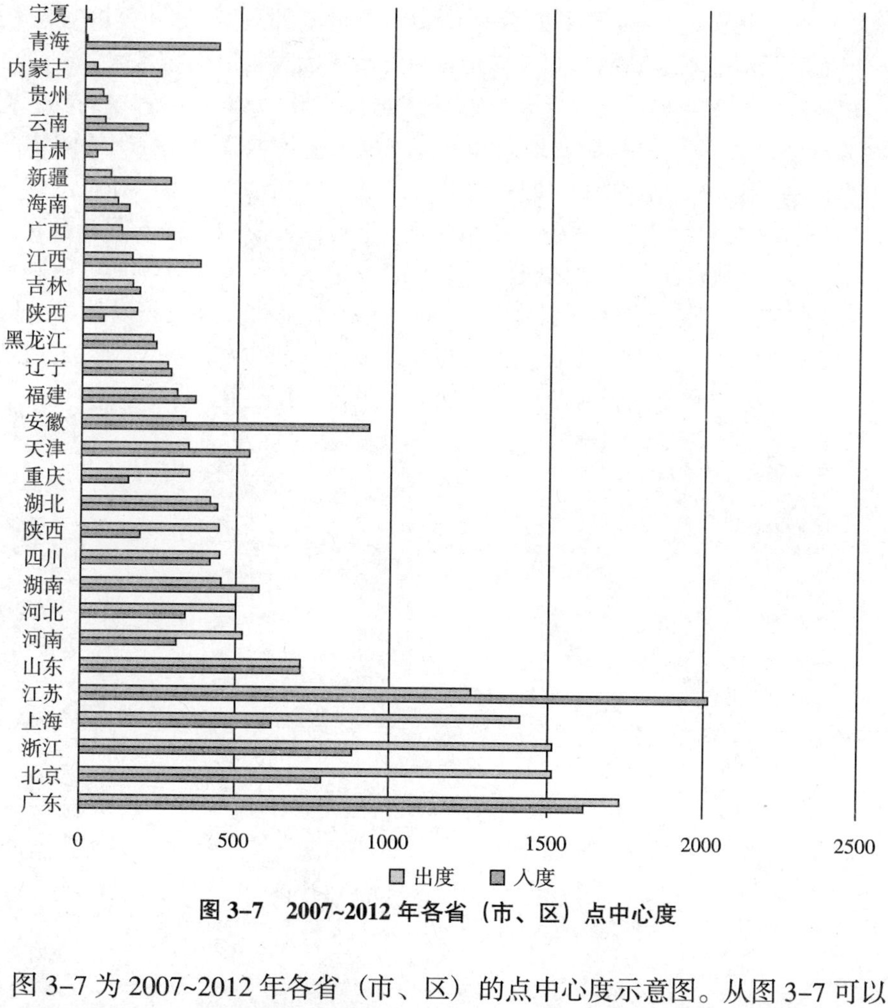

图 3-7　2007~2012 年各省（市、区）点中心度

图 3-7 为 2007~2012 年各省（市、区）的点中心度示意图。从图 3-7 可以看出，2006 年后，全国技术流动明显较前一时期增强，几乎所有省（市、区）均不同程度地参与到技术流动网络中来。在这样的背景下，表现尤其明显的是后发地区。他们的入度和出度都有明显提高，但相对入度，出度的增长更加明显，并且明显显示了入度大于出度的发展态势。这表明，在《纲要》实施之后，后发地

区较第一个阶段从其他地区获得了更多的技术。

简而言之,我们发现在《纲要》实施之后,我国科技后发地区获得的技术输入得到了大幅度增长。从这个角度来看,科技后发地区正在利用其拥有的后发优势,充分吸收其他地区的成熟技术进行学习、模仿和再创新。但是,正如前文所说,出度和入度的计算仅仅考虑了各个省(市、区)技术流动的总量,而未考虑技术流入的源头,因此这种分析并不精确。因为,我们有个预设前提是这些后发地区从先发地区获得技术,而出入度分析并不能指出这些技术的来源是否一定来自先发地区。因此,在接下来的分析中,我们将采取社会网络分析方法绘制2006年前后我国技术流动网络图,以便进一步明确后发地区的技术来源。

图3-8和图3-9描述了《纲要》施行之前(2000~2006年)和《纲要》施行之后(2007~2012年)科技后发地区和科技先发地区技术流动的情况。图3-8为有向网络图,箭头从输出省市(即技术的生产者)指向输入省市(即技术的使用者)。从图3-8可以看出,《纲要》实施之前后发地区较少从科技先发地区获得技术输入,只有少数科技后发地区获得了来自先发地区的技术输入,如广西省从广东省、安徽省从北京市获得了技术,大部分的技术流动在科技先发地区之间进行。这表明2006年《纲要》施行之前,科技后发地区较少利用先发地区的成熟技术进行消化、吸收和再创新而获得后发优势,进行科技追赶。

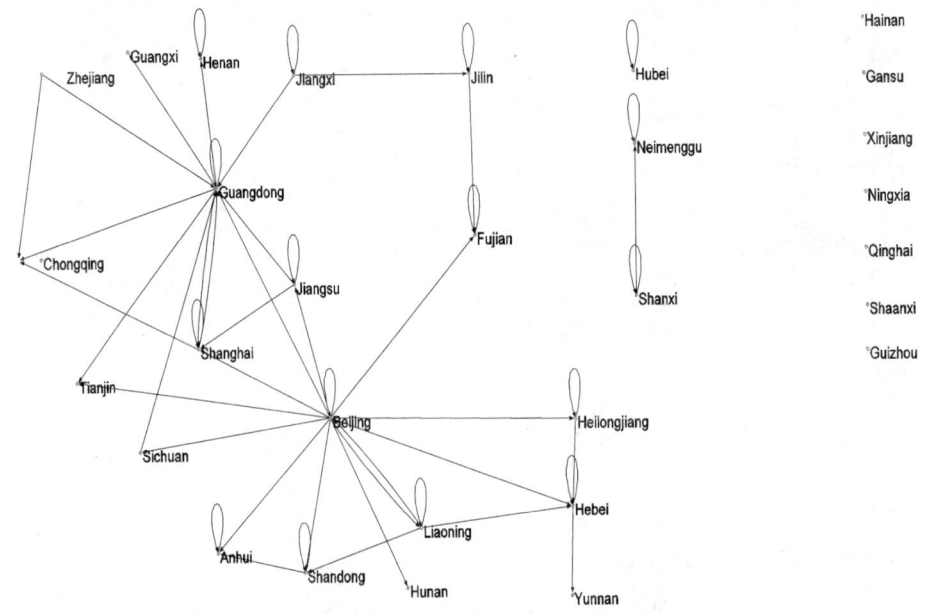

图3-8　2000~2006年中国省际之间技术流动网络

图 3-9 为《纲要》实施之后（2007~2012 年）全国技术流动情况。从图 3-9 可以看出，《纲要》实施之后的这六年间，全国技术流动异常活跃，这包含了先发地区之间以及明显增加的先发和后发地区之间的技术流动。本研究分析的全国 30 个省、市，几乎所有省、市均积极参与到了全国的技术流动中来，尤其凸显了北京、上海、广东、浙江、江苏等在全国技术流动中的重要地位。这些省市扮演了技术输入大省和输出大省的双重角色。与此同时，我们也从图 3-9 观察到在《纲要》颁布后这六年中，科技后发地区渐渐加入到全国技术流动的网络中来，并成为重要的技术输入地区。如吉林从江苏和浙江这两个科技先发地区获得了大量的技术输入，同样的，内蒙古也从山东和北京获得了相当数量的技术输入。因此，我们可以直观地发现，《纲要》的实施促进了后发科技地区从先发科技地区获取直接的技术输入。这些技术以专利形式存在，通常已被先发地区实际的生产活动所证明是成熟可靠的。因此，作为后发地区，引入这种技术可以大大降低后发地区的技术学习成本和风险，成为后发地区技术创新的起点。

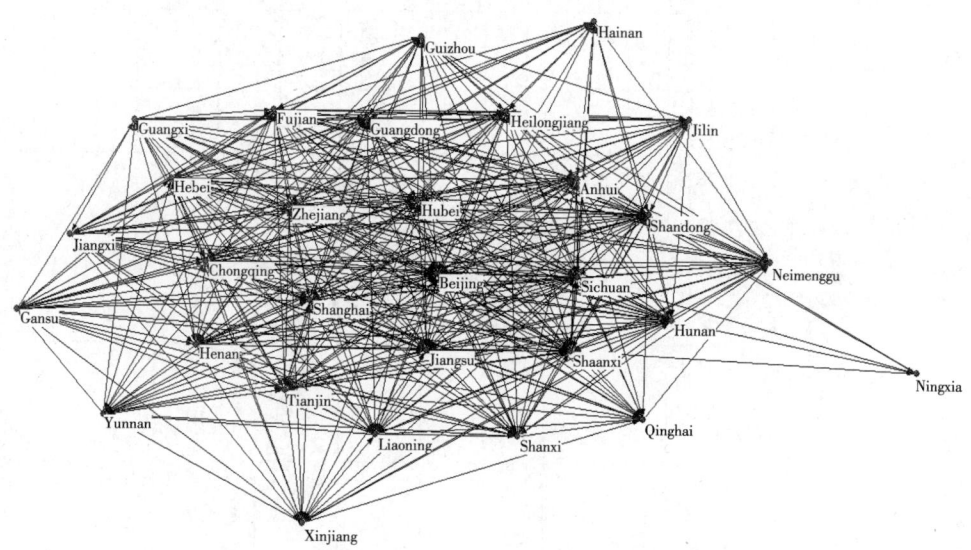

图 3-9 2007~2012 年中国省际之间技术流动网络①

在上面的分析中，出入度的计算和技术流动网络的分析仅仅刻画了各个省（市、区）在技术流动的总量和方向上的情况，即该方法考虑的是己省（Ego provinces）和非己省（Non-ego Provinces）之间的联系。为了更进一步了解《纲要》实施之前和实施之后后发科技地区从哪些先发地区引进了技术，以及后发科技地区

---

① 由于网络图密度较大，在该时段内未画出省内转移。

和先发科技地区之间的技术流动密度变化情况,我们采用基于结构对等性①的块模型分析。块模型分析可以基于结构对等性计算出各个块之间和块内部的技术流动密度。

根据《纲要》实施之后(2007~2012年)的技术转移矩阵,我们通过块模型分

```
                    1 2 1      1 2 3 2      1 2 2    2 2 1      1    1 1   2   2 2 1    1
                    1 9 1 6 4  3 7 3 0 2  2 5 5 4 9  1 5 2    4 7 0  3 6 6 8  0 7 8 8    9
                    A H H T J  F L S C S  B G J S Z  S S H    G G H  H J G Y  Q X N H    N

 1   Anhui         1   1      1 1   1    1 1 1 1 1  1 1 1        1  1 1 1 1  1 1 1      1
 9   Hebei         1 1   1 1  1 1        1 1 1 1 1    1 1    1   1        1 1    1 1 1
11   Heilongjiang      1 1 1  1 1   1    1 1 1 1 1    1 1                1 1      1
26   Tianjin       1 1   1 1  1 1   1    1 1 1 1 1    1 1          1 1 1 1      1
14   Jilin         1   1 1 1  1 1   1    1 1 1 1 1      1

 3   Fujian        1 1 1 1    1       1  1 1 1 1 1  1 1 1    1 1        1          1
17   Liaoning      1 1 1 1 1  1 1        1 1 1 1 1  1 1 1        1              1   1
23   Shaanxi       1 1 1 1    1 1 1      1 1 1 1 1  1 1 1          1  1 1 1 1      1 1
30   Chongqing     1   1        1 1 1    1 1 1 1 1  1 1 1          1  1 1 1 1      1
22   Shanxi        1 1 1 1    1   1 1    1 1 1 1 1  1 1 1                          1 1

 2   Beijing       1 1 1 1 1  1 1 1 1 1  1 1 1 1 1  1 1 1    1 1 1 1  1 1 1 1  1 1 1 1
 5   Guangdong     1 1 1 1 1  1 1 1 1 1  1 1 1 1 1  1 1 1    1 1 1 1  1 1 1 1  1 1 1 1
15   Jiangsu       1 1 1 1 1  1 1 1 1 1  1 1 1 1 1  1 1 1    1 1 1 1  1 1 1 1  1 1 1 1
24   Shanghai      1 1 1 1 1  1 1 1 1 1  1 1 1 1 1  1 1 1    1 1 1 1  1 1 1 1  1 1 1 1
29   Zhejiang      1 1 1 1 1  1 1 1 1    1 1 1 1 1  1 1 1    1 1 1 1  1 1 1 1  1 1 1 1

21   Shandong      1 1 1 1 1  1 1 1 1 1  1 1 1 1 1  1 1 1    1 1 1 1  1 1 1 1  1 1 1 1
25   Sichuan       1 1 1      1 1   1    1 1 1 1 1  1 1 1        1 1  1 1 1 1  1 1   1  1
12   Hubei         1 1 1 1      1 1   1  1 1 1 1 1  1 1 1        1 1  1 1 1    1 1 1

 4   Gansu             1          1      1 1 1 1 1    1 1    1 1
 7   Guizhou       1   1 1               1 1 1 1             1                1 1
10   Henan         1 1 1 1        1     1         1    1      1                1 1

13   Hunan         1 1 1 1    1          1 1 1 1 1  1 1 1        1  1 1 1 1     1 1  1
16   Jiangxi       1                     1 1 1 1 1  1 1                1 1 1
 6   Guangxi       1   1                 1 1 1    1 1    1 1        1 1 1                1
28   Yunnan        1 1                    1 1 1 1                                 1

20   Qinghai                                                                          1
27   Xinjiang                              1   1        1   1 1                      1 1
18   Neimenggu     1   1                   1                                          1
 8   Hainan                                1 1       1

19   Ningxia                                             1                                1
```

图3-10 2007~2012年矩阵块模型分析

---

① 一个网络或者集团中的两个或者两个以上的行动者受到相同的关系制约,那他们就具有结构方面的对等性。也可以说,在同一网络关系中,如果两个行动者相互替代之后不改变整个网络结构,那么二者在结构上就是对等的(刘军,2004),本文中将利用这个概念。为了控制误差,我们定义两个省(市、区)之间的技术交流强度大于或等于2的为1,小于2的为0。

② 由于软件处理限制,各省名称由拼音代替,其中Shanxi为山西省,Shaanxi为陕西省。

析方法获得了八个块（见图 3-10）。② 由图 3-10 可以发现第三个块（其成员大部分为中国沿海发达省份）是我国主要的技术输出者，特别是可以看出块三向块五、六和七输出了大量技术，而块五、六和七正是中国科技的欠发达地区，因此可以说 2006 年之后后发科技地区从先发地区获得了大量的技术输入。

块二是除块三之外中国另一个技术先发区域，可以看出块二向块一、六和七输出了大量的技术，而块六、七恰好也是中国的科技后发地区，这都充分体现了科技先发地区向科技后发地区进行技术输出活动这一事实。

接下来将通过块之间的密度分析来找出科技后发地区从科技先发地区获得的技术流动密度的变化情况，旨在反映《纲要》实施前后科技后发地区获得科技先发地区的技术变化情况。表 3-10 和表 3-11 分别为《纲要》施行之前（2000~2006年）和《纲要》施行之后（2007~2012 年）块的密度（定义为当前连线除以最大可能连线的值）情况。对角线的值表明了内部技术流动的密度，非对角线的值表明了两个块之间技术流动的密度。块的密度表明了块内部和块之间技术转移的频繁程度。

表 3-10　2000~2006 年矩阵块密度

	1	2	3	4	5	6	7	8
1	0.050	0.040	0.000	0.000	0.000	0.000	0.050	0.000
2	0.400	0.000	0.400	0.067	0.000	0.000	0.050	0.000
3	0.200	0.080	0.500	0.133	0.080	0.100	0.000	0.000
4	0.067	0.067	0.067	0.000	0.000	0.000	0.000	0.000
5	0.040	0.000	0.000	0.444	0.000	0.000	0.000	0.000
6	0.000	0.000	0.000	0.000	0.000	0.000	0.000	0.000
7	0.000	0.000	0.000	0.000	0.000	0.000	0.000	0.000
8	0.000	0.000	0.000	0.000	0.000	0.000	0.000	0.000

表 3-11　2007~2012 年矩阵块密度

	1	2	3	4	5	6	7	8
1	0.650	0.560	0.960	0.800	0.200	0.550	0.350	0.200
2	0.800	0.450	0.960	0.933	0.333	0.550	0.400	0.000
3	1.000	0.960	1.000	1.000	0.867	1.000	1.000	0.000
4	0.867	0.733	1.000	1.000	0.556	0.917	0.833	0.333
5	0.600	0.200	1.000	0.444	0.167	0.083	0.167	0.000
6	0.450	0.050	0.850	0.667	0.250	0.583	0.188	0.250
7	0.100	0.000	0.300	0.083	0.167	0.063	0.250	0.000
8	0.000	0.000	0.000	0.333	0.000	0.000	0.000	0.000

从表 3-10 和表 3-11 的对比分析可以看出：首先，《纲要》颁布之后技术从先发地区向后发地区流动的密度显著增强。从表 3-10 中可以看出，《纲要》颁布之前，科技先发地区向后发地区的技术流动密度较低。以块三为例，在《纲要》实施之前向科技后发地区（表中的块五、六、七）的技术流动密度为 0.08、0.10 和 0，而在《纲要》施行之后块三向这三个地区的技术流动密度为 0.87、1 和 1（见表 3-11）。同样的，科技先发地区块二和块四向科技后发地区的技术流动密度在 2006 年之后也有了大幅度增加。其次，从块模型分析也可以看出，除了全国性的一些技术输出中心，如北京、江苏、上海等之外，我们也观察到 2006 年《纲要》颁布之后，其他一些地方也开始成为区域性技术输出中心，并向周边的后发地区输出技术，如在块四中的四川向湖北进行技术输入。最后，《纲要》颁布之后，属于空间临近的后发地区通常具有相似的技术输入结构和输出结构，如块六中的几个省（市、区）。

三、结论及政策建议

本节分别采用中心度、社会网络以及块模型等分析方法阐释了我国科技后发地区在《纲要》施行之后是如何通过从先发地区获得技术，并进行吸收、消化、模仿和再创新，获得后发优势，进而促进后发地区快速向先发地区进行科技追赶。本节的结论可以为政策制定者提供一些政策建议：

（1）建立覆盖范围广、运行高效的技术市场。技术许可是技术市场交易的一种重要形式。通过本研究发现，科技后发地区从先发地区通过技术市场获得的技术在 2006 年之后逐渐增多，但是相对于发达地区来说其绝对量还较少。因此，我们认为《纲要》及其颁布之后的一系列政策确实促进了我国技术的跨区域流动，同时也为后发地区的技术学习提供了难得的机遇。但是，我们认为未来我国自主创新政策还应在技术市场建设环节上出台一系列政策规范技术市场交易，尤其是加快落后地区的技术市场建设。与当前我国日益繁荣的生产要素市场相比较，技术市场的发育缓慢。据有关测算，2006 年我国技术市场的发育程度仅为 57%，而根据国家商务部的测算，早在 2003 年我国总体市场经济的发育程度已经到达 74%。可以看出，我国技术市场的发展远落后于整个市场体系的发展步伐。因此，落实创新型国家建设任务，亟待提高和完善我国技术市场运行水平。

（2）建设区域性技术市场，规范市场监管。本研究也表明，技术许可从过去的几个技术中心逐渐向多个中心转移，甚至一些后发地区也正在向区域技术中心演变，而具有空间相邻的后发地区往往具有相似的技术输出和输入行为。而当前，我国技术市场主要集中在少数发达地方，越是落后地区技术市场发育越滞后。以 2011 年为例，从《中国统计年鉴》对技术市场成交金额的统计数据来看，全年我国技术市场成交金额为 4763 亿元，排名前五位的科技先发地区为北京、上海、江苏、广东和陕西，这五地的技术市场成交金额占到了全国的 71.57%。同时，我们也看到当前我国没有一部专门针对技术市场的法律规章，技术市场的政策法规在国家层面上缺位，导致各地方的技术市场监管不统一、交易行为不规范，技术交易人的权益无法得到保护，使得交易成本居高不下，进而影响了技术市场的进一步良性发展。这种现象在落后地区显得尤为突出。因此，我们认为有必要建设和形成若干区域技术市场，同时尽快立法，为技术市场发展保驾护航。其中，特别要强调的是要加强后发地区的技术市场建设和市场监管。

（3）进行政策帮扶，增强后发地区的技术吸收能力。现有创新研究认为，获得外部技术是进行技术学习的重要条件，但是学习绩效还涉及区域的吸收能力，即对外部技术进行消化、吸收和再创新的能力。吸收能力通常以各地的研发投入、人才存量和已存技术实力作为衡量指标。正如前文指出，这些指标主要显现在东部发达地区。因此，我们认为，在外部技术日益成为后发地区进行技术学习和追赶的现实要求下，通过国家对后发地区的科技投入、人才优惠政策倾斜可以增强这些地区的技术吸收能力，从而有望帮助这些地区充分利用先发地区的技术，实现快速的科技追赶。

第三节　后发地区科技追赶原因之二：吸收科技发展经验溢出

在第二节中我们发现《纲要》及其配套自主创新政策促进了后发地区向先发地区获取技术并进行吸收、消化、模仿和再创新，从而使得这些地区能够充分利用后发地区所拥有的后发优势，以更快的速度进行学习和创新，进而实现对科技先发地区的科技追赶。我们将这种效应定义为直接学习效应。在本节中，我们将讨论一种间接学习效应，我们称之为先发地区科技发展经验对后发地区的溢出作用。所谓"他山之石，可以攻玉"，国内一些发达省（市、区）都很注重相互学习借鉴发展经验。学习借鉴别人的成功经验，是后发地区实现创新发展的重要途径。我们认为，产生这种外溢效应的原因在于各地方政府通过学习、模仿相邻地区政府制定相关科技管理的新政策和新制度等做法来提升该地区的科技实力。在本节中，我们将首先介绍一个案例，然后通过严格的实证来捕捉我国各省之间的科技发展经验学习，即识别科技发展经验的外溢效应。研究认为，后发地区可以通过向其他地区学习，实现科技发展向先发地区的快速追赶。

中国自主创新政策评价研究

一、引言

跨区域学习是一个普遍存在于国内外的现象。可以毫不夸张地说，人类就是在不同国家、不同地区的相互学习中进步的。通过借鉴先进国家和地区的经验，可以避免"走弯路"，实现后发地区的快速发展。19世纪的美国学习英国并赶超英国，20世纪的日本、韩国迅速崛起再一次显示了后发地区通过学习发达国家的经验，获得后发优势，实现经济社会发展向先发国家和地区快速收敛。在科技领域，这种学习更加普遍。20世纪兴起的美国硅谷直到今天仍然成为世界各个国家和地区广泛学习发展产业聚集的重要案例，被广泛引用。在我国，各省（市、区）之间的相互学习似乎已经成为一种常态，如广大西部地区学习"温州模式"、"苏南模式"。

在文献中，后发地区向先发地区的学习常被学者们讨论。他们认为这种学习不仅局限在国家范围之内，也存在于一个国家之内的不同地区。例如，胡健生[①]分析了英国、美国、德国和日本的制造业发展经验，认为发达国家的制造业发展都是建立在先进科学技术和现代科学管理的基础上，都无一例外地具有既符合当时世界社会经济形势，同时也切合本国具体实际国情的对策和措施，并据此提出了江苏应该借鉴发展经验，提出自身发展的道路。焦红丽和姜丕军[②]通过对发达国家生产性服务行业的经验进行总结，认为产业集聚、科技创新、跨国投资是其主要特征和发展趋势，其中政府有效的产业政策和法律、法规起到了引导和推动作用，并据此提出了适合北京服务行业的科技发展道路。

在本节的余下部分，我们首先引入一个案例，然后再实证分析后发地区向先发地区学习科技发展经验以提高自主的科技创新能力，从而完成对科技先发地区的快速追赶。

二、案例：学习美国硅谷经验　打造柳州"中国铟谷"[③]

美国硅谷（Silicon Valley）是高科技企业云集的美国加利福尼亚州圣塔克拉拉谷的别称，它位于加利福尼亚州北部，旧金山湾区南部，一般包含圣塔克拉拉县和东旧金山湾区的费利蒙市。最早是研究和生产以硅为基础的半导体芯片的地方，并因此得名。硅谷由大小30多座城市组成，形成面积1500平方公里、人口244万、7000多所高科技企业的"U型"高科技产业集群，硅谷产生于1938年

---

① 胡健生. 发达国家制造业发展经验及其对江苏的启示 [J]. 世界经济与政治论坛，2004（6）：21-25.
② 焦红丽，姜丕军. 发达国家生产性服务业发展经验及对北京的启示 [J]. 生产力研究，2010（10）：186-188.
③ 本案例是在何焕全《学习美国硅谷经验　打造柳州"中国铟谷"》一文基础上修改、补充而成的，原文案例见 http://www.gx.xinhuanet.com/dtzx/2007-12/14/content_11948092.htm.

的斯坦福大学。在短短的 70 年中，这里集聚了全世界 22 万多名工程师，平均每天开办 11 家科技公司，平均每 5 天有 1 家公司上市。全球 100 强高新技术企业中，硅谷占了 20 多家，亿万富翁达 40 多位。尽管美国和世界其他高新技术区都在不断发展壮大，但硅谷仍然是高科技技术创新和发展的开创者和领航者。2006年，硅谷创造的经济总量达 4000 多亿美元。

（一）美国硅谷发展经验概括

美国硅谷的发展给世界产业聚集，尤其对高科技产业聚集发展提供了丰富的启示。第一，要重视大学的作用。硅谷主要依托一个大学——斯坦福大学。斯坦福大学的主要贡献：学以致用的教学方针，完善的教育链，多元文化包容，公立、私立大学的合作与竞争，为硅谷提供了大量的创新人才和创新型企业。在硅谷创造的 4000 亿美元经济总量中，斯坦福大学的企业创造了 2000 多亿美元，占了 50%~60%。之后，大学像雨后春笋般生长，至今加州有 2500 所大学，硅谷范围内就有 500 所大学，这些大学为硅谷的产生和发展提供资源，并进一步保证了硅谷作为全球高科技中心的地位不动摇。第二，高科技的发展要依托工业园。通过"园区"建设，完善创业环境和宜人气候来聚集人才。同时，通过吸引优秀人才，注重新成果创造，激活技术转让，为学校学生创办公司创造了条件。20 世纪 70 年代以来，硅谷周边集聚了 7000 多家企业，充分阐释了园区建设的重要性。第三，充分发挥风险投资的作用，将风险投资和创业、创新结合，为高科技的孕育提供了沃土。风投资金就像水漫堤坝一样涌入硅谷，至今，硅谷风险投资已达 200 多亿美元，占全美国风投资金的 1/3。第四，拥有浓厚的"开创自己的公司吧"的创业文化，鼓励竞争，容忍失败，使硅谷人不断在这种宽容中生产创意和创新理念。第五，营造开放、平等、关爱的人文环境和创新人才持股制、人才流动制，使硅谷在创造高科技的同时，也创造了人才留住机制。

（二）硅谷—柳州—铟谷——产业集群

柳州是广西重要的工业城市，也是北部湾经济区主导产业的重要节点和支撑城市。在大西南出海大通道和东盟自由贸易区的建设中占有十分重要的地位。这里有 3400 多家工业企业，500 多家规模以上企业，汽车、冶金、机械三大支柱产业的产值占全市工业的 70%。2006 年，柳州工业总产值达 1030 亿元，成为广西第一个工业产值超千亿的城市。

近年来，铟这个稀有贵金属的名字与柳州紧紧地连在一起。铟（Indium）是银白色略带淡蓝色的金属，比铅还要柔软，熔点为 156.6℃，沸点为 2072℃，比重为 $7.13g/cm^3$，延展性和传导性良好。铟是一种非常稀缺的金属，是自然界中截至目前还没有发现独立成矿的分散元素之一。闪锌矿、方铅矿、黄锡矿和多金属铜矿等均是铟的主要工业资源。全世界铟的地质储量仅为 1.6 万吨，约为黄金储量的 1/6。

铟在电子电信、光电领域、航空航天、国防、通信等领域起着无可替代的作用，是制造液晶等显示产品不可缺少的原料，同时也是制造新一代铜铟硒高效太阳能电池（CIS）的核心材料和制造下一代电脑晶片的关键材料。

据2005年美国地质矿产调查报告显示，目前世界上铟储量为2500吨，储量基础为6000吨。铟资源比较丰富的国家有加拿大、中国、美国和俄罗斯，这些国家的铟储量大约占全球铟储量的60%。近3年，中国的原生铟产量为300吨左右，中国的铟储量居世界首位。中国铟资源集中分布在广西、云南和内蒙古等地，广西的储量居世界第一。2006年，柳州精铟的生产能力达到185吨，成为全国乃至世界最主要的铟生产基地。整个广西地区的精铟产能达到225吨，其中原生铟170吨左右。

怎样抓住柳州铟资源、铟企业、铟研发的优势，打造特色有色金属产业集群，抢抓机遇，乘势而上，形成广西特色高新技术产业集群成为柳州决策者的重要任务。在这种情况下，柳州积极学习美国硅谷的成功发展经验，努力打造"中国铟谷"。具体举措体现在以下五个方面：

（1）学习硅谷的创新精神、创意理念和创业氛围，柳州把自主创新作为发展高新技术产业永恒的主题。十七大报告提出："提高自主创新能力，建设创新型国家是国家发展战略的核心，是提高综合国力的关键。要坚持走中国特色自主创新道路，把增强自主创新能力贯彻到现代化建设各个方面"。这进一步明确了国家高新区的发展方向和奋斗目标。建设创新型国家，关键是发展高新技术，而发展高新技术的关键是创新精神的塑造，在打造"中国铟谷"中，柳州积极树立以资源换技术，以平台研发技术的新观念，重点抓好铟资源的整合、储备、交易，建设好柳州铟锡锑工程技术中心、柳州铟金属国家检测中心、柳州广西铟谷交易中心三大平台建设。创新研发模式，主动与国际先进园区——台湾新竹工业园共建国际光电孵化器。创新招商模式，主动与日本、美国、英国、法国等先进发达国家的对接，重点在ITO靶材、太阳能电池、液晶显示器、镀膜玻璃等方面引进项目，打开国内对铟下游产业的应用市场。

（2）借鉴硅谷"开创自己的公司吧"的理念和留住人才的机制，为打造"中国铟谷"提供人才保证。产业集群的形成和发展关键在人才。在打造"中国铟谷"中，柳州将通过资源的独特性关注人才、产业的先进性招揽人才、环境的开放性吸引人才、生活的舒适性稳住人才、服务的效率性影响人才、事业的有成性留住人才的思路来搞好人才工作，在成熟的高科技公司推出人才持股激励机制，人才开办公司扶持制的办法，把国内外的有关铟产品设计、研发、生产、经营、贸易的人才吸引到柳州来开办自己的公司，源源不断地为铟谷奠定人才基础。

（3）借鉴硅谷的"投资人才，不是投资公司"的天使投资理念，大力发展为高新技术产业发展提供沃土的风险投资体系。风险投资在我国虽然起步晚、规模小，处于刚刚起步阶段，但有强大的生命力，特别是填补一个高新技术公司在其生长的过程中，金融部门还未能触及的领域。在公司有技术、有创意，但无资金、无资产，商业银行又贷不了款的关键阶段注入一笔资金，使公司得以正常研发产生新技术、新产品，而这些新技术一旦应用，将产生巨大的市场效应，有的技术甚至是"革命性的"、"划时代性的"，对一个地区产业集群的生长是必不可少的。在打造"中国铟谷"中，柳州首先建立柳州市创业风险投资引导基金，由市财政注入一定的资本金，采取母基金的形式，成立理事会，操作层面委托基金管理公司运作，对先进的高科技公司在研发新技术中通过评估给予一定比例的投资，比例不超过投资额的10%，然后对这项成果的研发成熟情况跟进投资，在进入产业化阶段并在公司上市时退出。其次是采取由政府引导，企业和战略投资者共同创建创业风险投资公司的做法。目前，柳州高新区与温州京华投资公司组建柳州高新创业风险投资公司，就是双方共同出资组建风投公司，采取市场化运作和政府引导相结合的方式，由专业公司对项目进行评估、论证、决策，加强对高新产品研发的支持，风险共担，政府方主要是扶持，不以盈利为目的，在成熟时可以退出。

（4）借鉴美国政府支持硅谷发展的经验，发挥政府这只"看得见的手"在高新技术产业发展中的作用。硅谷的发展，政府的作用主要体现在：制定利于发展高新技术的税法；成为主要大公司产品的重要采购者；是一个投资者，通过项目，特别是大学承担的重大科研项目给予经费支持；搞好城市规划和产业布局，营造良好的生活环境和研发环境。柳州在打造"中国铟谷"过程中，一是要制定专门发展以铟为主的有色金属新材料的优惠政策。二是搞好柳州国家新材料园区规划，专门划出不少于1000亩的空间，作为铟谷的核心区域，开展以铟为主有色金属的上下游的研究、技术研发。按产业分工、企业协同、产品关联的原则，吸引国际国内大公司、大企业来柳州投资。三是按照与国际接轨，适当超前的理念，建设工作、生活、创业和学习，人和自然和谐共处的新城区等。

（5）借鉴硅谷产、学、研互动的成功做法，促使"中国铟谷"成为人才与技术、资源、产业交叉结合的"洼地"。硅谷的成功离不开斯坦福大学，但光有斯坦福大学是不够的，柳州在打造产业集群过程中，产、学、研的结合是一个重要条件，要依托广西工学院的综合性工业大学的专业、门类和人才优势和广西华锡集团、柳州铟泰科技公司、广西德邦科技公司、柳州英格尔金属公司、柳州立银公司等五家大的生产精铟企业集聚在柳州的优势，借助北京有色金属总院、中南大学、四川大学材料学院研发优势的结合，开展对铟下游共性关键技术的研究和攻关，联合国外、国内的研发机构，成立产业技术联盟，搞好技术转让和技术成果交易，激励科技人员不断创造新成果。

三、实证研究方法和数据

前文通过一个案例对跨区域学习进行了说明,在本节以下内容中,我们将对中国各区域的相互学习进行研究,旨在找到支撑后发地区向先发地区进行科技追赶的第二个原因,即充分吸收其他地区的科技发展经验外溢。

(一)科技发展经验学习绩效测算

如何将对某一省(市、区)向外学习的绩效测算出来,并建立与学习对象之间的关系是本研究面临的一个重要挑战。对学习绩效的考量目前在文献中还难以找到测算方法。这种测算困难主要体现在以下三个方面:首先,外部学习是一种行为,这种行为最终应该体现在区域自身科技系统的多个方面,如增加科技投入、加大创新环境建设、促进科技资源的流动、吸引外部创新资源和人才的流入,以及改善政府的科技创新服务。因此,作为一个相对独立的科技系统而言,如何选择这些不同方面作为学习绩效指标是我们面临的首要问题。其次,作为一个区域来讲,其绩效的体现通常既包括内部系统的作用,也包括外部力量的影响。例如,前文我们指出的一个地区可以积极吸收其他地区的科技成果进行学习、模仿和再创新。因此,如何将单纯的外部学习影响从区域总体绩效中分割出来也构成区域外部学习绩效考核的一个重要难题。最后,作为实证来讲,不仅需要简单了解一个区域的学习绩效情况,还需要对不同区域的情况进行比较分析,这就要求我们选择的测量指标需要具有可比性。

另外,从建立学习区域和学习对象区域之间的联系来看,我们同样面临诸多挑战。例如,一个地区,如一个省(市、区),向外部其他兄弟省(市、区)学习并非采用一对一的学习方式。因此,很难建立某一个省(市、区)与其学习对象的直接关联。因为,学习绩效的影响往往是向多个省(市、区)学习的综合结果。另外,在国内,各省(市、区)除了相互之间的直接学习之外,在国家层面往往将一些发达省(市、区)的先进经验提炼汇总后形成国家政策。如无锡的"530"人才计划的经验被上升到国家"千人计划"。在这种情况下,某一个地区的先进经验往往被推广到全国,那么对于那些先前主动去先进省(市、区)学习的省(市、区)和后接受国家统一政策指导的省(市、区)而言,如何区分这两者之间的差异,将它们不同的学习方式同学习目标省(市、区)的关系关联起来也常常制约我们对学习绩效的测量。

基于以上考虑,本研究采用非参数的数据包络分析方法(Data Envelopment Analysis,DEA)来对2000年以来我国省级地方政府科技投入效率进行测算,以此作为衡量各个省市的外部学习绩效指标。采用这个指标的好处在于:第一,可以综合反映各省的技术系统的效率,从而克服单一采取某一或多个投入或者产出指标的弊端。第二,数据包络分析方法将各省市的科技发展投入产出数据进行综合考虑、比较计算，进而也可解决不同区域不可比较的难题。除此之外，使用数据包络分析方法还可以剔除各个省（市、区）受到的国家层面相同政策的影响，进而使得测量数据更加接近区域受到的异质性因素作用，如本研究所讨论的受到外部学习的影响。下面简要介绍数据包络分析方法。

数据包络分析方法是 Charnes 和 Cooper 等学者于 1978 年提出来的一种用于对相对有效性进行评价的数学方法，该方法假设有 n 个决策单元（Decision Making Units，DMU），每个 DMU 有 m 种投入以及 s 种产出，DMU 具有的生产可能集合为：

$$T = \{(X, Y) \mid \sum_{j=1}^{n} X_j \lambda_j \leq X, \sum_{j=1}^{n} Y_j \lambda_j \geq Y, \lambda_j \geq 0, j = 1, 2, \cdots, n\} \quad (3.8)$$

因此可得到 DEA 模型如下：

$$\min[\theta - \varepsilon(\sum_{i=1}^{m} S_i^- + \sum_{r=1}^{s} S_r^-)]$$

s.t.

$$\sum_{j=1}^{n} x_{ij}\lambda_j + S_i^- = \theta x_{ij0}, \ i \in (1, 2, \cdots, m)$$

$$\sum_{j=1}^{n} y_{rj}\lambda_j - S_i^+ = y_{rj0}, \ r \in (1, 2, \cdots, s)$$

$$\theta, \lambda_j, S_i^-, S_r^+ \geq 0, j = 1, 2, \cdots, n \quad (3.9)$$

式（3.9）中，S_r^+ 和 S_i^- 表示松弛变量，ε 为非阿基米德无穷小，θ 则表示 DMU 距离包络面的投影。当 $\theta^0 = 1$，$S^{-0} = 0$，$S^{-0} = 0$ 时，DMU 为 DEA 有效，当 $\theta^0 = 1$，$S^{-0} \neq 0$，$S^{-0} \neq 0$ 时，DMU 为弱 DEA 有效；当 $\theta^0 < 1$，$S^{-0} \neq 0$，$S^{-0} \neq 0$ 时，则 DMU 为非 DEA 有效。

（二）区域空间外溢的关联

上文已指出，因各省之间的学习通常是相互的，同时也存在多个学习目标，所以很难将某省从其他单一省份的学习效果中分割开来。在此情况下，为了建立各省之间的联系，探讨他们之间的关系，我们使用空间自相关方法。空间自相关是一种空间统计方法，主要用于验证区域间的相互作用关系。采用空间自相关分析的优点在于可以将省（市、区）之间的相互学习按照空间的临近性进行影响分析。这种分析虽然未能区分学习省份和目标省份之间的直接作用，但是该方法可以从一个侧面反映我国省份之间基于临近省份之间的学习现状。空间临近省（市、区）之间的相互学习较为普通，其理由在于交通方便、语言文化背景相似，如四川和重庆之间的相互学习。另外，从本研究关注的后发地区的科技追赶视角来看，前面的分析也指出目前已经逐渐形成若干技术区域中心，这些区域中心往往可能成为周边省（市、区）学习的目标。因此，本研究以此来探寻后发地区可进行技术追赶的另一重要原因。我们认为虽然在模型上无法严格区分科技后发和先发地区，但是全国的这种普遍现象必然包括了后发地区向先发地区学习的这一独特现象。

空间自相关分析中最常用的是 Moran'I 指数方法，其计算公式如下：

$$\text{Moran'I} = \sum_{i=1}^{n}\sum_{j=1}^{n} W_{ij}(Y_i - \bar{Y})(Y_j - \bar{Y})/S^2 \sum_{i=1}^{n}\sum_{j=1}^{n} W_{ij} \qquad (3.10)$$

其中，$S^2 = \frac{1}{n}\sum_{i=1}^{n}(Y_i - \bar{Y})$，$\bar{Y} = \frac{1}{n}\sum_{i=1}^{n}Y_i$，$Y_i$ 表示第 i 地区的观测值，本节中为该地区科技发展经验学习结果，W_{ij} 为二进制的邻接空间权值矩阵，当第 i 个地区与第 j 个地区相邻时，$W_{ij} = 1$，当第 i 个地区与第 j 个地区不相邻时，则 $W_{ij} = 0$。Moran'I 指数的取值范围在（-1，1）之间，Moran'I > 0 表示地区间呈现正的空间相关性；Moran'I < 0 表示地区间呈现负的空间相关性，Moran'I = 0 表示地区间不存在空间相关性。Moran'I 指数的显著性检验主要采用服从标准正态分布的 Z 统计量来进行。

（三）实证分析

本节所运用的数据包络分析的投入指标有财政科技投入、科技人员；产出指标为专利、高技术产业产值和论文。其中，财政科技投入通过财政科技拨款，数据来源于中国科技统计网站；科技人员通过研发人员全时当量来衡量，数据来源于相应年份的《中国科技统计年鉴》；专利通过专利申请受理量来衡量，数据来源于相应年份的《中国统计年鉴》；高技术产业产值数据来源于相应年份的《中国高技术产业统计年鉴》；论文通过 SCI、EI 和 ISIP 三大检索系统收录的论文数来衡量，数据来源于相应年份的《中国科技统计年鉴》。考虑到数据的一致性和可获得性，西藏不包括在研究范围之内。

根据 DEAP2.1 软件可以计算得到 2000~2010 年我国 30 个省级地方政府科技投入效率数值，如表 3-12 所示。

表 3-12 2000~2010 年我国省级地方政府科技投入效率状况

	2000	2001	2002	2003	2004	2005	2006	2007	2008	2009	2010
北京	1	1	1	1	1	1	1	1	1	1	1
天津	1	1	1	0.857	1	1	1	0.984	0.878	0.961	0.910
河北	0.542	0.458	0.909	0.517	0.826	0.585	0.577	0.586	0.569	0.533	0.510
山西	0.402	0.263	0.497	0.362	0.482	0.450	0.364	0.384	0.528	0.523	0.460
内蒙古	0.408	0.289	0.343	0.302	0.473	0.256	0.256	0.275	0.245	0.226	0.200
辽宁	0.554	0.457	0.548	0.358	0.714	0.644	0.687	0.763	0.753	0.720	0.740
吉林	0.524	0.640	0.625	0.646	1	0.929	1	0.873	0.912	0.790	0.850
黑龙江	0.478	0.343	0.432	0.377	0.673	0.690	0.854	0.850	0.836	0.876	0.800

续表

	2000	2001	2002	2003	2004	2005	2006	2007	2008	2009	2010
上海	1	1	1	1	1	1	1	1	1	1	1
江苏	0.826	0.929	1	1	1	1	1	1	1	1	1
浙江	1	0.935	1	1	0.845	1	1	1	1	1	1
安徽	0.501	0.637	0.797	0.639	0.982	0.955	1	0.824	0.638	0.596	0.680
福建	0.661	0.677	1	0.820	0.942	0.848	0.967	0.738	0.637	0.700	0.780
江西	0.629	0.389	0.688	0.406	0.730	0.544	0.570	0.497	0.462	0.554	0.640
山东	0.646	0.584	0.818	0.465	0.944	0.796	0.801	0.913	0.865	0.756	0.690
河南	0.478	0.384	0.644	0.390	0.735	0.482	0.531	0.505	0.537	0.454	0.450
湖北	0.594	0.594	0.792	0.696	0.820	0.955	0.989	1	1	1	1
湖南	0.516	0.424	0.481	0.460	0.842	0.774	1	0.907	0.838	0.771	0.8200
广东	1	1	1	1	1	1	1	1	1	1	1
广西	0.469	0.397	0.405	0.324	0.533	0.338	0.329	0.339	0.348	0.318	0.330
海南	1	1	0.950	0.950	1	0.571	0.698	0.744	0.679	0.404	0.350
重庆	0.573	0.500	1	0.930	0.667	1	1	0.850	0.645	0.778	0.970
四川	0.548	0.433	0.822	0.488	0.861	0.763	1	1	1	1	0.880
贵州	0.407	0.305	0.356	0.275	0.480	0.322	0.417	0.484	0.499	0.494	0.460
云南	0.412	0.357	0.378	0.312	0.513	0.402	0.411	0.431	0.381	0.459	0.490
陕西	0.638	0.951	1	1	1	1	1	1	1	1	1
甘肃	0.391	0.462	0.505	0.633	0.768	0.766	0.846	0.763	0.761	0.79	0.860
青海	0.232	0.155	0.215	0.128	0.351	0.179	0.180	0.246	0.299	0.217	0.160
宁夏	0.351	0.368	0.352	0.410	0.452	0.223	0.275	0.164	0.351	0.307	0.330
新疆	0.610	0.486	0.452	0.457	0.577	0.457	0.532	0.530	0.525	0.389	0.390

由表3-12可以看出，全国地方政府科技投入效率最高的省份为北京、上海、广东，在2000~2010年均处于前沿曲线上，天津、江苏、浙江、陕西也有若干年位于前沿曲线上；地方政府科技投入效率最低的省份分别是青海、内蒙古、宁夏和广西，其效率在大部分年份未超过0.40。从总体区域分布来看，东部沿海地区的地方政府科技投入效率值最高，平均效率值达到0.86；其次是中部地区，地方政府科技投入效率平均值为0.62；西部地区地方政府科技投入效率值最低，仅为0.55。可见，我国各地方政府科技投入效率呈现由沿海向内陆、由东部向中西部递减的格局。从以上分析结果可以看出，我国的科技先发地区和科技后发地区科技发展存在较大差异。这种差距也为后发地区学习先发地区的科技发展经验、进行快速追赶提供了可能。下面通过Moran'I指数进行空间自相关检验。

在检验中，我们运用Geoda软件，在共同边界定义的二分Rook邻近的空间权值矩阵基础上计算出Moran'I指数，如表3-13所示。

表 3-13　2000~2010 年我国省级地方政府科技投入效率的 Moran'I 检验

年份	2000	2001	2002	2003	2004	2005	2006	2007	2008	2009	2010
Moran'I	0.2917	0.3231	0.3969	0.2441	0.2465	0.2569	0.1988	0.1613	0.0726	0.1394	0.2094
Z 值	2.7801	3.1964	3.7803	2.2906	2.3955	2.5613	2.0872	1.7531	0.9184	1.4862	2.2682

由表 3-13 可以看出，在研究时段内 Moran'I 统计量均为正，且都通过了显著性检验，这表明我国的科技发展水平有着邻里相近的趋势，科技后发地区可以通过学习相邻先发地区的科技发展经验来获取科技后发优势，进行科技追赶。即我们可以认为后发地区通过吸收其他省市，尤其是临近省（市、区）科技发展先进经验，提升了自身的科技发展水平，从而缩小了与科技先发地区的差距，为实现创新型国家建设下的区域科技协调发展提供了证据支持。这也为国家自主创新政策在区域层面上作用的有效性提供了实证依据。

四、结论及政策建议

跨区域学习无论是在国外还是国内都是一种常态，也是人类共同进步的重要原因。通过学习其他地方的先进发展经验可以减少本地发展过程中的政策风险和试验成本，从而以更快的速度向先发地区追赶。本研究正是基于此思想，创新性地使用数据包络分析方法测算了 2000~2010 年我国 30 个省级行政区的科技投入效率，并以此指标作为我国各省（市、区）之间相互学习的估算指标。之后，本研究以空间自相关分析方法将各省的学习绩效联系起来，检验是否存在科技发展经验的空间外溢效应。研究结果表明：我国存在科技发展经验的空间外溢效应，产生这种空间外溢效应的原因在于各地方政府为实现政府科技实力提高的目标，而通过学习、模仿相邻地区政府制定相关科技管理的新政策和新制度等做法来提升该地区的科技实力。科技后发地区向先发地区学习作为一类特殊的样本被包含在我们的全国样本分析中，我们认为后发科技地区正在通过学习、模仿相邻的科技先发地区的科技发展经验来提升自身的科技发展水平，进而向先发地区收敛。针对以上研究结果，本书对于后续《纲要》实施提出的建议如下：

（1）始终坚持先发地区带动后发地区的发展战略不动摇。从邓小平 20 世纪 80 年代提出非均衡性发展战略以来，这种战略确实将我国各地区的经济、科技发展水平差距拉到了历史最大位距。目前，这种发展思路受到了一些质疑。我们认为所谓"先富带动后富"，首先要有"先富者"出现，而如何衡量是否已经达到"先富"水准难以鉴定。同时，我们认为有"先富"的表率作用，还需要一种机制将"先富"和"后富"连接起来，才能真正实现共同发展。从本研究来看，我们识别了科技后发地区向先发地区学习的依据，以此表明似乎我国后发地区已经开始向先发地区学习、追赶和靠齐。因此，下一步的政策应该充分支持各地区之间的相互学习，在充分提炼各地区科技发展先进经验基础上向全国推广。在当前经济向下换挡情况下，坚持科技不换挡，加快落后地区的科技自身发展水平和促进其向先进省市学习相结合。

（2）培养和发展区域科技中心省（市、区）。上节和本节的研究表明传统的全国技术中心，如北京已经在改革开放的 30 多年里逐步退出绝对中心的地位。目前，我国已经在沿海地区形成了多个技术中心省（市、区），如上海、江苏等地。在广袤的西部地区也呈现了诸如陕西、四川等区域性科技中心。因此，我们认为可以选择典型区域和中心城市进行重点培养和扶持，通过这些地方科技的发展，逐渐推动周边欠发展地区的发展，进而形成以点带面，以面促进全国科技的区域协调发展。

（3）我们强调，无论是上节中所谈到的后发地区向先发地区直接获得成熟技术进行学习，还是本节发现的后发地区吸收先发地区的科技发展经验进行模仿学习，提高自身的科技规划和管理水平、吸收能力和科技发展的主动性都非常重要。因此，相关政策一方面要积极帮助后发地区提升自身的科技吸收能力，另一方面也要强调这些地区的观念转变。克服"等靠要"思想，主动地参与到全国科技发展的大好局面中来，从自身科技基础、科技需求出发，积极主动地学习兄弟省（市、区）和发达地区的先进科技发展经验，实现自身科技的快速跃迁显得尤其重要。

第四节 自主创新政策对我国区域科技发展战略的影响研究

以《纲要》及其系列配套政策为核心的自主创新政策作为改革开放政策之后我国经济社会领域的第二次重大政策突破，旨在彻底改变我国经济发展的粗放型发展现状，将经济发展寄托在依靠科技进步上，走可持续发展道路。该政策的落实需要从产业、企业、部门和地区视角展开。只有各产业、企业、部门和地区实现了创新型的驱动发展，整个国家才有望实现创新驱动。在本章的以上三节中，我们围绕自主创新对后发地区的科技追赶及其原因进行了深入分析。但是，这种分析未能涉及地区的科技发展战略，即影响区域科技发展的关键性问题。各个地区由于存在着经济和科技基础的差距，各个科技区域也会存在不同的科技发展战略来实现区域创新能力的发展。基于此背景，本节将引入一个区域科技战略的新分析框架，进一步讨论《纲要》及其配套政策对我国区域科技发展战略的总体影响，以及对不同地区的不同作用。研究表明：总体上而言，自主创新政策促进了探索型科技战略地区对区域创新能力的作用，使得开发型科技发展战略的地区转变成了科技探索型战略。

一、引言

2006年颁布的《纲要》提出了我国在2020年的总体目标，如包括研发强度要达到2.5%，进入创新驱动型国家的行列等。2012年又提出用创新驱动的发展战略来支撑创新型国家建设。这里需要指出，国家发展战略需要地方支撑，但是并非各个地方都需要采取同一战略来完成国家任务和目标。地方需要结合当地的科技发展实际来进行科技发展战略的选择。地方财政投入的特点也决定了其科技关注的重点在于地方经济和社会需要。因此，地方和国家的发展需要在一些情况下是高度吻合的，但是在另一些情况下又是独立的。因此，一方面，国家和地方在发展科技上要有合理的分工和合作，地方要努力帮助国家完成其战略目标；另一方面，国家的事务不等于地方事务，各地需要结合自身的发展需求去寻找适合自己的科技发展战略。因此，国家创新战略和地方科技发展战略并非自然统一，而是一个国家和地方合理分工基础上的合作关系。作为地方政府，其重要任务就是通过创新驱动地方经济和社会发展。

那么，地方政府该采取什么科技发展战略？在现有文献中很难找到答案。教科书中关于战略的分类区分了竞争战略、成长战略、多元化战略、一体化战略等，这些战略分类都是基于企业层面的研究。不过，在区域层面，一些文献也借鉴企业战略思想，讨论了区域的领先战略和模仿跟踪战略等。但是，不管是企业还是区域层面，一个战略的制定和实施必然是在综合考虑了内外部环境基础上提出的，如波特的五力模型。自主创新作为继改革开放政策之后的我国第二次大的政策创新，必然对各地的科技发展战略造成影响。这就对各地方政府提出了一个问题：该继续坚持原来的科技发展战略还是改变现有科技发展战略以响应外部环境的影响，即国家自主创新战略的布局。

为了分析自主创新政策对区域科技发展战略的影响，本研究借鉴组织二元性的思想，区分区域科技发展的两种不同发展战略：开发性的科技发展战略和探索性的科技发展战略。开发性的科技发展战略指一个省（市、区）对已有技术进行深度挖掘，充分发挥已有技术优势的潜力来支持区域经济和社会发展目标；探索性的科技发展战略是指一个省市通过向已有技术之外的技术领域进行探索，从而支持科技目标的实现。很显然，这两种不同的发展战略对区域的科技基础、研发投入、社会支撑提供了不同的要求，各地区因此需要结合本地的发展实际选择适合本地科技发展的战略。2006年颁布的《纲要》及其配套政策如何影响区域的科技发展战略构成了本节的主要研究内容，整个分析框架见图3-11所示。

第三章 自主创新政策对我国区域创新发展的影响

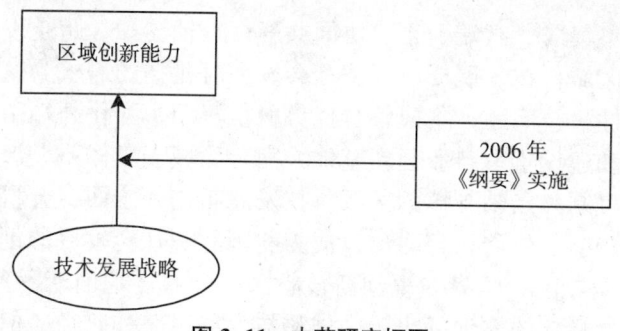

图 3-11　本节研究框图

二、区域科技发展战略：一个新的分析框架

目前文献关于科技发展战略的研究主要集中在企业和国家层面。在企业层面的研究较为丰富，如 Bae & Lee[①] 对韩国的制造业企业进行研究，提出了技术发展四种不同的模式，他认为不同科技发展战略的选择和企业的规模和企业的技术能力有关。Pfirrmann[②] 对于生物技术企业进行研究，讨论了该行业的科技发展战略，他认为生物技术企业的技术发展既不是硬化的发展模式（Hardening Process），也不属于软化的发展模式（Soft Stages）。在国家层面的研究主要集中在发展中国家对发达国家的追赶战略选择上。如李建民[③] 对改革开放后我国的科技发展战略进行了分析，他认为我国在科技发展战略上的重大变化是以自主创新为特征的跨越式发展代替了改革开放以来奉行的以跟踪模仿为主的渐进式发展，这一变化是从国内经济发展现状和国际战略格局特点出发做出的主要选择。黄建国[④] 认为新中国成立以来我国的科技发展战略经历了新中国成立初期至1978年的赶超战略，1978~1995年的以经济增长为目标的科技发展战略和1995年至今的科教兴国战略和建设国家创新体系战略，并分析了我国科技发展战略的变迁和动因。

在区域层面上的科技发展战略研究近年来也引起了学者的广泛重视，但从目前来看，还缺乏从大量实证中提炼出的一些理论性的研究成果，如关于区域科技发展战略的分类。李国平[⑤] 开展的京津冀区域科技发展战略研究，提出了京津冀

[①] Bae Z., Lee J. Technology development patterns of small and medium sized companies in the Korean machinery industry [J]. Technovation, 1986, 4 (4): 279-296.

[②] Pfirrmann O. Neither soft nor hard—pattern of development of new technology based firms in biotechnology [J]. Technovation, 1999, 19 (11): 651-659.

[③] 李建民. 中国科技发展战略转变问题分析 [J]. 软科学, 2004, 18 (2): 20-23.

[④] 黄建国. 我国科技发展战略的变迁与目标模式研究 [J]. 科学管理研究, 2009, 27 (3): 1-5.

[⑤] 李国平. 京津冀区域科技发展战略研究 [M]. 北京：中国经济出版社, 2008.

科技发展"优势集成、高端引领、协同共赢、点轴支撑、跨越发展"的总体思路,并"明确区域科技发展要以经济社会发展对科技的需求为基本出发点,注重解决重大共性科技问题;集成整合优势科技资源,强化高端引领作用,实施重大科技专项和建设重大产业创新基地,完善区域创新体系,形成互动共赢的区域科技发展机制和点轴支撑的区域科技发展布局,全面提升科技对经济和社会发展的支撑和引领作用;努力建设成为我国经济社会发展的创新中枢、创新型国家建设的先导区、国家知识创新核心区、产业技术创新示范区"。从这个研究来看,非常具体详实地提出了区域科技发展思路和路径,但是缺乏理论上的概括。

本研究将借鉴组织二元性的思想对区域科技发展战略做出区分。组织二元性概念的提出主要是针对管理领域中的多种悖论,如效率与柔性、协同与适应、传统事业与新事业、大规模与小规模、低成本与差异化、全球化与本土化、集权与分权、短期利益与长期收益、开发与探索等而提出的一种解决方案,即一个组织要同时具有协调企业两种不同悖论的能力。如企业要在低成本和差异化两种战略上做到平衡。驱动组织二元性的动因包括环境的变化、企业发展战略的要求、技术创新等。组织二元性的思想立足点在于企业在某一个时点面临两种不同要求的组织活动,这两种活动对企业的资源、结构、领导和控制产生张力。因此,一个成功的组织需要在两者之间寻求某种平衡。目前,组织二元性的概念主要放在开发—探索分析框架下讨论。企业开发活动指围绕企业的核心能力进行深度挖掘;而探索性活动则体现在寻找新的技术、市场和产品,在广度上提升企业的竞争力。开发和探索性活动差异见表3-14。

表 3-14 开发和探索性活动的比较①

	开发性活动	探索性活动
组织目标	满足已有市场或顾客需求	满足新出现的市场或顾客要求
创新方式	优化已有设计、营销渠道和技能	获得新的设计、新市场或新的营销渠道
知识基础	对已有知识与技能进行扩展	需要更新知识,或是从已有知识中提炼新知识
创新来源	提炼、复制、效率、实施	探索、变异、柔性、试验、冒险
组织结构	低度分权化、标准化程序	高度分权化、半标准化程序
组织文化	偏好确定性、短期目标、承诺专一	鼓励探索、愿意面对不确定性、容忍失败
绩效影响	影响短期收益,回报低度不确定	影响长期绩效,回报高度不确定

---

① 李剑力. 探索性创新、开发性创新及其平衡研究前沿探析 [J]. 外国经济与管理,2009,31(3):23-29.

从以上分析可以看出，事实上，区域和企业组织具有某些相似性。区域在促进一个地区创新事业发展的过程中同样面临诸多悖论，拿区域科技发展最重要的研发投入来说，区域也面临一个选择，一种方式是通过对已有的技术领域加大投入，充分发挥已有技术的潜力来实现创新能力的提高，即将一定的研发投入在少数领域进行"深挖"；而另一种方式是扩充现有的技术领域，在相邻或者其他领域中进行扩展来实现创新能力的提高，即将一定的研发投入在更多的领域进行"广挖"。从创新的视角来看，"深挖"是在少数技术领域中进行研发，即一个地区走技术专业化的发展道路；"广挖"即同时在更多的技术领域中进行研发，走技术多元化的发展路子。走专业化的发展战略可以充分利用已有技术优势，又因为是自己熟悉的技术领域，风险较小。但是，专业化的不足容易被原有技术轨道锁定，难以跳出原有的技术轨迹，从而失去抢占一些新兴技术带来的发展机会。如果区域选择做宽原有技术领域，在一些新领域寻找发展机会则可以提高区域适应环境变化的能力，同时也为进入一些新兴技术领域抢占先机。但是，实施技术多元化的科技发展战略也可能因为探寻新的技术领域而充满风险，使得研发投入回报低。因此，一个区域需要在两者不同的发展战略之间做出选择。这里，我们将前者定义为开发性的科技发展战略，而将后者定义为探索性的科技发展战略。

有理由相信，我国不同的区域可能采取不同的科技发展战略。①不同区域的研发投入强度不同。对于研发投入规模大的东部地区更可能采取探索性的科技发展战略，因为大规模的研发投入允许区域拓展新的技术领域。相反，对于研发投入低的地区则可能集中有限资源深化原有技术优势领域走开发性的区域科技发展战略。②区域的市场体制完善程度可能制约一个地区的科技发展战略选择。对于市场经济发育完善的区域，由于受到市场竞争的作用，对区域科技要求能够灵活地供给经济发展的技术和人才，因而更容易推动区域走探索性的科技发展战略。相反，对于市场经济发育不良的地区，则可能受到计划经济的影响，对市场需求反应迟钝，从而使得区域科技发展可能走向开发性的科技战略。③区域科技战略的选择受到地区科技主体结构的影响。通常情况下，科技以企业为主体能快速响应市场需要，并对技术发展方向做出调整，相应区域则可能呈现以科技探索为导向的区域科技发展战略。相反，类似陕西、四川等地的科技主体大多是高校和国家科研机构，这些组织因为承担了大量国家基础和共性技术研究工作，因此，其对应的区域科技战略通常也呈现以开发性为导向的战略特征。④区域科技战略的选择还受到区域开放程度的影响。创新经济学的文献指出，一个地区的科技系统很难在自身体系内调整，因此，向外开放是推动区域科技体系演化的重要力量。对于一个积极向外开放的地区可能更容易吸收外部先进技术和理念，走向探索性的区域科技发展战略。相反，对于开放程度低的地区则可能倾向于选择开发性的区域科技发展战略。⑤区域科技发展战略可能还受到地区决策者风险偏好的影响。对于冒险型领导，可能关注于在新的技术领域发展，因此使得区域的科技规划和管理更多地体现探索的色彩。而对于保守型决策者则可能选择开发性的科技发展战略。

2006年之后一系列自主创新政策的出台对区域科技发展战略可能产生影响，具体理由列举如下：首先，国家自主创新的财税政策可以弥补地方探索新技术领域的财务支出，进而增强探索性区域对区域创新能力的作用。其次，国家高强度的研发投入落实到地方的时候，可能改变地方科技发展战略，如从受到资源约束不得不走开发性科技发展战略到资源约束解除后走探索性科技发展战略。再次，2006年以来国家大规模引进国外人才，主要构成为早些年出国的留学生，如国家千人计划、青年千人计划、百人计划等。这些海归人员将国外的一些先进技术带回国之后，在一定程度上弥补了国内的技术空白。但是，这些回国人员在国内并非均衡分布在各个区域，而主要集中在"北上广"（北京、上海、广州）地区。因此，这些地区由于有新鲜力量的加入，可能会形成一些新的学科领域，从而拓展了地区的技术领域。这对于实施探索性战略的区域来说，最终必然会增强探索性科技发展战略对区域创新能力的作用。最后，正如前文所讨论的自主创新政策促进了区域之间的技术来往，使得后发地区有更多机会学习先发地区的技术，从而提升自身的科技创新能力。因此，日益增强的跨区域技术流动可能使得原来更加封闭的、采取开发性的科技体系走向面向探索性的科技发展战略。与此同时，对于那些技术输出地区来说，有可能会变得更加专业化，在其优势领域挖掘潜力，走向开发性的发展战略，也可能继续拓展更多优势领域，强化探索性科技发展战略。总之，我们有理由相信自主创新政策会对区域的科技发展战略产生影响，是强化了原有科技发展战略的作用，还是改变了区域科技发展战略等问题将在接下来的实证中获得答案。

三、数据及方法

同很多文献一样，本书以各省际行政区的具体数据作为区域层面的指标，并按前文对本研究的区域分类进行讨论。本书利用国家知识产权局2001~2011年各省（市、区）在30个技术领域专利申请数进行分析，考虑到数据的可获得性和一致性，西藏未包括在内。本书统计的技术领域与所涉及的IPC分类号的对应关系来自OECD发布的技术领域与IPC分类号对照表（见附录1）。其他所需数据均来自于相应年份《中国统计年鉴》和《中国科技统计年鉴》。

（一）因变量

区域创新能力。创新能力的测量有多种方法，在已有文献中，通常用专利数来作为创新能力的衡量指标。运用专利数据进行测算有着不少缺点，[1][2][3]例如，不是所有的技术都能够申请专利，也不是所有的专利都在技术上和经济价值上是等价的。尽管有这些缺陷，在学术研究中，专利数据仍然是测量创新能力最有效、最方便的方法。因此，我们运用每个省（市、区）的专利申请数作为区域创新能力的测量指标。

（二）自变量

1. 区域科技发展开发—探索性战略

在组织二元性的研究中，通常对企业的开发和探索活动采取两种不同类型的方法测量：其一是使用两个不同的方法对开发和探索活动进行测量，严格区分这两种活动类型，这种方法也称为正交法；其二是使用连续谱上的两点测量探索和开发活动，认为这两种活动仅是企业创新活动的程度划分不同而已，具有相对性。因此，后者更加强调测量开发—探索活动的一维性，即使用单一指标测量。在现有研究中，两种方法都在使用。这里，我们采用单一指标的测量方法测算区域科技发展的开发—探索性战略。这种做法背后隐含的原理在于开发—探索活动仅仅是针对一个区域而言才具有意义，例如，对一个地区来说是一种开发活动，但是换成另一个区域则可能是探索活动。因此，单一指标可以更好地反映开发—探索活动所具有的相对性含义。

在具体测量工具选择上，本研究认为一个省（市、区）如果在多项技术领域中进行研发，即在多项技术领域中有专利申请则表明该省市是探索性的科技发展战略；相反，一个省（市、区）如果在较少技术领域中进行研发，即在少数技术领域中有专利申请则表明该省（市、区）采取的是开发性的科技发展战略。本节借鉴统计学中集中度测量的做法，对区域的科技发展战略进行测量，式（3.11）为科技发展战略的测度公式：

$$\text{tech strategy} = \sum_{i=1}^{30} P_i \ln 1/P_i \tag{3.11}$$

其中 P_i 为该省（市、区）在第 i 项技术领域申请专利数占该省（市、区）总专利申请的比例。测量值介于 0 和 ln n （n 在本节中为 30）之间。当值趋近于 0 时代表该省（市、区）的技术活动主要集中在一项或几项领域，该省实施的是开发性的科技发展战略；当值趋近于 ln n，表明该省市在 30 项技术领域的活动趋

---

[1] Acs Z., Anselin L., Varga A. Patents and innovation counts as measures of regional production of new knowledge [J]. Research Policy, 2002, 31 (7): 1069–1085.

[2] Garcia M. Does technological diversification promote innovation? An empirical analysis for European firms [J]. Research Policy, 2006, 35 (2): 230–246.

[3] Hagedoorn J., Cloodt M. Measuring innovative performance: is there an advantage in using multiple indicators? [J]. Research Policy, 2003, 32 (8): 1365–1379.

于平均，涉足领域较多，表明该省实施的是探索性的科技发展战略。总之，该测量值越大说明区域越倾向于实施探索性科技发展战略，值越小越趋向于开发性科技发展战略。

2. 政策哑变量

如前文所说，中国在2006年提出了创新发展战略，该计划旨在促进中国在2020年成为创新驱动型国家。[①] 本节认为该政策对于各省科技发展战略有着较大的影响，因此，我们将科技政策的效果作为一个政策哑变量（Policy Dummy），2006年之前（含2006年）记为0，2006年之后记为1。

3. 区域类型

为了研究不同区域的科技发展战略在《纲要》实施后的变化，我们将全国的科技区域进行了分类。以往简单的区域分类主要基于地理位置或者行政区域的划分（如最常见的东部、中部、西部的划分）。不同于这种简单做法，本研究结合本章第一节中按各个省市科技发展现状情况进行的分类方法，即将我国行政区域按如下三类科技区域划分：

（1）科技发达地区（区域1）：江苏、北京、广东、浙江、上海、山东、天津、辽宁、福建。

（2）科技发展区（区域2）：湖北、陕西、安徽、四川、河南、河北、湖南、黑龙江、重庆、山西。

（3）科技欠发达地区（区域3）：内蒙古、江西、吉林、云南、广西、贵州、青海、甘肃、宁夏、新疆、海南。

4. 控制变量

（1）工业总产值（Industral Output）。该变量与影响区域创新能力的工业生产有关。[②] 例如，一个工业化的区域，有着比以农业作为基础的区域有更大的动机来促进科技创新。因此，本研究将该变量作为区域创新能力的一个控制变量。

（2）研发投入（R&D）。研发投入是衡量创新活动的重要指标，往往决定了某一区域创新活动的产出水平。在本研究中我们定义研发投入为区域每年的研究总投资，并加以控制。

（3）开放度（Openness）。该变量描述了一个区域和外界经济、社会以及技术流动的交流情况，该变量反应的是一个区域市场发展的质量、创新环境，特别是和外界技术交换转移的能力。在本节中，我们运用区域的直接外商投资金额作

---

① Liu F., Simon D., Sun Y., Cao C. China's innovation policies: evolution, institutional structure and trajectory [J]. Research Policy, 2011, 40 (7): 917-931.

② Fisher K., Jefferson G. Technology diversity and development: evidence from China's industrial enterprises [J]. Journal of Comparative Economics, 2008, 36 (4): 658-672.

第三章　自主创新政策对我国区域创新发展的影响

为区域开放程度的测量指标同时加以控制。

（三）回归模型

由于本节的因变量是计数型变量，我们选用负二项模型［Negative Binominal (NB) model］。该模型是在泊松回归模型的基础上建立的。[①]但该模型有其不足，即要求变量的方差和均值相等，这个条件在现实中很难满足。学者常采用负二项模型来克服这种缺点，但是负二项模型不能解决面板数据的自相关性问题。

为此，Liang & Zeger 引入了一个新的方法：广义估计方程（Generalized Estimating Equation，GEE）方法来估计负二项模型。广义估计方程通过计算误差项的相关结构而将自相关进行了控制，[②]可以看作是广义线性模型的拟似然方法的推广，目前该模型被广泛运用于各种模型估计中。[③④]本节遵循这种传统，也采用广义估计方程方法。

此外，为了减轻可能的内生性问题带来的影响，我们参照传统的方法将所有解释变量滞后一年。[⑤]需要指出的是，我们没有采用工具变量法，如 SSLS、3SLS 和 GMM，因为我们无法找到一个合适的工具变量。同时，我们将科技发展战略和区域哑变量相乘放入模型中，来观察《纲要》对我国区域科技发展战略的作用。

本节检验模型如下：

$$\ln \text{patent} = \alpha + \beta_1 \text{techstrategy} + \beta_2 \text{R\&D} + \beta_3 \text{openness} + \beta_4 \text{industrialoutput} + \beta_5 \text{techstrategy} \times \text{policydummy} + \varepsilon \tag{3.12}$$

四、实证结果

表 3-15 为对面板数据负二项模型回归的结果。模型（1）为全国不分区域的总体回归结果。从模型（1）中可以看出，通过交叉项的引入，我们发现 2006 年颁布的《纲要》及其配套政策从总体上增强了探索性科技战略对区域创新能力的作用。2006 年以后全国整体更加倾向于进行多种类技术的探索活动。模型（2）~模型（4）是分区域的回归结果。通过模型（2），我们发现区域（1）（江苏、北京和沿海科技带）在引入政策变量及其交叉项后，《纲要》正向促进了区域（1）的省

---

① Greene W. Econometric Analysis [M]. Delhi: Pearson Education, 2003.
② Liang K., Zeger S.Longitudinal data analysis using generalized linear models [J]. Biometrika, 1986, 73 (1): 13–22.
③ Katila R., Ahuja G. Something old, something new: a longitudinal study of search behavior and new product introduction [J]. Academy of Management Journal, 2002, 45 (6): 1183–1194.
④ Oh C., Oetzel J. Multinationals' response to major disasters: how does subsidiary investment vary in response to the type of disaster and the quality of country governance? [J]. Strategic Management Journal, 2011, 32 (6): 658–681.
⑤ Almeida P., Phene A. Subsidiaries and knowledge creation: the influence of the MNC and host country on innovation [J]. Strategic Management Journal, 2004, 25 (8–9): 847–864.

(市、区)向探索性的科技发展战略进行转变,其结论和全国总体情况相似。模型(3)为自主创新政策对区域(2)(内陆科技带和科技发展区)的影响情况。通过模型(3)可以看出,科技发展战略和政策哑变量的交叉项乘积的回归系数为正,这表明《纲要》实施之后促进了区域(2)的省(市、区)从原先的开发性的科技发展战略转变为探索性的科技发展战略,即从原来的在少数技术领域中开发转变到在更多的领域中进行探索。这说明国家自主创新政策改变了区域(2)的科技发展战略,使其从开发性转向了探索性。模型(4)是对区域(3),即欠发达地区进行回归的结果。从模型(4)可以看出,自主创新政策增强了探索性科技发展战略对区域创新能力的作用,表现出与全国和区域(1)相似的回归结果。

表 3-15 全国及不同科技区域科技发展战略—创新能力模型

变量	(1) 区域创新能力	(2) 区域创新能力	(3) 区域创新能力	(4) 区域创新能力
科技发展战略	0.0944* (0.0579)	0.0980 (0.117)	−0.0700** (0.0345)	0.211* (0.125)
研发投入	1.57e−08* (7.97e−09)	1.53e−08*** (4.77e−09)	7.84e−08*** (1.75e−08)	3.71e−08 (8.66e−08)
开放程度	1.99e−06 (2.50e−06)	3.69e−06** (1.53e−06)	6.48e−06 (5.27e−06)	−1.10e−05 (9.95e−06)
工业总产值	9.15e−06*** (2.84e−06)	2.77e−06 (2.04e−06)	1.95e−06 (4.22e−06)	1.00e−05 (1.03e−05)
科技发展战略×政策哑变量	0.0279*** (0.00300)	0.0112*** (0.00244)	0.00926*** (0.00286)	0.0316*** (0.00711)
常数项	1.732*** (0.185)	1.852*** (0.378)	2.232*** (0.0938)	1.235*** (0.384)
观测值	330	99	110	121
省(市、区)数量	30	9	10	11
chi2	248.4	194.5	312.5	330.2

注:*** 代表在 $p<0.01$ 水平下显著,** 代表在 $p<0.05$ 水平下显著,* 代表在 $p<0.1$ 水平下显著。

五、结论及政策建议

本节借鉴组织二元性的概念,重新区分了区域科技发展的开发和探索性战略,并提出了不同区域采取不同战略的影响因素。在此基础上,本研究讨论了《纲要》及其配套政策对各区域科技发展战略的可能影响。最后,本研究采用实证分析方法对自主创新政策对区域科技发展战略的影响进行了研究。在研究中,我们以区域创新能力作为区域科技发展战略作用的结果,考察自主创新政策对区域科技发展战略—区域创新能力关系的影响。实证结果表明：总体上，我国自主创新政策增强了探索性科技发展战略区域对区域创新能力的作用。在分区域分析上，我们发现自主创新政策改变了某些区域（如本研究的内陆科技带和科技发展区）的科技发展战略，使得这些地区的科技发展战略从开发性向探索性转变。从本节的研究结论中我们可以提出如下政策建议，尝试对我国自主创新政策的推行和完善提供帮助。

（1）国家自主创新战略及其政策体系已经在区域层面产生深刻影响，未来我国自主创新政策应该朝着这个方向继续深化。在本研究中，我们一再强调国家和区域在创新型国家建设过程中的协调发展。国家战略需由地方来落实，反过来，地方科技发展一方面要将国家发展战略作为己任，另一方面也要充分体现地方经济和社会发展的需要。因此，将国家和区域的科技发展战略有机结合是实现创新型国家的重要条件。从本研究来看，国家层面的自主创新战略已增强了区域科技发展战略对区域创新能力形成的作用。因此，未来的自主创新政策要充分沿袭这一做法，在统筹国家和区域科技发展战略上做到两者的融合，尤其是在推动区域科技发展向多元化方向发展努力。

（2）作为区域科技发展战略也要充分考虑本区域科技发展现状，结合国家科技发展战略和政策，调整自身的科技发展战略。区域科技作为一个相对独立的科技系统，其演化动力主要来自于区域自身的需要。从本研究来看，国家自主创新政策已经通过其多个政策工具渗透到地方科技发展战略中，这就要求区域科技发展要充分考虑国家创新政策的影响，调整自身的科技发展战略，保持科技发展战略的适当柔性在一定时期是必要的。

（3）从当前来看，似乎自主创新政策在激励探索性科技发展战略区域，但是，未来自主创新政策是否同样会引导地方科技发展战略朝向这一目标还待时间的检验。目前，我国科技体制改革滞后，传统科技力量的作用仍很明显，中、西部地区的科技发展仍然在很大程度上依赖国家科技投入，如陕西70%的投入由国家财政完成。因此，对于这些地区来说，其开发性科技发展战略的特征非常明显。随着这些区域市场力量的培育，以及科技体制的改革深入，未来这些地方的科技发展可能变得越来越多元化。但是，如果各区域最后都采取探索性的科技发展战略对于整个国家来说并非好事，因为从国家的视角来看，各个区域应该是合理分工、紧密合作的关系，这样才能充分体现各地的特色，从国家层面和区域层次收获创新专业化分工带来的好处。所以，未来自主创新政策也应该随着地区科技发展而做适当的调整，以培育区域特色创新体系，减少重复研发形成的科技资源浪费。

第五节 基于"西三角"的创新政策作用实证分析

前几节已经证实了《纲要》促进了科技后发地区的赶超,并从直接技术学习和吸收其他地区的科技发展经验两方面对科技后发地区的科技追赶进行了解释。但前文的重点都基于整体视角对《纲要》进行解读。在本节,我们选取了近年中国正在兴起的经济增长极——"西三角"地区来具体对《纲要》及其配套政策的作用进行实证分析,以便增强我们对前面研究结论的理解。研究表明,《纲要》促进了"西三角"科技实力的提高,科技投入和科技产出都有了比较明显的增长。随着"西三角"自身研发投入的提高,其研发溢出效应也比较明显,使西部其他地区受益。

一、"西三角"的由来及发展现状

《纲要》中指出,当前"我国科学技术总体水平还有较大差距,主要表现为:……在一些地区特别是中西部农村,技术水平仍比较落后"。因此,如何提升西部地区的科技实力,也即西部地区科技实力的追赶成为了协调区域发展的重要议题。西部地区中"西三角"——成都、重庆和陕西的实力最强,如何发展好自身的实力以及如何将自身的优势对西部地区进行辐射成为了西部地区科技追赶的关键。因此,下文将对《纲要》施行前后"西三角"自身科技实力的变化以及对周围地区的影响来分析政策的作用。

"西三角"的雏形来源于"成渝经济区"。2003年,中国科学院地理科学与资源研究所的研究报告《中国西部大开发重点区域规划前期研究》提出:"在未来5至10年内,要积极构建以成渝两大都市为中心、各级中心城市相互联系和合作的中国西部最大的双核城市群,形成西部大开发的最大战略支撑点,西部地区人口、产业、信息、科技和文化等集聚中心,长江上游经济带的核心"。2004年,国务院西部开发办规划组在《中国西部大开发中重点经济带研究》中指出:"长江上游经济带的空间布局特征是'蝌蚪型经济带',区域中心是成渝经济区"。2005年发布的"十一五"规划研究项目《共建繁荣:成渝经济区发展思路研究——面向未来的7点策略和行动计划》成为了针对"成渝经济圈"的第一次专题研究,这为成渝经济区的后续发展成立奠定了理论基础。2006年,"十一五"规划正式出台,规划明确提出"成渝经济区",成渝地区成为了继珠三角、长三角、环渤海经济圈之后又一个增长极。2007年,四川省政府签署了《关于推进川渝合作共建成渝经济区的协议》,该指导性文件首次在双边条件下确定了成渝经济区的范围，同时也确定了统一的工作协调机制。2010年7月，国家发改委完成《成渝经济区区域规划》（意见征求稿）编制，征求稿的编制完成首次从国家层面上确定了成渝经济区的总体定位以及分工目标。2011年3月，国务院原则通过《成渝经济区区域规划》，至此成渝经济区上升为国家战略。

"西三角"的概念最早在2003年提出，即所谓的"西南三角"。但当时的"西三角"概念尚未包含陕西在内，还仅限于以四川、重庆和宜昌为中心的湖北西部的"西南三角"，辐射范围也仅包括湖南西北部、贵州北部、甘肃和陕西南部、西藏等地。但随着西部大开发的全面推进，尽管成渝经济圈发展很快，但包括成渝经济带在内的"西南三角"经济总量偏小、带动能力有限，很难成长为与珠三角、长三角、环渤海经济圈等量齐观的"增长极"。

"西三角"的概念在2009年正式提出。在2009年"两会"期间，重庆代表团提出了以重庆—成都—西安为中心的新"西三角"概念，扩充以成渝为中心的成渝经济区，并希望纳入国家的"十二五"计划。至此，在中国统筹区域发展格局的道路上形成了西部大开发、东北振兴、中部崛起、东部率先发展的"四轮驱动"格局。[1] 至今为止形成的"西三角"经济区包括1个直辖市，2个省会城市，23个地级市，16个县级市，共236个县级行政单元。其中，四川省包括117个区（市/县），成都市、德阳市、绵阳市等17个市；重庆市包括36个区/县，主城9区、郊边9区18县，分别是渝中区、沙坪坝区等9个主城区，合川区、永川区等9区，璧山县、铜梁县等18县；陕西省包括83个区（市/县），西安市、渭南市、杨凌农业高新技术示范区等。该经济区幅员面积达35万平方公里，占川渝陕两省一市的45.26%、西部的5.1%。[2]

2008年，"西三角"的GDP总量为24453.98亿元，占全国的7.47%，占西部地区总GDP的56.45%；2009年"西三角"的GDP总量为28851.09亿元，占全国的7.90%，占西部地区总GDP的58.32%；2010年"西三角"的GDP总量为35234.54亿元，占全国的8.06%，占西部地区总GDP的58.56%（以上数据均根据相应年份的《中国统计年鉴》计算得到）。因此，我们可以看到"西三角"在全国和西部地区经济的位置显著提高。

除了经济上的地位不断增强之外，三地还具有明显的区域互补优势。曾智洪、吴江的研究表明"重庆在经济总量和吸引投资等方面强于成都；以成都为核心的成都平原在城市化水平、经济实力、市场规模等方面都优于重庆；而西安的科技实力则要高于成都和重庆。陕西的能源、矿产资源丰富，四川水电资源丰富，重庆可以接纳和消化四川的水电产能，渝铝输川陕、陕煤入渝等互补极具吸

---

[1] 高新才. 中国区域发展战略的嬗变 [J]. 改革，2008 (1): 52-54.
[2] 曾智洪，吴江. 我国西三角经济区的构建路径与发展战略 [J]. 统计与决策，2012 (3): 150-152.

引力"。此外，曾智洪、吴江的研究还认为，"西三角"地区具有充足的自然资源、便利的立体式交通等区位优势。

二、《纲要》对"西三角"及周边的影响

限于数据的可获得性，这里我们以成都、西安和重庆来分别代表"西三角"的川陕渝三地。为了说明这种替代的合理性，我们以科技集中度来佐证。这里，仅分析四川和陕西这两个地方的科技集中度，重庆的集中度不需要计算，因为重庆为直辖市，理论上所有的研发和经济活动都应集中在该市的范围内，故集中度为1。我们借鉴 Caniëls[①] 的做法，采用对数变换形式对科技空间分布进行集中度的测度。具体公式为：$HF = \ln n + \ln \sum_{i=1}^{n} X_i^2$，其中 n 代表要测度的地区个数，$X_i$ 为 i 地区的份额。考虑到本研究仅分析省内的一个或两个城市的科技集中度，这与 Caniëls 考虑欧盟国家内的多个区域不同。我们采用一个与 Caniëls 相似但又不同的公式进行计算，即：$C = \lambda_1 \sum_{1}^{\max=2} X_i / \sum X_i + \lambda_2 \sum_{1}^{\max=2} X_j / \sum X_j$，同 Caniëls 的做法一样，我们取 $\lambda_1 = \lambda_2 = 0.5$，$X_i$ 和 X_j 分别为该城市的研发人员全时当量和R&D研发费用投入，$\sum X_i$ 和 $\sum X_j$ 表示该城市所在的省总的研发人员全时当量和R&D研发费用投入。

首位城市的集中度代表了该省的科技实力在排名第一的城市的集中程度，是一个城市科技实力在全省的重要体现。通过对研发人员全时当量和R&D研发费用投入的计算，我们得到省区内首位城市的集中度，如表3-16所示。

表3-16 四川和陕西首位城市集中度

省份/城市	首位城市集中度
四川（成都）	0.501
陕西（西安）	0.821

资料来源：国家统计局普查数据。

为了更进一步理解区域的科技集中度，我们再接着计算四川、陕西两省的前两位城市的科技集中度，如表3-17所示：

从以上两个简单的分析可以看出，以四川省和陕西省的情况来代替"西三角"中的川陕地区是合适的，首位城市的集中度都超过了50%，前两位城市的集

---

① Caniëls M. Regional differences in technology: theory and empirics [R]. Maastricht: MERIT, Maastricht Economic Research Institute on Innovation and Technology, 1996.

表 3-17 四川和陕西前两位城市集中度

省份/城市	前两位城市集中度
四川（成都、绵阳）	0.721
陕西（西安、宝鸡）	0.883

中度都超过了 70%。"西三角"中不仅包含了成都、重庆以及陕西这三个西部特大城市，也包括了自贡、绵阳、南充、宝鸡、咸阳 5 个大型城市，以及 24 个中等城市，因此上文的分析表明，以四川省和陕西省的数据分别代表"西三角"中两省的发展是合理的。

下文，我们首先对"西三角"进行总体的科技投入分析，希冀发现"西三角"作为一个经济发展总体在《纲要》施行前后的变化，随后通过对四川、重庆和陕西分开进行统计来分析"西三角"内部结构的变化。对于科技投入产出我们也采取同样的方法。

（一）"西三角"科技投入的变化

科技投入是衡量一个地区科技发展的首要指标，这里我们首先将"西三角"作为一个整体，来观察《纲要》施行前后研发经费投入和研发人员全时当量总量的变化。随后，通过对"西三角"内部进行进一步分析，分析川陕渝两省一市的研发经费投入和研发人员全时当量结构的变化。

图 3-12 和图 3-13 为 2001~2011 年"西三角"整体和分省（市、区）研发经费投入变化图。

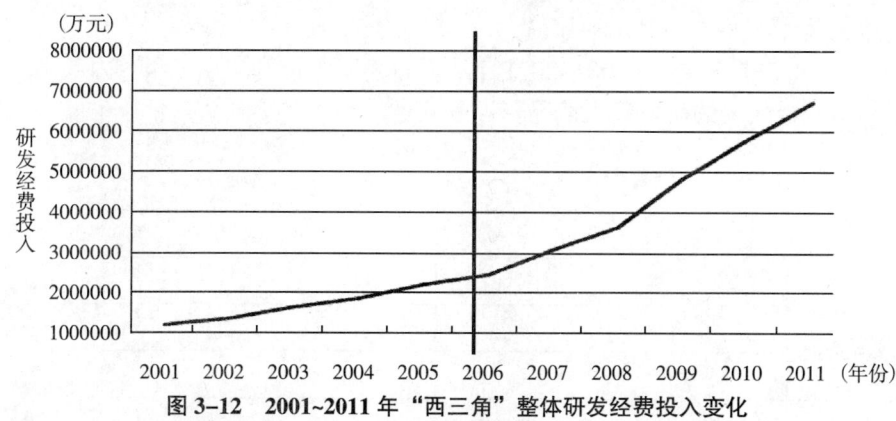

图 3-12 2001~2011 年"西三角"整体研发经费投入变化

资料来源：《中国统计年鉴》。

从图 3-12 可以看出，2006 年成为了研发经费投入增长的一个拐点。从总量上看，2006 年以前，"西三角"整体的平均年研发经费投入共为 1650775 万元，

图 3-13 2001~2011 四川、重庆和陕西研发经费投入变化
资料来源:《中国统计年鉴》。

2007~2011 平均年研发经费投入共为 4424850 万元,是 2006 年之前的近 3 倍。2006 年之前研发经费投入的增长率平均为 15.69%,2006 年之后平均增长率为 22.39%,2006 年之后的增速明显快于 2006 年之前。

从图 3-13 可以看出"西三角"内部研发经费投入结构的变化。通过数据计算发现,四川省 2006 年之前研发经费投入的平均增长率为 13.94%,2006 年之后研发经费投入的平均增长率为 22.51%。相应年份陕西的研发经费投入增长率与四川类似,陕西省 2006 年之前研发经费投入的平均增长率为 14.52%,2006 年之后研发经费投入的平均增长率为 19.90%。重庆市研发经费投入尽管规模小于四川和陕西,但在 2001~2011 年的研发投入平均增长率为 29.24%,高于四川和陕西的增长速度。

图 3-14 和图 3-15 为 2001~2011 年"西三角"整体和"西三角"内部用研发人员全时当量代表的研发投入情况。

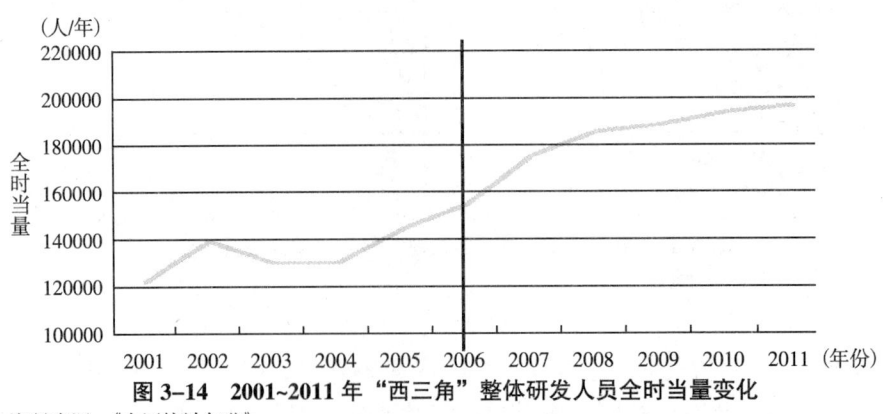

图 3-14 2001~2011 年"西三角"整体研发人员全时当量变化
资料来源:《中国统计年鉴》。

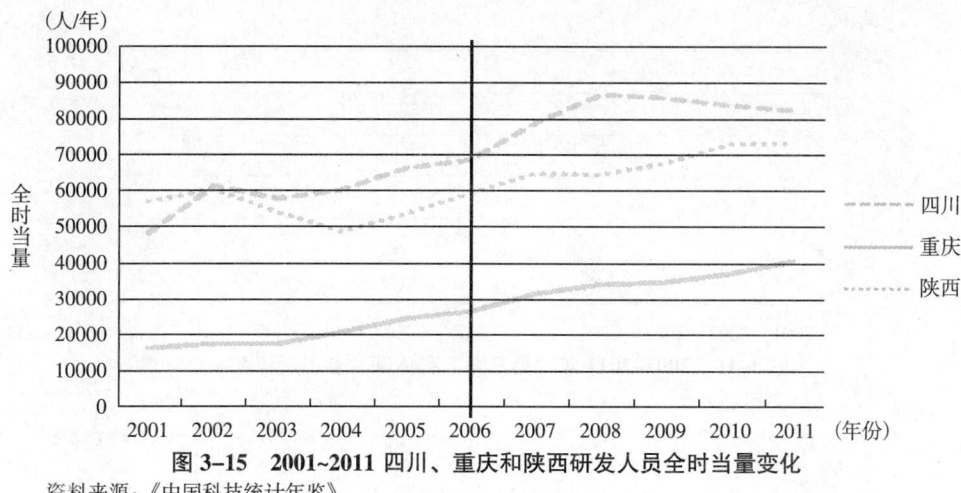

图3-15 2001~2011 四川、重庆和陕西研发人员全时当量变化
资料来源：《中国科技统计年鉴》。

从图3-14可以看出"西三角"地区作为一个整体在2006年之前和2006年之后研发人员全时当量的变化。从图3-14中可以直观地看出，2006年之后全时当量的增长要快于2006年之前。2006年之前，"西三角"地区整体的平均全时当量为136769人/年，2006年之后为188227人/年。从总量上看，2006年之后明显多于2006年之前。

从图3-15可以看出"西三角"内部全时当量结构变化。四川省除2001~2002年之外，在2006年之前研发人员投入增长较缓慢，平均增长仅为3%，2006年之后平均增长提高到3.99%，略有提高。陕西省是我国中西部传统的研发大省，在2006年之前，研发人员全时当量增长不稳定，在某些年份还有下降的趋势，但2006年之后其平均增长率达到了4.40%。重庆市该指标在分析时段内和研发经费投入一样，保持高速增长，平均增幅达9.62%。

综上所述，从研发经费投入和研发人员全时当量两个投入指标的分析可以看出，2006年颁布并施行的《纲要》确实促进了"西三角"整体和内部两省一市科技投入的快速增长。

(二)"西三角"科技产出变化

上文从科技投入的视角分析了《纲要》给"西三角"整体和内部结构带来的积极变化，在下面的分析中，我们将从科技产出的角度来分析《纲要》对"西三角"地区带来的变化。这里，我们选取2001~2011年的国内专利授权数来分析它们在2006年前后的变化。与前文分析相同，我们分别采用总量和内部各个省市分别的数据来对科技产出变化进行说明。图3-16和图3-17为2001~2011年"西三角"地区整体和国内专利授权数结构变化的情况。

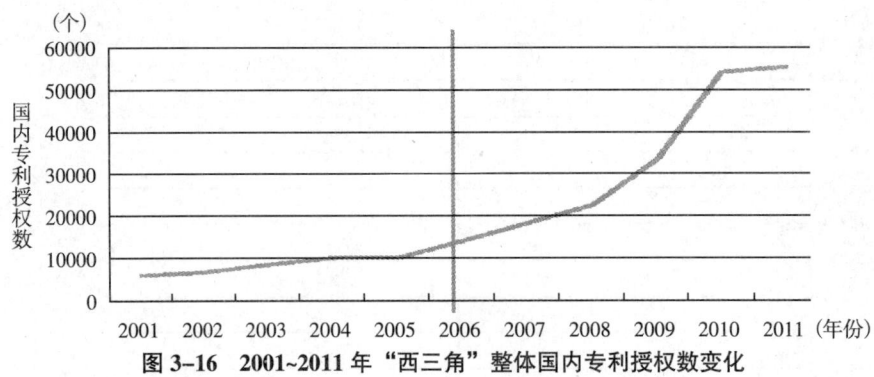

图 3-16　2001~2011 年"西三角"整体国内专利授权数变化

资料来源：《中国统计年鉴》。

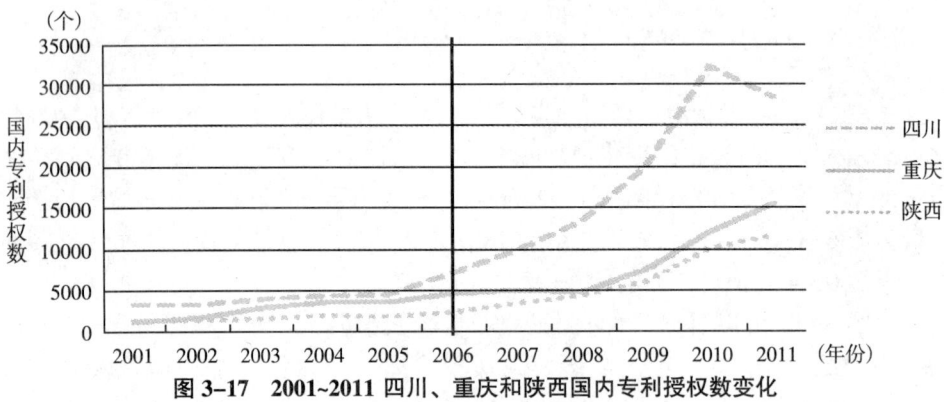

图 3-17　2001~2011 四川、重庆和陕西国内专利授权数变化

资料来源：《中国科技统计年鉴》。

从图 3-16 可以看出"西三角"作为一个整体在 2006 年前后国内专利授权数的变化。2006 年之前，"西三角"地区总专利授权数为 41274 件，2006 年之后"西三角"整体的专利授权数为 198841 件，是 2006 年之前的近 5 倍，增长迅速。

从图 3-17 可以具体观察"西三角"两省一市在 2001~2011 年这个时段内具体专利授权数的变化。四川省 2006 年之后的专利数增长明显快于 2006 年之前，从数据上来看，2006 年之前平均增长率为 17.74%，2006 年之后平均增长率为 34.53%，是 2006 年之前增长速度的近 2 倍。陕西在 2006 年之后的增长速度也要明显快于 2006 年之前，具体来看，陕西 2006 年之前平均增长率为 13.56%，2006 年之后平均增长率为 37.30%，是 2006 年之前的将近 3 倍。重庆市专利数的增长比较平稳，2006 年之前为 32.65%，2006 年之后为 30.11%。

从以上分析中可以看出，《纲要》的实施促进了"西三角"地区省（市、区）的科技产出，特别是国内专利数的增长，2006 年前后有着明显的差别。从这个角度来看，《纲要》的实施对"西三角"地区有着显著的作用。

(三)"西三角"外溢效应

"西三角"概念提出的初衷就是将成都、重庆和西安三个西部特大城市进行资源整合,建立以渝、川、陕三省份为腹地的一个强大的辐射区。辐射区可分为两层:第一层为甘肃、贵州和湖北,第二层为云南、新疆、青海、宁夏和西藏。因此,从这个角度来看,"西三角"建立的意义不仅仅是为了优势互补,提升"西三角"地区的自身实力,还在于希望"西三角"地区对周边地区能够进行辐射,带动周边区域的发展。这种效应同本章第二节和第三节所讨论的后发地区从其他地区获得技术和学习科技发展经验相对应。不过,这里我们是站在技术和发展经验输出者的视角,而非吸收者的视角。所以,我们也从两个方面来开展研究工作,一是从技术流动的视角分析"西三角"地区向周边省(市、区)的技术输出情况,这和前文的分析方法相一致。二是从技术外溢视角,考察"西三角"对周边区域的技术外溢情况。这里需要指出的是,在考察第二种效应时,我们没有采用同前文相一致的"投入产出效率+空间溢出"的模型方法,而是采用一种新的测量方法和模型。这种做法的理由仅仅是为了丰富本研究的分析方法。具体来讲,我们采用中国省级之间的专利许可数据来看"西三角"对周边的带动作用。毋庸置疑,川、陕、渝三个省(市、区)在西部地区的科技和经济实力最强,在前几节也提到,区域的空间溢出效应是有一定范围的(符森的研究发现技术的外溢效应在800公里内是有效的[①]),因此虽然沿海省市的经济和科技实力更强,但由于地理距离限制无法对西部欠发达省(市、区)进行辐射。因此西部的科技和经济强省四川、陕西以及直辖市重庆就成为了对西部欠发达地区进行辐射的关键,而其中一种重要的方式就是通过专利技术许可。此外,我们考虑对"西三角"两省一市的研究投入对周围省市的辐射进行研究。据统计,2001~2011年,"西三角"的研发投入平均占整个西部地区的78.37%。

1. "西三角"对周边地区的技术转移

前面通过对后发科技地区和先发地区之间的技术流动网络可以看出,2006年之前,中国的技术交易基本集中在北京、上海以及广东三地,西部地区参与度较低。因此,这里我们选择2006年之后"西三角"与西部其他省(市、区)技术流动在2007年、2009年和2011年三年的情况进行分析(由于数据的一致性与可获得性、西藏并未包括在本节的分析中)。相关结果见表3-18、表3-19和表3-20。

从表3-18、表3-19和表3-20可以看出,"西三角"对西部其他省(市、区)的输出(辐射)强度在2006年《纲要》施行之后逐渐加强。分具体省份来看,2007年为《纲要》施行的第一年,"西三角"两省一市中只有陕西省向西部其他

---

① 符森.地理距离和技术外溢效应——对技术和经济集聚现象的空间计量学解释[J].经济学(季刊), 2009, 4(1): 1549–1558.

表 3-18 2007 年四川、重庆和陕西向西部地区技术输出

输入\输出	甘肃	贵州	宁夏	青海	新疆	云南	总计
陕西	2	0	0	0	0	0	2
四川	0	0	0	0	0	0	0
重庆	0	0	0	0	0	0	0

资料来源：通过中国国家知识产权局网站检索并整理得到。

表 3-19 2009 年四川、重庆和陕西向西部地区技术输出

输入\输出	甘肃	贵州	宁夏	青海	新疆	云南	总计
陕西	3	0	0	0	0	1	4
四川	0	0	5	3	1	5	14
重庆	0	0	0	0	0	0	0

资料来源：通过中国国家知识产权局网站检索并整理得到。

表 3-20 2011 年四川、重庆和陕西向西部地区技术输出

输入\输出	甘肃	贵州	宁夏	青海	新疆	云南	总计
陕西	0	0	1	0	1	2	4
四川	0	0	0	6	7	13	26
重庆	0	1	0	0	0	0	1

资料来源：通过中国国家知识产权局网站检索并整理得到。

地区输出了两项技术。2009 年，四川省异军突起，向西部其他后发地区输出了 14 项技术，陕西省也在 2009 年输出了 4 项。2011 年"西三角"对其他西部后发地区的技术输出又进一步增加，其中四川省的技术输出达到了 26 项。从上述分析可以看出，"西三角"对其他西部后发地区的技术输出在逐年增加。可见，《纲要》的颁布和实施促进了"西三角"向其他地区进行技术输出，从而有可能使这些后发地区利用"西三角"输出的技术进行学习，进而获得后发优势，实现科技追赶。

2."西三角"对周边地区的研发溢出效应

这里，我们借鉴 Jaffe[①] 在 1986 年提出的外部研发溢出效应的思想来分析"西三角"对周边地区的研发外溢。根据 Jaffe 的定义，一个地方的研发溢出可以通过式（3.14）来进行测算，以某省为例：

---

① Jaffe A. Technological opportunity and spillovers of R&D: evidence from firms' patents, profitsand market value [J]. The American Economic Review, 1986, 76 (5): 986-1001.

$$\text{spillover} = \sum_{m \neq i} P_{mi} R\&D_m \tag{3.14}$$

其中 $R\&D_m$ 为 m 省的研发投入。P_{mi} 为 m 和 i 省（市、区）在 30 个技术领域的技术相似度（本节仅限定于西部省市），定义为两个省市技术向量的相关：

$$P_{mi} = \frac{F_i F_m'}{[(F_i F_i')(F_m F_m')]^{1/2}}$$

其中 $F_i = (N_{i1}, \cdots, N_{in}, \cdots, N_{i30})$ 为每个省（市、区）30 个技术领域构成的一个行向量。P_{mi} 的取值范围是 0 到 1，如果两个省（市、区）的技术领域完全相同则为 1。下文将对西部各省（市、区）获得的技术溢出效应进行测算。图（3-17）为 2001~2011 年西部各省（除"西三角"两省一市之外）从西部各个地区获得的研发投入溢出效应。

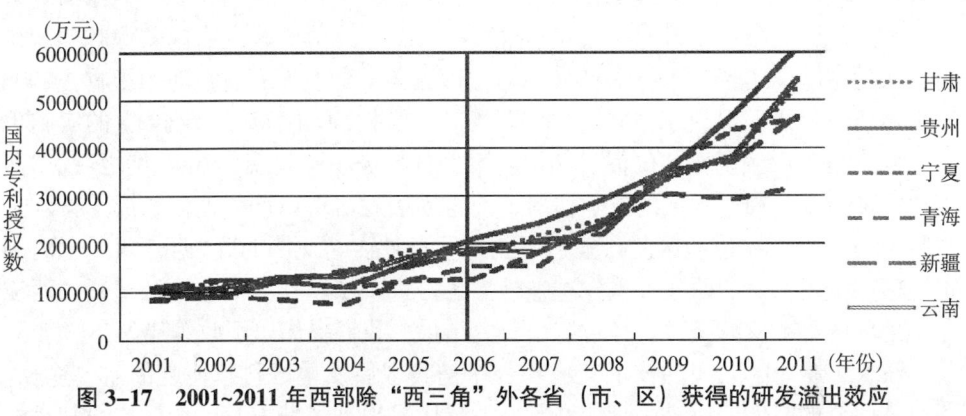

图 3-17　2001~2011 年西部除"西三角"外各省（市、区）获得的研发溢出效应

从图 3-17 中可以看出，2006 年后大部分省份获得的研发溢出效应增长速度明显快于 2006 年之前。具体来看，甘肃省 2006 年之前每年在西部省（市、区）平均获得的研发溢出为 1360949 万元，2006 年之后平均每年获得的研发溢出为 3429715 万元，2006 年之前平均增长率为 12.14%，2006 年之后平均增长率为 24.53%，是 2006 年之前的 2 倍。从前文分析可以得知，2001~2011 年，"西三角"的研发投入占到了西部各省（市、区）全国研发投入的近 80%，四川省、重庆市和陕西省 2006 年之后研发投入的平均增长率分别为 22.51%、29.24% 和 19.90%。因此甘肃省 2006 年之后研发溢出的整体增长率要快于"西三角"的研发投入增长率，从这个角度来说，《纲要》的提出加强了"西三角"对周边欠发达地区的溢出。与甘肃省类似，贵州省 2006 年之前每年在西部省（市、区）平均获得的研发溢出为 1173776 万元，2006 年之后平均每年获得的研发溢出为 3944395 万元，2006 年之前平均增长率为 18.72%，2006 年之后平均增长率为 24.15%。宁夏 2006 年之前平均增长率为 8.91%，2006 年之后平均增长率为 13.75%。宁夏、青海、新疆和云南省在 2006 年之前和之后的增长率大概相等。

表 3-21 为 2001~2011 年获得研发溢出效应前三位的省（市、区）。

表 3-21　2001~2011 年获得研发溢出效应排名前三位的省市

年份	2001	2002	2003	2004	2005	2006	2007	2008	2009	2010	2011
省（市、区）	新疆	新疆	云南	新疆	甘肃	贵州	贵州	贵州	贵州	贵州	贵州
	云南	甘肃	甘肃	甘肃	云南	云南	甘肃	甘肃	甘肃	宁夏	云南
	甘肃	云南	新疆	云南	贵州	新疆	新疆	新疆	宁夏	宁夏	重庆	甘肃

三、结论及政策建议

本节基于中国经济发展第四极——"西三角"对 2006 年《纲要》实施的效果进行了实证研究分析，希望深化对本章第一、二、三节的研究结论的理解。从科技投入的角度证实了《纲要》的实施对"西三角"的发展有着正向的影响，2006年之后研发投入明显快于 2006 年之前。同时就科技产出而言，《纲要》的实施也对"西三角"产生了正向的促进作用。案例分析进一步表明，2006 年之后，"西三角"加大了对周边地区的技术输出，使得周边地区可以获得他们的成熟技术来进行学习，并为周边地区的科技追赶创造了条件。与此同时，"西三角"也向周边地区产生了大量的研发外溢，这种外溢也可进一步转化为周边地区追赶"西三角"地区的重要支撑条件。针对这个研究结果，我们提出以下政策建议：

（1）加强地区之间的技术交流和合作是实现后发地区科技追赶的重要途径。通过本研究的案例分析进一步佐证了后发地区可以通过获取其他地区，尤其是相对发达地区的科技和科技发展经验外溢，或这里的研发外溢而进行技术赶超。因此，我们有理由相信，这是实现我国区域科技协调发展的重要手段。因此，未来的自主创新政策应当更加强调区域之间的技术交流与合作。

（2）具体到本案例，我们认为加强西部地区的基础设施建设可能显得越来越重要。从本节研究结论来看，日益兴起的"西三角"地区已经开始充当西部其他后发地区的重要技术供给者。但是，我们认为这种效果通过加强西部地区的基础设施建设可以进一步放大。基础设施建设在西部地区较为落后，以本节所讨论的"西三角"地区为例，目前西安与成都已有直达的高速公路，但西安与重庆之间的高速公路仍未通车，未来可积极规划"西三角"环线交通建设。同时，四川、重庆和陕西内部仍需要形成更紧密的铁路公路网来连接周边其他省（市、区）。因此，加强铁路公路网建设不仅有利于扩展"西三角"内部的技术交流与合作，也有利于"西三角"与西部其他省市的交流合作，扩大技术输出和增强研发外溢效应。

（3）要强调后发地区自身科技实力的提升。已有研究发现获取外部技术、吸收其他地区的研发外溢都需要吸收主体具有较强的吸收消化能力，并能将获得的外部技术及其吸收的研发外溢转化为适合自身经济和社会需要的先进技术。因此，我们认为在这一过程中，中央政府和地方政府应当积极增强后发地区的自身科技力量，只有这样才可能在后发地区和先发地区之间形成良性互动，实现"先富带动后富"的美好愿景。

第四章 自主创新政策对我国部门科技结构的影响

在部门层面，我国自主创新的主体包括产业部门、大学、科研机构和政府部门，各主体既有其自身的科技投入产出特点，主体之间也存在科技投入产出的互动，如产学研合作、技术转移等。因此，本章拟从部门视角，分析《纲要》出台后，自主创新政策在部门维度上对各主体自身科技面貌产生的影响，以及部门之间的合作互动在自主创新政策影响下的结构变化，希冀从部门的视角对我国自主创新政策的影响进行分析，从而为我国自主创新政策在部门层面的矫正和调整提供科学判断。

综上，本章的内容围绕实证研究主要分为以下三个部分：

（1）按照国家对科技执行部门的划分，从高校、科研机构和企业三大部门的研发投入产出量和结构变化展开研究，以期深入分析《纲要》颁布前后三大执行部门自身的科技投入产出特点及结构变化。

（2）对我国产业部门的总体科技面貌进行研究，分析自主创新政策对产业科技结构的影响。在此基础上，重点分析我国战略性新兴产业的政策实施效果以及七大产业的发展趋势和专利许可演化特点，并对我国重大专项的实施及其效果进行梳理，以期深入研究自主创新政策对产业部门的影响。

（3）以专利数据为基础，研究产、学、研三大部门之间的合作与互动，深入分析自主创新政策对产学研合作（以合作申请专利量为主要衡量指标）以及大学/科研机构与产业之间技术转移（以专利许可量为主要衡量指标）的影响。

第一节 基于部门R&D投入产出的政策实施效果评价

为了实现我国科学技术发展的总体目标，《纲要》明确指出，"到2020年，全社会研究开发投入占国内生产总值的比重提高到2.5%以上"。随着我国对R&D

投入力度逐渐增大，产出效率如何？部门[①]R&D 结构变化有何特点？本节拟对部门 R&D 投入产出效率和结构变化进行深入分析，以期为我国今后的科技投入政策制定提供实践依据，从而加快我国进入创新型国家行列的步伐。

一、我国 R&D 投入的现状分析

近年来，我国对研究开发的投入力度逐渐增大，R&D 经费支出从 1995 年的 348.7 亿元上升到了 2011 年的 8687 亿元，增长了约 25 倍之多，年均增速达 22.3%；R&D 经费支出占国民生产总值的比重从 1995 年的 0.6% 增长到 2011 年的 1.8%；R&D 人员全时当量在 2011 年达到了 288.3 万人年，是 1995 年的 3.8 倍，三大统计指标的变化趋势及拟合结果见图 4-1 至图 4-3。

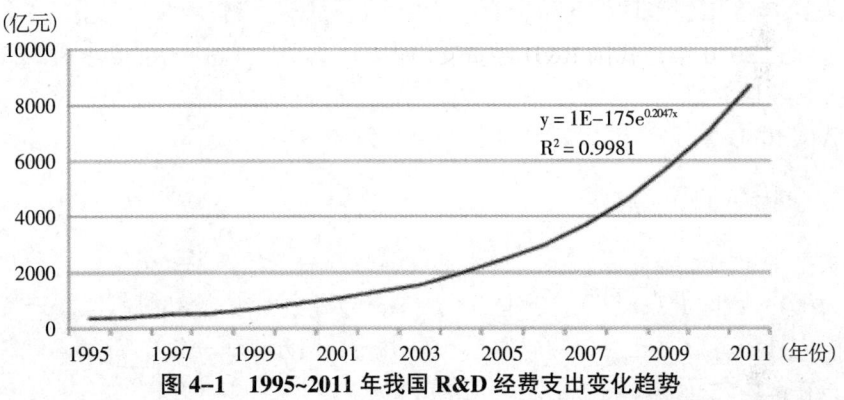

图 4-1　1995~2011 年我国 R&D 经费支出变化趋势

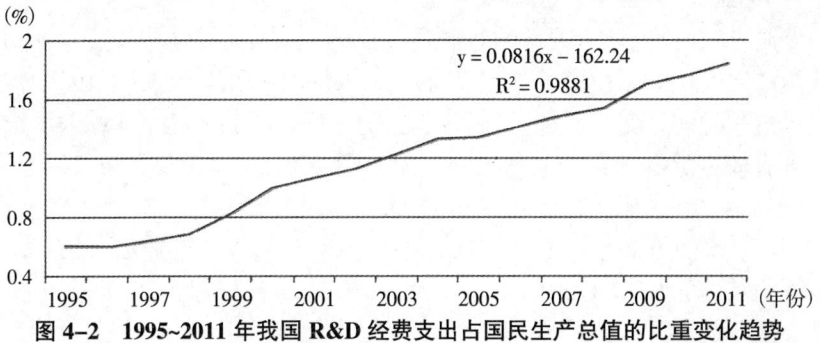

图 4-2　1995~2011 年我国 R&D 经费支出占国民生产总值的比重变化趋势

从图 4-1 和图 4-3 中可以看出，自 2006 年《纲要》出台以来，我国 R&D 经费支出和 R&D 人员全时当量均呈现加速增长的趋势，这大 R&D 投入指标在

---

① 本研究的"部门"按照国家统计局和科学技术部进行全国科技经费投入统计时"分执行部门"的划分标准，分为企业、科学研究与开发机构和高等学校。

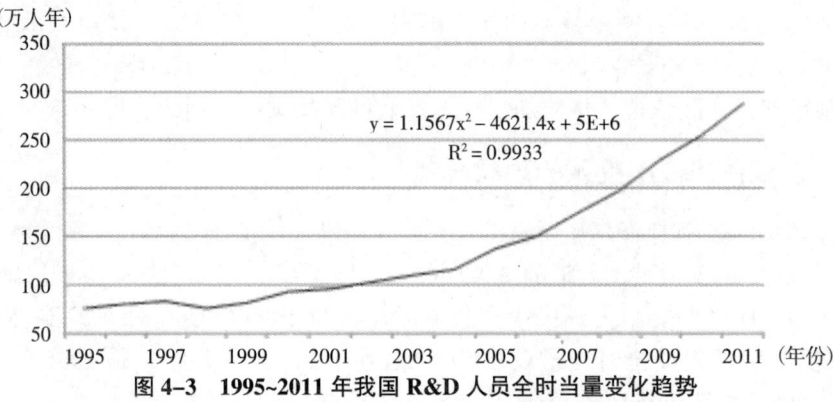

图 4-3 1995~2011 年我国 R&D 人员全时当量变化趋势

2006 年之后五年的年均投入量分别是 2006 年之前若干年年均投入量的 5 倍和 2 倍。预计到 2020 年，我国 R&D 经费支出占国民生产总值的比重将达到 2.6%。

随着我国对研究开发的重视，本文将通过进一步的研究，了解《纲要》颁布前后我国 R&D 投入产出效率及其结构变化特点。

二、相关研究综述

根据每年国家统计局、科学技术部和财政部联合发布的《全国科技经费投入统计公报》，我国 R&D 投入产出按执行部门分为企业、高校和科研机构三类。

国内外学者针对三类部门研发投入产出关系均开展了一定的研究，对自主创新政策在部门之间的影响做出了专门的分析。

(一) 企业 R&D 投入产出研究

国外对 R&D 投入产出关系的研究开始较早，最初主要集中于企业 R&D 投入和企业绩效之间的关系研究，如 Griliches、[1] Bound、[2] Hall[3] 等，虽然选择了不同的研究样本和时间跨度，但都得到了企业 R&D 投入能够提高企业绩效的结论。

后来有较多学者选择企业为研究对象，围绕 R&D 投入及其相关因素对企业 R&D 产出的影响开展研究。如 Tsai et al.[4] 利用台湾地区 83 家大型电子企业 1994~2000 年的面板数据，基于柯布道格拉斯生产函数，计算出 R&D 投入的边

---

[1] Griliches Z.Issues in assessing the contribution of research and development to productivity growth [J]. Bell Journal of Economics, 1979 (10): 92-116.

[2] Bound J., Clint C., Griliches Z. Who does R&D and who patents [M]. Chicago: University of Chicago Press, 1987.

[3] Hall B. The stock market's valuation of R&D investment during the 1980's [J]. American Economic Review, 1993, 83 (2): 259-264.

[4] Kuen T., Jiann W. The R&D performance in Taiwan's electronics industry: a longitudinal examination [J]. R&D Management, 2004, 34 (2): 179-89.

际产出为0.19,平均回报率为22%。Kim et al.[①]选择254家韩国IT行业的中小型企业,研究R&D投入、技术商业化、创新绩效之间的关系,发现除R&D投入强度外,企业的学习能力和外部R&D关系网络也会影响企业创新绩效。Piergiovanni et al.[②]研究了2002~2007年间欧盟生物技术企业的R&D投入和专利产出之间的关系,得到R&D投入是决定企业专利技术能力提高的关键因素的结论。

国内针对企业或其所在行业R&D投入产出的研究也较多,朱平芳[③]等将大中型工业企业R&D经费投入和人力资源投入同时作为R&D投入变量,同时,将大学本科及以上学历人力资源分为无高、中级的技术职称人员和有高、中级的技术职称人员进行实证研究发现,前者对企业R&D专利产出有明显的负作用,而后者则对R&D专利产出有显著的正向作用。钟卫等[④]提出,我国要缩短与发达国家的差距,不仅要合理增加企业R&D经费投入,更要注重R&D产出效率的提高。

张小蒂等[⑤]研究发现,1995~2005年,我国R&D资本存量与高技术产业专利申请受理量、销售收入、利润和新产品销售收入等指标都存在显著的正线性相关关系。孙晓华等[⑥]利用2002年、2005年和2007年的投入产出系数和R&D经费支出统计数据,测算了我国制造业间的R&D溢出效应。

(二)高校R&D投入产出研究

在高校R&D投入产出方面,Audretsch[⑦]和Anselin[⑧]利用知识生产函数(KPF)模型发现,高校R&D活动对区域创新和区域经济发展均有一定的促进作用。Karlsson et al.[⑨]的研究指出,高校和企业是R&D活动的主要参与者,二者的R&D投入对创新产出都有积极作用,同时研究显示,在三类研发合作中,高校和企业的研发联合最为常见。

---

① Kim S., Lee B., Park B., Oh K. The effect of R&D, technology commercialization capabilities and innovation performance [J]. Technological and Economic Development of Economy, 2011, 17 (4): 563-578.

② Piergiovanni R, Santarelli E. The more you spend, the more you get? The effects of R&D and capital expenditures on the patenting activities of biotechnology firms [J]. Scientometrics, 2013, 94 (2): 497-521.

③ 朱平芳,徐伟民. 政府的科技激励政策对大中型工业企业R&D投入及其专利产出的影响——上海市的实证研究 [J]. 经济研究, 2003 (6): 45-53, 94.

④ 钟卫,袁卫,黄志明. 工业企业R&D投入绩效研究——基于第一次全国经济普查数据的分析 [J]. 中国软科学, 2007 (5): 98-104.

⑤ 张小蒂,王中兴. 中国R&D投入与高技术产业研发产出的相关性分析 [J]. 科学学研究, 2008, 26 (3): 526-529.

⑥ 孙晓华,郑辉. 基于投入产出法的制造业间R&D溢出效应测算及比较 [J]. 科研管理, 2012, 33 (2): 79-87.

⑦ Audretsch D., Feldman M. R&D spillovers and the geography of innovation and production [J]. American Economic Review, 1996, 86 (3): 253-273.

⑧ Anselin L., Varga A., Acs Z. Geographic spillovers and university research: a spatial econometric perspective [J]. Growth and Change, 2000 (31): 501-516.

⑨ Karlsson C., Andersson M. The location of industry R&D and the location of university R&D: how are they related? [J]. Advances in Spatial Science, 2009, 18 (10): 267-290.

国内学者针对R&D投入对高校专利产出影响的研究开展较多，如郭秋梅等[①]采用1995~2004年各类高校专利的统计数据，对我国重点院校和一般院校的R&D投入与专利申请量作了对比分析，提出了我国高校特别是重点院校的R&D投入与专利申请的数量和质量的不对称性。

杨静等[②]利用1991~2001年全国高校的统计数据，建立了高校R&D投入和产出的多个关联模型，发现专利申请量与R&D经费投入之间存在显著的正相关关系，而与R&D人员投入之间没有显著的相关关系。

周凤华等[③]以2000~2004年我国58所高校的平均数据为基础，研究了不同类型与来源的人才、财力投入与高校技术转移产出的关系，发现R&D人数对高校专利申请量没有影响，而R&D人员的质量正向地影响包括专利申请量在内的高校技术转移产出。徐凯等[④]采用负二项分布研究我国高等院校1990~2003年的R&D支出与专利申请量的关系，发现高等院校R&D投入与产出之间的直接关系非常弱，R&D支出的促进效果很不明显。付晔等[⑤]采用综合投入指标（R&D经费、R&D人数和质量）研究发现，R&D资源投入对不同类型高校发明专利产出的影响要大于其对专利总量的影响，并提出应针对不同类型高校合理配置各种R&D资源投入。

（三）研究机构R&D投入产出研究

目前国内外专门针对研究机构开展R&D投入产出效率的研究相对企业和高校来说较少，Ray等[⑥]从社会资本和社会网络理论出发，对研究机构的团队R&D效率进行了评价。翟立新等[⑦]建立了基于知识生产函数的定量评价模型，以科研机构实际产出与理论平均产出相比较得到科研机构的R&D效率水平。李强等[⑧]基于R&D人力资本投入、资本投入、文献、知识产权和效率五个一级指标构建了科研机构R&D投入产出测度指标体系。张凤等[⑨]通过对中国科学院19个科研

---

① 郭秋梅，刘莉. 高校科技投入，专利申请及专利管理分析[J]. 研究与发展管理，2005，17（4）：87-93.

② 杨静，吕永波，刘子玲，史维峰，任远. 高校科技投入与产出的关联模型研究[J]. 世界科技研究与发展，2005，27（2）：78-83.

③ 周凤华，朱雪忠. 资源因素与大学技术转移绩效研究[J]. 研究与发展管理，2007，19（5）：87-93.

④ 徐凯，高山行. 中国高等院校科研投入——产出研究[J]. 研究与发展管理，2008，20（2）：97-102.

⑤ 付晔，张乐平，马强，陈钦昌. R&D资源投入对不同类型高校专利产出的影响[J]. 研究与发展管理，2010，22（3）：103-111.

⑥ Ray R.，Ezra W. Networks, diversity and productivity: the social capital of corporate R&D teams [J]. Organizaiton Science, 2001, 12 (4): 502–517.

⑦ 翟立新，韩伯棠，李晓轩. 基于知识生产函数的公共科研机构效率评价模型研究[J]. 中国软科学，2005（8）：76-80.

⑧ 李强，韩伯棠，翟立新. 公共科研机构效率评价测度体系研究[J]. 科学学研究，2006，24（2）：243-248.

⑨ 张凤，霍国庆. 国家科研机构创新效率的评价模型[J]. 科研管理，2007，28（2）：35-42.

机构 1995~2003 年的创新效率进行定量评价和统计分析发现，国家科研机构的 R&D 活动存在单位经费创新产出的递减效应。韩东林等[1]基于第二次全国 R&D 资源清查数据，利用 CCR 和 BBC 模型对我国政府研究机构的 R&D 投入产出绩效进行评价，结果显示，我国政府研究机构整体 R&D 绩效不高，在资源投入上，R&D 经费内部支出浪费严重；在专利产出上，有效发明专利数、专利所有权转让及许可收入不足等情况十分显著。

（四）部门综合 R&D 投入产出研究

针对我国三大执行部门 R&D 投入产出的效率，目前仅有少量文献进行了实证的比较研究。较典型的有：项歌德等[2]通过面板数据的实证对比分析得到我国 R&D 投入对专利产出的最大贡献滞后期为两年；张瑞等[3]采用我国 30 个省（市、区）1998~2009 年的面板数据，建立 PVAR 模型研究科研机构、企业和高校 R&D 经费和人力投入对 R&D 产出的短期和长期影响，实证结果显示，企业 R&D 投入对产出的贡献率最大，科研机构、企业和高校 R&D 经费和人力投入滞后 1 期和 2 期，都对当期自身投入有同向作用。

综上所述，目前国内外针对 R&D 投入产出的研究大多基于特定的部门，虽然有部分学者基于我国总体情况分部门进行了比较研究，但成果相对较少。特别是针对《纲要》出台前后，我国分部门 R&D 投入产出的研究尚属空白。

三、部门 R&D 投入产出效率研究

在现有研究的基础上，本研究利用面板数据，在衡量 R&D 投入产出的常用指标基础上增加了政策指标，以期找出我国自主创新政策对部门 R&D 投入产出效率和结构变化的影响。

（一）模型构建和数据来源

自 1979 年 Griliches 首次提出采用柯布—道格拉斯生产函数模型研究 R&D 投入和企业绩效之间的关系后，学者们在进行创新投入产出分析时，常采用这一函数，如 Jaffe[4]、Adam[5]、Jones[6] 等。本研究在借鉴前人研究的基础上，结合研究

---

[1] 韩东林，胡姗姗. 省际比较视角下政府研究机构 R&D 效率评价——基于第二次全国 R&D 资源清查数据 [J]. 情报杂志，2012，31（5）：84-89.

[2] 项歌德，朱平芳，张征宇. 经济结构、R&D 投入及构成与 R&D 空间溢出效应 [J]. 科学学研究，2011，29（2）：208-214.

[3] 张瑞，苏方林，李臣. 基于 PVAR 模型的 R&D 投入与产出关系的实证研究 [J]. 科学学与科学技术管理，2011，32（12）：18-25.

[4] Jaffe A. Real effects of academic research [J]. The American Economic Review, 1989, 79: 957-970.

[5] Adams J. Science, R&D and invention potential recharge: U.S. evidence [J]. The American Economic Review, 1993, 83: 458-462.

[6] Jones C. R&D based models of economic growth [J]. Journal of Political Economy, 1995, 103 (2): 759-784.

目的，设定R&D投入产出模型如下：

$$P_{it} = A(t)L_{it}^{\beta_{1i}}K_{it}^{\beta_{2i}}\mu_{it} \quad (4.1)$$

其中P_{it}为因变量，表示不同部门、不同年度的专利申请量，即本研究考察的R&D产出；L_{it}为不同部门、不同年度的R&D人力资本投入；K_{it}为不同部门、不同年度的R&D经费投入；β_{1i}和β_{2i}分别代表不同部门R&D投入各因素对专利申请数的产出弹性。

为了研究需要，对式（4.1）取对数并整理后建立回归模型，可得：

$$\ln PAT_{it} = \alpha_i + \beta_{1i}\ln INT\_P_{it} + \beta_{2i}\ln INT_{it} + \varepsilon_{it} \quad (4.2)$$

（i = edu，ins，ent；t = 1，2，3，…，T）

式4.2中，edu、ins、ent分别表示高校、科研机构和企业三大部门。本研究中的企业R&D相关数据选择大中型工业企业的相关统计数据，一方面，小企业的相关统计数据暂缺；另一方面，考虑到小企业的R&D活动占全部企业R&D活动的比例相对较小，因此，用大中型工业企业的R&D数据具有较强的代表性。

R&D产出的评价指标，针对高校和研究机构一般可采用"发表科技论文数"和"专利申请/授权数"，针对企业则可选择"新产品销售收入"和"专利申请/授权数"。本研究在考虑三大部门的横向可比性以及专利授权受政府专利机构等人为因素的影响后，采用"专利申请数"（PAT）作为R&D产出的唯一衡量指标。

R&D投入包括经费投入和人力资本投入，本研究在考虑了数据的可获得性和准确性后，结合研究目的，分别选择R&D经费支出（单位：亿元）（INT）和R&D人员全时当量（单位：万人年）（INT_P）两大指标。

本研究选择1995~2011年全国按执行部门划分的R&D投入产出面板数据（Panel Data）（T=17）进行实证研究，数据来源为国家统计局和科学技术部等出版的1996~2012年《中国统计年鉴》和《中国科技统计年鉴》。

（二）实证检验和结果分析

自1995年以来，我国针对三大部门的R&D投入逐年增加（见图4-4），各部门专利申请量也呈现递增趋势（见图4-5）。

为了进一步分析各部门之间的静态差异情况和各部门随着时间推移逐步发展的动态变化特征，特别是《纲要》出台后部门R&D投入产出的演变趋势，提高模型的估计精度，减少多重共线性带来的影响，本研究对原始数据进行对数化处理后，选择Panel Data模型进行实证研究。

1. 模型估计

Panel Data模型的一般形式为：

$$y_{it} = \alpha_{it} + \beta_{it} \cdot x_{it} + \varepsilon_{it}, \quad i = 1, 2, \cdots, N; \quad t = 1, 2, \cdots, T \quad (4.3)$$

其中x_{it}为解释变量向量，α_{it}为截距向量，β_{it}为参数向量，i代表不同个体，N为截面单元数，t代表时间（年），T为时间序列长度。

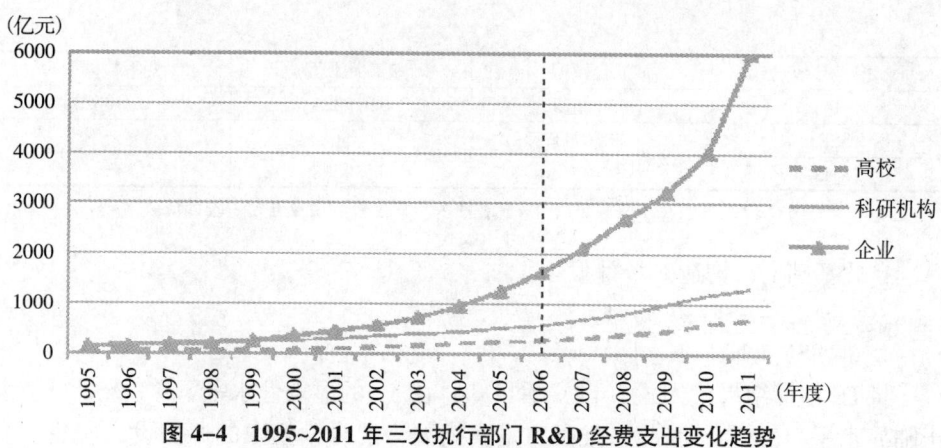

图 4-4　1995~2011 年三大执行部门 R&D 经费支出变化趋势

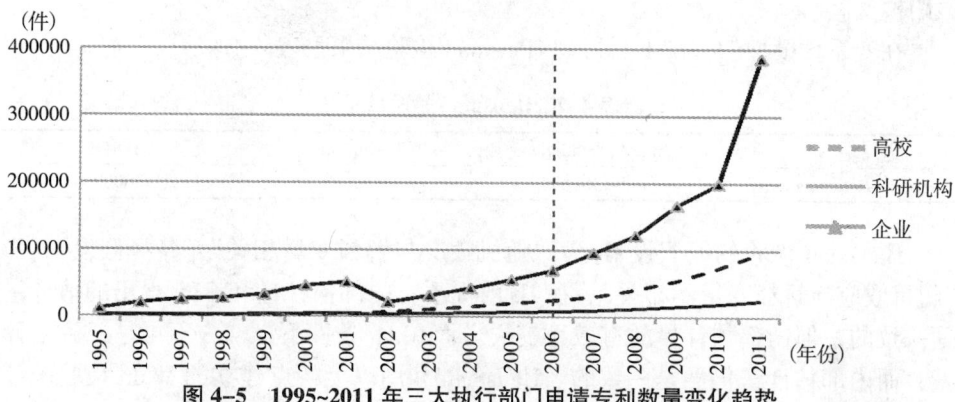

图 4-5　1995~2011 年三大执行部门申请专利数量变化趋势

根据估计参数时需附加约束条件的不同，Panel Data 模型一般分为以下三种类型：

变系数模型：$y_{it} = \alpha_i + \beta_i \cdot x_{it} + \varepsilon_{it}$, $i = 1, 2, \cdots, N$; $t = 1, 2, \cdots, T$　　　(4.4)

变截距模型：$y_{it} = \alpha_i + \beta \cdot x_{it} + \varepsilon_{it}$, $i = 1, 2, \cdots, N$; $t = 1, 2, \cdots, T$　　　(4.5)

混合模型：$y_{it} = \alpha + \beta \cdot x_{it} + \varepsilon_{it}$, $i = 1, 2, \cdots, N$; $t = 1, 2, \cdots, T$　　　(4.6)

利用 Eviews6.0 对式 (4.4)、式 (4.5) 和式 (4.6) 进行估计，结果见表 4-1。

表 4-1　Panel Data 模型 LS 估计结果

模型参数	混合模型	变截距模型	变系数模型
C	2.523266 (3.824415)***	4.526549 (8.571128)***	2.523266 (7.013665)***
lnINT_P	1.212185 (3.111467)***	1.061376 (3.271497)***	1.212185 (5.706176)***
lnINT	0.497290 (2.546856)**	1.457506 (10.43604)***	0.497290 (4.670724)***

续表

模型参数	混合模型	变截距模型	变系数模型
R^2	0.718623	0.919824	0.718623
SSE_R	29.86711	—	—
SSE_U	—	8.510398	—

注：*、**、*** 分别代表在10%、5%、1%显著性水平下显著，括号里为T统计量。

在此基础上，构造F统计量：

$$F = \frac{(SSE_R - SSE_U)/(N-1)}{SSE_U/(NT-N-k)} \tag{4.7}$$

将LS估计结果代入式（4.7）后可知，在5%的显著性水平下，F统计量值大于临界水平（3.20），因此，推翻"真实模型为混合模型"的原假设，应建立变截距模型。

在变系数模型的基础上，得到Hausman检验结果见表4-2。

表4-2 Hausman检验结果

	Chi-Sq. Statistic	Chi-Sq. d.f.	P值
Cross-section random	115.436263	2	0.0000

Hausman检验的原假设H_0为"随机效应与解释变量相关"，备择假设H_1为"随机效应与解释变量不相关"。在H_0前提下，内部估计量和GLS得出的估计量是一致的，但内部估计量的有效性丧失。而在H_1条件下，GLS不再是一致估计量，而内部估计量仍然是一致的。Hausman利用以上特点建立的Wald检验统计量为：

$$W = (\hat{\beta}_W - \hat{\beta}_{GLS})' \sum\nolimits_{\hat{\beta}}^{-1} (\hat{\beta}_W - \hat{\beta}_{GLS}) \rightarrow \chi^2(k) \tag{4.8}$$

在Hausman检验中，取显著性水平为1%，若χ^2统计量大于临界值，或者P值小于0.01，则拒绝原假设，采用固定效应模型；若χ^2统计量小于临界值，P值大于0.01，则接受原假设，考虑采用随机效应模型。

由表4-2可知，χ^2统计量较大，Hausman检验在1%的显著性水平下通过，说明基于部门的R&D投入产出效果评价应建立变截距模型，即固定效应的Panel Data模型。

2. 实证分析

固定效应的Panel Data模型可分为以下三种类型：

个体固定效应模型：$y_{it} = \alpha_i + X'_{it}\beta + \varepsilon_{it}$, $i = 1, 2, \cdots, N$; $t = 1, 2, \cdots, T$

$$\tag{4.9}$$

时间固定效应模型：$y_{it} = \gamma_t + X'_{it}\beta + \varepsilon_{it}$, $i = 1, 2, \cdots, N$; $t = 1, 2, \cdots, T$

$$\tag{4.10}$$

个体、时间固定效应模型：$y_{it} = \alpha_0 + \alpha_i + \gamma_t + X'_{it}\beta + \varepsilon_{it}$, $i = 1, 2, \cdots, N$; $t = 1, 2, \cdots, T$ (4.11)

利用Eviews6.0对式（4.9）、式（4.10）和式（4.11）进行估计，结果见表4-3。

表4-3 Panel Data 固定效应模型 LS 估计结果

模型参数	个体固定效应	时间固定效应	个体、时间固定效应
C	4.526549 (8.571128)***	4.552783 (4.362385)***	2.325311 (0.845126)
lnINT_P	1.061376 (3.271497)***	1.928781 (3.761763)***	2.120197 (2.687115)**
lnINT	1.457506 (10.43604)***	0.255491 (0.725145)	2.434880 (2.814024)***
R^2	0.919824	0.774723	0.959054
log-L	26.70718	53.05135	19.51437
F-statistic	131.9343***	6.113745***	23.30551***

注：*、**、*** 分别代表在10%、5%、1%显著性水平下显著，括号里为T统计量。

由于前人的研究认为，R&D 投入与专利申请几乎没有滞后效应，如 Jaffe[①]，或滞后效应对结论的影响不明显，如 Griliches[②]，因此本研究不考虑 R&D 投入与专利产出之间的滞后效应。

（1）基于部门的横向比较分析。根据表 4-3 的估计结果，在个体固定效应下，研究模型式（4.2）的估计方程为：

$\ln PAT_{it} = 4.53 + 1.06\ln INT\_P_{it} + 1.46\ln INT_{it} + 0.41edu - 1.27ins + 0.86ent$ (4.12)

其中 edu、ins、ent 为虚拟变量，取值为 1 时表示属于该个体，取值为 0 时表示不属于该个体。

由式（4.12）可知，我国总体 R&D 投入在各执行部门层面对产出的影响都是正效应（斜率系数均为正），说明 R&D 投入的增长必然会促进相应部门 R&D 产出的增长，这一结论也验证了前人的研究成果。从斜率系数值的比较来看，R&D 经费投入对产出的拉动效应要大于 R&D 人力资本投入（1.46>1.06），究其原因，一方面，本研究采用"R&D 经费内部支出"来衡量 R&D 资本的投入，该指标指企事业单位用于内部开展 R&D 活动（包括基础研究、应用研究、试验发展）的实际支出，这就意味着资本的投入直接作用于各部门 R&D 活动，因此拉动效应可能会更显著。另一方面，本研究选择"R&D 人员全时当量"作为评价

---

① Jaffe A. The U. S. patent system in transition: policy innovation and the innovation process [J]. Research Policy, 2000, 29 (4-5): 531-557.

② Griliches Z. Patent statistics as economic indicators: a survey [J]. Journal of Economic Literature, 1990, 28: 1661-1707.

R&D 人力资本投入的指标，并未对人员的质量情况（高学历、高职称的研究人员所占比例或数量）进行深入的探讨，不能排除 R&D 人员全时当量中人员素质对产出的影响，因此，拉动效应相对资本来说显得更弱。

从三大执行部门的横向比较来看，在统计年度内，不同部门的 R&D 人力和经费投入对产出的促进作用不同，从大到小依次为企业、高校和科研机构，同时三大部门还表现出不同的自发性特点，其中企业的自发性 R&D 投入产出效率最高，其次是高校，最后是科研机构（0.86 > 0.41 > –1.27）。这一结果很好地解释了图 4-4 和图 4-5 中三大部门 R&D 投入产出的不同变化趋势：①从企业来看，一方面其 R&D 经费和人力资本投入均为三大部门之最，即研发外部条件最好；另一方面在其营利性的驱动下，对提高决定企业创新能力的 R&D 产出及其产业化的重视度更高，即研发内部动力更强。因此，近 17 年来企业的专利申请量一直高居三大部门之首。②从高校来看，虽然其 R&D 人力和经费投入均为三大部门中最少，但由于其良好的科研环境和氛围，以及高校教师及科研人员的总体质量较高（大多拥有硕士及以上学位），即研发内部条件更好，因此，从 2001 年开始高校的专利申请量一直高于科研机构，且年度增速始终高于科研机构。从时间来看，我国于 1995 年和 1998 年分别实施的"211 工程"①和"985 工程"②对高校科研水平的提高也起到了较大的作用。③从科研机构来看，其 R&D 人力资本和经费投入均仅次于企业，但相较于其他两大部门来说，其自身条件的限制导致自发性 R&D 投入产出效率最低，因此科研机构的专利申请量在三大部门中一直处于落后位置，且增速较慢。

根据以上分析可知，企业作为我国 R&D 投入产出效率最高的部门，在国家相关政策中被放在创新活动的主体位置，符合我国实际，能够使国家具有更高的 R&D 总体投入产出效率，也能加快我国进入创新型国家行列的步伐。

（2）基于时间的纵向比较分析。在引入年度虚拟变量后，根据表 4-3 的估计结果，在时间固定效应下，绘制出我国自 1995 年以来各年度的 R&D 投入产出效率变化趋势曲线，见图 4-6。

由图 4-6 可知，在 2000 年前后，我国 R&D 投入产出效率出现了两次明显的上升，虽然中国在 2001 年加入 WTO，使得中国经济更加开放，国内企业面临着来自国外企业更大的竞争挑战，这导致我国 R&D 投入产出效率出现了一次明显的下滑，但总体上升的趋势仍然是十分明显的。这也解释了图 4-5 中我国企业的专利申请量在 2002 年急剧下降，随后逐渐快速上升的发展趋势。

---

① "211 工程"是我国政府面向 21 世纪重点建设 100 所左右的高等学校和一批重点学科的建设工程。

② "985 工程"是我国政府为建设若干所世界一流大学和一批国际知名的高水平研究型大学而实施的高等教育建设工程。

第四章 自主创新政策对我国部门科技结构的影响

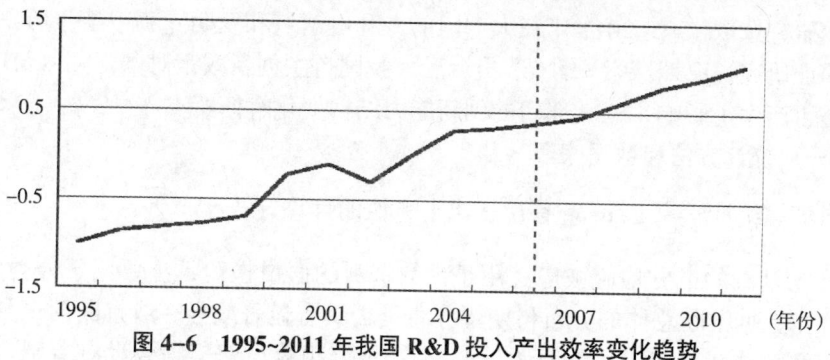

图 4-6 1995~2011 年我国 R&D 投入产出效率变化趋势

从统计结果来看，2000 年，我国 R&D 投入产出效率的快速上升主要由高校的 R&D 产出贡献，说明我国 1995 年和 1998 年，分别实行的"211 工程"和"985 工程"相关政策的实施效果显著，这也印证了 Han et al.[1] 对我国 985 工程实施效果的评估结论。

自 2002 年开始，我国 R&D 投入产出效率的快速上升转变为主要由企业的 R&D 产出贡献，这说明我国企业在面对更大竞争的环境下，能够积极主动学习国外先进技术，加强自身 R&D 投入产出的效率，从而为我国的创新能力提升做出贡献。

然而从 2004 年开始，我国 R&D 投入产出效率趋于平缓，直到 2007 年才又开始迅速增加。这与我国政府颁布《纲要》的时间吻合，说明《纲要》出台后，相关政策的实施对三大部门 R&D 投入产出效率有不同程度的刺激作用，最终表现出我国总体 R&D 投入产出效率呈现逐年递增的趋势，且增长速度较快。

综上所述，中国的自主创新政策在部门层面对 R&D 投入产出效率具有一定的正面推动效应，政策实施效果良好。

四、部门 R&D 产出结构变化研究

由图 4-5 可知，1995~2011 年，我国三大执行部门申请专利数量总体均呈现上升趋势，但不同部门之间有较大差异。1995 年，企业、科研机构和高校三大部门的专利申请数比例为 8.7∶1.7∶1，到 2011 年这一比例演变为 4.0∶0.3∶1。从三类专利中最能衡量原始创新的发明专利申请数来看，1995 年，企业、科研机构和高校三大部门的发明专利申请数比例为 1.9∶1.5∶1，到 2011 年这一比例演变为 2.5∶0.3∶1。

---

[1] Han Z., Donald P., Martin K. Building global-class universities: assessing the impact of the 985 Project [J]. Research Policy, 2013, 42 (3): 765-775.

本研究选取 1995~2011 年三大部门的专利申请量和发明专利申请量历史数据进行实证研究，以期探索《纲要》出台后，我国自主创新政策对部门的 R&D 产出结构是否产生了影响，三大部门的创新能力结构变化有何特点。

(一) 统计方法和数据来源

自英国统计学家 Pearson 首次提出卡方值的计算方法 $\chi^2 = \sum \frac{(A-E)^2}{E}$ 后，以 χ^2 分布为基础的卡方检验被广泛用于计数资料的假设检验，主要用于分类变量，根据样本数据推断总体的分布与期望分布是否具有显著差异，或推断两个分类变量是否相关或相互独立，其原假设 H_0 为：观察频数与期望频数没有差别。典型的相关研究如 Daniele & Mario[①] 在专利数据的基础上利用卡方检验分析了工业化国家的技术活动专业化水平及规模。

当 n 比较大时，χ^2 统计量近似服从 $k-1$ 个自由度的 χ^2 分布。在自由度固定时，每个 χ^2 值与一个概率值（P 值）相对应，此概率值即为在 H_0 成立的前提下，出现这样一个样本或偏离假设总体更远的样本的概率。若 P 值小于或等于显著性水平，则拒绝 H_0，接受 H_1，即观察频数与期望频数不一致，反之则不拒绝 H_0，认为观察频数与期望频数无显著性差异。P 值越小，说明 H_0 假设正确的可能性越小；P 值越大，说明 H_0 假设正确的可能性越大。

为了检验国家自主创新政策对部门 R&D 产出的结构影响，本研究分别选择三大部门的专利申请量和发明专利申请量作为 R&D 产出的衡量指标，同时，以《纲要》出台的 2006 年为分界点，分为 2006 年及以前和 2006 年以后两组，建立本研究的 χ^2 值计算公式为：

$$\chi^2 = n\left[\left(\frac{A_{11}}{n_1 n_1} + \frac{A_{12}}{n_1 n_2} + \cdots + \frac{A_{rc}}{n_r n_c}\right) - 1\right] \tag{4.13}$$

r = before2006, after2006; c = ent, ins, edu

式中，ent、ins、edu 分别表示企业、科研机构和高校三大部门。本研究中企业相关专利申请数据选择大中型工业企业的相关统计数据。本研究选择 1995~2011 年全国按执行部门划分的专利申请量和发明专利申请量进行实证研究，数据来源为国家统计局和科学技术部等出版的 1996~2012 年《中国统计年鉴》和《中国科技统计年鉴》。

(二) 实证检验和结果分析

自 1995 年以来，我国三大部门的专利申请量和发明专利申请量比例逐年变化，以当年高校的专利申请数和发明专利申请数为参照值 1，企业和科研机构的

---

① Daniele A., Mario P. Specialization and size of technological activities in industrial countries: the analysis of patent data [J]. Research Policy, 1991, 21: 79–93.

专利申请数和发明专利申请数比值分别见图 4-7 和图 4-8。

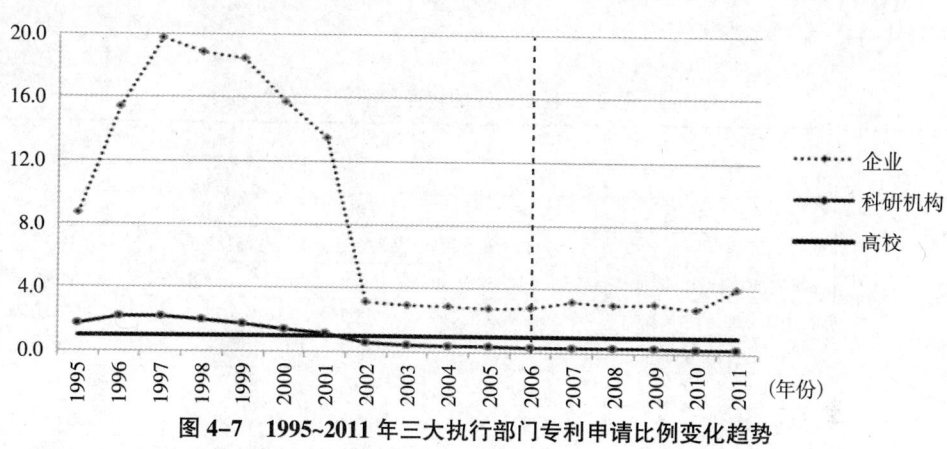

图 4-7　1995~2011 年三大执行部门专利申请比例变化趋势

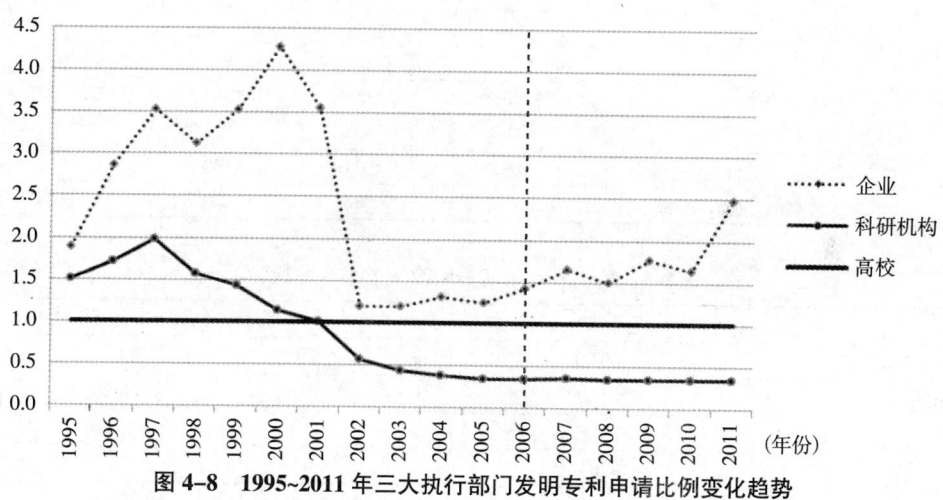

图 4-8　1995~2011 年三大执行部门发明专利申请比例变化趋势

从图 4-7 和图 4-8 中可以看出，在 2002 年前后，我国三大执行部门的专利申请量和发明专利申请量结构比例发生了较大的变化。自 2002 年起，高校和科研机构的专利申请量相对于企业来说差距逐渐缩小，而发明专利申请量的部门格局在 2002 年和 2006 年后均发生了较大变化。

为了进一步分析《纲要》出台后部门 R&D 产出结构的变化特点，以及自主创新政策对我国各部门专利申请量结构的影响，提高检验精度，本研究对各部门的专利申请量和发明专利申请量原始数据进行加权的预处理后，利用卡方检验进行实证研究。

1. 部门专利申请量结构变化分析

利用 SPSS19.0 对预处理后的专利申请量数据进行卡方检验,结果见表 4-4 和表 4-5。

表 4-4 基于专利申请量的年度和部门交叉制表

		部门			合计
		ent	ins	edu	
before2006	计数	433882	51360	90944	576186
	期望的计数	421177.7	39826.1	115182.2	576186.0
	year 中的百分比(%)	75.3	8.9	15.8	100.0
	部门中的百分比(%)	30.9	38.7	23.7	30.0
	总数的百分比(%)	22.6	2.7	4.7	30.0
after2006	计数	969708	81362	292905	1343975
	期望的计数	982412.3	92895.9	268666.8	1343975.0
	year 中的百分比(%)	72.2	6.1	21.8	100.0
	部门中的百分比(%)	69.1	61.3	76.3	70.0
	总数的百分比(%)	50.5	4.2	15.3	70.0
合计	计数	1403590	132722	383849	1920161
	期望的计数	1403590.0	132722.0	383849.0	1920161.0
	year 中的百分比(%)	73.1	6.9	20.0	100.0
	部门中的百分比(%)	100.0	100.0	100.0	100.0
	总数的百分比(%)	73.1	6.9	20.0	100.0

表 4-5 基于专利申请量的政策效果卡方检验

	值	df	渐进 Sig.(双侧)
Pearson 卡方	12607.055[a]	2	0.000
似然比	12722.655	2	0.000
线性和线性组合	5215.520	1	0.000
有效案例中的 N	1920161		

注:a 表示 0 单元格(0.0%)的期望计数少于 5,最小期望计数为 39826.12。

从表 4-4 中可以看出,1995~2011 年我国的部门专利申请总量为 192 万件,统计检验中没有数值遗漏。同时,本研究中总例数 $n \geq 40$,且所有理论频数 $T \geq 5$,故用基本公式或四表专用公式计算 χ^2 值,结果见表 4-5。此时,$\chi^2 = 12607.055$,$P = 0.000 \leq 0.05$,拒绝零假设,即自 2006 年《纲要》颁布后,我国三大执行部门专利申请量结构有明显变化。

从以上实证分析可以得出,我国自主创新政策的实施首先推动了三大部门的专利申请,2006 年前后的专利申请总量比为 3∶7;其次从结构来看,政策实施前,企业、科研机构和高校的专利申请比例分别为 30.9%、38.7% 和 23.7%,

2006年以后,三大执行部门的专利申请比例则变为69.1%、61.3%和76.3%,三大部门中,高校的专利申请量在政策引导下大大增加,政策的推动效果更显著。

2. 部门发明专利申请量结构变化分析

利用SPSS19.0对预处理后的发明专利申请量数据进行卡方检验,结果见表4-6和表4-7。

表4-6 基于发明专利申请量的年度和部门交叉制表

		部门			合计
		ent	ins	edu	
before2006	计数	101557	32161	64056	197774
	期望的计数	112164.4	23678.7	61930.9	197774.0
	year中的百分比(%)	51.4	16.3	32.4	100.0
	部门中的百分比(%)	22.5	33.7	25.7	24.8
	总数的百分比(%)	12.7	4.0	8.0	24.8
after2006	计数	350224	63213	185392	598829
	期望的计数	339616.6	71695.3	187517.1	598829.0
	year中的百分比(%)	58.5	10.6	31.0	100.0
	部门中的百分比(%)	77.5	66.3	74.3	75.2
	总数的百分比(%)	44.0	7.9	23.3	75.2
合计	计数	451781	95374	249448	796603
	期望的计数	451781.0	95374.0	249448.0	796603.0
	year中的百分比(%)	56.7	12.0	31.3	100.0
	部门中的百分比(%)	100.0	100.0	100.0	100.0
	总数的百分比(%)	56.7	12.0	31.3	100.0

表4-7 基于发明专利申请量的政策效果卡方检验

	值	df	渐进Sig.(双侧)
Pearson卡方	5473.616[a]	2	0.000
似然比	5235.645	2	0.000
线性和线性组合	1336.713	1	0.000
有效案例中的N	796603		

注:a表示0单元格(0.0%)的期望计数小于5,最小期望计数为23678.69。

从表4-6中可以看出,1995~2011年我国的部门发明专利申请总量为79.7万件,统计检验中没有数值遗漏。同时本研究中总例数n ≥ 40,且所有理论频数T ≥ 5,故用基本公式或四表专用公式计算χ^2值,结果见表4-7。此时,χ^2 = 5473.616,P = 0.000 ≤ 0.05,拒绝零假设,即自2006年《纲要》颁布后,我国三大执行部门的发明专利申请量结构有明显变化。

从以上实证分析可以得出,我国自主创新政策的实施首先推动了三大部门的发明专利申请，2006年前后的专利申请总量比约为1:3；其次从结构来看，政策实施前，企业、科研机构和高校的发明专利申请比例分别为22.5%、33.7%和25.7%，2006年以后，三大执行部门的发明专利申请比例则变为77.5%、66.3%和74.3%，三大部门中，企业和高校的发明专利申请量在政策的引导下均有较大提高，相对于科研机构来说，政策的效果更显著。

五、结论及政策建议

通过以上实证分析，本研究分析论证了我国R&D投入（经费和人才）对R&D产出（专利申请量）具有正向显著的影响，说明增加R&D投入可以迅速提高我国的创新能力，这也符合《纲要》中提出的增加我国R&D投入的目标。

虽然最后得到了我国自主创新政策实施效果良好的结论，但在各部门层面横向比较R&D投入产出效率时，仍然存在发展不均衡的特点。

由实证分析可知，在三大执行部门的R&D经费和人力投入中，企业R&D投入对专利产出的促进作用最大，高校次之，而科研机构的R&D投入产出效率不高，效果也不理想，与政府对其的经费和人力投入不成正比。因此，政府的相关政策应考虑如何更好地协调三大执行部门的R&D活动。

从R&D经费投入角度来讲，针对企业应强调市场化的运作，通过增加融资渠道以增加其R&D的经费投入；对于高校来说，更重要的是进行R&D经费内部支出的合理配置和有效管理；而科研机构应当强调增加重大R&D项目的经费投入力度，克服短期利益行为，从而实现提高R&D产出的目的。

从R&D人力投入的角度来讲，目前我国R&D人力投入对专利申请量的积极影响力弱于经费的投入，但由于研究变量未考虑人才的质量，因此政府的相关政策应重点考虑对R&D人员进行合理分配，提高其研发效率，培养高层次创新型研究人才，建立合理有效的激励机制。特别是对于高校来说，聚集了大量的高层次研究型人才，但与之配套的R&D经费投入却并不充分，这在一定程度上将直接导致人才的搁置，同时由于研发和生产的脱节，科研机构和高校的研发成果不能及时地转化为经济利益。虽然企业能够获得相对较多的R&D经费和人力（R&D人员全时当量）投入，但高层次人才相对较少，严重缺乏创新型人才的投入。因此应加强科研机构、企业和高校三大执行部门的R&D合作，探寻科研机构和企业、高校和企业之间有机互动的市场化运作模式，促进各部门R&D投入产出效率的提高，从而实现国家科学和技术的长远发展目标。

第四章　自主创新政策对我国部门科技结构的影响

第二节　基于战略性新兴产业的政策实施效果评价

在全球新一轮产业及结构调整的背景下,《纲要》指出:"今后15年,科技工作的指导方针是:自主创新,重点跨越,支撑发展,引领未来。"其中,"重点跨越,就是坚持有所为、有所不为,选择具有一定基础和优势、关系国计民生和国家安全的关键领域,集中力量、重点突破,实现跨越式发展。"随着"战略性新兴产业"的提出及自主创新政策的实施,在产业层面,我国的科技面貌发生了怎样的变化?战略性新兴产业的发展趋势和技术结构变化有何特点?本节拟在创新型国家建设的背景下,研究《纲要》出台前后我国在不同产业层面的科技结构变化,深入分析我国战略性新兴产业的发展趋势以及七大产业的技术变化特点,以期为我国今后的产业科技政策的制定提供实践依据,从而实现《纲要》的长期战略目标。

一、我国战略性新兴产业的现状分析

随着围绕能源、人才、技术和标准的竞争日趋激烈,许多国家先后出台了相关的产业政策,希望在新一轮科技和经济发展中抢占先机,实现本国的长期可持续发展。2010年9月,国务院出台的《关于加快培育和发展战略性新兴产业的决定》(以下简称《决定》)中明确提出要"加快培育和发展战略性新兴产业",即"重点加强以重大技术突破和重大发展需求为基础,对经济社会全局和长远发展具有重大引领带动作用,知识技术密集、物质资源消耗少、成长潜力大、综合效益好的产业",确定节能环保、新一代信息技术、生物、高端装备制造、新能源、新材料和新能源汽车七大产业为战略性新兴产业。

《决定》进一步确定:"到2015年,战略性新兴产业增加值占国内生产总值比重达到8%左右;到2020年,战略性新兴产业增加值占GDP的比重力争达到15%左右。节能环保、新一代信息技术、生物、高端装备制造产业成为国民经济的支柱产业,新能源、新材料、新能源汽车成为国民经济的先导产业。到2030年前后,战略性新兴产业的整体创新能力和产业发展水平达到世界先进水平,为经济社会可持续发展提供强有力的支撑。"

2010年,我国战略性新兴产业占GDP的比重约为4%,其中新一代信息技术产业约占2.5%,高端装备制造业约占0.5%,生物产业约占0.3%,节能环保产

业约占 0.3%,其他产业约占 0.4%,[①] 如图 4-9 所示。

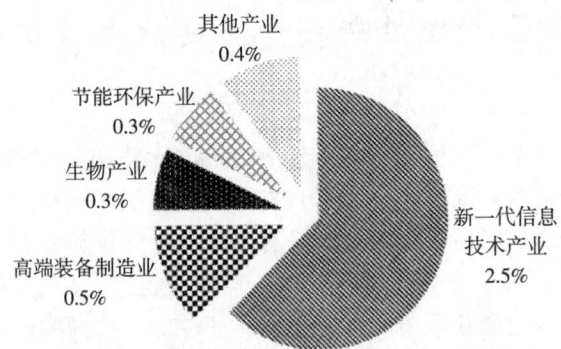

图 4-9 2010 年战略性新兴产业占 GDP 的比重

从图 4-9 中可以看出,新一代信息技术产业和高端装备制造业在我国战略性新兴产业中处于"领头羊"的位置,生物产业和节能环保产业也占有重要地位。随着国家在产业层面对战略性新兴产业的重视,围绕战略性新兴产业展开产业层面的自主创新政策实施效果研究,具有重要的实践意义。

二、相关研究综述

"战略性新兴产业"是 2009 年我国正式提出的新概念,因此国内相关研究成果也是在此后出现,数量有限。从研究内容来看,学者们主要围绕战略性新兴产业与金融业的关系、战略性新兴产业与政府作用、战略性新兴产业与区域局部、战略性新兴产业与发展模式、战略性新兴产业与其他产业的关系、战略性新兴产业的发展评价指标等几个方面展开研究。[②]

对于我国战略性新兴产业的区域选择和发展评价,张良桥等[③]以灰色理论分析为基础,以政策导向、经济效益、创新能力和发展潜力为一级指标,建立了符合我国生物医药战略性新兴产业特点的评价指标体系和评价模型,并以吉林通化医药城、上海张江"药谷"、湖南浏阳生物医药产业群为研究对象进行了实证分析。吴梦云和徐艳[④]以产业贡献和产业区域竞争力两个一级指标,构建了产业评

---

① http://www.gov.cn/jrzg/2011-04/11/content_1841641.htm.
② 曾繁华,彭中,陈曦. 战略性新兴产业发展政策研究最新进展文献综述及评价[J]. 科技进步与对策,2013(7):1-7.
③ 张良桥,贺正楚,吴艳. 基于灰色关联分析的战略性新兴产业评价——以生物医药为例[J]. 经济数学,2010,27(3):79-84.
④ 吴梦云,徐艳. 战略性新兴产业发展路径及其评价——以镇江市为例[J]. 特区经济,2011(10):56-58.

价体系,并对江苏镇江市的战略性新兴产业发展进行了实证分析。贺正楚和吴艳[①]结合战略性新兴产业的特点,设立了产业全局性、产业先导性、产业关联性和产业动态性四个指标,并采用 Weaver-Thomas 产业评价模型对湖南省的战略性新兴产业评价与选择进行了实例分析。

近年来,周晶[②]研究发现,2008~2010 年我国战略性新兴产业发展迅速,2010 年增加值占 GDP 比重为 6.36%,比 2008 年提高了 0.54 个百分点;从地区分布上来看,东部地区战略性新兴产业发展规模较大,行业优势明显,中、西部在发展规模和程度上均相当,其中西部略好于中部,东北部规模最小,发展也相对滞后。

熊勇清等[③]提出了基于层次分析法(AHP)和主成分分析法(PCA)的区域战略性新兴产业组合评价模型,并进行了具体应用的研究。武瑞杰[④]从产业的科技推动效果、区域需求和规模增长优势、空间聚集和产业关联效应、低碳经济效果四个一级指标出发,构建了战略性新兴产业集群竞争力的评价指标体系,并以陕西省为例进行了区域战略性新兴产业选择的实证研究。

霍影[⑤]运用 AHP 方法,以战略性新兴产业发展潜力为评价目标,以科技实力、金融环境及政策环境为评价准则,构建涉及"政府采购金额总额"等共计 20 个数据观测点的评价指标体系,并对东北三省的战略性新兴产业发展潜力做出评价。黄鲁成等[⑥]提出用 R&D 人员比例、R&D 投入强度和每百名 R&D 人员发明专利申请数三个指标描述战略性新兴产业的技术特征,并对我国战略性新兴产业进行了评价。

喻登科等[⑦]用科技人才投入和科技经费投入、技术成果产出及经济效益产出来分别衡量战略性新兴产业科技资源配置的效率,并采用 DEA 方法对江西省战略性新兴产业的科技资源投入产出效率进行了实证研究。

李红锦和李胜会[⑧]以我国 10 家 LED 上市公司 2008~2010 年的面板数据为研

[①] 贺正楚,吴艳. 战略性新兴产业的评价与选择 [J]. 科学学研究, 2011, 29 (5): 678-683, 721.

[②] 周晶. 战略性新兴产业发展现状及地区分布 [J]. 统计研究, 2012, 29 (9): 24-30.

[③] 熊勇清,曾铁铮,李世才. 战略性新兴产业培育和成长环境: 评价模型及应用 [J]. 软科学, 2012, 26 (8): 55-59, 64.

[④] 武瑞杰. 区域战略性新兴产业的评价与选择 [J]. 科学管理研究, 2012, 30 (2): 42-45.

[⑤] 霍影. 战略性新兴产业发展潜力评价方法研究——以东北三省为例 [J]. 科学管理研究, 2012, 30 (1): 5-9.

[⑥] 黄鲁成,王亢抗,吴菲菲,苗红,娄岩. 战略性新兴产业技术特性评价指标与标准 [J]. 科学学与科学技术管理, 2012, 33 (7): 103-108.

[⑦] 喻登科,陈华,涂国平. 江西省战略性新兴产业科技资源投入产出效率评价 [J]. 情报杂志, 2013, 32 (2): 178-185.

[⑧] 李红锦,李胜会. 战略性新兴产业创新效率评价研究——LED 产业的实证分析 [J]. 中央财经大学学报, 2013 (4): 75-80.

究样本，建立随机前沿模型（SFA）对 LED 战略性新兴产业创新效率进行了测算。研究发现，我国 LED 企业在创新投入上存在不足，产业总体创新效率水平不高，且差异很大，平均创新效率最高与最低的企业差距超过 5 倍，但每年的创新效率在逐渐提高；企业创新效率与竞争力无明显相关关系。黄鲁成等[1]从产业波及效应指标、就业带动指标和市场潜力指标三个方面构建了我国战略性新兴产业的全局性评价指标，并采用 2007 年的相关统计数据进行了实证研究。

在国外，虽没有直接的"战略性新兴产业"的提法，也没有特定针对我国战略性新兴产业的相关研究，但这类似于发达国家的新兴产业，有大量学者围绕这一主题开展了相关研究。

围绕行业的界定和发展规律的研究，Klepper et al.[2]总结了新兴产业演化的经验规则，提出了政府规范新兴产业市场结构的重要性，认为传统市场运营模式的创新对新兴产业发展的作用重大。Cusumano[3]通过研究产业生命周期模型，发现以客户需求为导向的持久服务理念在新兴产业的演化中扮演着比产品本身更具有竞争力的重要角色。Keller[4]在其报告中提出，新兴产业就是高技术产业（Emerging Industry: High Technology）。Hefeman et al.[5]从商业发展的角度出发，对新兴产业的特征、发展路径和演进等进行了深入分析，认为新兴产业侧重从"创意到产品"的转化过程。Klepper[6]通过比较硅谷和底特律的产业发展特点，指出新兴产业关键在于组织再造和遗传，可以在现有产业内孵化并完成蜕变。

对于新兴产业的技术创新评价，Liao[7]对新加坡电子工业和 IT 产业的跨国公司 R&D 项目投资成效进行了评价，研究发现，顾客需求、有时限性的竞争成果、R&D 人力投入的培训以及创新环境的建设等因素都是决定国际 R&D 成功的关键因素。Staniskis et al.[8]从技术创新、环境、经济、财务等维度对立陶宛产业的清

---

[1] 黄鲁成，张静，吴菲菲，苗红，娄岩，罗晓梅.战略性新兴产业的全局性评价指标及标准[J].统计与决策，2013（5）：34-37.

[2] Klepper S., Graddy E. The evolution of new industries and the determinants of market structure [J]. Rand Journal of Economics, 1990, 21 (1): 27-44.

[3] Cusumano M., Kahl S., Suarez F. Product, process and serive: anew industry lifecycle model [R]. A research and education initiative at the MIT Sloan School of Management: 2006.

[4] Keller J. Emerging industry: high technology [R]. 2006.

[5] Hefeman P., Phal R. The emergence of new industries [R]. The University of Cambridge, 2008.

[6] Klepper S. The origin and growth of industry clusters: the making of silicon valley and detroit [J]. Journal of Urban Economics, 2010, 67 (1): 15-32.

[7] Ziqi L. International R&D project evaluation by multinational corporations in the electronics and IT industry of Singapore [J]. R&D Management, 2001, 31 (3): 299-307.

[8] Staniskis J., Kliopova I. The evaluation of cleaner production performance in Lithuanian industries [J]. Journal of Cleaner Production, 2006, 14 (18): 1561-1575.

洁生产绩效进行了评价。Marin et al.① 通过实证研究，证明了化学产业中 Sutton 提出的"界限路径"（Bounds Approach），即对市场的关注度界限越低，高 R&D 强度下市场中产品的关注度就越高，且增长越快。Jayanthi et al.② 运用基于 DEA 的评价方法，从技术和组织两个维度识别产业的创新潜力，并将识别模型运用于美国光电产业及其相关制造业系统，评价其创新潜力。Li et al.③ 运用模糊综合评价法对中国物流产业的国际竞争力进行了评价。Liu et al.④ 通过分析影响高技术产业创新能力的因素，构建了产业创新能力评价模型。Hipel et al.⑤ 利用灰色相关评价法对阎良科技园航空产业集群的创新能力进行了评估。Li & Ding⑥ 采用创新支持、创新投资和 R&D 投入、创新成果等指标，运用模糊综合评价法对中国海洋高技术行业进行了研究。

综上所述，目前国内外针对我国战略性新兴产业或国外新兴产业的研究大多基于特定的行业或某个年度，虽然我国有部分学者基于我国总体情况对战略性新兴产业的发展进行了评价研究，但成果相对较少。特别是针对《纲要》出台前后，我国战略性新兴产业的发展评价研究尚属空白。

因此，本研究首先对《纲要》出台前后我国在不同产业层面的科技结构变化进行比较分析；其次，采用模糊综合评价法，利用面板数据找出我国战略性新兴产业的发展趋势和特点；最后在中国专利数据库中筛选出我国战略性新兴产业近年来的专利许可数据，深入归纳和总结我国自主创新政策在七大战略性新兴产业层面的实施效果。

三、我国产业科技结构变化特点研究

为了深入分析我国产业科技结构的变化，本研究根据国家统计局 2013 年对我国三次产业划分的规定以及《中国高技术产业统计年鉴》对我国高技术产业的划分，将《中国科技统计年鉴》中的行业按照技术含量分为高、中、低三类，在

---

① Marin P., Siotis G. Innovation and market structure: an empirical evaluation of the "bounds approach" in the chemical industry [J]. Journal of Industrial Economics, 2007, 55 (1): 93–111.
② Jayanthi S., Witt E, Singh V. Evaluation of potential of innovations: a DEA-based application to U.S. photovoltaic industry [J]. IEEE Transactions on Engineering Management, 2009, 56 (3): 478–493.
③ Li L, Xue D. Chinese logistics industry international competitiveness evaluation based on fuzzy analysis method [J]. China Mechanical Engineering, 2010, 21 (12): 1435–1440.
④ Liu Y., Zhang G., Zhang Y., Liao L. Catastrophe evaluation of technological innovation capability in high-tech industries [J]. Industrial Engineering Journal, 2011, 14 (3): 14–19.
⑤ Hipel K. Zhu Y., Wang R., Grey relational evaluation of innovation competency in an aviation industry cluster [J]. Grey Systems: Theory and Application, 2012, 2 (2): 272–283.
⑥ Li T., Ding Y. Technological capability evaluation model of marine high-tech industries in China based on borda and fuzzy comprehensive method [J]. Journal of Convergence Information Technology, 2013, 8 (1): 715–723.

利用面板数据衡量我国产业科技结构变化的基础上增加政策指标,以期找出我国自主创新政策对产业科技结构变化的影响。

(一)模型构建和数据来源

本研究结合研究目的,在式(4.1)的基础上取对数并整理后建立回归模型,设定产业科技结构投入产出模型如下:

$$\ln PAT_{it} = \alpha_i + \beta_{1i}\ln INT\_P_{it} + \beta_{2i}\ln INT_{it} + \varepsilon_{it} \tag{4.14}$$

$(i = high, middle, low; t = 1, 2, 3, \cdots, T)$

其中 PAT_{it} 为因变量,表示不同产业、不同年度的专利申请量,即本研究考察的产业科技产出;INT_P_{it} 为不同产业、不同年度的科技人力投入;INT_{it} 为不同产业、不同年度的科技经费投入;β_{1i} 和 β_{2i} 分别代表不同产业科技投入各因素对专利申请数的产出弹性。

式中,high、middle、low 分别表示技术含量高、中、低的产业。考虑到数据的可获得性和客观性、一致性等因素,本研究在《中国科技统计年鉴》行业划分的基础上,根据《中国高技术产业统计年鉴》对我国高技术产业的划分,将医药制造业、专用设备制造业等归为技术含量高的产业,将采矿业等归为技术含量中等的产业,其余归为技术含量较低的产业(见表4-8)。

表4-8 本研究按照技术水平划分三类产业对应的行业

本研究的分类	包含行业名称
技术含量高的产业	化学原料及化学制品制造业,医药制造业,化学纤维制造业,石油加工、炼焦及核燃料加工业,橡胶制品业,塑料制品业,通用设备制造业,专用设备制造业,交通运输设备制造业,电气机械及器材制造业,通信设备、计算机及其他电子设备制造业,仪器仪表及文化、办公用机械制造业
技术含量中的产业	煤炭开采和洗选业,石油和天然气开采业,黑色金属矿采选业,有色金属矿采选业,非金属矿采选业,非金属矿物制品业,黑色金属冶炼及压延加工业,有色金属冶炼及压延加工业,金属制品业,工艺品及其他制造业,电力、热力的生产和供应业,燃气生产和供应业,水的生产和供应业
技术含量低的产业	农副食品加工业,食品制造业,饮料制造业,烟草制品业,纺织业,纺织服装、鞋、帽制造业,皮革、毛皮、羽毛(绒)及其制品业,木材加工及木、竹、藤、棕、草制品业,家具制造业,造纸及纸制品业,印刷业和记录媒介的复制,文教体育用品制造业

对于产业科技产出的评价指标,一般可采用"发表科技论文数"、"专利申请/授权数"、"新产品销售收入"等。本研究在考虑产业之间的横向可比性,以及专利授权受政府专利机构等人为因素的影响后,采用"专利申请数"(PAT)作为产业科技产出的唯一衡量指标,以便于对产业科技结构的变化进行深入分析和研究。

产业科技投入包括经费投入和人力投入,本研究在考虑了数据的可获得性和准确性后,结合研究目的,分别选择按产业划分的 R&D 经费内部支出(单位:

亿元）（INT）和R&D人员全时当量（单位：万人年）（INT_P）两大指标。

本研究选择1995~2011年全国按产业科技含量划分三大类产业的科技投入产出面板数据（Panel Data）（T = 17）进行实证研究，数据来源为国家统计局和科学技术部等出版的1996~2012年《中国科技统计年鉴》和《中国高技术产业统计年鉴》，根据研究需要按表4-8的划分标准整理所得。

（二）实证检验和结果分析

自1995年以来，我国三类产业的科技经费投入逐年增加（见图4-10），三类产业的专利申请量也呈现递增趋势（见图4-11）。以《纲要》出台的2006年为分界点，政策出台后，三类产业的科技经费投入和专利申请量都出现了较大幅度的增加。

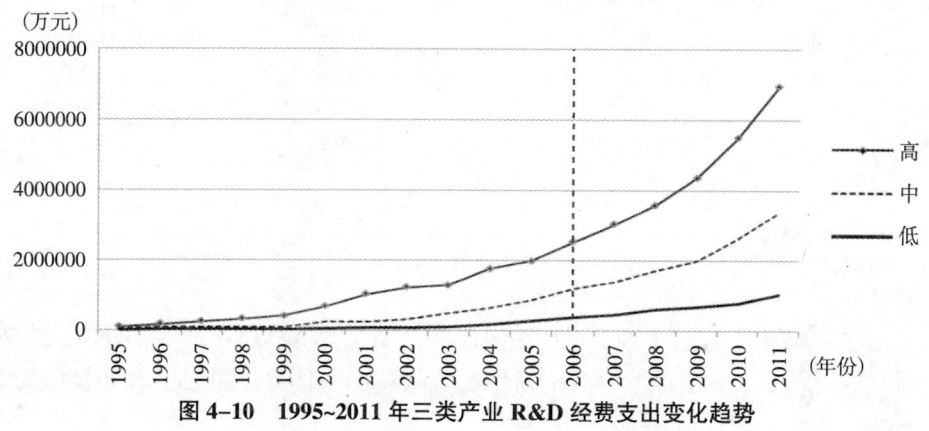

图4-10　1995~2011年三类产业R&D经费支出变化趋势

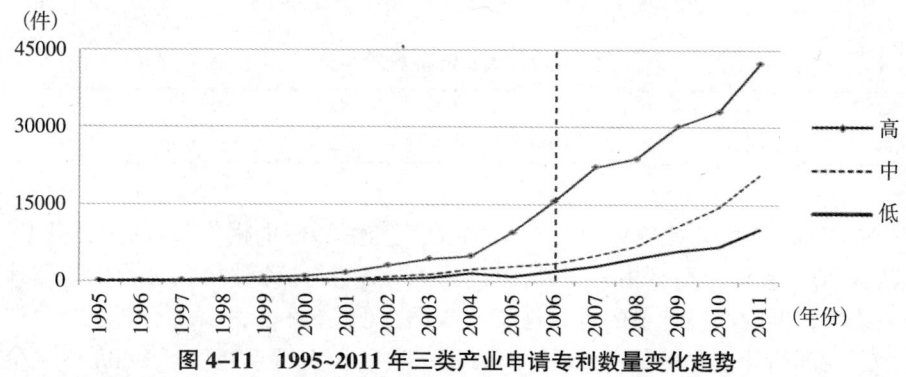

图4-11　1995~2011年三类产业申请专利数量变化趋势

为了进一步分析三类产业间的静态差异情况和各类产业科技结构随着时间的推移逐步发展的动态变化特征，特别是《纲要》出台后三类产业科技结构的演变趋势，提高模型的估计精度，减少多重共线性带来的影响，本研究对原始数据进行对数化处理后，选择 Panel Data 模型进行实证研究。

1. 模型估计

Panel Data 模型的一般形式见式（4.3），据估计参数时需附加约束条件的不同，Panel Data 模型一般分为变系数模型、变截距模型和混合模型，见式（4.4）、式（4.5）和式（4.6）。

利用 Eviews6.0 对相关数据进行估计分析，结果见表 4-9。

表 4-9 Panel Data 模型 LS 估计结果

模型参数	混合模型	变截距模型	变系数模型
C	−5.168058 (−0.627505)***	−10.78949 (−10.36483)***	−5.168058 (−9.018066)***
lnINT_P	0.627505 (3.357842)***	0.255342 (1.337228)*	0.627505 (4.963844)***
lnINT	1.472053 (12.80516)***	1.193467 (12.99860)***	1.472053 (18.92966)***
R^2	0.924937	0.967082	0.924937
SSE_R	13.59965	—	—
SSE_U	—	5.963877	—

注：*、**、*** 分别代表在 10%、5%、1% 显著性水平下显著，括号里为 T 统计量。

在此基础上，构造 F 统计量，将 LS 估计结果代入式（4.7）后可知，在 5% 的显著性水平下，F 统计量值大于临界水平（3.20），因此，推翻"真实模型为混合模型"的原假设，应建立变截距模型。

在变系数模型的基础上，得到 Hausman 检验结果见表 4-10。

表 4-10 Hausman 检验结果

	Chi-Sq. Statistic	Chi-Sq. d.f.	P 值
Cross-section Random	58.895509	2	0.0000

Hausman 检验的原假设 H_0 为"随机效应与解释变量相关"，备择假设 H_1 为"随机效应与解释变量不相关"。在 H_0 前提下，内部估计量和 GLS 得出的估计量是一致的，但内部估计量的有效性丧失。而在 H_1 条件下，GLS 不再是一致估计量，而内部估计量仍然是一致的。Hausman 利用以上特点建立了 Wald 检验统计量，见式（4.8）。

在 Hausman 检验中，取显著性水平为 1%，若 χ^2 统计量大于临界值，或者 P 值小于 0.01，则拒绝原假设，采用固定效应模型；若 χ^2 统计量小于临界值，P 值大于 0.01，则接受原假设，考虑采用随机效应模型。

由表 4-10 可知，χ^2 统计量较大，Hausman 检验在 1%的显著性水平下通过，说明三类产业的科技结构及投入产出效果评价应建立变截距模型，即固定效应的 Panel Data 模型。

2. 实证分析

固定效应的 Panel Data 模型可分为个体固定效应模型、时间固定效应模型和个体时间固定效应模型，见式（4.9）、式（4.10）和式（4.11）。

利用 Eviews6.0 对相关数据进行估计分析，结果见表 4-11。

表 4-11 Panel Data 固定效应模型 LS 估计结果

模型参数	个体固定效应	时间固定效应	个体、时间固定效应
C	−10.78949 (−10.36483)***	−1.918194 (−3.314052)***	2.536339 (0.668893)
lnINT_P	0.255342 (1.337228)*	0.681527 (2.583347)**	0.162686 (0.513895)
lnINT	1.193467 (12.99860)***	0.160893 (0.735149)	0.235398 (0.907951)
R^2	0.967082	0.984638	0.988356
log−L	17.64019	1.792796	8.859730
F-statistic	337.8577***	113.9443***	127.3214***

注：*、**、*** 分别代表在 10%、5%、1%显著性水平下显著，括号里为 T 统计量。

由于前人的研究认为，科技经费和人员投入与专利申请几乎没有滞后效应，或滞后效应对结论的影响不明显，因此本研究不考虑科技投入与专利产出之间的滞后效应。

（1）基于时间的纵向比较分析。根据表 4-11 的估计结果，在时间固定效应下，绘制出我国自 1995 年以来各年度的产业科技投入产出效率变化趋势曲线，见图 4-12。

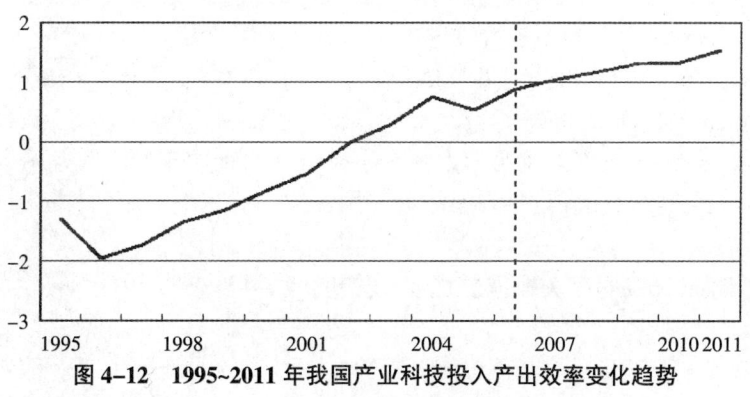

图 4-12 1995~2011 年我国产业科技投入产出效率变化趋势

由图 4-12 可知，自 1996 年起，我国产业科技投入产出效率呈现逐年递增的趋势，且年度增速较快。2005 年虽出现了一次明显的下滑，但随着 2006 年《纲要》出台及国家自主创新政策的实施，产业总体科技投入产出效率又开始了平稳的增加。

（2）基于三类产业的横向比较分析。根据表 4-11 的估计结果，在个体固定效应下，研究模型式（4.2）的估计方程为：

$$\ln PAT_{it} = -10.79 + 0.26 INT\_P_{it} + 1.19 \ln INT_{it} + 0.25 high + 0.62 middle + 0.86 low \tag{4.15}$$

其中 high、middle、low 为虚拟变量，取值为 1 时表示属于该个体，取值为 0 时表示不属于该个体。

由式（4.15）可知，我国总体产业科技投入在产业层面对产出的影响都是正效应（斜率系数均为正），说明科技资源投入的增长必然会促进相应产业科技产出的增长和创新能力的提高，这一结论验证了前人的研究成果。从斜率系数值的比较来看，R&D 经费内部支出（科技经费的投入）对行业科技产出的拉动效应要大于 R&D 人员全时当量（科技人力的投入）（1.19 > 0.26），究其原因，一方面，本研究采用"R&D 经费内部支出"来衡量科技经费的投入，该指标是指各产业中的企业或研究机构用于内部开展 R&D 活动（包括基础研究、应用研究、试验发展）的实际支出，这就意味着科技经费的投入直接作用于各产业的科技活动，因此拉动效应可能会更显著；另一方面，本研究选择"R&D 人员全时当量"作为评价产业层面科技人力投入的指标，并未对人员的质量情况（高学历、高职称的研究人员所占比例或数量）进行深入的探讨，不能排除 R&D 人员全时当量中人员素质对产出的影响，因此，拉动效应相对资本来说显得更弱。

从三类产业的横向比较来看，在统计年度内，不同产业表现出不同的自发性特点，从大到小依次为低技术含量行业、中等技术含量行业和高技术含量行业（0.86 > 0.62 > 0.25）。

为了进一步分析《纲要》出台后三类产业的科技机构变化特点，本研究在式（4.14）的基础上对模型进行改进，加入政策虚拟变量：

$$\ln PAT_{it} = \alpha_i + \beta_{1i} \ln INT\_P_{it} + \beta_{2i} \ln INT_{it} + \varepsilon_{it} + \beta_{3i} policy_i + \beta_{4i} policy_i \times year_{ij} \tag{4.16}$$

$(i = high, \ middle, \ low; \ t = 1, \ 2, \ 3, \ \cdots, \ T)$

式（4.16）中，$policy_i$ 为虚拟变量，《纲要》出台前的年份取值为 0；政策出台后的年份取值为 1，代表自主创新政策开始实施，对三类产业的科技结构开始产生影响。

利用 Eviews6.0 对相关数据进行估计分析，结果见表 4-12。

第四章　自主创新政策对我国部门科技结构的影响

表 4–12　Panel Data 固定效应模型 LS 估计结果

模型参数	个体固定效应
C	–9.297494 (–4.840682)***
lnINT_P	1.062013 (8.229188)***
lnINT	1.396106 (13.19736)***
policy	0.930126 (0.346638)**
policy×year	0.203015 (0.012534)***
R^2	0.943495
F-statistic	208.9453***

注：*、**、*** 分别代表在 10%、5%、1% 显著性水平下显著，括号内为 T 统计量。

根据表 4–12 的估计结果，在个体固定效应下，研究模型式（4.16）的估计方程为：

$$\ln PAT_{it} = -9.297 + 1.06 INT\_P_{it} + 1.39\ln INT_{it} + 1.72 high + 1.05 middle + 0.91 low + 0.93 policy_i + 0.20 policy_i \times year_{ij} \quad (4.17)$$

其中 high、middle、low 为虚拟变量，取值为 1 时表示属于该个体，取值为 0 时表示不属于该个体。

由式（4.17）可知，在控制了三大产业的科技人力和经费投入后，我国自主创新政策对三大产业的科技结构变化均产生了显著的正向影响（系数为正，且显著）。

从三类产业的横向比较来看，《纲要》出台后，对高技术产业的科技结构影响最显著，相关性最大，有效提高了高技术产业的科技产出。而对中等技术产业的科技结构影响则相对较弱，对低技术产业的科技结构影响相对最弱，系数值为三者中的最小。这一结果与《纲要》中明确提出的"集中力量、重点突破"，选择"知识技术密集、物质资源消耗少、成长潜力大、综合效益好的产业"，"实现跨越式发展"相符。体现了国家在进入创新型国家行列过程中的总体规划，即以高技术产业为拉动力量，带动一般产业的发展，从而提高国家的总体创新能力，形成合理的科技结构布局。

综上所述，中国的自主创新政策在产业层面对总体科技投入产出效率具有一定的正向推动效应，《纲要》出台后对高技术产业的影响更为显著，政策实施效果良好。

四、战略性新兴产业发展趋势与特点研究

随着行业技术进步与创新逐渐成为推动经济高效增长的源泉,在现有国内外相关研究的基础上,本研究从行业整体运行效果出发,运用模糊综合评价方法和熵权法对代表我国高技术产业的战略性新兴产业发展趋势与特点进行定量评价,以期对政策的实施效果做出实证检验。

(一)指标体系和数据来源

从现有研究来看,对战略性新兴产业的评价指标一般分为投入和产出两大因素。

(1)投入因素:主要包括人才投入和资金投入。首先,科技人员特别是 R&D 人员投入是战略性新兴产业持续进行技术创新的基础和重要保障,也是决定产业创新能力和技术进步的主要力量;其次,资金作为产业发展的动力,一旦出现投入不足或筹集困难,均会出现产业技术创新的瓶颈,形成影响产业技术创新的现实障碍。同时,在资金投入中,用于新产品开发和技术改造的支出往往会直接决定产业创新效率的高低,因此,相较于技术引进等费用来说这两者也常被用作衡量产业投入的指标。

(2)产出因素:主要包括科研成果和财务表现。首先,专利申请数常用来衡量一个企业或产业的产出,它代表了科研或技术的创新;其次,产业的财务表现也是重要的产出因素。在国家"战略性新兴产业增加值占国内生产总值比重"的评价标准下,产业总产值占全国的比重常用来衡量战略性新兴产业对经济的贡献程度;新产品产值和销售收入则能够反映市场对产业的接受程度,直接体现产业技术创新的最终效益;出口交货值可为我国战略性新兴产业的技术创新提供产品标准和依据,并为产业的技术创新提供动力;利润则常用于衡量一个产业的可持续发展潜力。

根据以上分析,在科学性、可比性、系统性、重点性和实用性构建原则①下,考虑到数据的权威性和可获得性,本研究结合研究目的确定了 10 个衡量战略性新兴产业发展趋势和特点的评价指标见表 4-13。

表 4-13 战略性新兴产业发展趋势和特点的评价指标

指标类型	指标名称	单位
技术投入类指标	R&D 人员全时当量	人年
	R&D 经费内部支出	万元
	新产品开发经费支出	万元
	技术改造经费支出	万元

---

① 赵新全,彭勇行. 管理决策分析(第 2 版)[M]. 北京:科学出版社,2008:234.

续表

指标类型	指标名称	单位
技术产出类指标	专利申请数	件
	新产品产值	万元
	新产品销售收入	万元
	出口交货值	亿元
经济效益类指标	利润	亿元
	产业总产值占当年国内生产总值比重	%

由于目前我国暂时还没有专门针对战略性新兴产业的统计年鉴，因此，本研究的研究数据来源于 1996~2012 年国家统计局和科学技术部等编著出版的《中国统计年鉴》、《中国科技统计年鉴》和《中国高技术产业统计年鉴》，并按照战略性新兴产业的七大具体领域和周晶等[①]提出的战略性新兴产业统计标准整理所得。

（二）模型构建和权重确定

1965 年，美国自动控制专家查德（Zadeh）教授提出模糊集合理论（Fuzzy Sets）的概念，用以表达事物的不确定性。在此基础上，一种基于模糊数学的综合评价方法被广泛应用。模糊综合评价方法（Fuzzy Synthetic Evaluation Model）根据模糊数学的隶属度理论把定性评价转化为定量评价，即用模糊数学对受到多种因素制约的事物或对象做出一个总体的评价，具有结果清晰、系统性强的特点，能较好地解决模糊的、难以量化的问题，适合各种非确定性问题的解决。

根据模糊评价的基本思路，结合本研究确定的我国战略性新兴产业发展趋势和特点的评价指标，建立产业技术创新政策效果评价矩阵：

$$R = \begin{bmatrix} r_{11} & r_{12} & \cdots & r_{1j} \\ r_{21} & r_{22} & \cdots & r_{2j} \\ \cdots & \cdots & \cdots & \cdots \\ r_{i1} & r_{i2} & \cdots & r_{ij} \end{bmatrix} \quad (4.18)$$

其中，r_{ij} 表示第 i 个评价对象的第 j 个指标值，由式（4.18）可知，R 为一个 m×n 的矩阵。本研究选择 1995~2011 年各战略性新兴产业的相关数据作为原始数据样本，按年度进行评价，同时选择了十个评价指标，因此，m 的值为 17，n 的值为 10。

基于模糊综合评价模型，构建本研究评语集 $V = \{v_1, v_2, \cdots, v_{17}\}$，即为各战略性新兴产业评价指标体系的 17 年数据；我国各战略性新兴产业技术创新政策效果评价因素集 $U = \{u_1, u_2, \cdots, u_{10}\}$，即为我国各战略性新兴产业发展趋势和特点的评价指标体系。其中，技术投入评价因素集 $U_1 = \{u_1, u_2, u_3, u_4\}$，其

[①] 周晶，何锦义. 战略性新兴产业统计标准研究 [J]. 统计研究，2011，28（10）：3-8.

中 u_1 为"R&D 人员全时当量",u_2 为"R&D 经费内部支出",u_3 为"新产品开发经费支出",u_4 为"技术改造经费支出";技术产出评价因素集 $U_2 = \{u_5, u_6, u_7, u_8\}$,其中 u_5 为"专利申请数",u_6 为"新产品产值",u_7 为"新产品销售收入",u_8 为"出口交货值";经济效益评价因素集 $U_3 = \{u_9, u_{10}\}$,其中 u_9 为"利润",u_{10} 为"产业总产值占当年国内生产总值比重"。(U, V, R) 构成了一个模糊综合评判模型。

在此基础上,本研究选择熵权法确定各指标的权重。

"熵"原本属于热力学概念,最早由申农(Shannon)引入信息论,称为信息熵,现已在工程技术、社会经济等领域得到了广泛的运用。熵权法是一种客观的赋权方法,其根据各指标的变异程度,利用信息熵计算出各指标的熵权,再通过熵权对各指标的权重进行修正,从而能够得出较为客观的指标权重。

根据信息论的基本原理,信息是系统有序程度的一个度量,而熵是系统无序程度的一个度量。若系统可能处于多种不同的状态,每种状态出现的概率为 $p_i(i=1, 2, \cdots, m)$ 时,即各种状态出现的概率相同时,熵取最大值,即:

$$e_{max} = \ln m \tag{4.19}$$

现有 m 个待评价项目,n 个评价指标,形成原始评价矩阵 $R = (r_{ij})_{m \times n}$,对于某个指标 r_j 有信息熵:

$$e_j = -k \sum_{i=1}^{m} p_{ij} \cdot \ln p_{ij}, \text{其中 } p_{ij} = r_{ij} / \sum_{i=1}^{m} r_{ij}, k = 1/\ln m \tag{4.20}$$

若某个指标的熵值 e_j 越小,说明其指标值的变异程度越大,提供的信息量越多,在综合评价中该指标的作用越大,其权重也应该越大,反之则越小。因此,第 j 个指标的熵权 w_j 为:

$$w_j = (1 - e_j) / \sum_{j=1}^{n} (1 - e_j) \tag{4.21}$$

(三)实证检验和结果分析

运用 Matlab 对原始数据样本进行处理,代入式(4.19)、式(4.20)和式(4.21)计算后得到七大产业各评价因素集的权重和三大类指标因素集的权重,如表 4-14 和表 4-15 所示。

表 4-14 我国战略性新兴产业发展趋势和特点的评价指标权重

指标名称	节能环保产业	新一代信息技术产业	生物产业	高端装备制造产业	新能源产业	新材料产业	新能源汽车产业
R&D 人员全时当量 u_1	0.0392	0.0816	0.0516	0.0057	0.0637	0.0782	0.0840
R&D 经费内部支出 u_2	0.1254	0.1166	0.1256	0.1377	0.1373	0.1243	0.1133
新产品开发经费支出 u_3	0.1241	0.1303	0.1340	0.1369	0.1506	0.1291	0.1184
技术改造经费支出 u_4	0.0629	0.0134	0.0566	0.0344	0.0190	0.0246	0.0576

续表

指标名称	节能环保产业	新一代信息技术产业	生物产业	高端装备制造产业	新能源产业	新材料产业	新能源汽车产业
专利申请数 u_5	0.1635	0.1858	0.1137	0.2080	0.1563	0.1952	0.1551
新产品产值 u_6	0.1177	0.1107	0.1215	0.0916	0.1284	0.1046	0.0976
新产品销售收入 u_7	0.1183	0.1179	0.1453	0.0952	0.1337	0.1097	0.0995
出口交货值 u_8	0.0886	0.1312	0.1186	0.1164	0.0588	0.1044	0.0935
利润 u_9	0.1411	0.0813	0.1160	0.1724	0.1492	0.1044	0.1453
产业总产值占当年国内生产总值比重 u_{10}	0.0193	0.0311	0.0173	0.0015	0.0030	0.0255	0.0357

表4–15 我国战略性新兴产业发展趋势和特点的三类评价指标权重

指标名称	节能环保产业	新一代信息技术产业	生物产业	高端装备制造产业	新能源产业	新材料产业	新能源汽车产业
技术投入类指标 $U_1=\{u_1, u_2, u_3, u_4\}$	0.1114	0.2387	0.1402	0.0181	0.1718	0.2196	0.2251
	0.3566	0.3410	0.3416	0.4375	0.3704	0.3489	0.3035
	0.3531	0.3810	0.3643	0.4349	0.4065	0.3624	0.3171
	0.1789	0.0393	0.1538	0.1094	0.0513	0.0690	0.1544
技术产出类指标 $U_2=\{u_5, u_6, u_7, u_8\}$	0.3349	0.3406	0.2279	0.4069	0.3275	0.3798	0.3479
	0.2411	0.2029	0.2435	0.1792	0.2691	0.2036	0.2190
	0.2424	0.2161	0.2911	0.1862	0.2802	0.2135	0.2233
	0.1815	0.2404	0.2375	0.2276	0.1232	0.2032	0.2098
经济效益类指标 $U_3=\{u_9, u_{10}\}$	0.8800	0.7232	0.8704	0.9913	0.9804	0.8035	0.8029
	0.1200	0.2768	0.1296	0.0087	0.0196	0.1965	0.1971

最后，运用 Matlab 矩阵处理函数计算我国战略性新兴产业发展趋势和特点评价的单因素矩阵，采用加权平均法，乘以权重，得到七大产业年度指标得分数据，并绘制出我国各战略性新兴产业的发展趋势图。

1. 节能环保产业

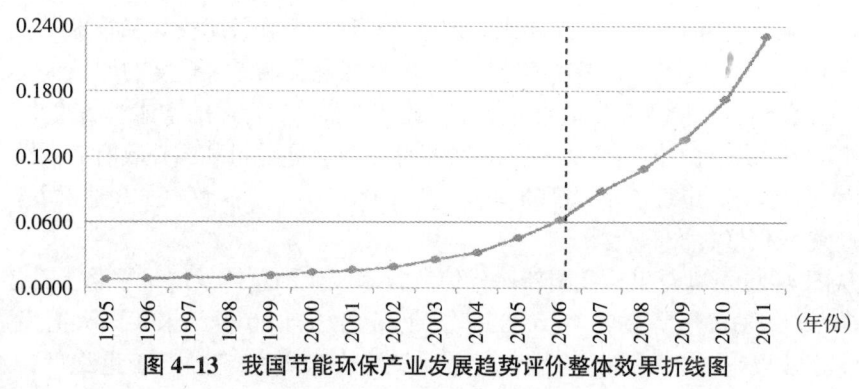

图4–13 我国节能环保产业发展趋势评价整体效果折线图

从图 4-13 可以看出，我国节能环保产业的总体发展呈平稳上升趋势，2011年的 0.2303 分是 1995 年 0.0082 分的 28 倍。进入 21 世纪后，产业创新开始加速发展，特别是 2006 年《纲要》出台后，我国节能环保产业总体水平上仅用了不到 3 年的时间就完成了前 12 年的发展总量，2011 年产业技术创新效果达到 17 年的最高值，增长率最大，收效较好。

从行业发展特点来看，根据三大类指标因素集的权重和得分数据，可绘制出我国节能环保产业在技术投入、技术产出和经济效益三个方面的发展特点效果折线图，如图 4-14 所示。

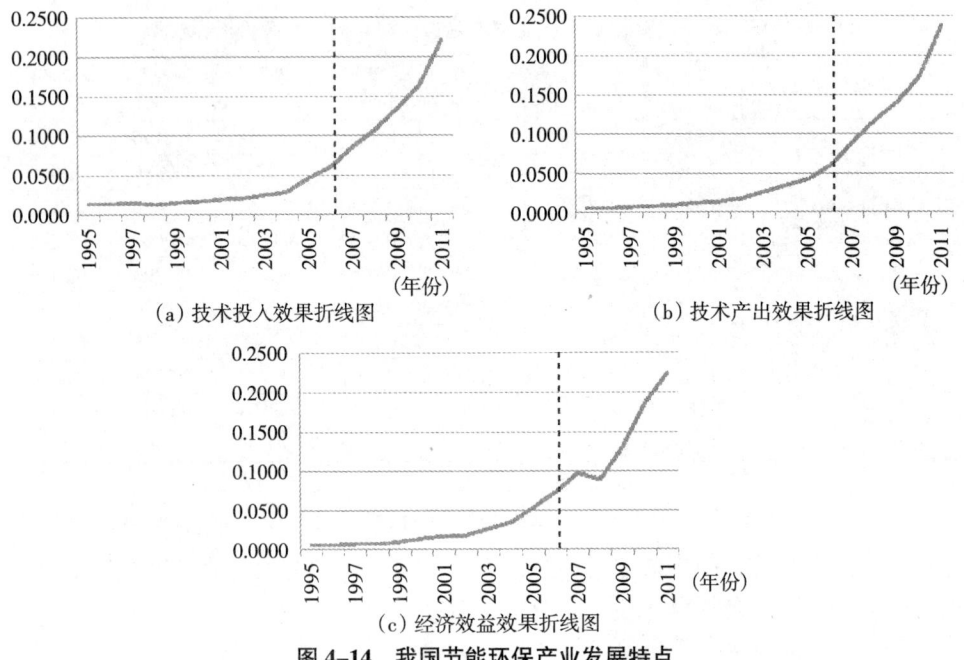

图 4-14 我国节能环保产业发展特点

从图 4-14 中可以看出，17 年来我国节能环保产业在技术投入和技术产出方面均呈现逐年上升的态势，其中技术投入自 2005 年起开始了大幅度的增长，与之相类似，技术产出在 2006 年以后也开始了高速的增长。从行业的整体经济效益来看，2006 年前后虽开始了加速增长，但在 2008 年受到金融危机和国外政府加大投资力度等因素的影响，出现了小幅度的回落，自 2009 年开始，又恢复了高速发展。

2. 新一代信息技术产业

从图 4-15 可以看出，我国新一代信息技术产业的总体发展呈平稳上升趋势，2011 年的 0.1810 分是 1995 年 0.0039 分的 46 倍。自 20 世纪末我国大力发展信息技术产业以来，在新一轮的信息革命下经济快速增长，进入 21 世纪后，新一

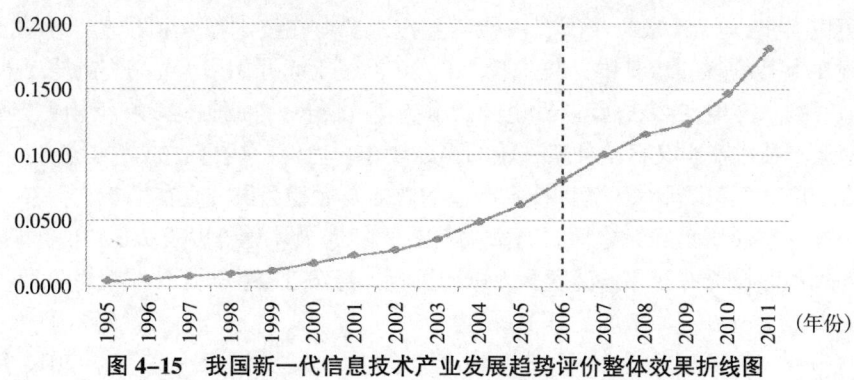

图 4-15　我国新一代信息技术产业发展趋势评价整体效果折线图

代信息技术产业创新开始加速发展，呈现直线上升的趋势，特别是 2009 年，国务院常务会议审议并原则上通过了《电子信息产业调整振兴规划》后，我国新一代信息技术产业的总体发展趋势开始了新一轮的迅猛增长，2011 年产业技术创新效果达到 17 年的最高值，增长率最大，收效甚佳。

从行业发展特点来看，根据三大类指标因素集的权重和得分数据，可绘制出我国新一代信息技术产业在技术投入、技术产出和经济效益三个方面的发展特点效果折线图（见图 4-16）。

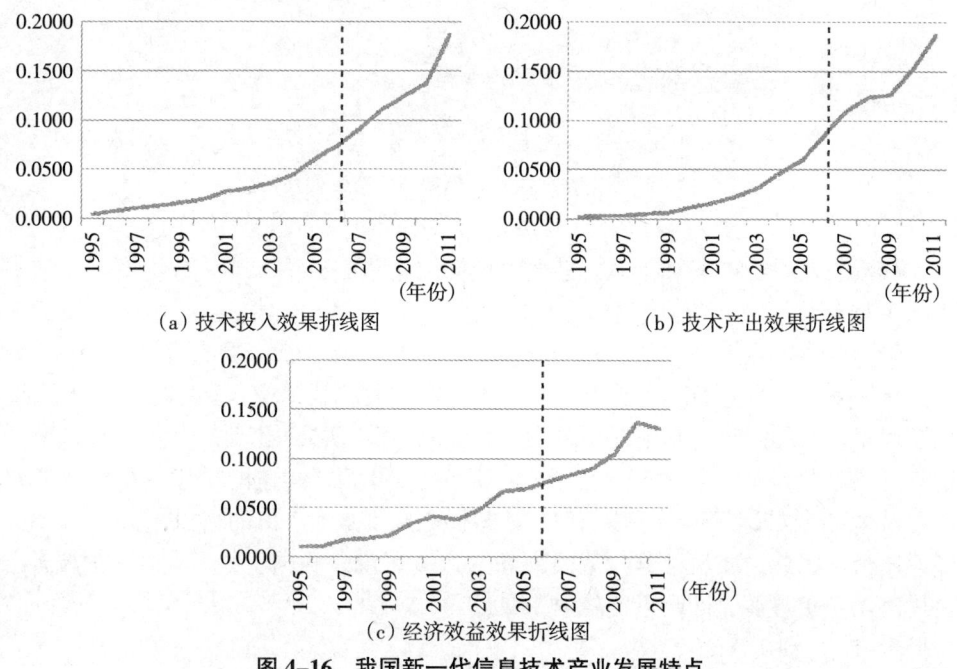

（a）技术投入效果折线图　　（b）技术产出效果折线图

（c）经济效益效果折线图

图 4-16　我国新一代信息技术产业发展特点

可以看出，17年来，我国新一代信息技术产业在技术投入和技术产出方面均呈现逐年上升的态势，其中，技术投入自20世纪末起开始了大幅度的增长，与之相类似，技术产出在2000年以后也开始了高速的增长，特别是2009年相关支持政策出台后，技术产出又开始了新一轮的强劲增长。然而，从行业的整体经济效益来看，自1995年起，新一代信息技术产业的总体发展趋势虽一直在增长，但在2001年我国加入世界贸易组织之后，行业面对更激烈的国际竞争以及2010年随着国外政府加大产业投资力度和重视度等因素的影响，经济效益出现了小幅度的回落。

3. 生物产业

从图4-17可以看出，我国生物产业的总体发展呈上升趋势，2011年的0.2347分是1995年0.0055分的43倍。在经历了2004年的小幅回落后，产业创新开始加速发展，特别是2006年《纲要》出台后，我国生物产业总体水平上仅用了2年的时间就完成了前12年的发展总量，产业创新增长率持续增加，2011年产业技术创新效果达到17年的最高值，增长率最大，成效显著。

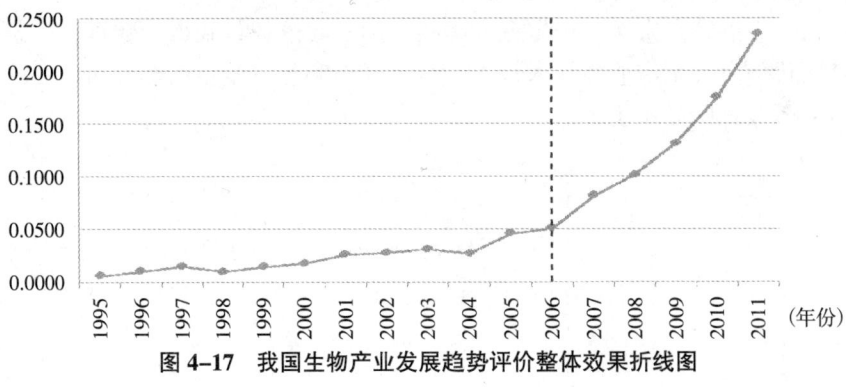

图4-17 我国生物产业发展趋势评价整体效果折线图

从行业发展特点来看，根据三大类指标因素集的权重和得分数据，可绘制出我国生物产业在技术投入、技术产出和经济效益三个方面的发展特点效果折线图，如图4-18所示。

从图4-18可以看出，17年来，我国生物产业在技术投入和技术产出方面均呈现逐年上升的态势，其中，技术投入自2006年《纲要》出台后开始了大幅度的增长，与之相类似，技术产出在2006年以后也开始了高速的增长。从行业的整体经济效益来看，2006年后随着产业技术投入和技术产出的增加，开始了持续加速增长。因此，相较于其他战略性新兴产业来说，我国生物产业在《纲要》出台后的增长更显著，即政策实施效果更好。

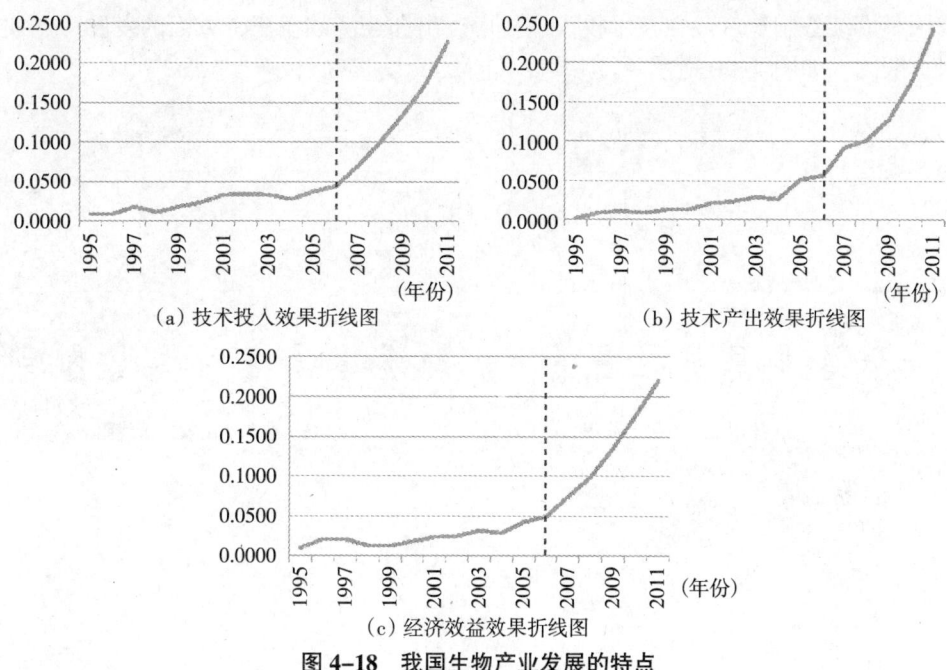

(a) 技术投入效果折线图　　(b) 技术产出效果折线图

(c) 经济效益效果折线图

图 4-18　我国生物产业发展的特点

4. 高端装备制造产业

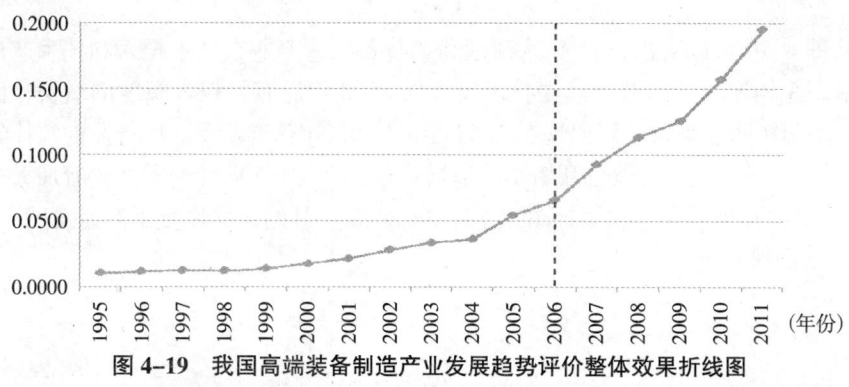

图 4-19　我国高端装备制造产业发展趋势评价整体效果折线图

从图 4-19 可以看出，我国高端装备制造产业的总体发展呈上升趋势，2011 年的 0.1951 分是 1995 年 0.0103 分的 19 倍。自 2004 年起，产业创新开始加速发展，特别是 2006 年《纲要》出台后，我国高端装备制造产业总体水平上仅用了不到 3 年的时间就完成了前 12 年的发展总量，产业创新增长率持续增加，2011 年产业技术创新效果达到 17 年的最高值，增长率最大，收效较为显著。

从行业发展特点来看，根据三大类指标因素集的权重和得分数据，可绘制出我国高端装备制造产业在技术投入、技术产出和经济效益三个方面的发展特点效果折线图，如图4-20所示。

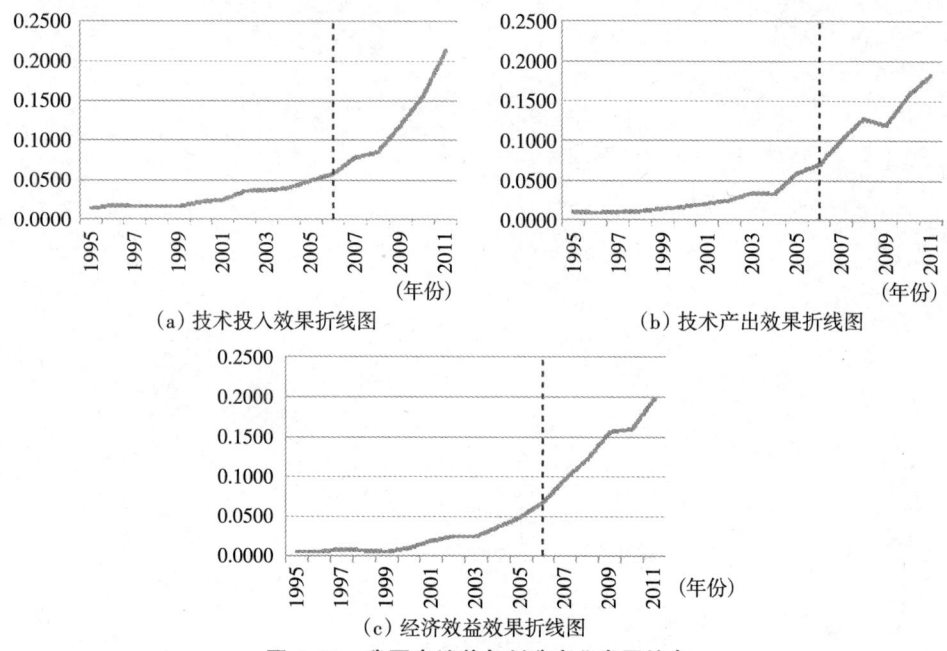

图4-20 我国高端装备制造产业发展特点

从图4-20可以看出，17年来我国高端装备制造产业在技术投入和技术产出方面均呈现总体递增的态势，其中技术投入在2008年后有了较大幅度的增长，而技术产出的两次明显增长分别出现在2004年以后和2010年以后。从行业的整体经济效益来看，2004年前后虽也开始了加速增长，但在2010年受到国外政府加大投资力度等因素的影响，出现了增长的停滞，自2011年开始，又恢复了高速发展。

5. 新能源产业

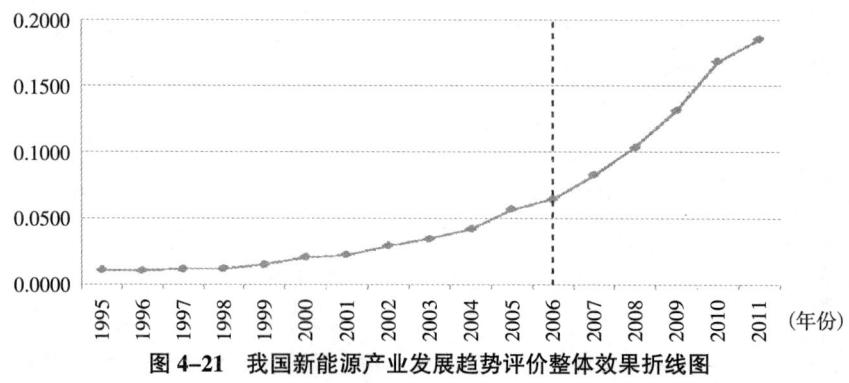

图4-21 我国新能源产业发展趋势评价整体效果折线图

从图 4-21 可以看出，我国新能源产业的总体发展呈上升趋势，2011 年的 0.1855 分是 1995 年 0.0108 分的 17 倍。进入 21 世纪后，产业创新开始加速发展，特别是 2006 年《纲要》出台后，我国新能源产业总体水平上仅用了不到 4 年的时间就完成了前 12 年的发展总量，2011 年产业技术创新效果达到 17 年的最高值，收效甚佳。

从行业发展特点来看，根据三大类指标因素集的权重和得分数据，可绘制出我国新能源产业在技术投入、技术产出和经济效益方面的发展特点效果折线图，如图 4-22 所示。

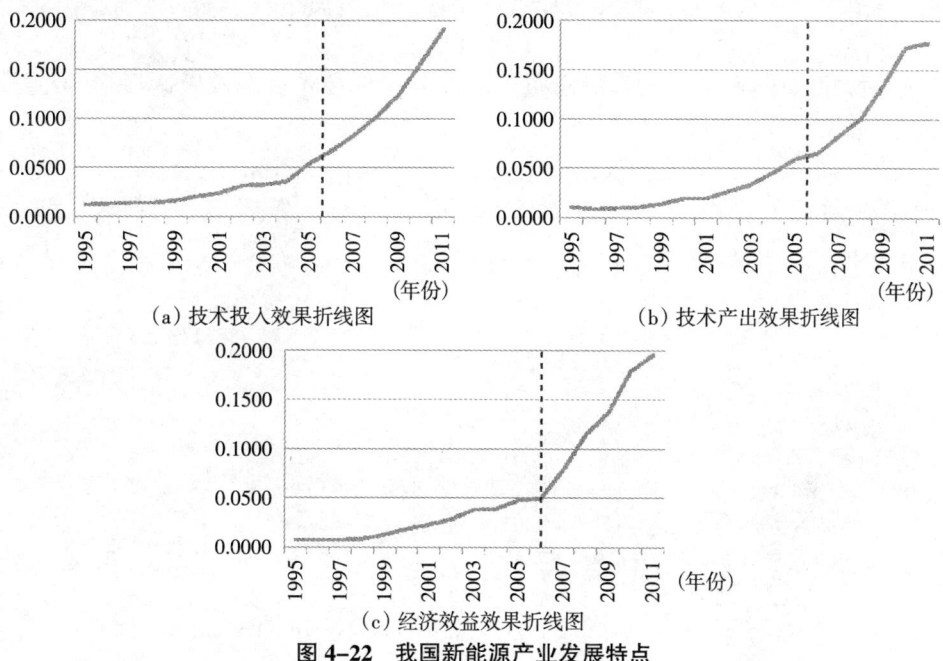

图 4-22 我国新能源产业发展特点

从图 4-22 可以看出，17 年来我国新能源产业在技术投入和技术产出方面均呈现总体递增的态势，其中，技术投入自 2004 年起开始了大幅度的增长，技术产出则在 2002 年开始了高速的增长，但自 2010 年后增长速度逐渐放缓。从行业的整体经济效益来看，从 2006 年开始，随着《纲要》的出台以及技术投入力度加大，产业开始了持续的加速增长。单从经济效益来看，新能源产业相较于其他战略性新兴产业来说，在《纲要》出台后的增长更显著，即政策实施效果更好。

6. 新材料产业

从图 4-23 可以看出，我国新材料产业的总体发展呈加速上升趋势，2011 年的 0.2248 分是 1995 年 0.0054 分的 41 倍。进入 21 世纪后，产业创新开始逐渐发展，特别是 2006 年《纲要》出台后，我国新材料产业总体水平上仅用了不到 3 年

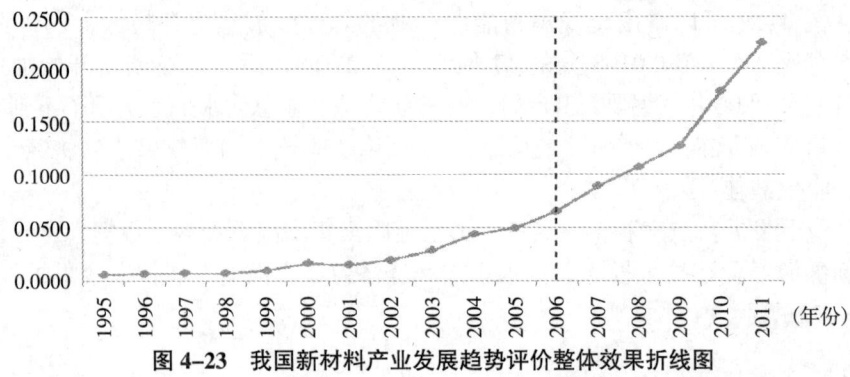

图 4-23 我国新材料产业发展趋势评价整体效果折线图

的时间就完成了前 12 年的发展总量,2011 年产业技术创新效果达到 17 年的最高值,增长率最大,成效显著。

从行业发展特点来看,根据三大类指标因素集的权重和得分数据,可以绘制出我国新材料产业在技术投入、技术产出和经济效益三个方面的发展特点效果折线图,如图 4-24 所示。

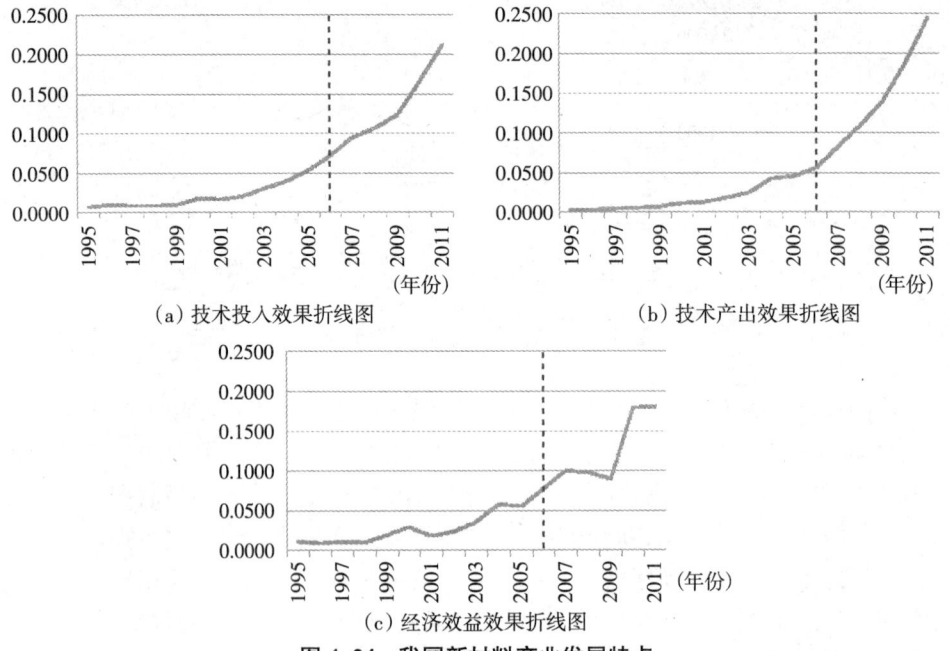

图 4-24 我国新材料产业发展特点

从图 4-24 可以看出,17 年来我国新材料产业在技术投入和技术产出方面均呈现逐年上升的态势,其中,技术投入自 2000 年起逐渐增长,2009 年后则开始了大幅度的增长，技术产出则在 2006 年以后开始了高速的增长。而行业的整体经济效益一直起伏不断，虽然表现出总体上升的趋势，但在 2001 年、2005 年和 2009 年分别出现了小幅度的下降，自 2010 年开始，随着国家战略性新兴产业的明确和相关政策的实施，才又恢复了高速发展。

7. 新能源汽车产业

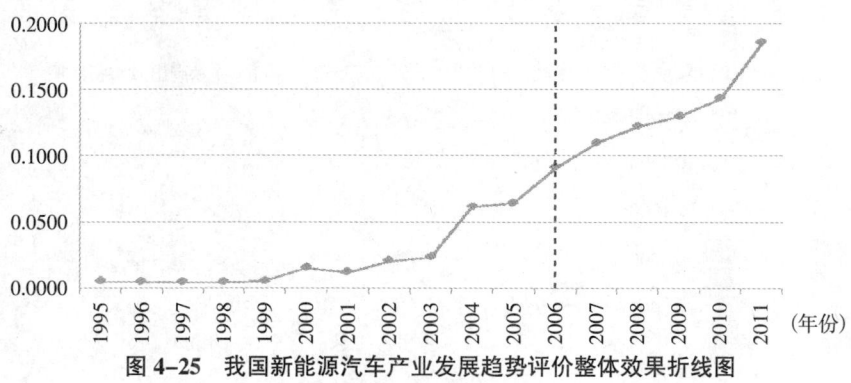

图 4-25　我国新能源汽车产业发展趋势评价整体效果折线图

从图 4-25 可以看出，我国新能源汽车产业的总体发展呈上升趋势，2011 年的 0.1853 分是 1995 年 0.0050 分的 37 倍。2003 年产业创新开始加速发展，特别是 2006 年《纲要》出台后，我国新能源汽车产业总体水平上仅用了不到 5 年的时间就完成了前 12 年的发展总量，2011 年产业技术创新效果达到 17 年来的最高值，增长率较快。

从行业发展特点来看，根据三大类指标因素集的权重和得分，可以绘制出我国新能源汽车产业在技术投入、技术产出和经济效益三个方面的发展特点效果折线图，如图 4-26 所示。

从图 4-26 可以看出，17 年来我国新能源汽车产业在技术投入和技术产出方面均呈现总体上升的态势。其中，技术投入在 2004 年和 2010 年分别有两次大幅度的增长，与之相类似，技术产出在 2004 年和 2010 年以后也开始了高速的增长。两次明显的波动可能分别受到我国《汽车产业发展政策》以及 2007 年国家提出的《中国汽车产业"十一五"发展规划纲要》和《新能源汽车生产准入管理规则》的影响。

从行业的整体经济效益来看，我国新能源汽车产业一直呈现较大幅度的波动，特别是 2005 年和 2008 年末，出现了两次较大幅度的下滑。究其原因，一方面是 2004 年我国为抑制过热行业发展，提出了一系列的银行对消费信贷紧缩政策，直接影响到新能源汽车的发展；另一方面是国际金融危机以及原材料成本的持续上涨使得新能源汽车生产企业很难获得利润，经济效益随之降低。但 2006

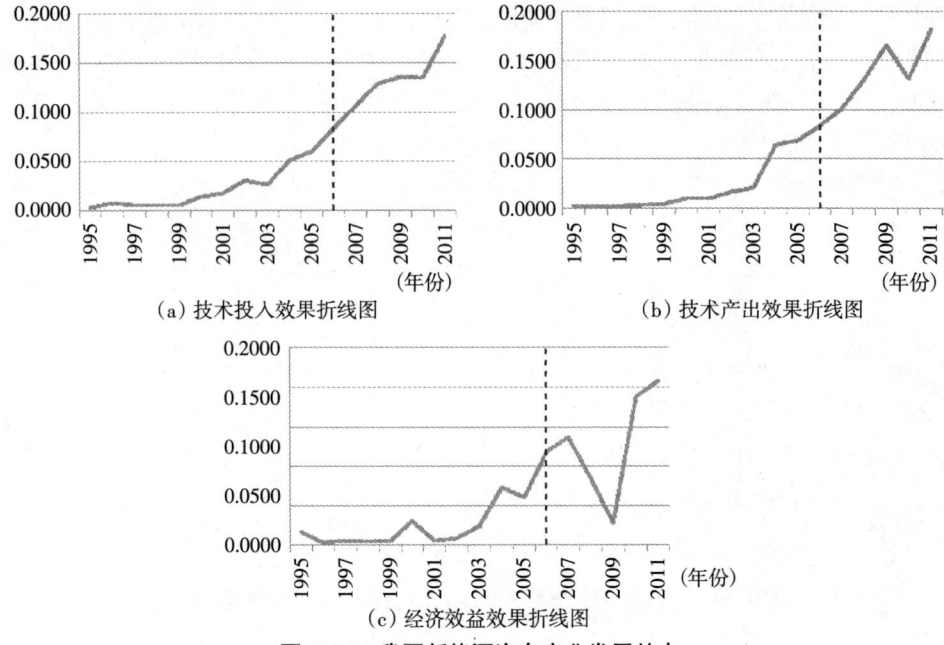

图 4-26 我国新能源汽车产业发展特点

年《纲要》出台,以及 2009 年我国提出的战略性新兴产业,将新能源汽车列为七大产业之一,促进了该产业的发展。因此,2006 年和 2010 年分别有两次较大幅度的增长。

五、战略性新兴产业专利许可演化研究

为了进一步研究《纲要》出台后我国战略性新兴产业自主创新能力的变化,深入分析政策在七大战略性新兴产业层面的实施效果,本研究在中国专利数据库中按照战略性新兴产业的分类,以七大产业的统计标准为检索项筛选产业许可专利,研究战略性新兴产业的专利许可演化,以期通过技术转移的发展趋势了解我国战略性新兴产业的创新特点。

(一)变量测算和模型构建

专利许可是专利商业化的主要方式,是指在未转让所有权的情况下转移专利权中的使用权的行为。[①] 本研究以产业专利许可为因变量,分析我国战略性新兴产业的自主创新能力。

(1)专利许可情况。对于企业来说,通过许可获得的专利能够在"技术产业化"的过程中有效地提升企业的自主创新能力。因此,本研究采用产业许可的专

---

① Dratler J.Licensing of intellectual property [M]. New York: Law Journal Press, 1998: 1.

利来进一步分析我国战略性新兴产业的自主创新能力。虽然仅使用专利这一单一因素过于片面，但在考虑了衡量标准的客观性、权威性、可获取性以及可对比性后，许可专利对本研究来说是较为合理的选择。

国家知识产权局公布了1998年、1999年部分技术许可数据，以及2000~2012年几乎全部技术许可信息通过在中国专利数据库中以战略性新兴产业的行业分类标准为检索项，筛选1998年1月1日至2012年12月31日期间的产业许可专利，共计12916项。剔除变量不全的无效专利后，剩余有效专利共计10779项，每项专利均包含申请号、申请日、许可年份、专利名称、分类号、让与人、受让人、地址、合同备案号、许可种类、许可年份等信息。

（2）许可滞后期。由于专利的申请和许可往往存在一定的时滞性，即某项专利在提出申请并获得授权后，企业技术需求的不同以及许可合同的谈判、签订等时间消耗会导致其在一定时间后才被许可，最终通过技术产业化实现经济效益。一般来说，许可滞后期越短，专利技术越前沿，企业通过许可专利提高自主创新能力的效果就越显著，反之则越弱。

《纲要》出台后，相关政策是否通过降低战略性新兴产业专利许可的滞后期给企业自主创新能力的提高带来了显著的积极影响？这是本研究希望深入分析并回答的一个问题，因此本研究选择专利许可的滞后期为自变量之一，进一步分析《纲要》对我国战略性新兴产业自主创新能力的影响。

（3）地理距离。一项专利的许可存在让与人和受让人两方，二者之间的地理距离会在一定程度上影响许可成功的几率。一般来说，许可双方的地理距离越近，越有利于专利许可的谈判沟通与技术协助，专利许可的成功几率就越高，企业通过许可专利提高自主创新能力的效果就越显著，反之则越弱。

本研究采用地理距离来衡量专利许可参与双方的地理邻近性，所采用的公式为地理学上根据A、B两地的经度和纬度来进行测算的球面直线距离 d_{AB}：

$$d_{AB} = R \cdot \arccos[\sin(lat_A)\sin(lat_B) + \cos(lat_A)\cos(lat_B)\cos(|long_A - long_B|)] \qquad (4.22)$$

其中，R为地球的平均半径，计算时取常数6371km；lat_A 和 lat_B 分别代表A、B两地的纬度（弧度值）；$long_A$ 和 $long_B$ 分别代表A、B两地的经度（弧度值）。

为了检验该公式的准确性，本研究将北京和上海两地的经、纬度数值转换成弧度值后代入式（4.22），得到北京与上海之间的地理距离为1067.08公里，与Google Earth测量的两地之间直线距离（1066.55公里）相近。从实际来看，航空公司公布的北京和上海之间的飞行距离为1084公里，近似于直线距离。

虽然在大多数情况下，两地之间的直线距离与实际的交通距离并不完全相同，但考虑到中国航空业的发展现状（截至2011年底，全国大型城市的机场覆盖率达到100%，且我国运输机场总数达到180个，见表4-16），本研究认同

Hong et al.[①] 的观点,即用地理距离来衡量专利许可的实际交通距离是可信的。

表 4-16 2011 年我国各地区运输机场数量

地区	运输机场数量	占全国比例(%)
全国	180	100
东北地区	19	10.6
东部地区	46	25.6
西部地区	90	50.0
中部地区	25	13.9

资料来源:《2011 年民航行业发展统计公报》,中国民用航空局发展计划司。

《纲要》出台后,相关政策是否通过降低战略性新兴产业专利许可的地理距离给企业自主创新能力的提高带来了显著的积极影响?这是本研究希望深入分析并回答的一个问题,因此本研究选择专利许可的地理距离为自变量之一,进一步分析《纲要》对我国战略性新兴产业自主创新能力的影响。

本研究在借鉴前人相关研究的基础上,结合研究目的,设定《纲要》出台后对我国战略性新兴产业自主创新能力的影响模型如下:

$$\ln patent_{it} = \beta_1 + \beta_2 year_i + \beta_3 period_i + \beta_4 distance_i + \gamma_{1i} + \gamma_{2i} yeari + \beta_5 policy_i + \varepsilon_i \quad (4.23)$$

其中,$\ln patent_{it}$ 是本研究的因变量,为七大战略性新兴产业在不同年度的许可专利数并对其取自然对数,包括发明专利、实用新型专利和外观设计专利三类,即本研究考察的企业自主创新能力衡量指标。

自变量中,$year_i$ 为七大战略性新兴产业有专利许可记录的自然年度;$period_i$ 为七大战略性新兴产业每一项许可专利中专利许可年度与专利申请年度的差值,用来衡量专利许可的滞后期;$distance_i$ 为七大战略性新兴产业每一项许可专利中让与人和受让人所在地之间的地理距离,是按自然年度计算出的平均值;$policy_i$ 为《纲要》出台与否的虚拟变量,当取值为 1 时表示相关政策已出台,当取值为 0 时则表示相关政策还未出台。

模型中,系数 β_1 代表模型中的固定常数效应;β_2、β_3、β_4 和 β_5 则分别代表各自变量对结果影响的固定效应相关系数;γ_{1i} 和 γ_{2i} 分别代表七大战略性新兴产业受到年度和政策影响的随机效应相关系数;ε_i 为残差。

本研究根据研究内容和检验假设的需要,运用 SPSS 统计分析软件对大样本

---

① Hong W., Su Y. The effect of institutional proximity in non-local university-industry collaborations: an analysis based on Chinese patent data [J]. Research Policy, 2013, 42 (2): 454-464.

数据进行统计分析，得到衡量《纲要》出台后对我国战略性新兴产业自主创新能力影响的各变量的均值、标准差、方差等描述统计指标见表4-17。

表4-17 我国战略性新兴产业专利许可模型各变量描述统计分析

	N	极小值	极大值	均值	标准差	方差
year	10779	1998	2012	2010.59	1.419	2.014
policy	10779	0	1	0.99	0.092	0.008
period	10779	0	18	3.18	2.008	4.031
distance	10779	0	3795.16	392.4913	628.69211	395253.764

资料来源：中国专利数据库。

（二）实证检验和结果分析

在对数据进行描述统计分析后，七大战略性新兴产业1998~2012年的专利许可滞后期和专利许可地理距离的平均值总体情况如图4-27和图4-28所示。

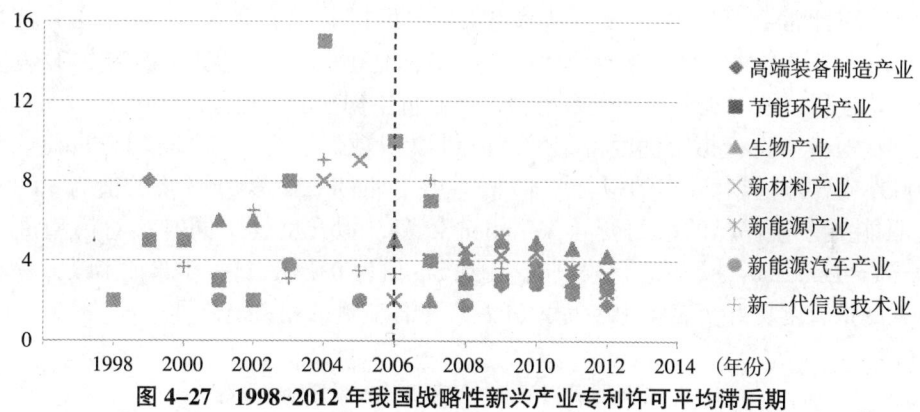

图4-27 1998~2012年我国战略性新兴产业专利许可平均滞后期

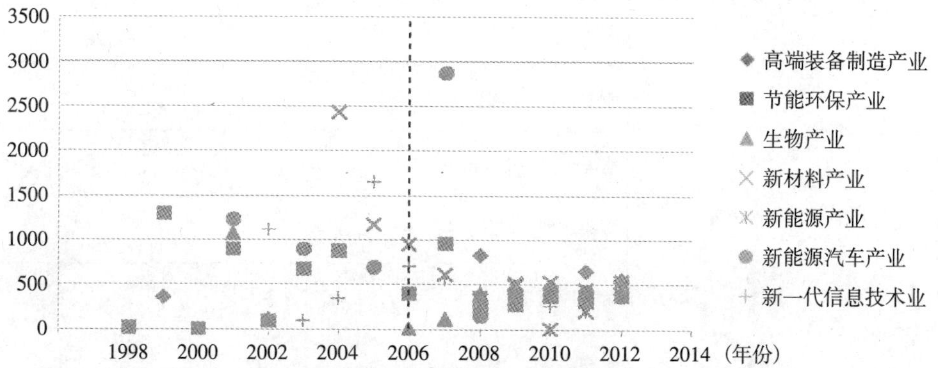

图4-28 1998~2012年我国战略性新兴产业专利许可平均地理距离

从图 4-27 中可以看出，自 2008 年开始，我国七大战略性新兴产业专利许可的平均滞后期均有大幅度的降低，且呈现出逐年缩短的趋势。

从图 4-28 中可以看出，自 2008 年开始，我国七大战略性新兴产业专利许可的平均地理距离均有大幅度的降低，且呈现出逐年缩短的趋势。

为了进一步研究《纲要》出台前后我国战略性新兴产业自主创新能力的变化以及政策在产业层面的实施效果，本研究利用 SPSS 统计分析软件，选择逻辑回归法，对式（4.23）进行统计分析。

表 4-18　起始模型统计量表

	B	S.E	Wals	df	Sig.	Exp（B）
步骤 0 常量	4.744	0.105	2062.364	1	0.000	116.163

表 4-18 为只包含常数项模型的各项统计量，其中 B 为相关系数，说明常数项参数与模型相关度较高。Sig. 为统计量 Wals 的显著性水平，由于此值小于 0.01，因此常数项参数有效。从表 4-18 中可以看出，该模型 Exp（B）值为 116.16，即战略性新兴产业专利许可滞后期、地理距离的改变和《纲要》政策的出台均使得产业专利许可的概率增加，企业自主创新能力提升。

在对模型进行拟合优度检验后，得到-2 对数似然值（-2 Log likelihood）为 0.000，说明模型对数据的拟合度非常理想；Nagelkerke R^2 统计量的值为 1.000，说明能由方程解释的回归变异 Variation 较多，拟合度佳。同时，对模型进行 Hosmer-Lemeshow 拟合统计量检验，得到 Sig. 值为 0.000，进一步验证了该方程对数据的拟合度良好。表 4-19 为式（4.23）中各变量的相关统计量。

表 4-19　战略性新兴产业的政策实施效果评价模型统计量

	模型参数	模型
policy=1 （以 policy=0 为参考）	年度（year）	23.232 (2319.305)***
	滞后期（period）	-36.931 (28.564)***
	地理距离（distance）	-15.873 (64.762)***
	节能环保产业	0.100 (64.111)***
	新一代信息技术产业	0.380 (22.545)***
	生物产业	1.362 (41.996)***

续表

模型参数		模型
policy=1 （以 policy=0 为参考）	高端装备制造产业	2.526 (1.197)**
	新能源产业	0.145 (0.021)*
	新材料产业	0.232 (0.268)*
	新能源汽车产业	2.109 (10.252)***

注：*、**、*** 分别代表在 10%、5%、1%显著性水平下显著，括号里为 W 统计量。

从表 4-19 可以看出，各因素的系数估计（B）值显著，即《纲要》出台后对以上因素均有一定程度的影响。

（1）专利许可滞后期。模型中我国战略性新兴产业专利许可滞后期的系数为-36.93，说明《纲要》出台后对该因素有负向影响，即缩短了专利申请与专利许可的时间，且影响程度较高。究其原因，《纲要》中明确提出了我国进入创新驱动型国家行列的目标，确立了企业作为创新主体的地位，同时战略性新兴产业在国民经济产业分类中进一步明确，这都大大激励了战略性新兴产业中的企业，提高了企业创新的积极性和动力。从专利许可的数量来看，自 2008 年起，我国战略性新兴产业的专利许可总量开始急剧上升，虽然在 2010 年有了一定的下降，但 2011 年开始又恢复了高速增长（见图 4-29）。

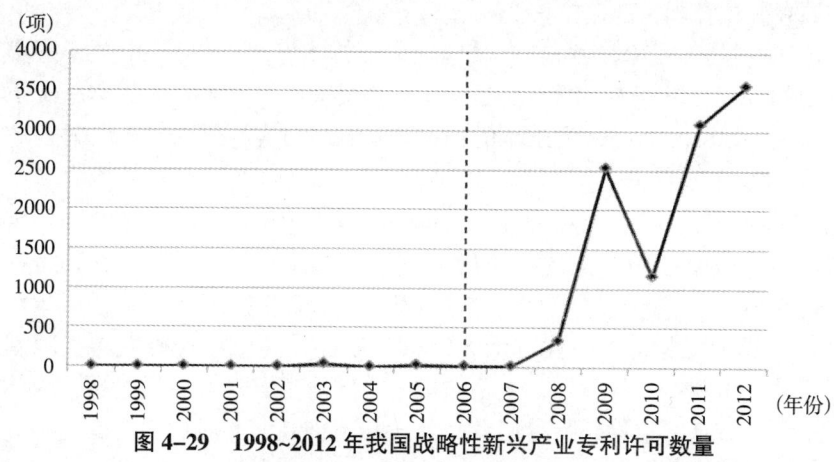

图 4-29　1998~2012 年我国战略性新兴产业专利许可数量

（2）让与人和受让人之间的地理距离。模型中我国战略性新兴产业专利许可地理距离的系数为-15.87，说明《纲要》出台后对该因素有负向影响，即缩短了专利让与人和受让人之间的地理距离，且影响程度较大。究其原因，《纲要》的出台及相关产业政策都大幅度提高了企业进行技术创新的动力。同时由于企业受到自身技术开发的限制，必然从外部寻求技术创新的源泉，加之技术许可合同的签订需要多次的沟通、谈判和交流，因此企业作为受让人，基于对效率的考量，更愿意选择与之地理距离更近的让与人，从而有利于提高企业的自主创新能力。

（3）七大战略性新兴产业。总体来看，《纲要》的出台对我国七大战略性新兴产业的自主创新能力均有正向显著的影响，按照影响程度的大小排序，分别是高端装备制造产业（2.53）、新能源汽车产业（2.11）、生物产业（1.36）、新一代信息技术产业（0.38）、新材料产业（0.23）、新能源产业（0.15）和节能环保产业（0.10）。相关政策出台后，对产业专利许可数量有显著的影响，通过提高产业技术创新的动力，来增加专利许可数量。虽然我国七大战略性新兴产业在《纲要》出台后表现出了不同的政策效果，但总体来说，产业中的企业均在技术产业化的过程中提高了产业的总体自主创新能力。

六、重大专项的实施及其效果

随着美国、欧洲、日本、韩国等都把围绕国家目标组织实施重大专项计划作为提高国家竞争力的重要措施，我国2006年出台的《纲要》中也明确指出，要"围绕发展高新技术产业、促进传统产业升级、解决国民经济发展瓶颈问题、提高人民健康水平和保障国家安全等方面"，"筛选出若干重大战略产品、关键共性技术或重大工程作为重大专项，充分发挥社会主义制度集中力量办大事的优势和市场机制的作用，力争取得突破，努力实现以科技发展的局部跃升带动生产力的跨越发展，并填补国家战略空白"。

本研究通过梳理2005~2011年《中国科学技术发展报告》[①]中关于国家科技重大专项的内容，以期对《纲要》出台以来，国家科技重大专项的实施效果和取得的成就进行回顾和总结，为未来的相关政策制定与实施提供实践依据。

（一）重大专项简介

重大专项是为了实现国家目标，通过核心技术突破和资源集成，在一定时限内完成的重大战略产品、关键共性技术和重大工程，是我国科技发展的重中之重。《纲要》确定了核心电子器件、高端通用芯片及基础软件，极大规模集成电路制造技术及成套工艺，新一代宽带无线移动通信，高档数控机床与基础制造技术，大型油气田及煤层气开发，大型先进压水堆及高温气冷堆核电站，水体污染控制与治理，转基因生物新品种培育，重大新药创制，艾滋病和病毒性肝炎等重

---

①《中国科学技术发展报告》是一部由中华人民共和国科学技术部编写的年度系列出版物。报告主要描述中国科技事业的重要进展和重大成果，宣传中国科技战线贯彻落实科学发展观，建设创新型国家所取得的成就，让社会公众更加全面地了解中国科技发展的现状。

第四章 自主创新政策对我国部门科技结构的影响

大传染病防治,大型飞机,高分辨率对地观测系统,载人航天与探月工程等16个重大专项,涉及信息、生物等战略产业领域,能源资源环境和人民健康等重大紧迫问题,以及军民两用技术和国防技术。

"十二五"期间,我国政府结合国民经济和社会发展的新需求以及科技发展的新趋势,进一步突出重点,按电子与信息、能源与环保、生物与医药、先进制造四个板块对重大专项进行系统部署:

(1)电子与信息。根据全球电子信息技术和产业进一步向数字化、网络化、智能化发展的趋势,紧紧围绕《纲要》确定的总体目标,重点攻克中央处理器芯片和操作系统软件,极大规模集成电路关键制造装备和成套工艺,以及新一代宽带无线移动通信关键技术和标准,打破国外垄断,突破国家安全和电子与信息产业发展瓶颈,建立自主可控的创新体系,大幅度提升中国电子信息领域核心竞争力。

(2)能源与环保。根据中国能源资源和环境保护面临的新形势和新需求,组织实施油气开发、大型核电站、水污染治理等重大专项,为中国石油和煤层气装备制造产业、核电站制造产业以及环保产业的发展提供重要支撑。

(3)生物与医药。紧紧围绕保障粮食安全和人民健康的重大需求,着眼于抢占生物科技、生物战略性新兴产业的国际竞争制高点,加强转基因生物新品种培育、新药创制、传染病防治三个专项任务的系统部署和协同攻关。

(4)先进制造。飞机和数控机床是综合先进设计、新材料、精密加工、信息技术、管理技术等多学科集成的最具代表性的先进制造技术领域,引领着制造技术发展方向,是国民经济的战略性、基础性支柱产业,因此在实施过程中应加强大飞机和数控机床重大专项之间的协调和互动。

(二)重大专项总体实施进展

"十一五"(2006~2010年)是我国科技重大专项的开局阶段。自《纲要》颁布起,2006~2008年,各专项相继部署启动,并取得了许多重大成果,对提高企业自主创新能力、增强产业竞争力、促进经济结构调整发挥了重要作用。截至2010年底,重大专项在电子与信息、能源与环保、生物与医药、先进制造等关键领域共部署各类课题3000多个,涉及中央财政经费近500亿元,带动地方、企业和社会其他投入约1000亿元。

2011年,在国务院的统一领导下,科技部会同国家发改委、财政部,加强统筹协调、整体推进和监督检查,各部门、地方全力推进,切实强化企业主导,全面推进协同创新,共同推动重大专项实施。在各方面的共同努力下,重大专项取得了新进展,有力促进了产业结构调整和民生改善,为培育发展战略性新兴产业、加快转变经济发展方式发挥了重要支撑引领作用。截至2011年底,民口10个重大专项新启动项目课题657个,涉及中央财政经费约240亿元,其中由企业牵头承担的经费占总经费的 72%。

"十一五"时期和 2011 年重大专项中央财政投入情况见图 4-30 和图 4-31。

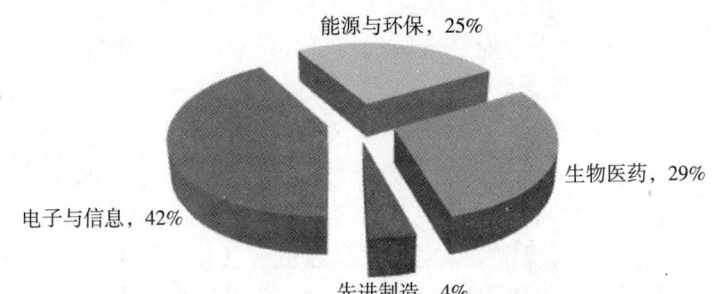

(a) "十一五"中央财政重大专项投入分布情况

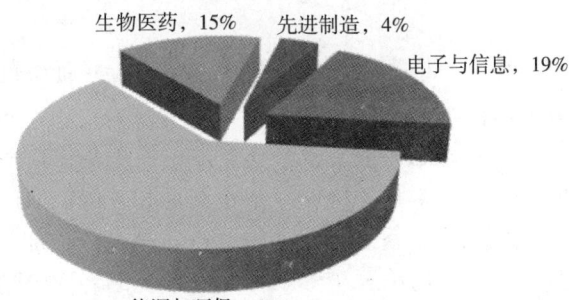

(b) 2011 年中央财政重大专项投入分布情况

图 4-30　2006~2011 年中央财政重大专项投入按板块分布情况

从图 4-30 中可以看出，2006 年以来，我国中央财政对重大专项各板块的投入总体上呈现逐年增加的趋势，板块的分布出现了较大的变化。其中，能源与环保板块的投入比重增长了约 2.5 倍，说明国家对相关的新能源产业和节能环保产业对经济发展的支撑更为重视；电子与信息和生物医药的比重则相对减少，特别是电子与信息板块，由于企业自身科技投入的增加等因素，比重从 42%减少到了 19%。

从图 4-31 中可以看出，2006 年以来，随着我国中央财政对重大专项各承担单位投入的增加，政府对企业承担重大专项的扶持力度大大加强，从"十一五"期间的 51%增加到了 72%，而对高等院校承担重大专项的投入则大幅度减少。中央财政对重大专项按承担单位类型的投入分布结构变化更趋合理，这也符合《纲要》提出的加强企业在国家创新体系中的主体地位，为发挥产学研合作创新奠定了基础。

（三）重大专项实施成果——以"水体污染控制与治理"为例

由图 4-30 可知，能源与环保板块在 2011 年中央财政重大专项投入中占有最

第四章 自主创新政策对我国部门科技结构的影响

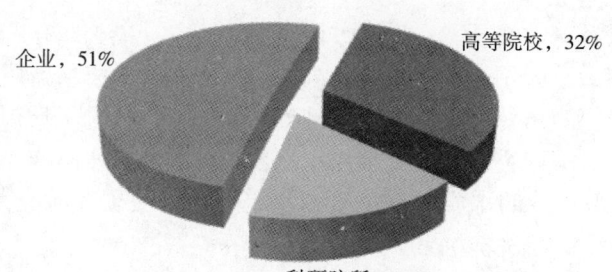

(a)"十一五"中央财政重大专项投入分布情况

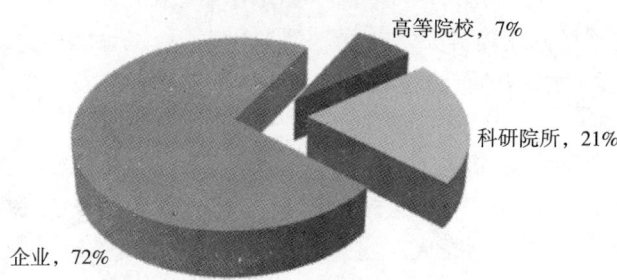

(b) 2011年中央财政重大专项投入分布情况

图 4-31 2006~2011 年中央财政重大专项投入按承担单位类型分布情况

大的比例，相对"十一五"期间比重大大增加。因此，本研究选择能源与环保板块中的水体污染控制与治理重大专项，系统梳理其自 2006 年以来的实施成果，以对我国重大专项的实施成果进行典型分析。

水体污染控制与治理专项立足于水污染控制和治理关键科技问题的解决与突破，选择"三河"（海河、辽河、淮河）、"三湖"（太湖、巢湖、滇池）、"一江"（松花江）、"一库"（三峡库区）等重点流域开展水污染控制与治理的综合示范。

2008 年确定该重大专项的"十一五"阶段目标是：针对流域（区域）水污染特征，开展水环境生态功能分区研究，通过对湖泊、河流、城市饮用水安全和水环境管理、监控与预警关键技术的研究，初步构建适合国情的水污染防治综合管理技术体系、水污染控制技术体系与水污染防治长效机制；示范区污染物排放总量削减 20%以上，水环境质量明显改善，饮用水水质基本达标；最终为实现"十一五"水污染物排放总量削减 10%的约束性指标以及国家重点流域水污染治理工程提供强有力的技术支撑，促进示范区域经济社会可持续发展。

2009 年水体污染控制与治理专项的各项目和课题承担单位全面开展了任务攻关，在现场建立了工作站和中试研究基地；示范工程、配套工程和配套经费基本得到落实，与流域水污染防治规划和重大治污工程进行了很好的衔接，示范工程已进入设计和建设阶段，基本完成了阶段性的研究任务以及关键技术研发。其中湖泊方面基本构建了入湖河流水质改善与生态修复成套技术，形成了生物多样性湖滨带修复与缓冲区建设技术；河流方面突破了石化、制药、化纤等重污染行业的水污染控制以及冰封期运行污染物减排关键技术，降低废水处理成本 30%左右；城市方面突破了城市污水深度处理关键技术和设备，提升了城市污水达标的排放能力；饮用水方面研究提出了城市供水水质达标改造技术指南，指导完成了对全国 4500 个城镇水厂的水质普查；监控预警方面开展了辽河、太湖、淮河、巢湖等 10 个流域的水生态的功能区划工作。

截至 2010 年末，在"十一五"期间围绕"控源减排"的阶段目标，水体污染控制与治理专项在重污染行业减排、城镇污水高效脱氮除磷、饮用水安全净化处理、流域水质目标管理等关键技术领域取得突破，结合"三河、三湖、一江、一库"等重点流域水污染防治规划及重点工程的实施，示范区水质明显改善；取得了阶段性成果：

（1）"控源减排"关键技术。针对石化、化工、制药、粮食加工、印染、造纸等重污染行业，突破水污染全过程控制关键技术，有力地支撑了国家"十一五"COD 减排任务的超额完成和重点流域的水质改善。在辽河、海河、松花江等重点流域开展示范，实现每年减排污水 1.3 亿吨，削减 COD1.1 万吨。

（2）城市污水处理厂提标改造和深度脱氮除磷关键技术。形成了一级 A 稳定达标的厌氧—缺氧—好氧生物脱氮除磷工艺（A^2O）、膜生物反应器（MBR）、序批式活性污泥法（SBR）系列工艺升级改造系统优化方案，在环太湖、环渤海等地区建立了 20 座示范工程，推广应用于 500 座城市污水处理厂升级改造，规模近 1500 万吨/天，每年削减 COD16 万吨、氨氮 5.4 万吨和总磷 1.4 万吨。

（3）饮用水安全保障关键技术。围绕建立从"源头到龙头"全过程的水质安全保障处理技术体系和从"中央到地方"多层级的水质安全保障监管技术体系开展研究。研发了受污染源水净化处理、管网安全输配等 40 多项关键技术，如以超滤膜等技术为核心，优化了东营市水厂的常规净水工艺，建成了我国首座大型国产超滤膜水厂。

（4）关键设备和成套装备研制。针对水环境监测、污泥处理处置、水处理等设备国产化率低等问题，重点研发了 50 项国家急需的产业化关键技术和设备，培育环保产业产值约 40 亿元。研发了"高效、多相变、污泥热干化"等关键技术和设备，干化污泥含水量由 80%以上降至 50%以下，干化焚烧成本 60~70 元/吨。研制出大型仿生式水面蓝藻清除装置，在应对 2010 年 8 月巢湖蓝藻水华爆发、化解供水危机中发挥了重要作用。

（5）综合集成多项关键技术。在重点流域研发并系统集成结构减排、工程减排和管理减排等关键技术，支撑了重点流域的水质改善。

2009~2010 年，辽河、淮河干流 COD 消除劣 V 类，海河水质有所改善；太湖富营养状态由中度变为轻度，劣 V 类入湖河流由 8 条减少为 1 条；巢湖富营养化程度得到明显改善，基本遏制了蓝藻水华大面积爆发；滇池外海水质明显好转。

2011年，水污染治理专项共启动18个项目，30个课题，总经费13.04亿元，其中中央财政资金投入3.89亿元，取得了显著成效：

（1）流域典型行业节能减排关键技术。针对钢铁焦化废水毒性高、难降解等问题，研发集成成套工艺技术，在鞍钢建立了4800吨/天的示范工程，出水满足辽宁省地方污水综合排放标准和焦化行业污水排放新标准要求，年减排COD300吨/年以上，减排高毒性特征污染物90%以上。目前已推广至攀钢、沈煤集团和内蒙古伊东集团，以及国家大型钢铁企业和众多焦化厂。突破印染废水清洁生产与废水回用集成技术，在宜兴坤风纺织品有限公司示范，实现节水及污染负荷削减26.6%的良好效果。

（2）污水再生处理与非常规多水源利用关键技术。围绕生活污水、雨水、工业废水、冷却水等非常规水源的高效利用，突破双膜法、臭氧化处理、MBR等污水回用的关键技术，集成非常规水源利用成套技术，形成从再生处理工艺—输配系统优化—景观、热电厂循环冷却和锅炉供热等典型应用的城市和生态社区再生水安全保障技术体系，在天津、北京、西安等地进行了大规模工程示范。制定编制住房和城乡建设部《城镇污水再生利用技术指南》、国际水协会（IWA）再生水专业委员会组织《再生水指南》等规范性文件。

（3）饮用水安全监控及预警技术平台。围绕建立从"中央到地方"多层级饮用水水质前安全保障监管技术体系，集成监测方法标准化、三级监测网络构建、水质预警系统、水质信息可视化管理、应急处理方法等多项关键技术，初步构建涵盖国内外900多个水污染事故处理案例，包含可应对100多种有毒有害污染物的城市供水应急处理技术方法的全国城市供水水质监测预警应急技术平台，开发了覆盖全国30多个重点城市的城市供水水质信息管理系统，并在济南、东莞、杭州等城市示范应用，为饮用水安全监管和应对水污染突发事件提供了技术支撑。

（4）流域监控预警关键技术。以监控预警平台建设为核心，在松花江、淮河、海河、辽河、黄河中上游、巢湖、滇池、三峡库区及其上游八个流域，建立了流域—控制区—控制单元三级分区管理体系。以太湖和三峡库区为示范流域，进行水环境风险评估和预警平台建设应用示范。提出重点工业污染行业水污染物控制技术评估方法，并筛选出重点流域典型行业最佳污染控制技术，支撑重点污染行业的产业转型。

（5）新兴环保产业培育。围绕太湖水环境治理，成功研发船载藻水分离处理设备，在太湖已投入使用机械化蓝藻打捞处理船78艘。研发集成流域水污染治理技术，支持辽宁北方环保集团等环保企业，并在"十一五"期间形成产值20

多亿元。建立环境监测仪器环境技术评估体系、水环境监测现代装备"准入"制度框架,研发具有自主知识产权的高锰酸盐指数在线分析仪等水质监测设备与材料,形成规模化生产线,实现新增产值2亿元。完成管道视频检测机器人原型及改进型,完成QCM频率计数系统的设计及振荡电路的构建、检测芯片系统的研制。

"十二五"期间,水体污染控制与治理专项将围绕"流域水污染治理技术体系"和"流域水环境管理技术体系"的构建,选择"三河、三湖、一江、一库"重点流域和地区开展工程示范和应用,保障重点流域水质改善和重点地区饮用水安全,形成水污染治理整装成套技术和产业化实施体系。

七、结论及政策建议

通过以上实证研究,分析论证了2006年《纲要》的出台对我国产业科技结构及战略性新兴产业发展趋势和专利许可的影响。

研究结果表明,我国产业总体科技投入产出效率较高,自1996年开始,呈现逐年递增的趋势。17年来,在科技人力和经费投入均大幅度增加的同时,科技含量较低和中等的产业相对于科技含量较高的产业科技产出效率更高。《纲要》的出台以及我国自主创新政策的实施对高技术产业科技结构和产出效率的影响更大,正向效应更为显著。作为高技术产业的代表,我国七大战略性新兴产业的自主创新能力在《纲要》出台后均有不同程度的增加,其中,生物产业、新能源汽车和高端装备制造业的政策实施效果相较于其他四大战略性新兴产业来说更好,影响也更显著。

从目前七大产业占GDP的比重来看,节能环保、新一代信息技术、生物和高端装备制造产业居于前列,将成为未来我国国民经济的支柱产业。但新一代信息技术产业由于在我国发展较早,在《纲要》出台前后的自主创新能力变化不大,政策的影响因素相对较小;节能环保产业则在面临发达国家技术垄断及其比较优势的情况下,自主创新能力的发展相对乏力,在《纲要》及相关政策的实施过程中效果相对不显著。

由于战略性新兴产业是一个国家或地区实现未来经济持续增长的先导产业,对国民经济发展和产业结构转换具有决定性的促进、导向作用,具有广阔的市场前景和引导科技进步的能力,关系到国家的经济命脉和产业安全。[①] 因此,今后政府可根据不同产业政策实施效果的不同影响,加大对战略性新兴产业的扶持力度。同时,在通过专利许可进行技术转移的过程中,应发挥市场化的运作机制,

---

① 朱瑞博. 中国战略性新兴产业培育及其政策取向[J]. 改革, 2010 (3): 19-28.

充分发挥市场的基础性作用,调动企业积极性,积极培育市场,以缩短专利申请到专利许可的滞后期,从而进一步提高我国战略性新兴产业的自主创新能力。

第三节 基于产学研合作的政策实施效果评价

在当前我国科技创新能力总体不强、企业技术创新能力普遍较低的情况下,高校依托人才和科研优势,正积极融入国家创新体系,为增强企业创新能力,加快产业结构调整和经济发展方式转变提供高素质人才和技术支撑。为此《纲要》明确提出,要"促进企业之间、企业与高等院校和科研院所之间的知识流动和技术转移"。国家自主创新政策的出台给我国产学研合作带来了什么样的影响?是否提高了产学研技术转移的效率?本节拟分别选择产学研合作专利申请和专利转让作为衡量产学研合作创新效率和技术转移的评价指标,以期进一步探究《纲要》出台后我国产学研之间合作创新及技术转移的特点和变化规律,分析在部门之间合作创新过程中的自主创新政策实施效果,为我国今后的相关科技政策制定提供实践依据,从而实现《决定》的长期战略目标,提高我国的总体科技创新能力。

一、我国产学研合作的背景分析

进入 21 世纪,我国作为一个发展中大国,已经建立起比较完备的学科体系,拥有丰富的人才资源,部分重要领域的研究开发能力已跻身世界先进行列,具备科学技术大发展的基础和能力。2001 年 1 月至 2011 年 8 月 31 日,我国 ESI[①]论文数量居全球第二,排名前十位国家的论文数量和被引用次数见图 4–32。

在高校和科研机构的研发能力逐渐增强的同时,《纲要》中明确指出:"我国仍然面临企业自主创新能力较弱,核心竞争力不强,经济效益有待提高的问题。"并提出了"到 2020 年,我国自主创新能力显著增强,科技促进经济社会发展和保障国家安全的能力显著增强","国际科学论文被引用数进入世界前 5 位"的发展目标,强调"大幅度提高自主创新能力,要完善技术转移机制,促进企业的技术集成与应用。大力发展为企业服务的各类科技中介机构,促进企业之间、企业与高等院校和科研院所之间的知识流动和技术转移"。2012 年 11 月,中国共产党第十八次全国代表大会报道中再一次提出"着力构建以企业为主体、市场为导向、产学研相结合的技术创新体系"。

---

① ESI: Essential Science Indicators(基本科学指标数据库),数据来源于《中国科技统计年鉴》(2012)。

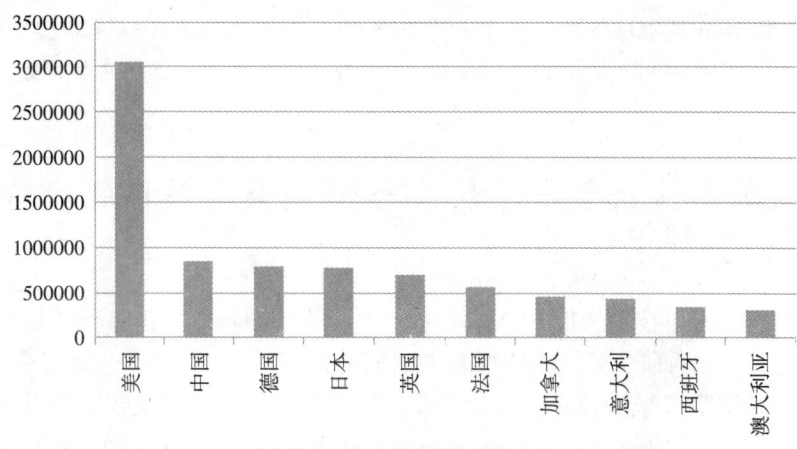

(a) 按 ESI 论文数量排序的全球前十位国家

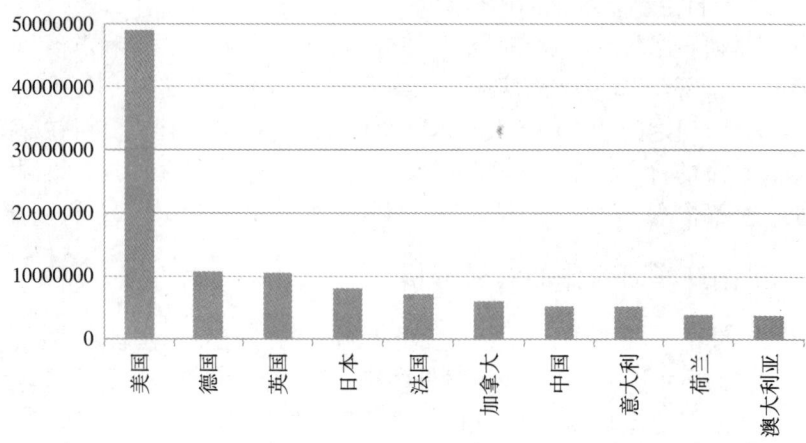

(b) 按 ESI 论文被引用次数排序的全球前十位国家

图 4-32 2001~2011 年我国 ESI 论文数量和被引用次数排名

产学研合作可衡量的有效成果主要体现在三个方面，一是合作发表科研论文，目前这一成果的数量相对较少，且对企业经济效益的影响效果不明显；二是通过开展产学研合作创新共同申请专利，目前这一成果的数量相对较多，但由于从申请到授权、产业化的过程不确定因素较多，时间较长，因此大多是间接提高企业经济效益，且影响较弱；三是通过产学研之间的专利许可，实现技术的转让，目前这一成果的数量相对较多，且基本是大学、科研机构作为让与人，企业作为受让人进行专利转让合同的登记，由于专利转让的目的性更强，技术产业化的效率更高，因此，对企业经济效益的提高影响效果较显著。

二、相关研究综述

20 世纪 90 年代以来，随着知识经济在全球范围内的兴起，产学研合作作为一种重要的技术创新模式，其在经济发展过程中的重要战略地位已成为大多数国家的广泛共识。在我国，产学研合作也被提到了国家战略的高度，成为国家创新体系的重要组成部分。从现有文献来看，国内外学者对于产学研合作创新做了大量的研究工作，成果颇丰。

1. 产学研合作创新绩效的衡量

针对产学研合作创新绩效的衡量，刘顺忠等[①]用发明专利授权量、国际三大检索系统（SCI、EI、ISTP）收录科技论文数量、新产品产值率、亿元投资新增GDP和万元GDP综合能耗作为指标来衡量一个地区创新产出能力。戴勇等[②]在研究研发投入和企业家精神与产学研绩效之间的关系时，用产学研合作开发实现的新产品销售收入来衡量产学研合作创新绩效。李成龙等[③]在衡量产学研合作组织耦合互动对创新绩效的影响时，用成果性绩效和成长性绩效来综合衡量产学研合作的创新绩效。孙卫等[④]从学研方的知识输出能力、产方的组织学习能力、成员互动性和产学研联盟的自组织性四个因素对产学研合作创新知识转移绩效进行了实证研究。

虽然不同学者采用不同指标来衡量合作创新的绩效，但由于专利较接近创新的商业应用和专利数据能较全面地反映各地区发明和创新信息，[⑤]因此常用来作为创新绩效的评价指标之一。此外，Beneito[⑥]提出，创新绩效指标的选取还应"基于研究的特定目标和数据的可用性"。因此，企业的创新绩效可由其创新活动决定，即创新绩效可以通过创新投入（研发支出）或创新产出（专利数、专利引用率和新产品数量）来测量。例如，对于高校和科研机构的创新绩效指标，张凤等[⑦]在论文和专利的基础上，增加了奖励指标来评价创新绩效产出。

2. 产学研技术转移

产学研技术转移即大学与企业、研究机构与企业之间的知识或技术转移，主要涉及与知识产权相关的技术转移。

就目前文献来看，国内外相关研究主要针对大学与企业之间或产学研之间的

---

① 刘顺忠，官建成. 区域创新系统创新绩效的评价［J］. 中国管理科学，2002，10（1）：75-78.

② 戴勇，肖丁丁，锁颖馨. 研发投入、企业家精神与产学研绩效的关系研究——以广东省部产学研合作企业为例［J］. 科学学与科学技术管理，2010，31（11）：136-142.

③ 李成龙，秦泽峰. 产学研合作组织耦合互动对创新绩效影响的研究［J］. 科学管理研究，2011，29（2）：100-103.

④ 孙卫，王彩华，刘民婷. 产学研联盟中知识转移绩效的影响因素研究［J］. 科学学与科学技术管理，2012，33（8）：58-65.

⑤ Archibugi D. The inter-industry distribution of technological capabilities: a case study in the application of Italian patenting in the USA［J］. Technovation，1998（7）：259-274.

⑥ Beneito P. The innovative performance of in-house and contracted R&D in terms of patents and utility models［J］. Research Policy，2006，35：502-517.

⑦ 张凤，霍国庆. 国家科研机构创新绩效的评价模型［J］. 科研管理，2007，28（2）：35-42.

知识或技术转移，单独涉及研究与企业之间知识或技术转移的文献较少。

Cohen & Levinthal[1]强调了吸收能力在产学研战略联盟中的重要性。Daniel[2]认为，知识转移是企业存在的原因，有效的知识转移对于企业提高自身竞争能力非常重要。Szulanski[3]从组织学习的角度研究了知识转移的过程，以动态的视角分析了知识转移过程的黏性，分别针对知识转移的各阶段，分析了影响知识转移粘性的因素并进行了实证分析。Thursby & Kempb[4]针对美国联邦政府支持对研究型大学专利许可的影响进行了实证分析。Marshall[5]认为，信息流动和知识扩散，尤其是隐性知识扩散存在一定的地理边界。Fukugawa[6]研究发现，具有博士学位的研发人员的比例显著促进了日本公共研发机构的专利技术转移活动。Muscio[7]通过研究意大利大学的技术转移活动情况，发现大学研发人员质量是其重要的决定因素。Caldera et al.[8]通过研究西班牙大学的专利技术转移情况，发现大学拥有的科学家数量显著促进专利许可合同数量和收入的增加。

李文波[9]认为，我国大学和国立科研机构技术转移效果的影响因素包括国家政策，国家经济环境，研究机构、企业的特点以及技术转移中介机构。研究发现，国内融资服务体系不够健全、企业技术能力和技术转移经验不足、技术转移人才缺乏等因素降低了技术转移的效果。张也卉和刘林青[10]研究认为，在我国新的国家创新体系建设下，大学应从"成果转化"向"技术转移"的观念转变，大学和科研机构等知识生产组织可以将活动的焦点放在技术商业化的前端部分，而不必关注技术商业化的整个进程；企业等经济生产组织则将焦点放在技术商业化的后端部分，而专利是两者区别的界面和交换的标的，进而产生新的科研成果经

---

[1] Cohen W., Levinthal D. A new perspective on learning and innovation [J]. Administrative Science Quarterly, 1990, 35 (1): 128–152.

[2] Daniel E. Knowledge-management systems: converting and connecting [J]. IEEE Intelligent Systems, 1998 (5–6): 30–33.

[3] Szulanski G. The process of knowledge transfer: a diachronia analysis of stickiness [J]. Organizational Behavior and Decision Processes, 2000, 82 (1): 9–27.

[4] Thursby J., Kempb S.Growth and productive efficiency of university intellectual property licensing [J]. Research Policy, 2002, 31 (1): 109–124.

[5] Marshall A. Principle of economics (8th ed.) [M]. New York: Cosimo, 2006.

[6] Fukugawa N. Determinants of licensing activities of local public technology centers in Japan [J]. Technovation, 2009, 29 (12): 885–892.

[7] Muscio A. What drives the university use of technology transfer offices? Evidence from Italy [J]. The Journal of Technology Transfer, 2010, 35 (2): 181–202.

[8] Caldera A, Debande O. Performance of Spanish universities in technology transfer: an empirical analysis [J]. Research Policy, 2010, 39 (9): 1160–1173.

[9] 李文波. 我国大学和国立科研机构技术转移影响因素分析 [J]. 科学学与科学技术管理, 2003 (6): 48–51.

[10] 张也卉，刘林青. 大学技术转移中的专利作用——基于界面理论的考察 [J]. 研究与发展管理, 2007, 19 (5): 95–99.

营管理模式。章琰[①]分别从技术、技术提供者（主要为大学）、技术接受者（主要为企业）以及环境四个方面探讨了大学技术转移的内在规律性，并给出了分析模型。李应博等[②]在《纲要》给出的大学在产学技术转移中的功能定位以及创新型国家战略目标下，对我国大学技术转移情况进行管理分析，系统研究了大学技术转移的模式。徐国东等[③]建立了企业—大学知识转移的影响因素模型，并探讨了包括积极因素和消极因素在内的知识转移影响因素，对理想的知识转移过程进行了分析。

曹建国等[④]分析了产学研合作中专利技术转移的三个阶段，即专利技术获取、专利技术转让、专利技术应用，研究了专利技术转移的参与主体及其作用、基本模式和特点。牛盼强等[⑤]在野中郁次郎等的知识创造螺旋理论基础上，把物理学中的"场"理论应用到知识转移方面，构建了知识双螺旋模型，研究我国产学研合作技术转移的机制。张娟等[⑥]从组织机制、资金筹措与分配机制、转移服务机制、激励与约束机制四个方面对我国大学技术转移的市场化运行机制进行了研究。饶凯等[⑦]根据2003~2010年中国大学的省级面板数据，通过实证研究分析研发投入对大学技术转移合同的影响。研究结果表明，科技人力资源的投入对大学技术转移合同的促进作用强于科技经费投入的影响，教研人员的质量因素对大学技术转移合同的影响显著，科技服务人员的数量能显著促进中国大学技术转移活动。原长弘等[⑧]利用中国75所"211工程"大学1998~2002年的面板数据，采用随机前沿方法（SFA）实证分析了地方政府支持和区域市场需求规模不确定性对高校技术转移效率的影响。研究结果表明，当地政府的财政资金支持作为其对高校技术转移最直接的支持方式，显著促进了高校技术转移效率的提高；而区域市场需求规模的波动，由于会导致技术转让风险的增大，会对转移效率产生负面影响。

综上所述，目前国内外针对产学研合作技术转移及创新绩效评价的文献较多，结合我国实际开展的研究既有定性分析也有定量实证研究，数据多来自问卷

---

① 章琰. 大学技术转移影响因素模型研究 [J]. 科学学与科学技术管理，2007，(11)：43-47.
② 李应博，吕春燕，何建坤. 基于创新型国家战略目标下的我国大学技术转移模式 [J]. 研究与发展管理，2007，19 (1)：63-71.
③ 徐国东，叶金福，邹艳. 企业—大学合作中的知识转移影响因素分析 [J]. 情报杂志，2008 (2)：87-89.
④ 曹建国，刘伟，蔡卫星，郑永平. 产学研合作中的专利技术转移研究 [J]. 科技管理研究，2009 (12)：488-490.
⑤ 牛盼强，谢富纪，董意凤. 基于知识双螺旋模型的我国产学研合作技术转移机制研究 [J]. 科学学与科学技术管理，2010 (5)：43-46，52.
⑥ 张娟，郭炜煜，刘明军. 大学技术转移市场化运行机制研究 [J]. 科学管理研究，2011，29 (4)：65-68，73.
⑦ 饶凯，孟宪飞，徐亮，Piccaluga A. 研发投入对中国大学技术转移合同的影响 [J]. 管理科学，2012，25 (5)：76-84.
⑧ 原长弘，高金燕，孙会娟. 地方政府支持与区域市场需求规模不确定性对高校技术转移效率的影响——来自中国"211工程"大学的证据 [J]. 研究与发展管理，2013，25 (3)：10-17.

调查和统计年鉴,虽有部分学者在专利许可的层面进行研究,但成果相对较少。同时,在《纲要》出台前后,虽有少量文献在国家政策大背景下研究我国产学研技术转移的实际效果,但多是定性分析或构建模型,少有利用专利数据开展实证研究的成果。因此,本研究通过在中国专利数据库中筛选出我国高校、科研机构及企业近年来的专利许可数据和合作申请的专利数据,深入归纳和总结我国自主创新政策在产学研部门合作层面的实施效果。

三、基于专利申请的产学研合作创新效率研究

本研究选取 1985~2012 年我国产学研合作申请的专利历史数据进行实证研究,[①] 以期探索《纲要》出台后,我国自主创新政策对产学研合作创新效率是否产生了影响。

(一) 变量测算和数据来源

本研究使用的专利数据全部来自中国专利数据库,考虑到专利的申请并获得授权(以下"专利申请"及相关概念均指申请并获得授权的专利)即基于产学研合作创新的成果,因此,在 1985 年 1 月 1 日到 2012 年 10 月 1 日期间申请并获得授权的专利中通过对申请人所包含的关键词进行检索,用"企业"、"公司"、"厂"、"集团"四个关键词代表企业申请人(产);用"大学"和"学院"两个关键词代表高校申请人(学);用"研究院"和"研究所"两个关键词代表科研机构申请人(研),检索该时期产学研合作申请的专利,以代表大学和企业、科研机构和企业合作的创新绩效。最后,剔除涉及国外公司或大学的专利申请数据以及变量不全的无效专利,剩余有效专利共计 16940 项。

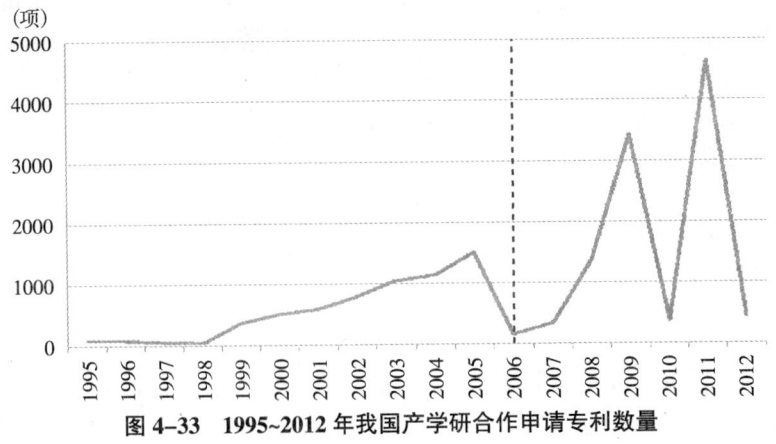

图 4-33 1995~2012 年我国产学研合作申请专利数量

---

① 1985年1月1日至 2012 年 12 月 31 日期间的专利申请数据库中,产学研合作申请专利记录最早的数据为 1995 年,因此层面相关图的数据均从 1995 年开始。

第四章 自主创新政策对我国部门科技结构的影响

从图 4-33 可以看出，我国产学研合作申请专利数自 1998 年开始增长，到 2005 年出现大幅度下降，自 2006 年开始大幅度增加，在 2010 年有所回落，但自 2011 年起又开始了加速的增长。其中，2012 年由于统计数据不完整（截至 2012 年 10 月 1 日），因此，图 4-33 中表现出下降的趋势。

从时间点来看，1998 年我国提出"985"计划，重点发展研究型高校，强调高校在创新中的重要地位和作用，因此对此后 7 年的产学研合作创新起到了一定的积极作用；2006 年随着《纲要》的出台，产学研合作创新开始了新一轮的强劲增长，迎来了两个高峰。

为了深入研究《纲要》出台对我国产学研合作创新的影响，本研究以产学研专利申请数为因变量，分析政策在产学研合作层面的实施效果，变量选择及测算如下：

（1）专利申请。作为因变量，本研究采用产学研共同申请的专利来衡量产学研合作创新绩效及政策实施效果。虽然仅使用专利这一单一因素来度量产学研合作创新的绩效过于片面，但在考虑了衡量标准的客观性、权威性、可获取性以及可对比性后，基于申请专利的产学研合作创新绩效评价对本研究来说是最合理的选择。

（2）地理邻近。由于地理的邻近会增加产学研合作的可能，即地理距离较近的产学研合作概率更高，反之，鉴于时间成本等因素，产学研合作概率较低。因此，本研究采用地理距离来衡量合作申请专利双方的地理邻近性，地理距离的计算参见式（4.22）。

（3）文化邻近。由于产学研合作会受到各方文化的影响，特别是生活习性和语言沟通，因此本研究根据中国语言地图对我国语言区域的划分来判断产学研的文化邻近性，即是否属于同一个语言区。由于十大汉语语言区域中的官话区又分为八个不同的区域，因此将十大汉语言区命名为"大区域"，将八个官话区命名为"小区域"，分别用数字 0、1、2 代表产学研合作属于"同语言区"、"同一个语言小区域"（"同官话区"）、"不同的语言大区域"（"不同语言区"），由近到远依次区分文化的距离。

在具体语言区的划分上，由于存在同一个省份的不同区域属于不同语言区的现象，因此，在保证研究统计分析可行性的基础上，本研究通过分析产学研合作申请专利的双方申请人地址，发现大多数申请人均位于省会城市、副省级城市及重点经济城市，所属语言区和省会城市相同。因此，用省会城市所在区域能够较好地代表本研究中该省所在语言区域，具体统计标准见表 4-20。

表 4-20 中，内蒙古呼和浩特、包头等地的汉语属于晋语区，而其余大部分地区属于蒙古语区，由于本研究主要针对汉语方言的区域划分，且统计时间段内所在地为内蒙古的产学研地理位置均在呼和浩特、包头等汉语区，故将内蒙古划分到晋语区。

表 4-20 中国语言区域的划分

序号	语言种类		包含地区
1	官话区	东北官话区	黑龙江、吉林、辽宁
		北京官话区	北京、天津
		冀鲁官话区	河北、山东
		兰银官话区	宁夏、新疆
		中原官话区	河南、陕西、甘肃、青海
		西南官话区	四川、云南、贵州、重庆、湖北
2	晋语区		山西、内蒙古
3	吴语区		浙江、上海、江苏
4	徽语区		安徽
5	赣语区		江西
6	湘语区		湖南
7	闽语区		福建、海南、台湾
8	粤语区		广东、广西、澳门、香港

（4）合作单位威望。考虑到产学研合作过程中，企业更愿意选择有声望的组织并与其建立合作伙伴关系，以使其产品质量在消费者市场中获得更大的可信度和信誉。① 关于大学威望与产学创新之间的关系，Mansfield et al.② 发现，地理距离的增加会减弱产业对大学的研究基金投入度，但这一效应会因为大学的威望而减弱。同样，Adams③ 也认为，企业在前沿的创新投入方面，更喜欢选择一流的大学而不受企业与大学之间遥远地理距离的影响。Laursen et al.④ 同样发现，比相对于较近的二流大学来说，企业更愿意选择与一流的大学进行合作创新。

针对我国高校，有两个权威网站每年都会发布大陆地区地方院校（非军事类院校）的综合评分及排名。其中，网大（www.netbig.com）公布了 1999~2013 年的大学综合排行评分，具体评分项目包括声誉、学术资源、学术成果、学生情况、教师资源和物质资源；中国校友会网（www.cuaa.net）则从 2003 年开始公布大学排行榜，一级评分指标包括人才培养、科学研究和综合声誉。本研究在比较了两个网站的评价体系及数据的可获得性和连贯性后，选择采用网大最新年度（2013 年）的大学综合排行榜评分以及各高校的综合得分作为"合作单位威望"

---

① Barringer B., Harrison J. Walking a tightrope: creating value through interorganizational relationships [J]. Journal of Management, 2000, 26: 367-403.

② Mansfield E., Lee Y. The modern university: contributor to industrial innovation and recipient of industrial R&D support [J]. Research Policy, 1996, 25 (7): 1027-1058.

③ Adams J. Comparative localization of academic and industrial spillovers [A]//Breschi, S.F.M., Clusters, Networks and Innovation [M]. Oxford: Oxford University Press, 2005.

④ Laursen K., Reichstein T, Salter A. Exploring the effect of geographical proximity and university quality on university-industry collaboration in the United Kingdom [J]. Regional Studies, 2011, 45 (4): 507-523.

变量的高校部分数据来源。

由于单独针对我国科研单位的综合评分及排名没有统一且权威的公布渠道，且我国教育部学位与研究生教育发展中心通过中国学位与研究生教育信息网（www.chinadegrees.cn）公布了其分别在2004年、2009年和2012年组织展开的学科评估结果，考虑到学科评估是在统一的标准下对我国高校和科研院所进行的学科整体水平评估结果，分数之间具有可比性，本研究通过评估结果的分数比例，将我国科研机构的得分折算为与网大的高校综合得分对应的综合得分，作为"合作单位威望"变量的科研机构部分数据来源。

《纲要》出台后，相关政策是否通过降低地理距离、文化差异和合作单位威望对产学研合作创新产生影响从而为产学研合作创新效率的提高带来了显著的积极影响？这是本研究希望深入分析并回答的一个问题，因此本研究在借鉴前人相关研究的基础上，结合研究目的，设定《纲要》出台后对我国产学研合作自主创新能力的影响模型如下：

$$\ln patent_{it} = \beta_1 + \beta_2 year_i + \beta_3 distance_i + \beta_4 culture_i + \beta_5 prestige_i \\ + \gamma_{1i} + \gamma_{2i} year_i + \varepsilon_i + \beta_6 policy_i \tag{4.24}$$

其中 $lnpatent_{it}$ 是本研究的因变量，为产学研合作在不同年度的专利申请数并对其取自然对数，包括发明专利、实用新型专利和外观设计专利三类，即本研究考察的政策效果衡量指标。

自变量中，$year_i$ 为产学研有合作申请专利数的自然年度；$distance_i$ 为产学研合作申请的每一项专利中申请双方所在地之间的地理距离，是按自然年度计算出的平均值；$culture_i$ 为按照语言区域划分后计算出来的语言距离，是按自然年度计算出的平均值；$prestige_i$ 为合作单位的威望，是按自然年度计算出的平均值；$policy_i$ 为《纲要》出台与否的虚拟变量，当取值为1时表示相关政策已出台，当取值为0时则表示相关政策还未出台。

模型中，系数 β_1 代表模型中的固定常数效应；β_2、β_3、β_4、β_5 和 β_6 则分别代表各自变量对结果影响的固定效应相关系数；γ_{1i} 和 γ_{2i} 分别代表产学研合作受到年度和政策影响的随机效应相关系数；ε_i 为残差。

本研究根据研究内容和检验假设的需要，运用 SPSS 统计分析软件对大样本数据进行统计分析，得到衡量《纲要》出台后对我国产学研合作创新影响的各变量的均值、标准差、方差等描述统计指标，见表 4-21。

（二）实证检验和结果分析

在研究统计的 16940 个专利中，有超过一半（58.4%）专利的产学研合作申请人来自相同的地区，即地理距离为 0，剩下的 3417 个由异地申请人共同申请的产学研合作创新成果在地理邻近性方面的近多远少趋势则有所降低，见图 4-34。

表 4-21　我国产学研合作申请专利模型各变量描述统计分析

	N	极小值	极大值	均值	标准差	方差
year	16940	1995	2012	207.1512	3.89007	15.133
distance	16940	0.00	3885.45	678.8154	698.2434	458976.3234
culture	16940	0	2	0.56	0.853	0.727
presitige	16940	13	100	54.52	26.104	681.396
policy	16940	0	1	0.99	0.076	0.006

资料来源：中国专利数据库。

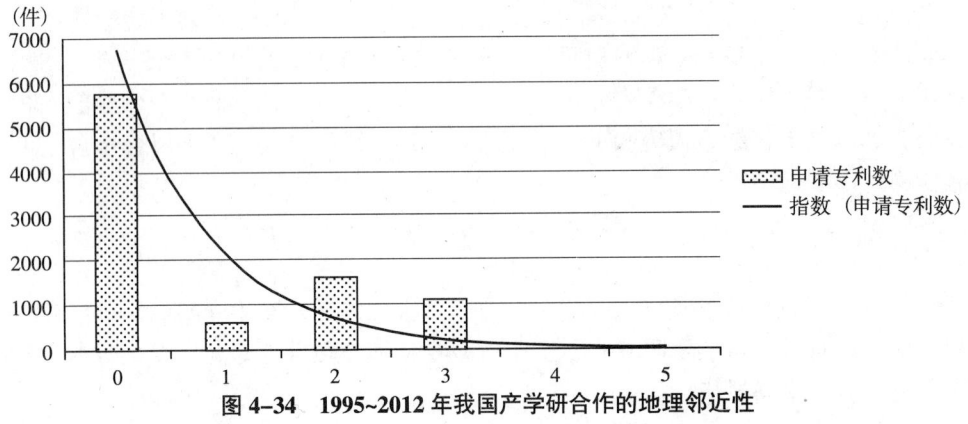

图 4-34　1995~2012 年我国产学研合作的地理邻近性

针对非本地的产学研合作创新绩效，本书针对由异地申请人共同申请的产学研合作创新成果进行了文化邻近性的深入研究。

根据语言区域的划分，当产学研申请人来自同一个语言区域，即语言相似时，沟通的便捷以及相似的风俗习惯会削弱地理邻近性对产学研合作创新可能性的影响。图 4-35 显示了 1995~2012 年中国产学研合作申请专利情况按照地理距离划分后在文化邻近性方面表现出的特点。

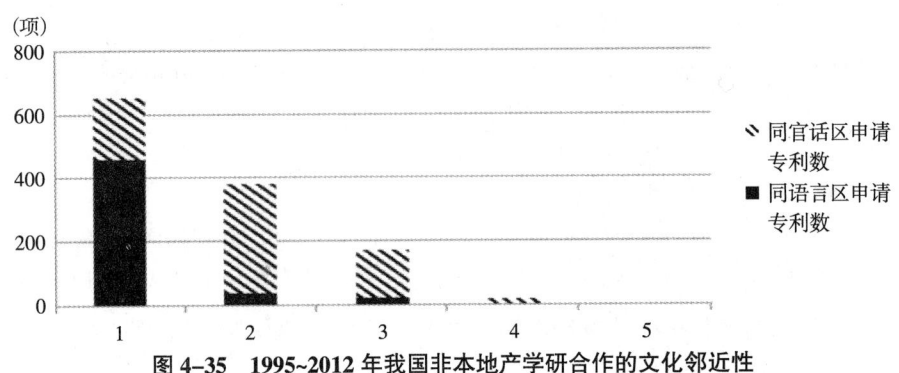

图 4-35　1995~2012 年我国非本地产学研合作的文化邻近性

从图 4-35 中可以看出，同语言区的非本地产学研合作仍然表现出了一定的地理邻近性特点，这主要是因为语言区，特别是小区域的划分与地理区域的划分显著相关。这也符合人类语言的相似性受地理因素的影响很大，便于一定区域范围内人们的沟通与交流。

然而，从官话区的划分来看，地理邻近效应则有所减弱。我国约 70%的人口以官话为母语，主要分布在中国北方绝大多数地区，南方的四川中部、东部，重庆西部、东部、北部，广西北部，云南北部，贵州北部、东部，湖北大部，湖南北部，江西沿江地区，安徽北部和中部，江苏长江以北地区。

综上所述，可见官话具有地理区域分布广的特点。此外，由于官话区域内的词汇、语法具有高度的一致性，大部分地区可以相互大致理解对方说话含义，加之现代的国语、普通话也是由官话演变而来，因此官话区内产学研合作创新绩效与地理邻近性之间的效应在一定程度上被文化邻近性中语言的邻近削弱了。虽然不同年份产学研合作创新的活跃度不同，但从总体来看，均保持了以上同官话区文化邻近性的特点，且在统计年度内大致呈现出逐年增加的趋势，见图 4-36。

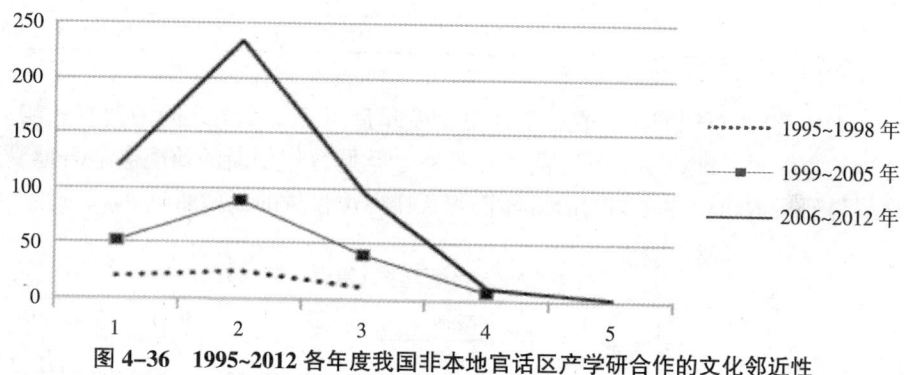

图 4-36　1995~2012 各年度我国非本地官话区产学研合作的文化邻近性

在异地申请人共同申请的产学研合作创新成果中，有 68.9%的专利为来自不同语言区域的申请人共同申请，通过分析这些产学研申请人的特点可以发现，具有较高威望的合作单位（在排名上靠前）能够克服地理和文化的邻近性，吸引更多的企业或公司与他们进行合作创新，并获得创新绩效。这一现象在最近 7 年中同样呈现出逐年上升的趋势（见图 4-37），这说明越来越多的企业或公司更倾向于与有名望的权威大学或科研机构合作进行创新活动。

从图 4-37 中可以看出，从 2008 年开始，排除 2012 年专利申请情况未完全获取的因素外，我国跨区域非相同语言区的产学研合作创新频率逐年增加。

为了进一步研究《纲要》出台前后我国产学研合作技术的变化以及政策在部门合作层面的实施效果，本研究利用 SPSS 统计分析软件，选择逻辑回归法，以

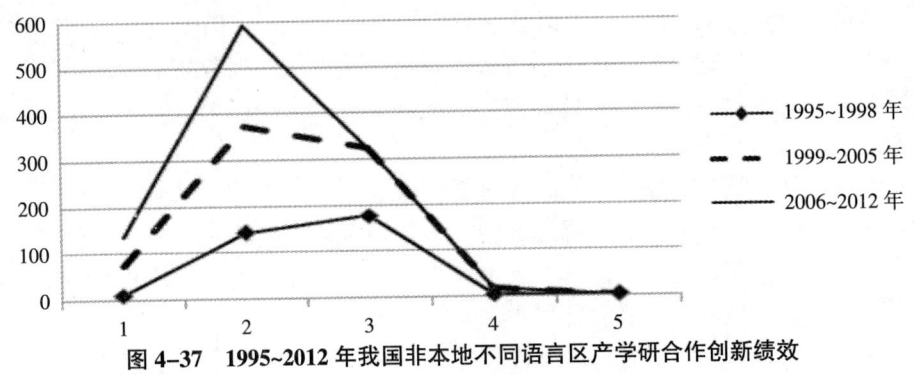

图 4-37　1995~2012 年我国非本地不同语言区产学研合作创新绩效

进一步验证本文的假设。

表 4-22　偏相关分析结果

		语言距离	合作单位威望
地理距离	相关性	0.474	0.212
	显著性（双侧）	0.000	0.000
	df	4855	4855

从表 4-22 中可以看出，在控制了其他变量后，三个变量之间两两显著相关，因此拒绝零假设，即说明地理距离的远近对产学研合作创新的效应会显著地受到大学或科研机构与企业之间的语言邻近和合作单位自身的威望影响。

表 4-23　起始模型统计量表

	B	S.E	Wals	df	Sig.	Exp（B）
步骤 0 常量	4.896	0.143	1784.765	1	0.000	147.436

表 4-23 为只包含常数项模型的各项统计量，其中 B 为相关系数，说明常数项参数与模型相关度较高。Sig. 为统计量 Wals 的显著性水平，由于此值小于 0.01，因此，常数项参数有效。从表 4-23 中可以看出，该模型 Exp（B）值为 147.436，即地理距离、语言距离和合作单位威望的改变以及《纲要》政策的出台，均使得产学研合作申请专利的概率增加，政策实施效果较显著。

在对模型进行拟合优度检验后，得到 -2 对数似然值（-2 Log likelihood）为 0.000，说明模型对数据的拟合度非常理想；Nagelkerke R^2 统计量的值为 0.873，说明能由方程解释的回归变异 Variation 较多，拟合度佳。同时，对模型进行 Hosmer-Lemeshow 拟合统计量检验，得到 Sig. 值为 0.000，进一步验证了该方程对数据的拟合良好。此外，从最终观测量分类表来看，正确预测率为 100%，说明

第四章 自主创新政策对我国部门科技结构的影响

该回归方程能够解释实际现象。

表4-24 为模型式（4.24）中各变量的相关统计量。

表4-24 产学研合作的政策实施效果评价模型统计量

	模型参数	模型
policy=1 （以 policy=0 为参考）	年度（year）	12.475 (0.029)**
	地理距离（distance）	0.016 (2.960)**
	文化距离（culture）	−1.024 (478.74)***
	合作单位威望（presitige）	1.461 (43.975)***

注：*、**、*** 分别代表在10%、5%、1%显著性水平下显著，括号里为W统计量。

从表4-24可以看出，各因素的系数估计（B）值显著，即《纲要》出台后对以上因素均有一定程度的影响。

（1）产学研合作双方之间的地理距离。模型中，我国产学研合作地理距离的系数为0.016，说明《纲要》出台后对该因素有较小的正向影响，即增加了产学研合作双方之间的地理距离，但影响程度不大。究其原因，《纲要》的出台及相关产业政策都大幅度提高了企业进行技术创新的动力，同时由于企业受到自身技术开发的限制，必然从外部寻求技术创新的源泉，加之合作申请专利需要便利的沟通与协作，因此企业更愿意选择与之地理距离更近的合作方，从而有利于提高合作创新的效率。

（2）产学研合作双方之间的文化距离。模型中，我国产学研合作双方之间文化距离的系数为−1.024，说明《纲要》出台后对该因素有一定的负向影响，即缩短了合作双方之间的文化距离。究其原因，《纲要》对产学研合作的重要性进一步明确，并强调了企业的主体地位，激励了产学研合作中的企业方，提高了其进行合作创新的积极性和动力。由于文化通过影响人的价值观和态度从而影响人的行为，且不同文化中的语言和行为习惯也会严重影响合作双方之间的沟通效果和冲突程度，因此企业为了提高合作创新的成功率，降低冲突相关成本，更愿意选择与之文化距离更近的合作方，从而有利于提高合作创新的效率。

（3）合作单位威望。模型中合作单位威望的系数为1.461，说明《纲要》出台后对该因素有较大的正向影响，即企业更愿意选择威望较高的合作单位进行合作创新，且影响程度高于地理距离和文化距离。究其原因，《纲要》及相关政策的出台增加了企业寻求合作单位共同创新的积极性，同时为了提高合作创新的成功率及创新成果的质量，企业更愿意选择威望较高的合作单位。当面临地理距离或文化距离较远而合作单位威望较高时，企业也可能会选择与之进行合作创新。

四、基于专利转让的产学研技术转移效率研究

为了研究《纲要》出台后我国产学研技术转移情况的变化，深入分析政策在部门之间合作层面的实施效果和影响，本研究选择产学研专利许可相关数据开展实证研究。

（一）变量测算和数据来源

国家知识产权局公布了1999年部分技术许可数据，以及2000~2012年几乎全部技术许可信息。本研究在中国专利数据库中用"企业"、"公司"、"厂"、"集团"四个关键词代表专利受让人（产），用"大学"、"学院"和"研究所"、"研究院"等关键词分别代表高校让与人（学）和科研机构让与人（研）为检索项，筛选1999年至今的产学研许可专利，每项专利均包含了申请号、申请日、许可年份、专利名称、分类号、让与人、受让人、地址、合同备案号、许可种类、许可年份等信息，筛选得到的专利共计7543项。

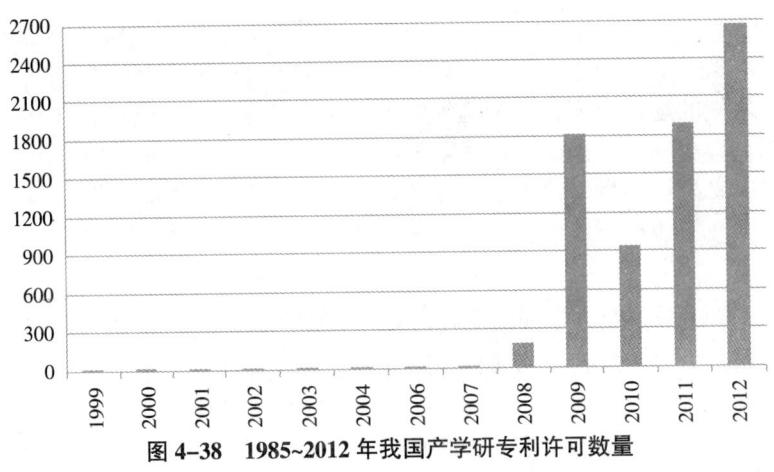

图4-38　1985~2012年我国产学研专利许可数量

从图4-38可以看出，我国产学研专利许可自2008年开始有了较大幅度的增加，虽然在2010年有小幅度的回落，但自2011年起又开始了加速增长。

为深入研究《纲要》出台对我国产学研技术转移的影响，本研究以产学研技术转移为因变量，分析政策在部门合作层面的实施效果，变量选择及测算如下：

（1）专利许可。根据《中华人民共和国促进科技成果转化法》，高校科技成果转化是指高等学校充分利用自身的资源、发挥自身的科技优势，为提高生产力水平而对科学研究和技术开发所产生的具有实用价值的科技成果进行的后续试验、开发、应用、推广直至形成新产品、新工艺、新材料、发展新产业等活动。高校

第四章 自主创新政策对我国部门科技结构的影响

技术成果转化包含三个阶段：实验室阶段、产品化阶段（常被称为"中试"阶段）和产业化阶段。从定义和流程上来看，科技成果转化实际上关注的焦点是技术从研究发展到设计、制造、成品上市或技术本身成为流通性有价商品的过程，即国外的技术商业化（Technology Commercialization）概念。

对企业来说，通过许可获得的专利相对于专利的申请大大缩短了授权时限，目的性更强，因此能够在"产品化"和"产业化"阶段更有效地实施并获取经济效益。本研究采用产学研许可的专利来进一步分析我国部门合作层面政策的实施效果。虽然仅使用专利这一单一因素过于片面，但在考虑了衡量标准的客观性、权威性、可获取性以及可对比性后，许可专利对本研究来说是最合理的选择。

通过在中国专利数据库中以产学研相关的关键词为检索项，检索1999年以来我国产学研之间的许可专利，共得到7543条记录，剔除变量不全的无效专利后，剩余有效专利共计6877项。

（2）许可滞后期。由于专利的申请和许可往往会存在一定的时滞性，即某项专利在提出申请并获得授权后，企业技术需求的不同以及许可合同的谈判、签订等时间消耗会导致其在一定时间后才被许可，最终通过技术产业化实现经济效益。一般来说，许可滞后期越短，专利技术越前沿，企业通过许可专利提高自主创新能力的效果就越显著，反之则越弱。

《纲要》出台后，相关政策是否通过降低产学研之间专利许可的滞后期给企业自主创新能力的提高带来了显著的积极影响？这是本研究希望深入分析并回答的一个问题，因此本研究选择专利许可的滞后期为自变量之一，进一步分析《纲要》在部门之间合作层面的实施效果和影响。

（3）地理距离。一项专利的许可，存在让与人和受让人两方，二者之间的地理距离，会在一定程度上影响许可成功的几率。一般来说，许可双方的地理距离越近，越有利于专利许可的谈判沟通与技术协助，专利许可的成功几率越高，企业通过许可专利提高自主创新能力的效果就越显著，反之则越弱。

本研究采用地理距离来衡量专利许可参与双方的地理邻近性，地理距离的计算参见式（4.22）。

《纲要》出台后，相关政策是否通过降低产学研合作专利许可的地理距离给企业自主创新能力的提高带来了显著的积极影响？这是本研究希望深入分析并回答的另一个问题，因此，本研究选择专利许可的地理距离为自变量之一，进一步分析《纲要》在部门之间合作层面的实施效果和影响。

在借鉴前人相关研究的基础上，结合研究目的，设定《纲要》出台后对我国产学研合作自主创新能力的影响模型如下：

$$\ln patent_{it} = \beta_1 + \beta_2 year_i + \beta_3 period_i + \beta_4 distance_i + \gamma_{1i} + \gamma_{2i} year_i + \beta_5 policy_i + \varepsilon_i$$

(4.25)

其中 lnpatent$_{it}$ 是本研究的因变量，为产学研合作在不同年度的许可专利数并对其取自然对数，包括发明专利、实用新型和外观设计三类专利，即本研究考察的企业自主创新能力衡量指标。

自变量中，year$_i$ 为产学研合作有专利许可记录的自然年度；period$_i$ 为产学研合作每一项许可专利中专利许可年度与专利申请年度的差值，用来衡量专利许可的滞后期；distance$_i$ 为产学研合作每一项许可专利中让与人和受让人所在地之间的地理距离；policy$_i$ 为《纲要》出台与否的虚拟变量，当取值为 1 时表示相关政策已出台，当取值为 0 时则表示相关政策还未出台。

模型中，系数 β_1 代表模型中的固定常数效应；β_2、β_3、β_4 和 β_5 则分别代表各自变量对结果影响的固定效应相关系数；γ_{1i} 和 γ_{2i} 分别代表产学研合作受到年度和政策影响的随机效应相关系数；ε_i 为残差。

本研究根据研究内容和检验假设的需要，运用 SPSS 统计分析软件对大样本数据进行统计分析，得到衡量《纲要》的出台对我国产学研合作自主创新能力影响的各变量的均值、标准差、方差等描述统计指标（见表 4-25）。

表 4-25 我国产学研合作专利许可模型各变量描述统计分析

	N	极小值	极大值	均值	标准差	方差
year	6877	1999	2012	2010.50	1.435	2.058
policy	6877	0	1	0.99	0.076	0.006
period	6877	0	19	3.88	1.940	3.763
distance	6877	0.00	3384.97	507.8072	647.26526	418952.313

资料来源：中国专利数据库。

（二）实证检验和结果分析

在对数据进行描述统计分析后，我国产学研技术合作 1999~2012 年的专利许可滞后期和专利许可地理距离的平均值总体情况见图 4-39 和图 4-40。

从图 4-39 中可以看出，自 2008 年开始，我国产学研合作专利许可的平均滞后期在小幅上升后于 2010 年开始有大幅度的降低，且呈现出逐年缩短的趋势，总体来看，平均滞后期趋于收敛。

从图 4-40 中可以看出，自 2008 年开始，我国产学研合作专利许可的平均距离在经历了下降后，2009 年又开始了小幅度的上升，且呈现出逐年增加的趋势，总体来看，平均地理距离趋于收敛。

为了进一步研究《纲要》出台前后我国产学研合作技术的变化以及政策在部门合作层面的实施效果，本研究利用 SPSS 统计分析软件，选择逻辑回归法，对式（4.25）进行统计分析。

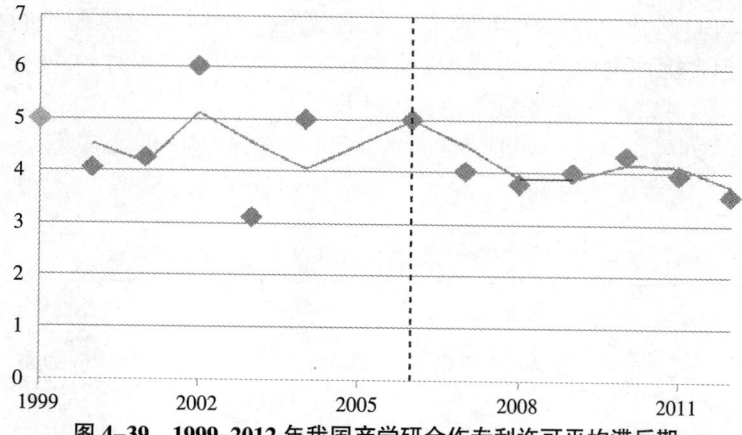

图 4-39　1999~2012 年我国产学研合作专利许可平均滞后期

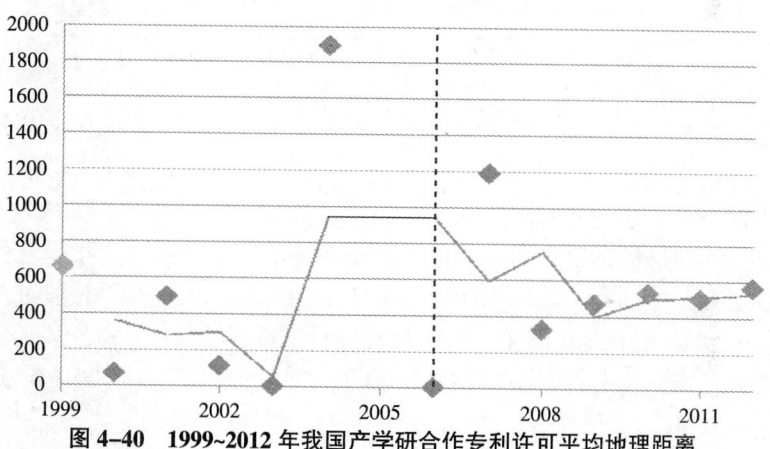

图 4-40　1999~2012 年我国产学研合作专利许可平均地理距离

表 4-26　起始模型统计量表

	B	S.E	Wals	df	Sig.	Exp (B)
步骤 0 常量	5.141	0.159	1051.138	1	0.000	170.925

表 4-26 为只包含常数项模型的各种统计量，其中 B 为相关系数，说明常数项参数与模型相关度较高。Sig. 为统计量 Wals 的显著性水平，由于此值小于 0.01，因此，常数项参数有效。从表 4-26 中可以看出，该模型 Exp（B）值为 170.925，即产学研合作专利许可滞后期、地理距离的改变和《纲要》政策的出台均使得部门间专利许可的概率增加，企业自主创新能力提高，政策实施效果较显著。

在对模型进行拟合优度检验后，得到 -2 对数似然值（-2 Log likelihood），说明模型对数据的拟合度非常理想；Nagelkerke R^2 统计量的值为 0.781，说明能由方程解释的回归变异 Variation 较多，拟合度佳。同时，对模型进行 Hosmer-Lemeshow 拟合统计量检验，得到 Sig.值为 0.000，表明该方程对数据的拟合较好。表 4-27 为式（4.25）中各变量的相关统计量。

从表 4-26 可以看出，各因素的系数估计（B）值显著，即《纲要》出台后对以上因素均有一定程度的影响。

表 4-27　产学研合作的政策实施效果评价模型统计量

	模型参数	模型
policy=1 （以 policy=0 为参考）	年度（year）	15.129 (0.003)*
	滞后期（period）	−0.315 (36.944)***
	地理距离（distance）	0.002 (0.560)**

注：*、**、*** 分别代表在 10%、5%、1%显著性水平下显著，括号里为 W 统计量。

（1）专利许可滞后期。从表 4-27 中可以看出，我国产学研合作专利许可滞后期的系数为−0.3151，说明《纲要》出台后对该因素有一定的负向影响，即缩短了专利申请与专利许可的时间。究其原因，《纲要》中明确提出了我国进入创新驱动型国家行列的目标，确立了企业作为创新主体的地位，同时产学研合作的重要性进一步明确，这都大大激励了产学研合作中的企业方，提高了企业进行专利许可的积极性和动力。从专利许可的数量看，自 2008 年起，我国产学研合作的专利许可总量开始急剧上升，虽然在 2010 年有了一定的下降，但 2011 年开始恢复了高速增长。

（2）让与人和受让人之间的地理距离。模型中，我国产学研合作专利许可地理距离的系数为 0.002，说明《纲要》的出台对该因素有较小的正向影响，即增加了专利让与人和受让人之间的地理距离，但影响程度不大。究其原因，《纲要》的出台及相关产业政策都大幅度提高了企业进行技术创新的动力，同时由于企业受到自身技术开发的限制，必然从外部寻求技术创新的源泉，加之技术许可合同的签订需要多次的沟通、谈判和交流，因此企业作为受让人，基于对效率的考量，更愿意选择与之地理距离更近的让与人，从而有利于提升企业的自主创新能力。

五、结论及政策建议

通过以上实证研究，本节分析论证了 2006 年《纲要》的出台对我国产学研合作创新和技术转移的影响。

研究结果表明，我国产学研合作创新自 1998 年开始，呈现逐年递增的趋势，产学研之间的技术转移在 2008 年之后出现迅猛增长。《纲要》的出台以及我国自主创新政策的实施对产学研合作创新和技术转移效率都具有正向的显著影响效应。

从分析变量来看，政策实施对产学研合作创新及技术转移的地理距离均带来了一定的增加，但影响作用较小，即没有显著地大幅度提高远距离产学研合作的概率。在合作创新方面，政策的出台以及对企业创新的支持使得企业更愿意选择文化距离较近或威望更高的高校或科研机构合作申请专利，进行创新活动。但在文化邻近和合作单位威望两大因素中，企业更看重合作单位的威望。在技术转移方面，除了地理距离外，政策的实施通过缩短专利申请与专利许可的滞后期，使产学研的技术转移在最近几年呈现逐年递增的趋势，同时包含前沿技术的转让专利也提高了企业的自主创新能力。

对于一个富有生机与活力的技术创新系统来说，知识流动、技术转移，就像奔流不息的血液一样，一旦停止，生命即告终结，整个系统便没有存在的意义。创新是现有产业体系能力的提升和飞跃。如果没有技术转移，就不可能把握技术走势，找准创新起点，在现有知识、技术、生产方式或管理方式的基础上整合创新资源，开发技术创新的新创意；如果没有技术转移，也不可能把握市场脉搏，真正贴近市场，整合创新资源，推进技术、市场的创造、运用、集合和融合，最终完成具有现实和潜在的商业价值的新产品、新工艺和新产业。因此，完善技术转移机制是技术、知识、信息向深度、广度奔涌转移的平台，是产学研合作创新成功的重要保障。

从合作申请专利来看，可运用文化邻近来提高产学研合作的创新绩效，从而提高我国整体创新水平，实施创新驱动发展战略；国家在平衡不同层次高校发展的基础上，应该适当加大对具有高声誉、高威望的一流研究型大学的投入与创新支持，鼓励企业，特别是行业龙头企业与这些高校的合作。此外，政府还可以在适当的时候运用行政手段，加大企业与一流大学的合作力度。在合作的基础上，政府既要关心合作数量，更要关注合作质量。在这一前提下，针对一流研究型大学，可以考虑将产学合作创新成果，如申请专利数量等，纳入经费划拨的考核体系中。

第五章　自主创新政策对我国企业自主创新能力的影响

作为创新的主体，近年来我国企业数量快速增长，但高科技企业的质量仍不容乐观。同时，由于我国的经济体制问题，大型国有企业依靠垄断和资源型生产获得利润，创新动力不足；民营企业中近年来虽出现了如中兴、华为、奇瑞、东软等高科技创新企业，但整体上我国民营企业由于研发资金、配套政策、创新人才等不到位，创新的意愿仍较低。

针对这一现状，《纲要》中明确指出要"把提高自主创新能力作为调整经济结构、转变增长方式、提高国家竞争力的中心环节，把建设创新型国家作为面向未来的重大战略选择……要把提高自主创新能力摆在全部科技工作的突出位置"，并提出我国发展高科技产业的目标是"到2020年，进入创新型国家行列，为在21世纪中叶成为世界科技强国奠定基础"。

根据世界银行发表的报告，"富国以及穷人和富人之间的差别不仅在于穷国和穷人获得的资本较少，而且在于他们获得的知识较少"。[①] 因此，要实现我国提出的创新目标，关键就是要降低企业对外部技术的依赖性，提升其自主创新能力。

然而，要提高创新主体——企业的创新积极性，仅依靠市场的调节是难以奏效的。在这一前提下，依靠国家的力量对企业的创新意愿进行保护和促进就成为了促进企业自主创新力量发展，乃至国家创新实力提高的重要保证。

根据《纲要》提出的若干重要政策和措施及人才队伍建设的内容，本章结合企业实践，依次选择财税政策、政府采购、知识产权质押和海外人才引进四个对企业自主创新能力的提高有重要影响的因素，采用案例分析的方法探讨和分析《纲要》颁布后相关政策的制定与实施对企业自主创新能力的影响。

首先，财税政策部分从创新的外部条件分析了我国政府财税优惠政策对企业自主创新的影响，选择华为技术有限公司和南通万达锅炉股份有限公司为代表，分别研究财税政策在政府补贴和税收减免方面对企业自主创新能力的促进作用；

---

① 成德宁. 公共财政政策与技术的创新和扩散［J］. 科技进步与对策，2005（5）：7-76.

第五章 自主创新政策对我国企业自主创新能力的影响

其次，政府采购部分从创新成果的市场需求方面探究我国政府采购与企业自主创新的实践状况，以高科技客车制造企业——安凯汽车以及中关村的创新型企业为代表，分析政府采购的实践活动；再次，在知识产权质押部分从创新资源的资金投入方面探究我国企业知识产权质押贷款相关政策的实际运行状况，选择柯瑞生物制药公司和南京道及天软件系统有限公司为代表，对其知识产权质押的实践进行案例分析和解读；最后，从创新资源的人才投入方面进一步探究我国企业在海外人才引进方面的实践状况，选择无锡尚德太阳能电力有限公司和江苏兴荣高新技术股份有限公司为代表，对其海外人才引进的实践进行案例分析和解读，并提出相关政策实施建议。

第一节 财税政策

为了推动本国的科技进步，西方发达国家特别注重加大对科技进步的投入力度，在每一特定的历史发展阶段，政府都有一个明确的产业技术政策，并通过研发补助金、委托费和政策性融资等财政手段确保产业技术政策的贯彻落实。[①] 许多国家的经验表明，财税政策作为国家宏观调控和促进经济社会发展的重要手段，理应为促进企业自主创新提供资金支持和政策激励。

回顾1978~2005年我国财政税收支持科技创新的演化轨迹可以看出，在过去的27年中，财税政策对中国当前的科技布局、科技实力、科技能力和科技效力有着重大影响。[②]

2006年国务院颁布的《纲要》中提出的"走自主创新道路，建设创新型国家"的目标为我国财税政策促进企业科技创新明确了新的方向和路径，并明确提出要"实施激励企业技术创新的财税政策"。

随后的自主创新系列配套政策更是在加大对企业自主创新投入的所得税前抵扣力度、允许企业加速研究开发仪器设备折旧、完善促进高新技术企业发展的税收政策、支持企业加强自主创新能力建设、完善促进转制科研机构发展的税收政策、支持创业风险投资企业的发展、扶持科技中介服务机构和鼓励社会资金捐赠创新活动八个方面，对国家财税优惠促进企业的创新能力的提高提出了更高要求。

---

① 傅道忠. 发达国家科技财税优惠政策及其启示 [J]. 财经问题研究, 2003 (6): 58.
② 房汉廷, 张缨. 中国支持科技创新财税政策述评 (1978~2006年) [J]. 中国科技论坛, 2007, 9 (10): 5-8.

中国自主创新政策评价研究

我国相关财税优惠政策的制定和实施给企业的科技创新和自主创新能力带来了怎样的变化?还面临哪些问题?本节在分析财税优惠相关政策及其对企业技术创新激励作用机理的基础上,结合实际企业的案例,进一步探究我国政府财税优惠政策对企业自主创新的影响实践,并进行总结归纳,从创新的外部条件方面为企业解决创新动力不足的问题提供借鉴,以期实现企业自主创新能力和创新绩效的提高。

一、作用机理分析

由于技术创新具有准公共产品的特性,会造成"市场失灵",同时技术创新投资具有高风险性和收益不确定性的特点,因此需要政府采取必要的措施对企业技术创新进行干预,以降低企业研发风险,提高企业绩效。财税政策又可以分为财政激励与税收优惠两个部分。财政激励政策主要包括了政府补贴、政府设立的专项基金等,通过财政投入对科技创新活动进行资助和引导,作用于基础研究、共性技术研究等领域;税收优惠政策主要有固定资产加速折旧、研发费用加计扣除、税收减免、税率优惠等,通过导向明确的税收优惠措施,可以降低创新研发成本、减少研发风险,为创新主体创造良好的外部环境,激发创新主体的创新动力。

(一) 财税政策对科技创新的影响

现有关于财税政策对科技创新影响的文献主要包括三类:一是通过对现有技术创新实施现状的分析,结合财税政策等提出完善企业自主创新扶持政策的研究;二是通过对国外在财税政策实施情况方面进行研究,总结国外的成功经验,希望中国可以从中有所借鉴;三是指出财税政策是如何促进企业技术创新的。

郑绪涛和柳剑平[1]认为对高新技术企业的研发活动应同时进行事前补贴和事后补贴,其中事前补贴用于补偿企业研发活动溢出效应带来的损失,而事后补贴则用于解决市场结构导致的研发和创新不足等问题。刘军民[2]对我国企业自主创新的基本情况和存在的主要问题进行了总体描述,重点剖析了影响我国企业自主创新能力不足的体制机制障碍和制约因素,从财政投入、税收优惠、财务制度以及收入分配制度完善等多方面提出了进一步完善企业自主创新扶持政策的具体建议。于海峰和谭楚玲[3]则对欧盟和中国支持中小企业技术创新财税政策进行了对

---

[1] 郑绪涛,柳剑平. 促进 R&D 活动的税收和补贴政策工具的有效搭配 [J]. 产业经济研究,2008 (1): 26-36.

[2] 刘军民. 提升企业自主创新能力的财税政策分析 [J]. 华中师范大学学报 (人文社会科学版), 2009,48 (2): 45-55.

[3] 于海峰,谭楚玲. 欧盟与中国支持中小企业技术创新财税政策的比较研究 [J]. 税务研究,2009 (11): 82-85.

比分析，总结了欧盟实施的具体措施和成功经验，以期使中国在推动中小企业技术创新时能够借鉴欧盟的成功经验，促进技术进步和实现经济的可持续增长。

还有一些学者对当前各省实施技术创新的现状进行研究，并在此基础上提出相应的建议，如杨春梅和郑岩[①]通过对吉林省企业技术创新现状的研究发现，财税政策是制约企业技术创新的重要因素，他们从财政投入、税收激励等方面为完善吉林省企业技术创新的财税政策提出了建议。张同斌和高铁梅[②]通过构建高新技术产业的可计算一般均衡模型，考察了财政激励政策和税收优惠政策对高新技术产业发展进而对产业结构调整的影响。结果显示，财税政策的激励作用对于高新技术产业增加值率的提高和内部结构的优化都具有积极影响，并且税收优惠政策的效果更为显著。他们还就政府在制定财税政策方面提出了注重高新技术产业的自主研发和创新能力，考虑政策的短期适应性和长期战略性等建议。更进一步的研究如许景婷等[③]结合江苏省技术创新税收政策的实施情况，对完善与落实促进企业技术创新税收优惠提出了政策建议。

（二）企业创新阶段与政府激励方式的选择

企业之所以进行高风险的技术创新是为了获得更高的期望报酬，而财税政策的实施会影响这些报酬，进而影响到企业技术创新投入的决策。

政府实施财税政策主要是从降低技术创新投入成本，提高技术创新收益预期，减轻技术创新投资风险，影响企业资金供给等方面发挥积极作用。[④]加之企业在技术创新过程中大致可以分为三个阶段——研发阶段、成果转化阶段和产品产业化生产阶段，在每个不同的阶段中企业所面临的风险和问题均不一致，因此政府需要根据企业创新的具体过程的特点来决定采用何种手段。[⑤]

1. 研发阶段

研发阶段是企业最为艰难的阶段，此时企业需要购买研发所需的生产设备以及获得进行研发的高技术人才，如果企业没有雄厚的资金作为担保，那么研发活动将很难进行下去。同时，这一阶段的投资风险最高，一方面企业需要承担研发失败的风险；另一方面企业还需要防范竞争对手获取研发技术以及"搭便车"的可能性，而此时企业从研发活动中得不到显著的收益。

---

① 杨春梅，郑岩. 财税政策与企业技术创新：基于吉林省的实证分析 [J]. 社会科学战线，2012 (7)：42-47.

② 张同斌，高铁梅. 财税政策激励，高新技术产业发展与产业结构调整 [J]. 经济研究，2012 (5)：58-70.

③ 许景婷，张兵，晏慎友. 提升企业技术创新能力的税收优惠政策研究——基于江苏省的宏观分析 [J]. 生产力研究，2013 (1)：41-43.

④ 娄贺统，徐恬静. 税收激励对企业技术创新的影响机理研究 [J]. 研究与发展管理，2008，20 (6)：88-94.

⑤ 邓子基，杨志宏. 财税政策激励企业技术创新的理论与实证分析 [J]. 财贸经济，2011 (5)：3-7.

在这一阶段，政府需要扮演的角色就是充当企业研发活动的助推器，需要为研发的企业加大财政补贴的力度，对于发展高新技术的企业予以财政贷款担保，对于购买先进设备的企业进行增值税收优惠抵扣等以减小企业研发过程中的风险，以保证研发活动能够顺利实施。此时，财政激励政策和税收优惠政策作为能够减轻负担的有力工具，对于企业来说具有十分重要的意义。

2. 成果转化阶段

在成果转化阶段，企业对于研发成果的价值判断依旧不明确，仍然会受到研发成果进入试制阶段但无法实现商业化的风险威胁。因此，企业会对进一步的研发活动持观望态度。此时，财税政策实施的重点在于保证企业研发成果的顺利试制，政府可以通过财政拨款、政府担保贷款等措施来保证企业研发成果转化的顺利进行，同时，对转化成果辅之以税收抵扣、减免等政策。①

3. 产品产业化生产阶段

在产品产业化生产阶段，企业需要为新技术寻找市场并进行批量生产，以收回前期巨额资金的投入。此时，由于新产品批量生产对于生产资料以及设备的需求较大，加之销路的不确定性，为了鼓励新技术产品的成功面世，政府需要做出以下努力：引导社会资源向创新企业和高新技术产业倾斜，确保新技术产品顺利生产并在市场上成功销售。

相对于财政补贴政策而言，此时企业对税收优惠政策更敏感，因为税收优惠政策能引导社会资金投入新技术产品的生产过程，减轻企业在销售产品过程中的费用负担等问题，使企业投入资金能够迅速回笼。此外，政府还可以向购买新产品的消费者进行补贴，以鼓励更多的消费者使用新产品，为新产品打开销路。

(三) 我国相关财税政策的落实情况

图 5-1 是我国国家财政科技拨款及科技拨款占财政总支出的比重图，反映了政府对于科研创新活动的重视程度。

2001 年国家财政总支出为 18902.6 亿元，其中科技拨款 703.3 亿元，占财政总支出的 3.72%；而 2011 年国家财政总支出为 109247.8 亿元，科技拨款为 4902.6 亿元，占财政总支出的 4.49%。

由图 5-1 可知，科技拨款虽然呈逐年递增趋势，但在 2006 年之后科技拨款的力度明显大于以往。科技拨款占财政总支出的比重从 2006 年开始便一直维持在 4%以上的水平，2010 年这一比例达到 4.58%的历史最高值。从科技拨款的情形来看，《纲要》实施之后国家对于科技投入方面的比重明显加大。

---

① 张文春. 税收政策在促进高新技术产业发展中的作用及其机理分析 [J]. 中国人民大学学报，2006 (1)：59-64.

第五章 自主创新政策对我国企业自主创新能力的影响

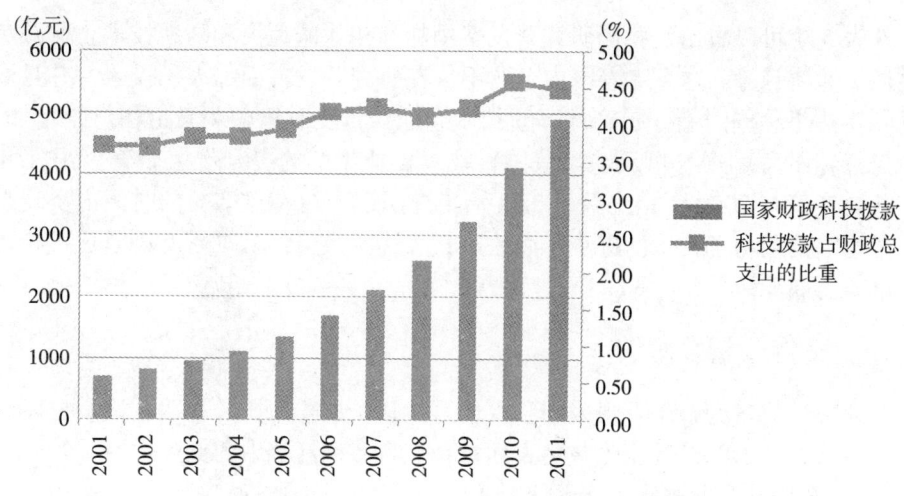

图 5-1 2001~2011 年国家财政科技拨款情况

资料来源：国家统计局中国科技统计年度数据。

国家除了加大财政科技拨款力度之外，还在鼓励企业增加研发资金投入、增强技术创新能力方面提供了税收优惠政策。2008 年，国家税务总局根据《中华人民共和国企业所得税法》及《实施条例》的规定，出台了《企业研究开发费用税前扣除管理办法》，积极鼓励和支持企业开放新产品、新工艺和新技术。此外，为促进高新技术产业的发展，对于在国务院批准的高新技术产业开发区内的高新技术企业，除减按 15% 的税率征收企业所得税外，对于新办的企业[①]自投产年度起，免征企业所得税两年。这是在进一步落实国家关于促进技术创新、加速科技成果转化以及设备更新等基础上提出的税收优惠政策。表 5-1 反映的是近三年来政府在相关政策方面落实的整体情况。

表 5-1 2009~2011 年政府相关政策方面的落实情况[②]

单位：万元

年份	工业总产值	研究开发费用加计扣除减免税	高新技术企业减免税
2009	3331771678	1504400	2605208
2010	4164230085	1781927	3463108
2011	8461892158	2523999	5395580

资料来源：国家统计局科技专题数据。

---

① 新办企业专指那种从无到有建立起来的企业，如果是原有企业一分为几、改组、扩建、搬迁、转产、合并后继续经营，或者是吸收新成员、改变领导关系、改变企业名称的均不能被视为新办企业。
② 关于政府对相关政策落实情况的数据是从 2009 年才开始统计的，因此只有近三年的数据。

从表 5-1 可以看出，我国研究开发费用加计扣除减免税和高新技术企业减免税呈逐年递增趋势。这意味着国内企业不仅在研究开发方面加大了投入，并且取得了一定成果，同时新办投产的高新技术企业数量受政策的刺激也在急剧增加。工业总产值的急剧增长可反映出我国科技对工业生产的提升作用显著。2011 年的工业总产值与 2009 年相比翻了 2.54 倍，之所以可以在这么短的时间内实现总产值翻番主要归功于技术的进步。而政府相关优惠政策的贯彻落实则是促进技术进步的有力保障。

二、案例分析及解读

本研究选择华为技术有限公司和南通万达锅炉股份有限公司为代表，分别研究财税政策在政府补贴和税收减免方面对企业自主创新能力的促进作用。

（一）政府补贴促进华为技术创新

华为技术有限公司（以下简称"华为"）作为全球第二大通信设备供应商，全球第三大智能手机厂商，同时还是全球领先的信息与通信解决方案供应商。它作为国内信息与通信领域的龙头企业，是技术创新变革的先锋。根据最新统计数据表明，2012 年华为在全球全年实现销售收入 220198 百万元，同比增长 8%，其中，中国市场实现销售收入 73579 百万元，同比增长 12.2%。可见华为销售收入的大部分还是来自于海外市场，这是中国民营企业发展壮大并走向国际化成功的标志。在研究与开发的投入方面，华为拥有研究开发人员七万余名，占到公司总人数的 45%，并且在德国、瑞典、美国、法国、意大利、俄罗斯、印度及中国等地设立了 16 个研究所，其中印度所、南京所、中央软件部和上海研究所等通过了 CMM 5 级国际认证，[①] 这意味着华为的软件过程管理与质量控制已经达到业界先进水平。不仅如此，华为还与领先运营商成立了 28 个联合创新中心，把领先技术转化为客户的竞争优势和商业成功。在研发经费投入方面，华为也是行业的佼佼者，具体情况参见图 5-2。

从图 5-2 可以看出，在 2008~2012 年这五年期间，华为的研发费用支出翻了 3 倍，并且研发费用率从 2010 年开始急剧上升。2012 年华为总共支出研发费用为 30090 百万元，研发费用率为 13.7%，[②] 这一比例明显高于《高新技术企业认定管理办法》的规定。依据《高新技术企业认定管理办法》，对于销售收入 5000 万元以下的企业，其企业研发费用占销售收入比例为 6%；销售收入在 5000 万至 2

[①] CMM 是 Capability Maturity Model for Software 的缩写，译为软件能力成熟度模型，是对有关软件企业或组织的软件过程的实践中各个发展阶段的定义、实现、质量控制和改善的模型化描述。它一共分为五个等级，其中第五级为最高级。

[②] 研发费用率是指研发费用占销售收入的比重。

第五章 自主创新政策对我国企业自主创新能力的影响

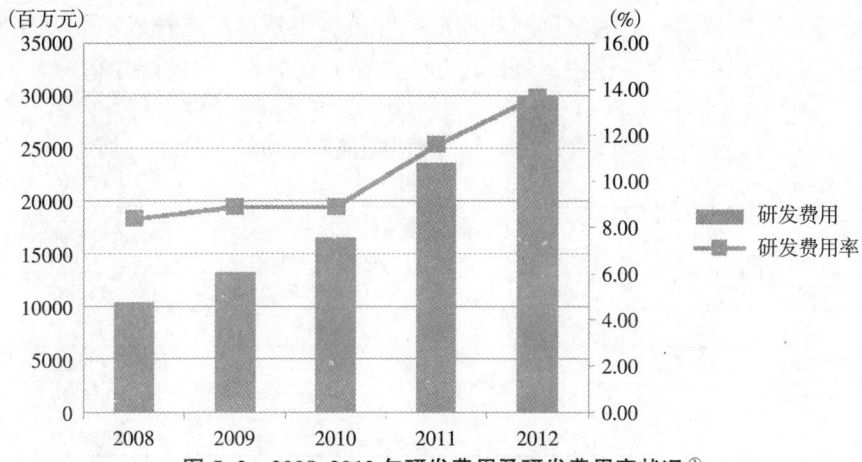

图 5-2 2008~2012 年研发费用及研发费用率状况①

注：由于数据的可得性，这里只有 2008 年后的研发经费数据。
资料来源：华为历年公司年报。

亿元之间的企业，比例为 4%；而销售收入为 2 亿元以上的企业，比例定为 3%。在科研产出方面，截至 2012 年 12 月 31 日，华为累计申请中国专利 41948 件，国际 PCT 专利申请 12453 件，外国专利申请 14494 件，累计共获得专利授权 30240 件。华为在全球服务方面同样做得十分出色。截至 2012 年底，华为已为全球 63 个国家的 114 家运营商建设了 19000 个室内站点；服务于 45 个国家的 78 家运营商，完成了超过 260 个数据中心项目；为全球 150 多个国家的 310 个运营商超过 18000 个站点提供绿色能源服务。①

华为作为国内高新技术产业发展的领军代表，其高速发展速度离不开政府的支持。由于诸如税收减免等会涉及商业机密，因此这里主要考察政府对华为科技研发的财政支持。表 5-2 是华为近几年受到的各种形式的政府补助。根据华为历年年报中财务报表的说明情况，政府补助只有在同时满足下列条件时，才会在合并资产负债表内予以初步确认：本集团确实能够收到该款项；本集团能够满足政府补助所附条件。如果政府补助用于补偿公司发生的费用，则在费用实际发生的相应期间作为收入计入损益；如果政府补助用于补偿公司购置资产的成本，则先确认为递延收入，然后以系统的方法在资产的使用期间计入损益。华为集团收到的发展创新与研究的无条件政府补助直接计入损益；以完成特定研发项目为条件的政府补助作为递延收入确认在合并资产负债表内，在相关研发费用发生的期间，以系统的方法摊销入合并损益表。从表 5-2 中可以看出，近几年华为集团收到发展创新与研究的无条件政府补助金额总体在逐年上升，这表明国家十分重视

---

① 华为投资控股有限公司. 2012 年年度报告 [R]. 2012.

国内企业在高新技术产业的发展,政府愿意花巨资来资助高新技术产业发展良好的企业,以起到示范带头作用,同时,也是在践行《纲要》中的规划精神。

表 5-2 华为近几年获得政府补助情况

单位:万元

年份	发展创新与研究的无条件政府补助	完成特定研发项目为条件的政府补助	附条件的政府补助
2008	130183	487017	110782
2009	251006	328445	22296
2010	433555	545239	159024
2011	109772	575649	72396
2012	587375	523296	162355

资料来源:华为历年年报。

(二)减免税收优惠政策激励万达锅炉创新

南通万达锅炉股份有限公司(以下简称"万达锅炉")是以原南通锅炉厂为主体改制设立的民营股份制企业。公司的前身——南通锅炉厂始建于1958年,是原机械工业部锅炉制造的18家重点企业之一。2000年以前,还在市场的夹缝中求生存的万达锅炉,经过科技部门的指引和帮助,企业通过整合多方科研力量走上了自主创新、节能减排的道路。公司目前致力于高科技环保节能型锅炉的研发,先后开发了一系列具有国内领先水平的纯低温余热发电锅炉、城市生活垃圾焚烧发电锅炉、生物质焚烧发电锅炉、水煤浆锅炉、大型集中供热锅炉、循环流化床锅炉等特色产品。截至目前,公司共拥有专利15项,高新技术产品的销售比重已达到55%以上。万达锅炉在特种锅炉行业中各项综合指标名列全国前十名,2008年,实现销售收入6亿多元,利税达8000万元。[①] 这些成就的取得和公司重视科技创新密切相关,同时也得益于公司关注科技创新政策,适时享受优惠,化被动为主动。

1. 财税政策为公司研发投入减负

2000年以前,万达锅炉主要是从事传统产品的生产,技术开发费用相对较少。2000年以后,产学研合作的推进、企业研发机构的建设,带来了技术开发费用的大幅度增长,企业也感觉到科技创新成本的增加。怎样能够减少企业成本支出,同时保证企业的研发经费不受影响,成为万达锅炉管理层当时面临的主要问题。

一个偶然的机会,公司财务部长在参加了科技部门相关的政策解读培训班后

---

① 朱克江.企业自主创新案例 [M].北京:经济管理出版社,2009.

了解到,研发费用可以按照一定的比例抵扣应税所得额。2003年,万达锅炉技术开发费190万元,利润达到381万元,根据《关于促进企业技术进步有关财务税收问题的补充通知》,"企业研究开发新产品、新技术、新工艺所发生的各项费用应逐年增长,增长幅度在10%以上的企业,可再按实际发生额的50%抵扣应税所得额"。公司当年申请技术开发费加计扣除95万元,少缴纳企业所得税31.35万元,这个优惠让万达锅炉尝到了科技政策的甜头。伴随着企业不断加大技术投入,万达享受税收优惠的力度也在不断增加,2004年技术开发费加计扣除节约税收支出175万元,2006~2008年技术开发费加计扣除节约税收支出705万元,2008年高企税收减免额达500多万元。迄今为止,公司共节约税收支出近2000万元,进一步保证了研发经费的投入。

2. 政府鼓励,企业配合落实财税政策

在落实财税政策的过程中,政府的重视和推进起到了重要作用,企业的重视和配合也十分重要。企业的积极响应是财税政策发挥效力、真正实现为企业减负的重要保障。由于企业新技术、新产品、新工艺研究开发费用加计扣除是由纳税人根据相关政策规定自主申报扣除,而万达锅炉的财务部到当地税务部门申报时却吃了闭门羹,理由是基础资料不完备。通过科技、税务部门的帮助,公司财务部才了解到,享受政策不仅仅是财务部单个部门的事情,更需要研发部等部门的配合。为了配合政府工作,用好国家优惠政策,保证提供的基础材料完备,在管理层的协调下,公司成立了以财务部牵头、各部门参与的政策协调小组。财务部负责统筹,研发部负责技术项目开发计划(立项书)和技术开发费预算、技术研发专门机构的编制情况和专业人员名单的提供等,信息部负责政策的跟踪。经验表明,协调小组材料的完备不仅规避了企业可能面临的税收风险,也为公司申报各类科技计划提供了便利。

就研发费用加计扣除而言,万达锅炉总结了以下四个需要注意的方面:①享受技术开发费用加计扣除政策,必须账证齐全,并能从不同会计科目中准确归集技术开发费用实际发生额;②在年度纳税申报时应当报送技术项目开发计划(立项书)和技术开发费预算,技术研发专门机构的编制情况和专业人员名单,上年及当年技术开发费实际发生项目和发生额的有效凭据等有关材料;③发生的技术开发费,凡由国家财政和上级部门拨付的部分,不得在税前扣除,也不得计算应税所得额;④在一个纳税年度内实际发生的技术开发费在按规定实行100%扣除基础上,允许再按当年实际发生额的50%在企业所得税税前加计扣除,企业年度实际发生的技术开发费当年不足抵扣的部分,可在以后年度企业所得税应税所得额中结转抵扣，抵扣的期限最长不得超过 5 年。①

三、总结归纳

科技型企业的研发活动是财税政策最大的刺激对象，也是最大的受益者。如果说政府直接对企业的研发活动提供研发活动拨款资助具有排他性，那么面向从事研发活动的科技型企业进行财政补贴和税收减免等活动则是普惠性的。从华为和万达锅炉的成功案例可以看出，财税政策的实施在财政补贴、税收优惠和减免等方面为企业高新技术的发展做出了重要的贡献，企业从这些政策中获益良多。但为了确保今后我国财税政策能够更好地贯彻和落实，同时，企业能够充分利用财税政策提高自主创新能力，企业和政府还需注意以下问题。

就企业来说，光有政府的财税激励政策是远远不够的，还需要在加强自身能力建设上面做足功课，在获得政府支持的同时又不依赖于政府，通过技术创新，主动参与政策培训，从加强自身规范建设做起，享受应有的科技政策，以便更好地满足企业创新的需求。

就政府来说，为了进一步提高我国企业的自主创新能力，还需要做到：

1. 加强对财税优惠政策的宣传力度

从万达锅炉的案例中可以看出，企业对于政府实施财税优惠政策的具体情况不甚了解，可能因为错过享受财税优惠政策的机会而加大了技术创新难度，从而造成企业技术创新项目的流产。因此政府可以通过举行财税优惠政策方面的培训，邀请企业财务人员参与，这样不仅可以更好地贯彻落实政策，还能够了解到企业当前发展现状，并为企业的持续发展提供帮助。

2. 充分利用财税政策在资源配置中的导向功能②

财税政策工具有助于引导各类金融资源聚集整合和优化配置，促使其更好地为创新主体服务。因此，一要充分发挥财税政策工具在创新主体直接融资中的积极作用。通过国家和地方的财政投入引导，以及投资收益税收减免或投资额按比例抵扣应纳税所得额等积极的财税政策，引导天使投资、风险投资和股权投资发展，.吸引社会资金进入创业投资、基金、融资租赁、信托、担保等行业，将巨额的社会资金转化为有效的产业资本。二要加大对中小企业的政策性融资支持。借鉴国际经验，建立符合我国中小企业融资特点的政策性融资机构，同时推动现有政策性银行运营机制创新和业务模式创新，增进对科技型中小企业的支持力度，通过政府资金投入解决前期启动资金缺乏和贷款损失问题。三要对创新主体的间接融资活动进行支持。在财政补贴和税收优惠方面给予中小金融机构更加优惠的

---

① 朱克江. 企业自主创新案例 [M]. 北京：经济管理出版社，2009.
② 辜胜阻，王敏. 支持创新型国家建设的财税政策体系研究 [J]. 财政研究，2012（10）：19-22.

政策。加大财政投入支持小额担保贷款的力度，为微利及劳动密集型中小企业创造条件，鼓励其申请小额担保贷款。四要建立多层次中小企业信用担保体系，落实好对符合条件的中小企业信用担保机构免征营业税、担保风险补偿、担保奖励、风险准备金提取和代偿损失在税前扣除的政策，并结合担保户数、担保额度、占资本金额比率、担保资产质量等，制定有差异的税收政策。

3. 出台相关的政策来规范和保护企业获得财政支持的合法权益

虽然政府加大了对技术创新型企业的扶持力度，但每年投入的金额仍然有限。且根据各大媒体的报道，不少企业通过各种手段来骗取政府补贴等行为层出不穷。例如，从太阳能产业的发展情况来看，就存在着许多企业骗取财政补贴的情况。

根据审计署公告显示，在2011~2012年度，为支持重庆、上海、安徽、辽宁、广东等18个省份的节能环保行业发展，国家财政拨出800多亿元资金，专项用于"三款项目"（能源节约利用类、可再生能源和资源综合利用类、节能环保类）建设，但348个项目单位挤占挪用、虚报冒领"三款科目"资金16.17亿元。其中金太阳示范工程补助资金累计为81.49亿元，太阳能光电建筑应用示范补助资金累计为20.06亿元，超过100亿资金中有2.2亿元被11家企业通过虚报申报材料等各种方式违规获得。

在骗补的名单中，不乏广东汉能这样的大企业身影。审计署披露，广东汉能光伏有限公司10兆瓦光伏发电项目单位多报建设规模和装机容量，违规获得中央财政金太阳示范工程补助资金2637.25万元。除了太阳能产业，在家电行业等领域均存在着不同程度的"骗补"行为。

企业采取各种手段骗取国家财政补贴的行为不仅造成了国家资源的浪费，更是占用了那些本应该享受国家财政补贴企业的权利。因此，政府应当加快建立和完善监管约束机制，针对现有政策存在的漏洞进行完善，在每个环节要切实履行好监管职责，对违规骗取国家财政补贴资金的行为要坚决予以打击查处并追究相关责任人的法律责任，以保证国家资源能够被最大程度地利用。

第二节　政府采购

政府采购制度是世界上许多国家发挥政府调控经济功能、体现国家战略意图、促进自主创新的有力手段，也是从需求的角度侧面支持本国企业自主创新的重要政策工具。①

1998年，我国政府采购的规模仅为31亿元左右，而到了2005年，政府采购的规模已超过2500亿元，增长了80多倍，涉及的领域由试点之初单纯的实物采购扩大到了工程、服务等其他领域。②

为了提高我国企业的自主创新能力，加快进入创新型国家行列，2006年颁布的《纲要》及其后续配套政策确定了我国科技工作的指导思想和总体目标，提出了包括政府采购政策在内的60条促进自主创新的配套政策。《纲要》中明确提出，为了"实施促进自主创新的政府采购"，要"制定《中华人民共和国政府采购法》实施细则，鼓励和保护自主创新。建立政府采购自主创新产品协调机制。对国内企业开发的具有自主知识产权的重要高新技术装备和产品，政府实施首购政策。对企业采购国产高新技术设备提供政策支持"。

为了进一步落实政府采购政策，我国财政部、科技部等相关部门随后又出台了六项实施细则。这对于我国起步不久的政府采购制度而言，无疑指明了其前进的方向，也为政府采购提出了新的要求。

政府采购相关政策的制定与落实给企业自主创新能力带来了怎样的变化？还存在哪些不足？本节在分析政府采购相关政策及其作用机理的基础上，结合企业案例，进一步探究我国政府采购与企业自主创新的实践状况，并进行归纳总结，从创新成果的市场需求方面为企业解决创新动力不足的问题提供借鉴，以期进一步完善我国自主创新的政府采购政策。

一、作用机理分析

（一）政府采购

政府采购是一种公共行为，是政府为了满足社会公共需求，以政府为主体进行的采购活动。③政府采购主要包括创新产品和服务的采购。④

根据《中华人民共和国政府采购法》第二条第二款，政府采购是指各级国家机关、事业单位和团体组织使用财政性资金采购依法制定的集中采购目录以内的或者采购限额标准以上的货物、工程和服务的行为。

政府采购的政府主体性和社会公共性特征决定了政府采购的目标不仅仅是完

---

① 宋河发，穆荣平，任中保. 促进自主创新的政府采购政策与实施细则关联性研究 [J]. 科学学研究，2011, 29 (2): 291-299.

② 马理. 自主创新、政府采购与招投标机制设计 [J]. 中国软科学，2007 (6): 120-124.

③ 刘伟，曹建明，蔡卫星. 国外政府采购扶持自主创新的经验及对中国的启示 [J]. 管理现代化，2009 (1): 18-20.

④ Edler J, Georghiou L. Public procurement and innovation-resurrecting the demandside [J]. Research Policy, 2007, 36: 949-963.

成公共物品的采购任务,也不仅是提高财政资金的使用效率,而是围绕现阶段国家发展战略,提升高新技术企业的自主创新水平和创新产品的市场竞争能力,建立创新型国家的重要政策性手段。①

政府采购对于促进创新事业的发展在国内外已被广泛研究。Rothwell & Zegveld② 比较了研发投入和政府采购的异同,他们认为,政府采购在更多领域更能长期激励创新。Geroski③ 也研究了政府创新需求质量和数量的意义,认为政府采购政策是一个比研发投入更为有效的激励创新工具。Aschhoff & Sofka④ 对德国企业的调查发现公共采购和大学知识溢出同样是成功的,对于经济紧张情况下的区域小企业来说,公共采购尤其有效。Palmberg⑤ 和 Saarinen⑥ 关于芬兰 1988~1998年创新商业化的研究表明,48%的创新成功项目主要得益于公共采购。

国内学者认为政府在企业创新中的作用主要包括:维护性职能、生产性职能和改变规则与方向的职能。⑦ 其中政府职能最重要的就是改变规则与方向的职能,而其中又以政府采购的作用影响最大。艾冰和陈晓红⑧ 通过灰色关联分析发现,政府购买水平是影响自主创新水平的一个主要因素,随着政府实际购买水平的提高,企业自主创新水平也会相应提高。基于这方面的考虑,提出我国加入国际政府采购协议对我国自主创新水平的提高具有重要帮助。

从实践来看,政府采购对于创新的作用也受到了国内外政府和国际组织的广泛关注。例如,1999年经合组织发表的一份报告称,政府直接对厂商从事的研发活动提供资金可以给商业资助的研发活动带来积极的影响,政府给厂商提供 1 美元的资金,可以带来 1.7 美元的效益。⑨ 在美国,1998年政府的采购合同总额中,来自高技术企业的产品价值占 35%,此外,美国政府每年为 IBM、微软、

---

① 郭雯,程郁,任中保. 国外政府采购激励创新的政策研究及启示 [J]. 中国科技论坛,2011 (9): 146-151.

② Rothwell R. Technology based small firms and regional innovation potential: the role of public procurement [J]. Journal of Public Policy, 1984, 4 (4): 307-332.

③ Geroski P. Procurement policy as a tool of industrial policy [J]. International Review of Applied Economics, 1990, 4 (2): 182-198.

④ Aschhoff B, Sofka W. Innovation on demand: can public procurement drivemarket success ofinnovations? [J]. Research Policy, 2009, 38: 1235-1247.

⑤ Palmberg C. The sources of innovations-looking beyond technological opportunities [J]. Economics of Innovation and New Technology, 2004, 13 (2): 183-197.

⑥ Saarinen J. Innovations and industrial performance inFinland 1945~1998 [R]. Almqvist & Wicksell International, 2005.

⑦ 董静,苟燕楠. 公共预算决策分析框架与中国预算管理制度改革 [J]. 财贸经济,2004 (11): 38-42.

⑧ 艾冰,陈晓红. 政府采购与自主创新的关系 [J]. 管理世界,2008 (3): 169-170.

⑨ Guellec D, Van Pottelsberghe de la Potterie B. The impact of public R&D expenditure on business R&D [R]. OECD Publishing, 2000.

惠普、波音公司等大型企业提供了大量订单。[①] 美国西部硅谷地区和东部128公路沿线高技术企业群的迅速发展，与联邦政府的采购政策也密不可分。

相比于发达国家，我国以促进创新发展的政府采购实践相对滞后。2000年以前，我国尚未开展政府集中采购。当时的采购多为各部门自主组织的采购，在缺乏相应监管的条件下滋生了大量贪污腐败，对企业创新能力的提升作用较小。直到2006年《纲要》才提出要"制定《中华人民共和国政府采购法》实施细则，鼓励和保护自主创新。建立政府采购自主创新产品协调机制。对国内企业开发的具有自主知识产权的重要高新技术装备和产品，政府实施首购政策。对企业采购国产高新技术设备提供政策支持。通过政府采购，支持形成技术标准"。而随后的自主创新政策提出：第一，建立财政性资金采购自主创新产品制度；第二，改进政府采购评审方法，给予自主创新产品优先待遇；第三，建立激励自主创新的政府首购和订购制度；第四，建立本国货物认定制度和购买外国产品审核制度；第五，发挥国防采购扶持自主创新的作用。

（二）政府采购的机理分析

本研究认为，政府采购之所以能够对企业自主创新行为和自主创新能力进行影响，主要机理在于：

1. 政府采购可以为国内高科技企业创造市场，降低市场的不确定性

李洪照[②]的研究表明，各个领域的重要创新有60%~80%是由市场需求引起的，而政府采购的购买行为能够产生强大的市场需求。也有学者从期望理论视角构建的创新动力模型出发，认为企业进行创新活动和企业对于创新收益的期望有关，企业期望市场能够有良好的反应则会加大投入，反之则会减少科技投入，而在研发过程中对于市场反应的不确定性也可能降低企业创新成功的概率，影响创新的动力。

一方面，政府采购可以作为企业创新技术转化为创新产品的实验场所。有些企业自主研发的产品处于产业链的前段或中端，需要应用到产品链下端的产品上，才能检验创新产品是否能够应用到市场上。此时，政府采购可以为企业提供一个市场化、商业化的平台，加速创新产品的应用，减少创新技术向创新产品转化的风险。另一方面，很多企业之所以不愿意创新还因为担心创新的产品没有广阔的市场，因此安于现状，不愿意承担研发新技术新产品的风险。一种新产品在刚刚推向市场时，常常会面临市场需求不足的问题，政府采购能够形成最为强大的市场需求，对企业的产品创新起到极大的拉动作用，从而减少企业自主创新产品在市场中的风险。

---

① 叶伟巍，郑锦宜. 激发高技术企业自主创新的政府采购制度研究 [J]. 科学学研究，2007, 25 (A01)：101–105.

② 李洪照. 地方政府技术采购政策研究 [D]. 济南：山东大学，2008.

2. 政府采购引领企业的自主创新

政府在采购品种、数量、类别方面都有着严格的规定，这些规定可以转化成引导企业进行自主创新研发的重要手段，激励企业为获得政府采购订单而不得不进行相应的创新。大多数企业进行研发更多的是考虑经济效益，即进行短期回报高的经营活动。在这种环境下企业有可能缩小研发投入以获得短期经济效益。而如果政府采购对采购种类的标准有了一定限制后，企业在经营过程中，则会将这些规范和标准作为创新的一个航标，使得企业在这个航标的指引下，积极创新，以便更好地满足政府采购产品或服务的要求。

3. 政府采购可以保护本国的创新型企业

国外政府进行政府采购有一个基本的原则——"外屏内竞"。一般来说，政府采购可以促进本国企业的相互竞争，提高行业的科技水平。在保护本国创新企业政策下，将更加有利于这些创新型企业的发展。但我们同时应该认识到，政府对于本国企业的保护不是无条件、无限制的。保护性政策应该合理保护创新能力强的企业，对于没有市场竞争力的企业应当允许其被淘汰。如在中国出台的《评审办法》第十六条中就明确列出了这样的规定：采用竞争性谈判、询价等方式实施采购，在满足采购需求、质量和服务相等的情况下，自主创新产品的报价不高于最低报价的5%~10%方可中标，而并非说只要是创新产品，不管价格有多高，政府就必须要采购。因此，政府采购不是对无竞争企业的保护，而应当成为具有一定创新能力企业的避风港。

4. 政府采购有助于发展中小型高新技术企业，优化创新主体结构

从世界范围来看，目前，中小型高新技术企业正面临着非常严峻的国内、国外竞争压力，在行业准入、银行贷款支持、政府采购、市场营销、科技创新等方面都处于非常不利的竞争地位。但是，中小型高新技术企业由于机制灵活、敢于冒险、突破常规，往往成为一个国家新思想、新技术的重要提供者。这是大型高新技术企业所不具备的。因此，通过政府的直接采购可以降低中小型企业进入市场的门槛，减少营销成本，让企业能够集中更多人力、物力进行产品和服务创新。所以，政府采购将有助于解决中小型高新技术企业面临的研发投入、科技人员不足等系列问题。更重要的是，政府采购还可以帮助中小型高新技术企业发挥它们在一国创新事业发展中的重要角色。例如，可以将它们的新思想、新技术同大型高新技术企业所拥有的制造、销售优势相结合，优化创新主体结构（大型和中小型高新技术企业的比例关系），提升国家在国际舞台上的整体竞争力。

5. 政府采购加快创新产品商业化

自主创新的成果只有经过商业化应用才能真正称之为创新。如果创新仅仅以技术的形式存在，则不会是成功的创新。企业用户大都偏爱选用相对比较成熟的技术设备。在这种情况下，企业自行研制的新产品投放市场后，短期内很难获得

用户的青睐,新产品很容易夭折。因此,快速将产品推向市场,并在短期内回笼资金对于创新型企业来说意义重大。那么在这种情况下,如果能获得政府的采购订单,由于政府具有较高的信誉,就能确保回笼资金能安全及时到位,保证企业的资金流不断链。政府采购加快创新产品商业化的做法已被多国政府采纳。如世界上很多国家都建立了政府首购和订购制度,以期促进创新产品的快速商业化。

二、案例分析及解读

下面我们通过案例来分析政府采购,尤其是自主创新政策要求下的政府采购对企业自主创新能力的影响。具体来说,我们以高科技客车制造企业——安凯汽车和中关村典型创新型企业为代表。

(一) 政府采购与安凯公司的创新能力发展

安徽安凯汽车股份有限公司(以下简称"安凯公司")是国家定点生产高、中档,大、中型豪华客车的上市公司(股票代码:SZ000868)。1993年,安凯公司与德国凯斯鲍尔公司(现奔驰集团 EVOBUS 公司)合作,引进世界一流的全承载客车技术并制造出世界顶级客车——SETRA,填补了国内高档豪华客车的市场空白,开创了中国客运发展的新里程。公司利用国际先进技术,开发的 HFF6120GK15(低地板)、HFF6110GK50(LPG、混合动力)、HFF6100GK39(双燃料)、HFF6850GK60、HFF6112GK50(纯电动)、HFF6900GK51(CNG)等多款新型公交客车,在国内第一个把"全承载"车身技术运用到公交客车领域,贯彻了"低地板、方基调、大玻璃、电子化"的设计理念,被建设部科技委城市车辆专家委员会评定为"大型城市高级客车"。公司为北京首都公交研制开发的纯电动新型公交车,通过电瓶为车辆提供动力,具有无污染和高环保的优点,这一开发计划被列入国家 863 项目和北京奥运项目。公司开发的 HFF6120GK88 公交客车,荣获 2005 年度国家汽车工业科技进步三等奖,是该年度全国唯一的客车获奖项目。①

中国各级政府为了促进安凯公司高端汽车以及自主创新能力的发展,积极采购安凯公司的产品。2006 年,乌鲁木齐市采购了 600 辆 HFF6104GK63 新型豪华客车;2008 年,海关总署物资装备采购中心采购了 15 辆 HFF6122KZ-4 豪华客车;2010 年 1 月,合肥市政府采购了 30 辆安凯纯电动公交车,全部投放在合肥公交 18 路这条线上;2009 年 9 月大连夏季达沃斯论坛时,安凯客车向大连市委交付了 10 辆纯电动豪华旅游大巴和 6 辆纯电动中巴;2010 年,85 辆安凯纯电动

---

① http://www.ankai.com/about/company/.

第五章　自主创新政策对我国企业自主创新能力的影响

客车服务上海世博会，其中 15 辆在世博园区内运行；2011 年，安凯公司获得沙特阿拉伯总计 1.52 亿美元的 3000 辆校车出口大单，随后又获得俄罗斯客车订单 280 辆，总金额超过 2000 万美元；2011 年底，安凯公司向英国出口 34 辆双层敞篷观光客车，这些客车被用于伦敦奥运会。截至 2012 年，已有超过 1000 辆的安凯纯电动客车在北京、上海、合肥、大连、天津、昆明、朝阳等 28 个城市示范运营。

中国各级政府通过积极采购安凯公司的汽车来支持本土汽车产业的发展，这种采购有力地推动了企业自主创新能力的发展。目前，安凯公司在电动客车整车集成与匹配、动力系统集成技术、整车控制系统、电机控制技术、远程监控技术等核心技术方面都取得了突破，自主研发出整车控制系统、驱动电机、电机控制器、锂电池管理系统、远程监控系统、绝缘检测系统等，并成功运用在新能源整车上。在电动客车散热、增程式技术、能量管理、整车控制系统等方面，安凯公司已申请 67 项国家专利，其中发明专利 14 项。安凯新能源客车研发团队攻克了永磁电驱动系统控制策略、电动空调分体技术、双层电车制动系统技术等难题，成功研制出国内第一辆三桥纯电动双层客车，并在广州示范运营。安凯公司自主研发的轮边驱动桥已成功装车，自主开发的整车 CAN 总线、电机、绝缘检测系统、32 位整车控制器和远程监控系统实现批量应用。

（二）政府采购与中关村典型企业的自主创新能力发展

中关村是国家自主创新示范区，即中国高科技产业中心，起源于 20 世纪 80 年代初的"中关村电子一条街"。1988 年 5 月，国务院批准成立北京市高新技术产业开发试验区，它就是中关村科技园区的前身。正如前文所说，高新技术企业更需要政府采购的支持。如美国硅谷以及高速公路沿线的科技公司发展与美国的政府采购集中在硅谷密不可分，即政府采购对于高科技企业的重要作用以及高科技企业自主创新能力的发展对于国家创新实力的提高具有重要推动作用。

1. 政府采购与交控科技

北京交控科技有限公司（以下简称"交控科技"）依托北京交通大学的核心技术成立于 2009 年 12 月，是国内第一家也是唯一一家掌握自主 CBTC 信号系统核心技术的高科技公司，公司致力于建立一个符合高速铁路、城市轨道交通和磁悬浮三大领域的列车运行控制系统技术和产品体系，面向公众提供高效、可靠、低耗能的轨道交通控制设备，并针对产品提供优质、全面的技术支持服务。类似于轨道交通和磁悬浮技术这种高技术产品在产生之初如果没有政府采购的支持，企业会很快丧失自主创新的主动性。

2009 年，北京交控科技有限公司作为重庆三号线南延伸段总承包商和系统集成负责方以及重庆三号线前期的系统供货商，提供 CBTC 系统的 DCS 无线通信系统、BALISE 应答器子系统和车载 MMI 子系统，成功集成多个供货商的 ATP/ATO、CI、ATS 子系统。2011~2014 年建设北京市区大运量地铁线路——北京地

· 233 ·

铁 14 号线，项目于 2011 年 12 月 31 日正式签约启动，2013 年 3 月 28 日先期开通一期 13 公里线路，2014 年 12 月底全线全功能 CBTC 开通试运营。2012~2014 年建设国产化率达到 90%的线路——北京地铁 7 号线，北京交控科技有限公司作为北京地铁 7 号线信号系统工程项目的总承包商和系统集成方，提供以 LCF-300 型 ATP/ATO 为核心的 CBTC 信号系统，包括 ATP/ATO 子系统、ATS 子系统、DCS 子系统、MSS 子系统，并外包集成了 CI 子系统、电源系统、计轴系统。同时，作为技术总负责方，全面负责系统各项技术性能指标和系统整体安全。这些采购订单为公司的自主创新发展注入了强劲动力。

交控科技的 CBTC 信号系统技术通过政府采购逐渐打开了市场，进而为企业进一步提高企业创新能力吃下了"定心丸"。公司现有员工 300 人，硕士以上学历者超过 60%，20%的员工获得了高级职称，近年来成为国内唯一能够提供轨道交通安全防护系统及设备的厂家，北京交控科技有限公司现拥有先进的列车运行控制的核心技术，包括列车与地面信息双向传输技术、大容量的基于通信的 CBTC 系统的列车综合调度和指挥系统技术、城市轨道交通无人驾驶技术和城市轨道交通综合自动化技术等。

这些核心技术的产生离不开大量政府采购订单的支持和促进。

2. 政府采购与碧水源科技公司

北京碧水源科技股份有限公司研发中心位于北京雁栖经济开发区，占地 55000 平方米。研发中心针对"水脏、水少、水不安全"的水环境问题，专门从事于膜材料制造、膜设备制造和膜应用技术研发与技术服务。

北京碧水源科技公司是中关村参与"首购"的典型企业，针对采购方提出规模较小的分散水污染源难以集中处理的问题，碧水源研究开发了智能化小型污水处理系统（CWT），进一步完善水处理技术。同时世界上正在运行的最大规模的 MBR 废水资源化工程——引温济潮·奥运配套工程（10 万 m^3/d）、北京奥林匹克公园中心区龙形水系自然水景工程、中国国家大剧院水处理工程、南京城东污水处理厂三期工程、湖北十堰神定河污水处理厂改造工程、乌鲁木齐市米东区再生水厂工程等政府工程也都是由该公司承建。

现阶段，在膜生物反应器（MBR）技术与膜生产领域公司处于国内第一、世界前三的水平，是世界上同时拥有全套膜材料制造技术、膜组器设备制造技术和膜生物反应器水处理工艺技术与自主知识产权的少数公司之一。研发中心已被评为国家级高新技术企业、中关村高新技术企业，近年来中心共申报专利技术 110 余项，其中近 80 项专利已授权，填补了国内多项空白。并先后获得北京市专利试点合格单位、北京市科学技术奖励三等奖、怀柔区十大科技创新成果奖、怀柔区科学技术奖励一等奖和二等奖等诸多荣誉。此外，研发中心已建有"博士后（青年英才）创新实践基地"。

大量的政府订单盘活了该公司的自主创新能力，明确了目标市场，研发也就有了新的目标。

三、总结归纳

政府采购制度在我国起步较晚，虽然说在创新型国家建设背景下，政府采购被提到了促进自主创新的重要位置，从案例来看，政府采购也确实可以帮企业提升自主创新能力，但是我们也应该清醒地看到，当前我国政府采购制度还处于不断完善之中，正如很多学者指出的，我国政府采购还存在以下问题：

（1）政府采购国货较少。发展自主品牌已成为政府、企业、民众等社会各界的共识，而政府采购也应向自主品牌倾斜。但是在实际操作中，政府往往青睐洋品牌。以汽车行业为例，从统计数据看，2007年进入政府采购视野的自主品牌仅占轿车类品牌总数的20%，在实际采买中这一比例又降至5%左右。2008年中央直属机关采购清单中的30家轿车企业，自主品牌企业只有6家。

（2）政府采购对自主品牌的采购出现了"过犹不及"。部分地方政府在政府采购中存在"包养"自主品牌的现象。如长春市提出举全市之力支持一汽，哈尔滨硬性规定行政事业单位新购公务用车一律选哈飞，这种硬性规定不仅不能够促进企业自主创新能力的提高，反而降低了其他企业创新的积极性。

（3）政府采购的相关法规还不完善。虽然我国在2003年正式实施了《中华人民共和国政府采购法》，在2006年之后又陆续提出了《自主创新产品政府采购预算管理办法》、《自主创新产品政府采购评审办法》、《自主创新产品政府采购合同管理办法》等一系列法规，但和国外发达国家相比仍不完善。建立健全相关政策法规才能规范政府采购行为，更好地促进企业自主创新。

针对我国当前政府采购方面的不足，本研究建议在后续《纲要》和配套政策以及相应政府法规实施中应该注意以下几点：

（1）政府采购要做到"外屏内竞"。"外屏"即要在国内外企业政府采购项目的竞争中优先选择合乎标准的我国企业，促进我国企业的发展。自主创新配套政策中提出的"国家重大建设项目以及其他使用财政性资金采购重大装备和产品的项目，有关部门应将承诺采购自主创新产品作为申报立项的条件，并明确采购自主创新产品的具体要求。在国家和地方政府投资的重点工程中，国产设备采购比例一般不得低于总价值的60%。不按要求采购自主创新产品，财政部门不予支付资金"，就是"外屏"的最好表现。而"内竞"则是要避免政府采购对企业的"包养"现象，在本国企业中实现优胜劣汰，去除地方保护主义。具体说来，对于基础性的科技创新项目，在政府采购中可以通过提高投标人技术创新指标的方式，保证具有创新能力的供应商参与竞标；而对于具有自主创新技术的产品和服务，政府采购应该优先购买，并且采取首购政策，确保自主创新的可持续性。

（2）扩大政府采购领域，加大政府采购力度。在采购主体上，除包括国家机关、事业单位、团体组织外，还包括企业；在采购资金上，除包括财政性资金外，还包括发改委管理的政府投资项目。因此，采购自主创新产品的适用领域，从政府行政类办公扩展到市政设施、建筑、节水节能、环保和资源循环利用、交通管理、公共安全、医疗卫生、技术改造、科技研发、工程养护等使用市区两级财政性资金全额投资或部分投资的项目。① 与发达国家相比，我国现在政府采购占财政支出的比例较小，对企业自主创新的支持力度仍不够。因此加大政府采购占财政支出的比例，才能够促进企业自主创新能力的提高。

（3）建立健全我国政府采购制度。当前我国政府采购市场已经有了很大的发展，部分企业通过政府采购实现了自主创新能力的提高。但同时我们应该发现在各地方政府采购中仍存在不合理的地方，而这些问题的出现主要是因为没有完善的政府采购制度作为监督者。《中华人民共和国政府采购法》出台之后，我国的政府采购制度已经逐渐形成，但各地依当地经济状况的不同，所制定的标准也不尽相同。由于标准和规范不一致，在实务的操作以及纠纷的处理中常常遇到难以克服的障碍。特别是各地政府借此推行地方保护主义，保护当地的企业，使得参与竞争的各方经济实体得不到事实上的公平机会。因此，完善的政府采购制度可以合理地保障自主创新企业的创新积极性。

第三节 知识产权质押

科技型中小企业在产品技术创新、科技成果转化、社会就业、区域经济的发展方面发挥着日益重要的作用，但融资难问题始终困扰着科技型企业，特别是科技型中小企业的发展。

《纲要》明确指出，为了确保各项任务的落实，必须制定和完善有利于增强企业自主创新能力的更加有效的政策举措。包括"实施促进创新创业的金融政策"，即"探索以政府财政资金为引导，政策性金融、商业性金融资金投入为主的方式"，"建立健全鼓励中小企业技术创新的知识产权信用担保制度和其他信用担保制度，为中小企业融资创造良好条件"。

2008年6月，为了解决中小型科技企业资金短缺的问题，国务院提出了《国家知识产权战略纲要》，明确提出要"促进自主创新成果的知识产权化、商品

---

① 北京市人民政府. 关于在中关村科技园区开展政府采购自主创新产品试点工作的意见 [R]. 北京，2008.

化、产业化,引导企业采取知识产权转让、许可、质押等方式实现知识产权的市场价值",为知识产权质押担保融资提供了重要的政策保障。

知识产权质押的创新融资模式通过扩大企业的融资渠道,解决其缺乏不动产抵押融资的困境,能够快速促进科技型中小企业的可持续发展,是我国落实自主创新政策,提高企业自主创新能力,建设创新型国家的重要举措。

近年来,我国企业,特别是科技型企业在使用知识产权质押贷款方面取得了怎样的成效?遇到了什么问题?本节在分析知识产权质押作用机理的基础上,结合实际企业的案例,进一步探究我国企业知识产权质押贷款相关政策的实际运行状况,并进行总结归纳。从创新资源的资金投入方面为企业解决融资难的问题提供建议,以期实现企业自主创新能力的成长和创新绩效的提高。

一、作用机理分析

知识产权是指人们就其智力劳动成果所依法享有的专有权利,通常是国家赋予创造者对其智力成果在一定时期内享有的专有权或独占权,具有无形性、专有性、时间性、地域性、可复制性等特点。[①]

知识产权质押即知识产权质押融资,是区别于传统的以不动产作为抵押物向金融机构申请贷款的新型融资方式,是指企业或个人作为债务人或第三人,以合法拥有的专利权、商标权、著作权中的财产权经评估后作为质押物,向银行(债权人)出质用于担保债权的实现,并由此获得融资的借贷行为。

2009年5月5日,银监会和科技部联合发布《关于进一步加大对科技型中小企业信贷支持的指导意见》,把知识产权质押融资定义为:已被国家知识产权局依法授予专利证书的发明专利、实用新型专利、外观设计专利的财产权作质押和具有品牌优势的企业,以已被国家工商总局商标局依法核准的商标专用权作质押,从银行取得贷款,并按约定的利率和期限偿还贷款本息的一种融资方式。

因此,我国知识产权质押贷款标的主要包括专利权、商标专用权、著作权、厂商名称、货源标记、商业秘密、植物新品种以及其他智慧成果等,具有无形、可流通等性质。

(一) 知识产权质押的实践意义

对于科技型中小企业来说,由于其发展往往以智力资本投入为主,有形资产所占比例远低于其他类型企业,因此,专利、商标、著作权是许多科技型中小企业在创业初期的唯一"家当"。在当前融资环境下,这些知识产权的价值较难评估与界定,融资风险相对较大,导致这些企业很难以此为质押物获得银行贷款。

---

① 朱崇实. 经济法 [M]. 北京:北京大学出版社,2011.

在这一背景下，知识产权质押不仅可以缓解企业流动资金不足的难题，还可以通过价值发现、分析和衡量等手段使企业自主创新和知识产权转化为现实生产力，加速知识产权资本化、提升企业自主创新能力，从而激发企业的创造潜力，成为创新型企业成长的"助推器"。

在知识产权创造、运用、保护和管理等环节，知识产权质押的作用主要体现在以下三个方面：

1. 有效缓解科技型中小企业的贷款难问题

科技型中小企业具有经营灵活、能够快速适应市场的科技创新的动力及活力，但在其发展中由于缺乏流动资金而难以开拓市场，缺乏长期资金难以规模化发展而坐失良机，失去竞争力。

现行的纵向金融体系过分依赖于不动产担保，倾向于国有大中型企业的金融支持，条件过于苛刻的资本市场融资更使得科技型中小企业发展无望，即使在创业板上市企业的数量也是屈指可数。因此，金融机构成了其融资的主要渠道。然而，科技型中小企业除了专利等无形资产外没有可以抵押的固定资产，加上缺乏良好的财务制度，从而造成了科技型中小企业发展的融资瓶颈。

知识产权质押融资可以有效地缓解这一难题，即从动产抵押的角度，明确抵押物的归属、权利与义务，符合科技型中小企业除了仅有存货、应收账款、设备及知识产权外而无可抵押实物资产融资的现实基础。

2. 有利于金融创新并降低信贷风险

经济的发展离不开科技的创新，科技的创新与发展需要金融的支持，而金融行为的发生倾向于担保品的抵押。

过分依赖于不动产抵押不仅会造成担保资源的稀缺，不利于经济与金融和谐发展，也会潜在地推动房地产价格的增长。如房地产金融就是以土地、房地产作为抵押来换取银行信贷资金，银行又以房地产为主要抵押物，从土地储备、开发建筑、交易到最后的房产按揭都成了银行贷款的对象，这无疑加大了银行的信贷风险。2008年由美国次贷危机引发的全球金融危机就是最好的例证，而这种融资环境及资源的不协调分配也不利于中国实体经济的长远发展。

因此，知识产权质押融资的提出有利于改变不动产抵押的弊端，降低银行信贷的风险，也利于科技与金融相互促进，带动科技型中小企业的快速发展和自主创新能力的提高，从而提升国家的整体创新能力。

3. 有助于推动企业自主创新能力的提升

企业自主创新包括原始创新、集成创新和引进消化吸收再创新等多种模式，资产评估通过价值评估技术，分析不同模式所产生的效益及投入的成本，为企业选择创新模式提供参考，帮助企业判断更有价值的项目，提高创新效率，减少和避免企业自主创新的投入风险。

同时，企业自主创新需要大量的资金投入，仅依靠企业自身的能力是远远不够的。通过知识产权的质押贷款、吸收外部投资或借助资本市场，可以为企业自主创新提供重要支撑。

此外，企业自主创新所形成的知识产权有着商品化的需要，即知识产权的流转，通过资产评估可以为企业提供谈判和决策的重要依据，有利于促进自主创新知识产权价值流转的实现，有助于维护知识产权资产的保值与增值，避免知识产权在产权变动时发生不应有的损失。

由此可见，知识产权质押可以为企业选择自主创新模式，帮助企业获得自主创新金融支持，从而推动企业创新成果商品化，提升企业的自主创新能力，真正将知识产权变为企业的竞争优势。

（二）知识产权质押的问题与风险

国内外对科技型中小企业知识产权质押融资问题的研究主要集中在知识产权价值评估、质押融资风险、质押融资模式、质押融资的法律问题等领域。其中，国内学者结合我国实际，对知识产权质押的风险做了大量研究。

肖侠[①]系统分析了制约我国科技型中小企业知识产权质押融资发展的科技型中小企业子系统、产权评估子系统、银行贷款子系统、产权交易子系统、政府管理子系统五个方面的问题，并提出解决科技型中小企业知识产权质押融资问题，应采取系统化的管理对策。任颖洁[②]在对陕西知识产权质押融资现状调查研究的基础上，分析了科技型中小企业利用知识产权质押融资存在的知识产权质押融资法律保护不明确、知识产权的价值评估困难，加大了融资质押风险、知识产权融资质押市场风险不确定等问题，并提出了解决对策。章洁倩[③]基于商业银行开展科技型中小企业知识产权质押融资业务的角度，探讨了风险管理的目标设定，分析了融资风险的影响因素，运用层次分析法构建了风险评价指标体系，提出了风险监控的相关建议。

此外，对于知识产权质押的融资模式，付剑峰等[④]对我国知识产权质押贷款先行地区，如北京、湖南和四川等地的运作经验进行总结分析后提出，我国知识产权质押贷款存在两种主要模式——政府推动型和市场驱动型。这两种模式都有一定的缺陷：政府推动型模式可持续性较低，而市场驱动型模式融资规模受到限

---

① 肖侠. 科技型中小企业知识产权质押融资管理对策研究［J］. 科学管理研究，2011（5）：116-120.
② 任颖洁. 科技型中小企业知识产权质押融资问题与对策研究——以陕西为例［J］. 科学管理研究，2012（5）：105-108.
③ 章洁倩. 科技型中小企业知识产权质押融资风险管理——基于银行角度［J］. 科学管理研究，2013（2）：98-101.
④ 付剑峰，李十六，朱鸿鸣. 融资困境、知识产权质押贷款与中小企业可持续发展——来自中国的经验［J］. 北京师范大学学报（社会科学版），2011（4）：135-142.

制。杨晨和陶晶[1]提出了"政府担保+补贴"、政府担保、市场主导三种政府管理模式。左玉茹[2]认为我国现存的知识产权质押融资模式皆是以政府强大的财政支持为前提，在未来应借鉴美国中小企业局（SBA）的担保模式。

二、案例分析及解读

本研究选择柯瑞生物制药公司和南京道及天软件系统有限公司为代表，对其知识产权质押的实践进行案例分析和解读。

（一）柯瑞生物制药公司：用知识转换融资[3]

2006年10月31日，交通银行北京分行向柯瑞生物制药公司发放了一笔150万元的贷款。这次企业贷款的抵押物不是房产，不是土地，而是此前各家银行从未使用过的发明专利权。交通银行的这一举动在业界引起了巨大反响，同时也意味着知识产权质押贷款终于迈出了具有破题意义的第一步。

1. 国内首例知识产权质押贷款现身

知识产权质押贷款长期以来都是银行贷款的禁区。然而2006年10月31日，柯瑞生物医药技术有限公司却凭借其蛋白多糖生物活性物质的发明专利权从交通银行北京分行顺利获得了150万元的贷款，并成功签署了首个知识产权质押贷款合同，这被视为交通银行打破中小企业贷款坚冰的有效尝试。

总体来看，交通银行北京分行此次推出的这项金融服务产品主要面向拥有发明专利权、实用新型专利权或商标专利权三项知识产权的企业，企业可凭借其拥有的有效期不少于8年的发明专利权、有效期不少于4年的实用新型专利权，或者使用期至少在2年以上、有盈利能力的商标专用权，根据银行聘请的专业评估机构对知识产权进行价值评估，从银行获得一定数量的贷款金额，用于满足企业生产经营过程中的资金需求。而就贷款对象来看，只要是在北京注册、信用良好、总资产在4000万元以内，年经销额在3000万元以内的小企业，都可以申请这项贷款。

2. 知识产权可作为无形资产申请贷款

小企业要申请这项贷款，必须按照银行的要求，将知识产权全额抵押给银行，不能进行分割，银行再根据企业的资金需求发放贷款的额度。银行规定，发明专利权的授信额不能超过评估值的25%，实用新型专利权的授信额不能超过评估值的15%，商标专用权的授信额不能超过评估值的30%，最高贷款金额为

---

[1] 杨晨，陶晶. 知识产权质押融资中的政府政策配置研究[J]. 科技进步与对策，2010（13）：105-107.
[2] 左玉茹. 知识产权质押融资热的冷思考——基于我国中小企业融资模式与美国SBA模式比较研究[J]. 电子知识产权，2010（11）：48-49.
[3] 李琳. 知识产权质押贷款用知识转换融资[J]. 经济导刊，2007（2）：49-50.

1000万元，最长期限可达3年。这样一来，企业的知识产权估值有可能很高，但只能拿到很少的贷款。例如，此次柯瑞生物医药技术有限公司的发明专利权经过评估价值为600万元，而交通银行只能发放其150万元的贷款，利率在央行规定的贷款基准利率上上浮了10%。对此柯瑞生物医药技术有限公司总经理齐清认为："虽然获得的贷款额很少，但是知识产权质押贷款打破了传统的担保模式，使知识产权的商业价值首次被市场认可，这是一个重要的突破。"

知识产权作为无形的资产刚刚得到银行的认可，立即引发了小企业的贷款申请热潮。据统计，仅该业务开办后的3天内，银行就已受理了150多笔知识产权质押贷款申请。然而，由于当前银行对异地客户的信用风险很难把握，而且不方便进行贷款后的监测和追踪，因此交通银行北京分行暂时不受理异地业务。对此交通银行已经表示，目前小企业知识产权质押贷款还处在试点阶段，等业务发展成熟后再考虑向全国推广。

案例解读：信贷风险成主要制约因素

1996~2006年，全国仅有682项专利在国家知识产权局进行专利权质押登记，质押总额不足50亿元人民币，这一数字还不及发达国家一个风险投资项目的金额。

尽管知识产权质押贷款发展潜力巨大，然而银行对此业务依然持谨慎态度。

首先，由于知识产权客体的非物质性，知识产品生产的独特性、唯一性，使知识产权的价值只有通过评估才能得以确定。在这一问题上，银行首先要考虑四个方面的因素：一是该专利是否具有改进性，是否具备核心竞争力；二是专利收益期限的长短和变现能力，即专利权转让时能否很快找到"下家"；三是要看该产权是否存在替代技术；四是需要考核企业能否形成稳定持续的现金流以满足还贷要求。正是由于这些问题的存在，很多商业银行至今无法推出知识产权贷款产品。

其次，由于银行无法直接占有抵押的知识产权而被认为存在信贷风险。对银行而言，保证资金的安全性、流动性是其资产运用的最高要求。知识产权客体的非物质性决定了银行不能直接占有质押的知识产权。作为知识产权客体的智力成果，它是一种没有形体的精神财富，人们对它的占有不是一种实在而具体的占有，而是表现为对某种知识、经验的认识与感受，这种占有是一种虚拟占有而非实际控制。另外，知识产权质押贷款与银行其他贷款的根本区别在于知识产权价值具有不稳定性，这也使得银行望而却步。知识产权的价值容易受到各方面因素的影响而发生波动。这些因素又是银行难以直接控制的。

再次，知识产权变现能力的难以预测也是导致众多商业银行对此业务无法开展的重要因素。与不动产抵押相比，知识产权质押物的流动性相对较差，处置起来相当困难。目前中国国内知识产权意识还比较薄弱，知识产权转让市场狭窄，评估和转让程序复杂严格，需要耗费银行相当多的人力、物力和财力，处置成本相当高。

最后，中国金融诉讼实践长期存在审判难、执行难的问题，银行在不动产抵押纠纷中，往往都是"赢了官司输了钱"，更何况是"看不到摸不着"的知识产权。由于知识产权融资抵押品的权益关系更加复杂，更难确定，知识产权的市场狭小，由执行时间拖延而降低质押价值的可能性较大。因此，银行发放知识产权质押贷款的积极性也就更低。

综上所述，我国应建立完善的知识产权价值评估制度，同时商业银行也应严格、合理地确定评估人员，组成由商标、专利、著作权领域的专家学者、各行业或商业界代表、资产评估师、律师、会计师及相关管理机构参加的评估组进行评估。在贷款前期审批环节中，要逐步使用第三方信用和专利价值综合评估报告，委托有关专业公司进行第三方信用和专利价值综合评估。评估内容不仅要包括企业经营状况、信誉状况、产权状况、经营者素质状况及质押专利价值，还要包括企业法人乃至高管人员的信用情况，为审贷决策提供可靠的依据。

(二) 道及天软件：知识产权质押贷款解企业发展之难①

南京道及天软件系统有限公司（以下简称"道及天软件"）创立于1992年，主要从事信息系统内控安全管理，在国内信息系统内控安全领域处于前沿，其APA系统内控安全产品为各领域单位防范操作风险、抵御内部威胁、避免计算机犯罪、保障内控安全发挥了非常重要的作用。它是江苏省高新技术企业、江苏省中小企业信息化服务示范单位。公司有员工100多人，拥有省级"333工程"学术带头人、软件企业领军人物以及教授、高级工程师、博士等各类专家级人才多名。公司先后获得科技部中小企业创新基金、国家863计划等重大专项以及多项省市科技发展计划项目支持。此外，公司先后荣获国家科技进步二等奖、江苏省科技进步奖、中国优秀软件产品奖、江苏省优秀软件奖。

南京道及天软件系统有限公司在发展面临资金"瓶颈"的关头，抓住江苏省开展知识产权质押贷款的机遇，在科技部门大力支持下，及时解决了资金问题，加快了企业的创新发展。

1. 融资遇难题，发展遭阻碍

2007年，南京道及天软件系统有限公司的市场业务量大幅增长，产品升级和市场拓展都急需资金。然而，由于公司流动资金有限，根本无法满足企业快速发展的需要，资金短缺成为公司发展的"瓶颈"。为此，公司希望通过贷款来缓解企业发展资金不足的矛盾。但是多家银行和金融机构都需要抵押或者担保才能

---

① 朱克江. 企业自主创新案例 [M]. 北京：经济管理出版社，2009：26-29.

获得贷款。作为一家成立不久的软件企业，其固定资产十分有限，想从银行获得公司所需的资金简直就是天方夜谭，公司高层对此万分着急。因为资金短缺不仅影响软件新产品的开发进度和市场拓展力度，而且软件产品如果不能按时完成并交给客户将关系到公司的诚信度。对企业来说，诚信度是企业腾飞发展的无形财富，这块基石是绝对不能让任何不利因素去撼动的。

2. 困难当头，科技服务为企业带来希望

就在公司领导一筹莫展的时刻，从江苏省技术产权交易所传来了令人兴奋的好消息。在江苏省新出台的50条鼓励和促进科技创新创业政策的推动下，省技术产权交易所与南京银行签订了知识产权质押贷款业务的合作协议。南京银行针对成立两年以上企业所形成的软件著作权或形成规模的产品发明专利，推出了知识产权质押贷款试点金融产品。在还贷出现问题时，江苏省技术产权交易所再负责质押物的处置。在项目贷款全过程，江苏省技术产权交易所将发挥"保驾护航"的作用。

江苏省技术产权交易所牵头，很快组织了南京邮电大学、东南大学、南京航空航天大学、南京理工大学、南京大学五所院校计算机专业领域的相关权威专家对公司质押贷款进行全面的技术论证。经过论证，专家们给出了令人信服的结论："该平台技术在国内领先，达到国际先进水平。产品市场前景广阔，在金融、政府、企业的内控安全管理方面具有较高的应用价值。"技术论证会一结束，公司就接受了南京长城资产评估事务所对公司质押贷款项目进行的无形资产评估，同时公司还向银行详细介绍了目前已经拥有的各种优良资质。此外，银行还从企业报表、与客户签订的软件产品合同、软件产品销售利润以及各种佐证材料中，充分获得了企业的技术信息、技术优势等情况，打消了对评估的无形资产价值上的很多顾虑。在政府的积极支持下，2007年9月，公司终于通过质押具有自主知识产权的五项软件著作权与南京银行签订了200万元的商业贷款。

3. 质押贷款，企业融资兴业

公司具有自主知识产权的五项软件产品涉及银行、企业、军队等内控安全领域，而且已经形成规模市场空间和盈利能力，是公司"压箱底"的核心财富，其商业评估价值达到3028万元。公司的五项软件著作权代码不仅当场由专家验证封存，而且五项软件的未来升级版也一并抵押给了银行。一旦南京道及天软件系统有限公司不能按时还款，南京银行将有权处置公司的五项最新版的软件著作权。尽管南京道及天软件系统有限公司将"家底"抵押了出去，公司高层却很满意，因为这笔贷款足以解决公司短期资金周转，其融资成本也相对较低。

对于初创的软件企业而言，起步门槛虽然较低，十几万元足矣。但要将"小作坊"脱胎换骨成为知名的软件公司，最少需要数百万元的资金才能实现。南京道及天公司软件著作权质押贷款成功的案例，为所有拥有自主知识产权的中小企业找到了一种新型的融资方式。这笔贷款不仅解决了公司短期资金的周转问题，也对企业发展起到了及时的、积极的推动作用，而且相对于其他质押贷款，如担保质押贷款，其融资成本则降低了30%~40%。公司获得了这笔贷款资金的支持后，将更多的财力、物力、人力投入到产品研发之中，加快了公司新产品的开发和产品升级的步伐。

在获得银行的这笔贷款资金后，南京道及天公司立刻将其用于服务网点的建设，既在客户集中的大城市建立分公司或办事处，又在二线城市布点代理商，建立健全了可覆盖全国的服务网络，使公司的业绩得到大幅度提升，企业很快步入了良性循环发展的轨道。

4. 新生事物，有待扶持成长

在获得贷款的同时，公司对贷款的额度也表现得有些无奈，"质押银行的五项软件评估价值达到3000多万元，但只从银行获得了200万元的贷款"。从软件产品具有的高价值与获得贷款的低额度来看，这种在银行、企业、产权交易市场之间形成的既可行又可复制的无抵押、无担保的知识产权质押贷款模式，对我国软件等知识密集型中小企业在银行的融资方式来说是一种全新的挑战和大胆的创新。一般而言，知识产权的价值具有不稳定性，其价值容易受企业经营绩效、技术进步速度、国家技术政策、市场需求变化等因素影响，价值处于不断变化之中。以南京道及天软件系统公司软件著作权质押贷款为例，如果相关软件技术的更新速度很快，企业原有的软件技术很快就会被超越，其价值就会急剧下降，甚至低于贷款金额，这样就会产生违约风险。此外，知识产权价值是一种对预期的估计，与真正实现的价值之间必然存在差异。如果评估价值高于实现价值，银行就要承担其债权得不到充足担保的风险。所以，以专利权、商标权和著作权等知识产权为质押的贷款，除了具有所有贷款的普遍性风险特性外，还具有市场风险、经营风险、法律风险、估值风险、变现风险等。因此，还有很多需要完善的地方。

案例解读：知识产权质押贷款的道路充满荆棘

以上无抵押、无担保的知识产权质押贷款成功案例让人们看到：推行知识产权质押融资新模式，将能够把政府对科技型中小企业的直接资助转变为间接地帮助企业从市场获得资金，从而发挥"转变政府职能、提升财政资金效能、激活中小企业融资市场"一箭三雕之功效。

作为一种新兴事物，知识产权质押贷款在我国才刚刚起步，还存在许多问题有待解决。其主要问题有：知识产权登记制度还不够完善；知识产权质押评估操作上还存在困难；企业缺乏知识产权贷款意识；银行对知识产权放款动力不足；银行贷款额度较小，贷款期限较短，与企业发展的需求不相匹配。

为了解决这些问题，促进我国知识产权质押贷款的健康发展，还需要做到：

健全知识产权法规及其质押信贷制度；加强对质押知识产权的审查；统一担保登记制度；完善知识产权的评估、交易和公示等服务；构建多样化的风险防范机制；创新金融产品，加强风险防范；为质押权的实现提供现实的、积极的保障。此外，还应尽早建立并推出自主知识产权中小企业优先上市支持机制，拓宽其直接融资渠道；设立中小企业自主知识产权产业化专项资金，大力扶持中小企业自主知识产权的产业化实施。

三、总结归纳

我国自2008年开始启动知识产权质押融资业务的试点工作，以北京、上海、广州等为代表的城市已经取得了较大的突破和进展，但在具体的实施过程中还存在着诸多的制约和问题。这主要是由于科技型中小企业知识产权质押融资具有较大的不确定性和风险，大部分商业银行还没有形成比较完善的知识产权质押融资风险管理方法和措施。

从成功实施知识产权质押融资的企业案例来看，企业、银行及政府或第三方中介机构组成的"银行+担保公司+知识产权服务机构"合作模式能够较好地帮助企业解决资金问题，提高其自主创新能力。

在具体执行过程中，政府部门应重点考虑以下三个方面的问题：

1. 完善贷款机制，降低融资风险

（1）政府部门在推动知识产权质押贷款工作的过程中，应引导企业通过包括知识产权质押贷款在内的多种方式实现知识产权的市场价值，通过政府的培育引导机制，对科技型中小企业加强引导和政策扶持。

（2）可根据企业信用状况不同，允许信贷机构实行差别化的利率政策，鼓励企业建立信用记录，根据企业信用"星级"不同，政府部门实施不同的差别化的贷款贴息政策，实现"信用促融资、融资促发展"。

（3）建立财政风险补偿制度，按照发放贷款的规模给予商业银行、担保机构、小额贷款机构一定的风险补贴，以提高其进行知识产权质押融资活动的积极性。

（4）可采用组合融资机制，一方面将知识产权质押贷款与担保融资、认股权贷款、股权质押贷款、信托计划、集合票据、企业债券以及股权投资等其他融资方式有效组合，鼓励担保机构通过知识产权质押开展担保融资业务；另一方面则在贷款的保证方式上实现知识产权质押、个人连带责任保证、信用保证、第三方保证等多种保证方式的有效组合。

（5）应充分发挥信用保险的风险保障、融资推动功能，通过保险分散企业及银行风险，推动信用保险和银行信贷的优势互补，促进贷款融资。如北京市中小企业信用再担保公司对合作的担保机构为中关村企业提供的贷款担保，凡以知识产权质押为反担保的,北京市中小企业信用再担保公司按 60%~80%的比例提供再担保,知识产权质押在反担保中所占的比例越高,再担保的比例也越高。

2. 搭建信息平台,加强公共服务

政府可建立科技创新创业企业和信贷机构之间的沟通机制,定期组织开展企业和信贷机构的工作对接。同时,组建知识产权专家库,为知识产权质押贷款工作提供智力支持。

在此基础上,建立专利权、商标权、著作权等知识产权确权、登记注册、质押的工作规范和流程,推动建立知识产权交易、公示平台,促进知识产权的取得、质押、交易转让过程的公开化、透明化,完善交易环境。

此外,通过丰富和完善知识产权质押贷款质权处置的实现途径,发挥知识产权交易机构在质权处置方面的作用;推动信贷机构与股权投资机构的合作,建立投保贷一体化模式,通过对知识产权的投资、经营,完善知识产权转化促进机制;支持相关单位出资设立知识产权质权处置周转金和知识产权投资基金。

3. 聚集金融要素,推动服务创新

除政府出台相关政策鼓励各银行,特别是商业银行,设立为科技型企业服务的信贷专营机构,并给予信贷专营机构一定的业务风险补贴外,还应规范和发展知识产权中介机构,增加中介机构的数量,加强行业自律和人才队伍建设,积极组织开展相关业务合作交流、加强专业知识培训、提升服务质量。

此外,银行监管部门也应积极引导和支持各商业银行完善内部风险管理制度,创新担保方式,积极推行信用贷款,通过下放权限,简化流程,提高内部管理效率,加强金融服务创新,积极稳妥地开展知识产权质押贷款业务。

第四节 海外人才

中国科技部部长万钢指出:"留学人才是我国创新创业人才资源的重要组成部分,已成为我国改革开放和自主创新急需的人才资源。采取切实有效的措施,吸引更多海外人才回国创业,将有力地加速我国成为人才资源强国、建设创新型国家的进程。"2006 年,国家自然科学奖获奖项目第一完成人中的 67%、国家技术发明奖项目第一完成人中 40% 以上、国家科技进步奖项目第一完成人中 30%以上均是留学归国人员。①

---

① 万钢. 吸引海外人才回国创业 共建人才资源强国 [J]. 中国科技产业, 2008 (3): 22-24.

《纲要》中明确提出:"国家鼓励企业聘用高层次科技人才和培养优秀科技人才,并给予政策支持,支持企业吸引和招聘外籍科学家和工程师,要实行有吸引力的政策措施,吸引海外高层次优秀科技人才和团队来华工作。"

2008年12月23日,中共中央办公厅转发《中央人才工作协调小组关于实施海外高层次人才引进计划的意见》,我国海外高层次人才引进计划(简称"千人计划")开始实施。截至2012年7月25日,"千人计划"已引进各领域高端人才2263名。

五年来,"千人计划"等海外人才引进计划的实施给企业自主创新能力带来了怎样的变化?如何影响国家科技创新能力?本节在分析海外人才引进相关政策及其作用机理的基础上,结合实际企业的案例,进一步探究我国企业在海外人才引进方面的实践状况,并进行总结归纳,从创新资源的人才投入方面为企业解决创新能力瓶颈的问题提供借鉴,以期实现企业自主创新能力和创新绩效的提高。

一、作用机理分析

人才资源,特别是高层次人才是企业自主创新最宝贵的资源。随着国家及企业科技投入的加大,企业创新人才,特别是高层次创新人才不足逐渐成为企业自主创新中最突出的问题,制约着企业创新能力的进一步提升。2012年,我国研发人员总量达320万人,如何获得更多的高层次人才,引进海外人才后如何高效使用,并让其为企业自主创新能力的提高提供有力保障,成为企业担当建设创新型国家主角必须解决的问题。

以留学人才为主体的海外人才是我国高层次人才队伍的重要来源,在社会主义现代化建设进程中发挥了积极作用。新中国成立之初,以钱学森、李四光、邓稼先、吴文俊等杰出科学家为代表的海外留学人才回到祖国,为发展新中国的工业、科研、教育和国防建设事业建立了卓越功勋。目前,我国国家重点项目学科带头人中的72%是海外人才,81%的中科院院士、54%的工程院院士也是海外留学人员。在全国创办的60多个留学人员创业园中,留学人员创办企业5000多家,年产值逾100亿元。

"千人计划"围绕国家发展战略目标,从2008年开始,在国家重点创新项目、学科、实验室以及中央企业和国有商业金融机构、以高新技术产业开发区为主的各类园区等,引进2000名左右人才并重点支持一批能够突破关键技术、发展高新产业、带动新兴学科的战略科学家和领军人才来华创新创业。同时,各省(区、市)也结合本地区经济社会发展和产业结构调整的需要,有针对性地引进一批海外高层次人才,即地方"百人计划"。

在国家政策的引导下,企业也通过各种方法,积极引进海外人才并在实践中培养。全国人大代表、亨通集团董事长崔根良就曾说:"人才是企业之本,创新之源。"在通信光纤光缆领域,近几年亨通集团引进一批海内外专家,成为行业人才战略高地。"不仅要用好国内人才,还要用好海外人才、技术资源。我们确定了'531'国际化发展战略,即50%以上产品销往海外、30%以上资产为海外资产、10%以上人才为国际化人才。企业的国际竞争力就来自核心技术和人才。"

(一) 海外人才引进的实践意义

掌握了先进技术与国际高端资源的海归人才,无疑是企业自主创新中最有含金量的人力资源。因此,引进海外人才,包括一些退休的技术人员,取全球的技术人才为我所用,是企业增强自主创新能力的有效途径。

实践证明,通过海外人才的引进,能够引入国际高端资源,他们带来的先进创新理念与规范的创新方法有利于企业高起点推动创新创业。其实践意义具体表现在以下四个方面:

1. 海外人才带来全球的科技信息,直接缩短我国与发达国家之间的技术差距

海外人才,特别是归国创业留学人员大多求学于欧美、日本等发达国家和地区,长期在海外从事生物医药、通信电子、集成电路、环保能源和新材料等高新技术行业的学习与研究,其中很多在海外具有较高的学历层次和较深的学术研究能力,不少人还拥有自主知识产权。

海外人才将先进技术中国化,成为企业自主创新的重要推动力。如由留美生物医学博士袁玉宇于2008年9月创办的广州迈普再生医学科技有限公司,成功地在动物体内制造出皮肤、血管、骨骼等组织,并正在研究更加复杂的器官,如肾、心脏等。这一革命性的技术引起了美国CNN、美国广播公司等上百家主流媒体的关注。美国著名的《商业2.0》杂志将其评为"21世纪改变世界的六大技术之一"。

2. 海外精英的全球视野,可以帮助企业了解最尖端的产业方向

我国广东省自改革开放三十年来快速发展,其重要原因之一就是在每个发展阶段都通过产业结构的优化升级抓住了当时的高增长行业,牢牢抓住了市场需求变化,及时进行产业结构调整,有效地推动了广东经济社会发展。

实践证明,海外人才,特别是留学归国创业的人员往往能够站在产业和技术的前沿,从全球的角度考虑市场的需求和创业定位。从最初的互联网和IT领域,到后来的信息技术、生命科学、新医药、新材料、新能源、环保等诸多领域,海外人才创办的企业始终引领产业发展的方向,涌现出新浪、搜狐、网易、亚信、UT斯达康、中星微电子、百度、盛大、空中网、尚德集团、展讯、启明星晨等一批"弄潮儿"企业。

3. 海外人才带来先进的管理理念,有利于形成新的创新创业模式

一批在世界500强企业有工作经历的海外人才,有的甚至进入了企业核心管理层,在工作过程中积累了先进的管理经验,拓展了国际视野。

因此，海外人才的引进，特别是大批留学人员的回归，除带回众多尖端技术外，还把先进的企业管理模式、新的经营理念等带回祖国，这些都使在本国创办或服务的企业能迅速与国际接轨。

4. 海外人才是国际交流的纽带和桥梁

海外人才，特别是留学人员在国内创业、开拓市场的同时，大都与国外的大学及研究机构保持密切的联系，容易获得相关技术领域的最新动态和研究成果，并将这些成果迅速转移到我国，进行推广和应用，从而避免重复研究和开发。同时，集中资源用于最新的科学技术研究，迅速接近和超越其他国家。

此外，海外人才的语言优势以及其自身所具有的开放性和多元性，能有效地促成东西方文化的交流和融合，衍生出新的价值观和文化，在国家和地区的国际化、高新技术产业发展和城市文化建设等方面也发挥重要作用。

（二）海外人才引进的现状

针对海外人才引进的研究现状，我国学者对相关政策、环境和制度均开展了一定的研究。

刘勇和雷平[①]通过对日本和韩国从经济起步到腾飞的过程中利用外资和自主创新的经验总结，对我国如何利用外资提高自主创新能力提出了相关的建议和思考，包括渐进开放投资领域、利用外资和本国家或地区的产业政策相结合、采用多样化的手段利用外资和技术、重视技术转移、重视引进海外人才等。白艳莉[②]通过比较不同国家的海外人才获取方式，提出我国应建立全球人才观，吸引人才回流同时引入外国专家，并通过管理创新、优化信息配置、提供资金支持、完善配套政策等多种手段加大对海外人才的吸引力度。冼薇[③]通过对亚洲"四小龙"吸引海归人才的经验，提出了坚持高端引领构建产业集群、坚持以用为本完善评价体系、坚持人才优先营造社会环境三点启示。高子平[④]在相关理论研究的基础上，借助于问卷调查等实证分析，分别探讨了自身职业发展状况、所在国的人才吸引力、国际经济形势、我国经济科技发展状况四个变量对在美华人科技人才回流意愿的影响程度，探寻了我国海外科技人才引进政策转型的基本思路与路径。祝昊泉等[⑤]在回顾现有人才政策执行效果的基础上，通过对海外高层次华人科技

---

① 刘勇，雷平. 日韩两国利用外资与自主创新模式及我国的发展思考 [J]. 中国软科学，2008 (11)：26-33.

② 白艳莉. 海外人才引进：构建人力资源强国的重要路径——国际经验与启示 [J]. 生产力研究，2009 (12)：91-93.

③ 冼薇. 亚洲"四小龙"吸引海归人才的经验及对我国的启示 [J]. 中国高新区，2010 (8)：84-85.

④ 高子平. 在美华人科技人才回流意愿变化与我国海外人才引进政策转型 [J]. 科技进步与对策，2012，19：145-150.

⑤ 祝昊泉，唐裕华. 制定有效的海外科技人才引进政策 [J]. 中国人力资源开发，2012 (12)：84-86，95.

人才来华发展意愿的调查,分析促进海外人才引进的政策要素,以及决定海外人才引进政策成效的背景因素,提出有效引进海外华人科技人才的政策建议。朱军文等①通过比较发现,我国海外人才引进力度区域差异明显,区域之间高层次人才资源差距可能进一步拉大;省级政府人才引进周期相对集中,地区之间人才争夺激烈;单个省份海外人才引进政策不够科学,实施效果存疑。林琳②提出,在全球人才竞争中,发展中国家和新兴工业经济体通过培养产业集聚、发展社会网络、创新移民政策和增强国际合作等方式积极引进海外人才,并渴望取得较好的成效。因此,我国要想更好地开展海外引智工作,应该明确政府的角色定位、合理地开发引才渠道、审慎地调整签证政策以及积极地开展国际合作。

二、案例分析及解读

本研究选择无锡尚德太阳能电力有限公司和江苏兴荣高新技术股份有限公司为代表,对其海外人才引进的实践进行案例分析和解读。

(一)施正荣:无锡"530计划"的开篇者

2006年春,江苏省委、省政府领导在无锡考察时,提出江苏要在5年内引进100名海外领军创业人才。随后,无锡市委、市政府于当年4月制定推出了旨在5年内引进30名领军型海外留学归国创业人才的"530计划"。而这个计划起初源于一个人——无锡尚德电力控股有限公司董事长兼CEO施正荣。

2001年初,留学澳大利亚的施正荣博士下决心回国创业,寻找合适的合作伙伴,成立一家上规模的太阳能电池生产企业。当施正荣怀揣40万美元和世界顶尖的多晶硅薄膜太阳能电池技术,拿着200页手写的《太阳能产业化可行性报告》奔走在上海、大连、杭州等多个城市寻求产业化机遇时,太湖之畔的一座创新城市——无锡,历史性地接住了这根宝贵的"橄榄枝",从此引发了无锡引才模式在海内外的逐步繁荣,而施正荣领导的尚德团队同样发生了戏剧性变化,尚德太阳能公司一举成为了中国新能源领域的先行者,施正荣被媒体誉为"逐日"英雄。

2005年12月14日,随着纽约证券交易所大厅的一声钟响,无锡尚德太阳能电力有限公司成为中国首家在美国上市的民营企业。2007年底,尚德公司形成了540兆瓦的生产能力,公司市值突破百亿美元,每年上缴当地利税十几亿元,尚德进入了世界光伏产业前三强,实现了企业的巨大跨越式发展。

---

① 朱军文,沈悦青.我国省级政府海外人才引进政策的现状、问题与建议[J].上海交通大学学报(哲学社会科学版),2013(1):59-63,88.

② 林琳.公共政策与海外人才引进——发展中国家及新兴工业经济体的经验比较[J].华中师范大学学报(人文社会科学版),2013(4):38-49.

在尚德的带动下，以无锡为首的整个中国爆发似地在几年内出现了一条初具规模的完整光伏产业链。资料显示，目前无锡光伏产业产能已占全国的50%、世界的10%，由此被业界广泛关注的"尚德现象"促使中国与世界光伏产业的差距缩短了15年。这一个个惊人的数据展示了科技的巨大魅力，施正荣也因此成为无锡创新之路的典范。

从施正荣的身上，无锡敏锐地发现了海归人才在科技创业中的特殊爆发力，无锡市放大"尚德效应"，"复制施正荣"，一个后来被外界称为"抢夺人才"的"530计划"率先在无锡快速铺展实施，而尚德成为无锡书写"530计划"的蓝本，"530计划"也因为施正荣成为全球华人世界与中国科技圈中一个著名的引才品牌。

提起当初为什么选择在无锡创业，施正荣认为，无锡政府九年前的超前意识就很强，对应的支持力度和服务能力也是在国内城市中少有的。施正荣刚到无锡时，便得到了许多优惠政策，当时无锡的一位领导甚至说："谁要是把施博士放走了，市委市政府将追究其责任。"正是由于无锡市政府的努力，施正荣顺利募集到启动资金，尚德得以起步，而施正荣至此从一位科学家迈开了向企业家华丽转身的步伐。

如今，施正荣仍在以"尚德速度"不断缔造新的神话，面对所有荣耀和自己从科学家到企业家的转型，施正荣最想感谢的是福地无锡。而同时，对于无锡来说，施正荣同样是这座城市的福星，正是因为他的到来，世界更多地了解了无锡，而无锡在践行低碳城市建设上也有了最好的案例。

施正荣与尚德，正继续在无锡这片蓝天里缔造自己的"逐日"王国；而无锡，正以更有力的措施大力度、广范围、宽领域引进海外高层次人才，构筑国际人才港，全力打造"东方硅谷"。

案例解读：健全吸引海外人才回国创业的工作机制

从施正荣到无锡的"530计划"，可以看出，健全吸引海外人才回国创业的工作机制是引进海外人才的必要保障，政府应通过建立全国性的海外留学人才信息系统，畅通留学人才回国信息渠道，全面掌握我国留学人员的实际情况，及时发布国内相关行业和地方的人才需求信息，收集海外人才希望回国工作或为国服务的意向。同时，还应建立海外人才公开招聘和评价准入制度，引进我国急需的高水平人才，积极引进高新技术、金融、法律、贸易、管理等方面的紧缺人才，对符合引进条件的海外留学人才回国工作开放绿色通道。除此之外，应充分发挥国家各部门和地方的职能优势，形成合力推动引进人才工作，同时，要整合社会资源，借助专业化中介机构的力量，加强留学人才归国工作情况和国内人才需求等方面的评估分析，发布有关报告，为有意回国创业的人员提供决策参考信息。

(二) 兴荣高科：海归英才的创业之路①

1993年，在日本学习工作了13年的常州籍专家肖克建和夫人朱建平来到了改革开放较早的滨海城市珠海，创办了兴荣空调器材设备有限公司。一年后，他回常州成立江苏兴荣高新技术股份有限公司（以下简称"兴荣高科"），现在公司已发展成为拥有6300万元固定资产、年销售收入5亿元的成长型高科技企业。兴荣高科是江苏省高新技术企业、江苏省重点民营科技企业、国家火炬计划重点高新技术企业，2008年被认定为国家第二批创新试点企业。公司先后获得江苏省科技进步二等奖、中国有色金属工业科学技术一等奖以及江苏省第五届专利奖。兴荣高科的内螺纹铜管生产装备在全国同行业中市场占有率第一。精密光亮铜管连铸连轧生产线已在国内推广30条，并成套出口韩国、伊朗、美国、墨西哥、巴西及东南亚地区；市场占有率世界第一，是目前世界上唯一能够提供精密铜管连铸连轧工艺及成套装备，并拥有完全自主知识产权的企业。兴荣高科以"科技兴业"的理念为指导，在科技创新上大力投入。公司已拥有20余项专利，其中发明专利13项，拥有国家重点产品1项，江苏省高新技术产品4项。公司先后承担过科技部中小企业技术创新基金项目、国家科技支撑计划项目、国家及江苏省火炬计划项目。

一个白手起家的民营企业，短短十几年时间，成长为向全球提供铜管加工成套设备的大型企业；产品不仅打破了外国公司对中国市场的垄断，还大量出口美国、韩国等发达国家，以技术和价格的双重优势迅速占领国际市场，成为"世界老大"。企业不仅研制出螺纹管生产的"中国方法"，而且在全球率先研究开发出能替代铜管的铜铝复合管，成为众多世界级跨国公司的设备供应商。兴荣高科所取得的成功得益于海归人才带领专家团队创业、培养高素质人才、坚持技术上的自我创新以及重视自主知识产权保护。

1. 艰苦创业

时光倒流回10多年前，中国空调市场以每年近千万台的需求递增，可其核心部件内螺纹铜管却遭到国外几家大公司的技术封锁；由于全部靠进口，中国百姓享受空调要付出高昂的代价。怀着改变这种现状和报效祖国的宏愿，1993年，留学日本的肖克建和夫人朱建平回到祖国，开始了艰难的创业之路。他们以600万元积蓄投入创业，创办了兴荣空调器材设备有限公司，购买了一条日本当时最先进的内螺纹铜管生产线，但由于设备和工艺存在种种问题，尤其是企业的产品与产业链脱节，生产线最后被废弃。肖克建夫妇蒙受了巨大损失，这对他们是个沉重打击，但他们并不气馁，夫妇俩变卖了住房和结婚首饰积攒资金，决心重整

---

① 朱克江. 企业自主创新案例 [M]. 北京：经济管理出版社，2009：26-29.

第五章 自主创新政策对我国企业自主创新能力的影响

旗鼓,一定要研发出合格产品,为自己争口气,为国人争尊严。

起初,他们一缺设备,二缺人才,一间小平房当车间,创业的艰难可想而知。就在这个时候,肖克建夫妇有幸结识了中国钢铁研究总院的祁威和田福生等几位年富力强的高级工程师。祁威、田福生等人放弃了原有比较优越的工作条件,同肖克建、朱建平夫妇一道走上了艰苦创业的道路,一干就是10多年。

2. 政府支持促进吸引和留住人才

1994年,肖克建与他的团队把公司搬到了常州高新区,成立了常州兴荣空调器材设备有限公司。1998年,在常州高新区成立了江苏兴荣高新科技股份有限公司。对这样的人才、技术和产品,常州人敞开了胸襟。常州市科技局专门拨出创新基金,常州高新区出台相关扶持政策,三井街道全方位提供"零距离"服务,使得"兴荣高科"迅速发展壮大。

"离开科研院所,来到刚刚起步的兴荣,为什么?"曾有记者问田福生。"因为这里能把脑袋里的东西变成现实。从科研到机加工,再到中试,这里麻雀虽小,但五脏俱全。"在兴荣高科,每一个技术方案投入实施前,核心领导都会争得面红耳赤,每个人都可以用自己的经历和学识对新方案品头论足。对技术问题的讨论、争辩,没有董事长与雇员之分。"离开北京,来到兴荣高科,后悔过吗?"记者问。"无悔,"田福生笑着说,"老婆、孩子都在这儿,我们有一所很大的房子。"正是常州高新区这样的创新创业氛围、条件,兴荣高科这样的机制、动力深深吸引着他们,并留下了他们,更使他们迸发出惊人的创业、创新潜力。

在创业过程中,肖克建和他的专家团队志同道合,大家不计报酬,集思广益,艰苦奋斗,把公司越办越红火。1994年,当年即研发出第一台国内外首创的链式内螺纹铜管成型机,并采用该设备加工出国产的内螺纹铜管。随后,又投资建设流水线,全面实现精密铜管技术装备的产业化。

3. 重视人才的创新作用

"科技兴企,自主创新"是兴荣高科从创业开始既定的长期坚持的发展目标;而人才是科技创新的第一要素,要实现高水平的创新,必须有高素质的人才作为保障。兴荣高科瞄准国内一流的科研院所,努力吸引高层次人才加盟,展开高起点的研发创新。公司建有一个由40多名全职科研人员组成的科研所,公司每年以总销售额收入5%的资金投入新产品开发。公司聘用有丰富实践经验的企业专业人才、离退休高级技术人员和技师,有效提高了项目产业化的成功率和效率。为促使年轻人尽快成长和新招聘人员尽快适应科研开发工作,科研所实行"师徒培养制",每个专业带头人配备几名年轻助手形成课题组,使经验和智慧有机结合,让年轻人在实践中尽快成才。通过传、帮、带,以前能力一般的年轻人如今已在各自项目组中成为不可或缺的人才,为兴荣高科的自主创新步入良性循环轨道打下了基础。

此外，公司还让有突出贡献的高层技术人员成为公司股东，对研发人员按研发实绩实行年薪制考核的薪酬分配制度，从而稳定了技术骨干，促使人才尽快脱颖而出，调动了科研人员的主动性和积极性。

兴荣高科把自主知识产权作为推动科技人员技术创新的基本保障和提升企业自身素质的重要手段。公司在创建之初就借鉴发达国家的经验，学会在不侵犯别人知识产权的前提下，合理借鉴先进技术并进行再创新。然而即使这样，还是发生了意想不到的事件。

2003年夏天，铜加工行业世界第二巨头——芬兰奥托昆普公司对兴荣高科提出了专利侵权诉讼，称兴荣公司侵犯了他们的一项发明专利并要求巨额赔偿。经过充分准备，兴荣高科依靠该技术和装备已申请授权的专利和大量资料数据，带领国内四家铜加工企业应诉，并提出对方专利无效的反诉。2004年，经过国家知识产权局审理，最终对方被驳回起诉，其专利被国家知识产权局专利复审委员会宣告无效。

专利之争的胜诉不但保护了公司的利益，提高了产品和技术在国内外市场的竞争力，维护了中国人的尊严，激发了技术人员创新的勇气和热情，更是一个深刻警示：知识产权决定着企业的生死存亡。现在，兴荣高科已拥有20多项授权专利，其中13项是发明专利；公司在研的新品项目都及时申请了专利保护，对原创性项目已着手到美国、日本等发达国家申请专利，为将来参与国际竞争和境外发展做好准备。

案例解读：创建良好环境，引进高端人才

一个海外留学人员，带着报效祖国的宏愿，白手起家创办民营企业，并在短短十几年时间使其成长为向全球提供铜管加工成套设备的大型企业。所创企业生产的产品不仅打破了外国公司对中国市场的垄断，还以技术和价格的双重优势迅速占领国际市场，成为铜管加工成套设备的"世界老大"。兴荣高科所取得的成功得益于海归人才带领专家团队的艰苦创业和持续创新。江苏自然资源匮乏、人口密度全国最高、人均资源全国最少的特殊省情决定了必须依靠科技进步来发展经济。加快产业高端化、国际化进程，需要大力引进和培养科技领军人才、科技型企业家，尤其是吸纳拥有创新成果、通晓国际先进管理、善于运作资源的海外智力为江苏经济和社会发展服务。为此，江苏要加大引进海外高端人才的力度，同时要加强对引进人才的跟踪服务，完善引进人才的激励保障政策，为"海归人才"营造支持创业、鼓励创新的良好环境，使"海归人才"如鱼得水，在实现梦想的同时，人生价值得到升华。

三、总结归纳

与发达国家相比，尽管中国在国际人才竞争中仍处于总体上的相对劣势，但也应当看到我国的有利因素：经济持续快速增长，社会稳定，能够为人才提供广阔的事业发展空间；对外开放和开放型经济的发展为我国开展人才（智力）国际交流提供了众多机会；沿海省市已经基本具备了吸引海外人才的经济基础。因此，加大吸引海外人才力度，应成为我国增强自主创新能力的重要途径。①

1. 建设适宜海外人才的人居环境

人居环境包括基础设施、教育环境和文化氛围等，是吸引和维系海外人才的一个重要因素。而与国际知名大都市相比，我国城市人居环境存在一定差距；让外国人才适应中国文化也有相当长的过程。但从全球范围看，不少国际大都市都有外国人聚集成小型社区的趋势。

因此，在改善我国中心城市基础条件的同时，设立一些国际人才聚居社区是可行的办法，目前上海、南京、深圳、广州等城市已经形成了外国人社区。例如，某外国员工三年内介绍了大约50名外国专家到南京工作，其关键就在于他帮助这些外国人融入当地的国际人才社区。地方政府可以考虑对现有的国际人才社区提供必要的支持，并有计划地促成新的国际人才社区的形成。

另外，在华子女能否受到良好教育也是外国专家和留学回国人员十分关切的问题。江苏、上海、广东等省市已经建立了一批国际学校和双语学校，较好地解决了海外人才子女教育问题，这一做法值得其他地区学习。

2. 聚焦海外高层次人才，实施留学人员回归计划

海外高层次人才的引进，要以推进创新团队建设，培养国际一流的科技尖子人才、国际级科学大师和科技领军人物为核心目标；重点依托国家和地方重大人才培养计划、重大科研和重大工程项目、重点学科和重点科研基地、重大国际学术交流和合作项目；运用团队引进、核心人才带动引进、高新技术项目开发引进等方式，形成符合海外人才特点的引才机制。加大高层次海外人才公开招聘力度，国家和地方重点实验室主任、高等院校、重点科研机构学术带头人以及其他高级科研岗位，应实行海内外公开招聘。

同时，要转变人才引进与经贸活动分离的传统模式，确立外经、外贸、外资与引才协同运作的"四外齐上"方针，努力构建政府引导、企事业单位和社会组织广泛参与的多元化人才引进格局，大幅度提高海外人才引进的效率。以留学回国人员创业园建设为主要抓手，推进留学人员创业园创新体系建设。

此外，制定和完善留学人员创业的优惠政策，建立由政府参股的风险投资基金和融资担保基金，为留学回国人员创新创业提供良好的金融服务；建立留学人员创业园综合管理联席会议制度，加强创业园内部制度化、规范化和服务体系建

---

① 陈锡安. 大力吸引海外人才增强我国自主创新的能力［J］. 中国人才，2006（5）：11-12.

设、完善功能，提高服务质量和层次；建立留学人员创业园工作网站，用现代信息技术和手段加强工作和业务沟通；建立高校与创业园的对接制度，组织一批重点高校进驻创业园，鼓励高校留学回国人员、回国进修人员进园创新创业。

3. 按照先进的信息化管理模式，有计划、分步骤地建立国家和地方海外高层次人才信息管理系统

采用从局部到整体、从点到面的解决方案来实现人才信息化管理。通过多种手段、多种途径收集海外高层次人才信息，充分掌握人才的基本情况和最新动态。建立海外人才需求预测、申报制度和需求信息发布制度，全面掌握用人单位的人才需求信息，根据产业发展、区域发展的实际需要和发展趋势，编制区域国际化人才开发目录，重点聚焦于高层次、紧缺人才。建立海外人才供需信息发布平台，通过国际性报纸、网站等媒体向社会及时发布用人单位需求信息和海外人才求职信息。

4. 加强海外人才引进与创业的公共服务工作

一是加快留学回国人员服务机构建设，充分发挥国家和地方留学回国人员服务中心的职能作用，完善留学人才的评价认定制度；建立科学的服务流程，实现全方位、全过程、集成化服务。二是加快驻外人才服务机构建设，在北欧、北美、大洋洲、东亚等华裔人才集中的国家建立人才工作站或联络处，提供良好的人才引进的前期服务。要积极创造条件，按照互利共赢的原则，通过信息共享、联合建站、共同投资等多种资源整合的方式，以省为单位逐步实现驻外人才服务机构的统一布局和协同运作。

5. 实行灵活多样的留学回国人员工作方式

吸收高层次留学人才进入公务员队伍；竞聘国家和地方骨干企业、事业单位的技术管理或行政领导职务，领衔承担重点高科技攻关项目和高新技术成果转化项目；独立创办或合作创办高新技术企业、研究机构、教育机构、咨询机构；受聘国家机关、事业单位、企业的高级顾问或咨询专家。

6. 在国际化高起点上，实施重点行业高峰人才开发计划

各地在人才高地建设中，要按照产业升级与转变经济增长方式的要求，制定和实施重点行业高峰人才开发计划。实行项目开发与人才培养并举，以自主创新为核心目标的运行机制。面向海内外，实施高峰人才项目资助计划，形成国际国内项目招标的竞争态势，逐步扩大境外项目招标的范围和项目资助经费的比例，完善项目效益评估制度，创建项目管理与海外人才引进协同运作的良好局面。

7. 发挥国际化人才科技信息优势，畅通国际高科技信息渠道

聘请海外高科技人才担任国际人才市场、技术市场和企业的科技高级顾问，广泛收集和运用国外技术原创者信息和先进技术信息，增强海外人才和技术引进的针对性和适用性。开展海外留学生及华裔人才的信息分析工作，通过驻外人才

工作机构等多种渠道，掌握海外人才的科研工作情况，对其在国外公司或高校的任职情况、项目研发的进展情况以及是否掌握关键技术等进行动态跟踪。

8. 建立财政补偿机制，支持国际化人才自主创新

借鉴吸收国内外的经验，建立财政补偿机制，对人才资本投资所产生的溢出性价值给予相应回报。对国际化人才以原创性技术发明创业的，在规定时段内给予税收返还、免除规费、提供融资扶持；对实现集成创新并形成有竞争力的产品或产业，政府给予税收减免；对引进先进技术后再创新的，给予重奖。省级政府设立高等院校国际化人才专项资金，对引进国外高端人才给予适当的财政补贴，对获得科学发现或重大技术发明的人员，给予丰厚奖励。

附录　技术领域与所涉及专利分类号

技术领域	涉及专利分类号
电气设备及电气工程	F21，G05F，H01B，H01C，H01F，H01G，H01H，H01J，H01K，H01M，H01R，H01T，H02，H05B，H05C，H05F，H05K
声像技术	G09F，G09G，G11B，H03F，H03G，H03J，H04N，H04R，H04S
通信	G08C，H01P，H01Q，H03B，H03C，H03D，H03H，H03K，H03L，H03M，H04B，H04H，H04J，H04K，H04L，H04M，H04Q
信息技术	G06，G10L，G11C
半导体	B81，H01L
光学	G02，G03，H01S
分析及测量控制技术	G01B，G01C，G01D，G01F，G01G，G01H，G01J，G01K，G01L，G01M，G01N，G01P，G01R，G01S，G01V，G01W，G04，G05B，G05D，G07，G08B，G08G，G09B，G09C，G09D，G12
医学技术	A61B，A61C，A61D，A61F，A61G，A61H，A61J，A61L，A61M，A61N
原子核工程	G01T，G21，H05G，H05H
精细有机化学	C07C，C07D，C07F，C07G，C07H，C07J
高分子化学及聚合物	C08B，C08F，C08G，C08H，C08K，C08L，C09D，C09J
化学工程	B01，B02C，B03，B04，B05B，B06，B07，B08，F25J，F26B
表面加工、涂层	B05C，B05D，B32，C23，C25，C30
材料、冶金	B22，B82，C01，C03C，C04，C21，C22
生物技术	C07K，C12M，C12N，C12P，C12Q，C12S
药品及化妆品	A61K，A61P
农业、食品	A01H，A21D，A23B，A23C，A23D，A23F，A23G，A23J，A23K，A23L，C12C，C12F，C12G，C12H，C12J，C13D，C13F，C13J，C13K
石油工业及基础材料化学	A01N，C05，C07B，C08C，C09B，C09C，C09F，C09G，C09H，C09K，C10，C11
搬运及印刷	B25J，B41，B65，B66，B67B，B67C，B67D
农业和食品加工、机械和设备	A01B，A01C，A01D，A01F，A01G，A01J，A01K，A01L，A01M，A21B，A21C，A22，A23N，A23P，B02B，C12L，C13C，C13G，C13H
材料加工、纺织、造纸	A41H，A43D，A46D，B28，B29，B31，C03B，C08J，C14，D01，D02，D03，D04B，D04C，D04G，D04H，D05，D06（除F、N），D21
环境技术	A62D，B09，C02，F01N，F23G，F23J
机床	B21，B23，B24，B26D，B26F，B27，B30
发动机、泵、叶轮机	F01B，F01C，F01D，F01K，F01L，F01M，F01P，F02，F03，F04，F23R

续表

技术领域	涉及专利分类号
热处理及设备	F22, F23B, F23C, F23D, F23H, F23K, F23L, F23M, F23N, F23Q, F24, F25B, F25C, F27, F28
机械组件	F15, F16, F17, G05G
运输	B60, B61, B62, B63B, B63C, B63H, B63J, B64B, B64C, B64D, B64F
航天技术、武器	B63G, B64G, C06, F41, F42
消费品及设备	A24, A41B, A41C, A41D, A41F, A41G, A42, A43B, A43C, A44, A45, A46B, A47, A62, A63, B25B, B25C, B25D, B25F, B25G, B25H, B26B, B42, B43, B44, B68, D04D, D06F, D06N, D07, F25D, G10B, G10C, G10D, G10F, G10G, G10H, G10K
土木工程、建筑、采矿	E01, E02, E03, E04, E05, E06, E21

参考文献

[1] Abramovitz M. Thinking about growth: and other essays on economic growth and welfare [M]. London: Cambridge University Press, 1989.

[2] Acs Z, Anselin L, Varga A. Patents and innovation counts as measures of regional production of new knowledge [J]. Research Policy, 2002, 31 (7): 1069–1085.

[3] Adams J. Comparative localization of academic and industrial spillovers [A]// Breschi, S.F.M., Clusters, Networks and Innovation [M]. Oxford: Oxford University Press, 2005.

[4] Adams J. Science, R&D and invention potential recharge: U.S. evidence [J]. The American Economic Review, 1993, 83: 458–462.

[5] Almeida P, Phene A. Subsidiaries and knowledge creation: the influence of the MNC and host country on innovation [J]. Strategic Management Journal, 2004, 25 (8–9): 847–864.

[6] Altenburg T, Schmitz H, Stamm A. Breakthrough? China's and India's transition from production to innovation [J]. World Development, 2008, 36 (2): 325–344.

[7] Amsden S. Hitting the service excellence target [J]. Industrial Management, 1989, 31 (1): 6–11.

[8] Anselin L, Varga A, Acs Z. Geographic spillovers and university research: a spatial econometric perspective [J]. Growth and Change, 2000, 31: 501–516.

[9] Archibugi D, Michie J. Technological globalisation or national systems of innovation? [J]. Futures, 1997, 29 (2): 121–137.

[10] Archibugi D, Michie J. The globalisation of technology: a new taxonomy [J]. Cambridge Journal of Economics, 1995, 19 (1): 121–140.

[11] Archibugi D, Pietrobelli C. The globalisation of technology and its implications for developing countries: windows of opportunity or further burden? [J]. Technological Forecasting and Social Change, 2003, 70 (9): 861–883.

[12] Archibugi D, Planta M. Measuring technological change through patents

and innovation surveys [J]. Technovation, 1996, 16 (9): 451-519.

[13] Archibugi D. The inter-industry distribution of technological capabilities: a case study in the application of Italian patenting in the USA [J]. Technovation, 1998 (7): 259-274.

[14] Aschhoff B, Sofka W. Innovation on demand: can public procurement drive market success of innovations? [J]. Research Policy, 2009, 38: 1235-1247.

[15] Audretsch D, Feldman M. R&D spillovers and the geography of innovation and production [J]. American Economic Review, 1996, 86 (3): 253-273.

[16] Bae Z, Lee J. Technology development patterns of small and medium sized companies in the Korean machinery industry [J]. Technovation, 1986, 4 (4): 279-296.

[17] Barringer B, Harrison J. Walking a tightrope: creating value through interorganizational relationships [J]. Journal of Management, 2000, 26: 367-403.

[18] Basberg B. Foreign patenting in the US as a technology indicator: the case of Norway [J]. Research Policy, 1983, 12 (4): 227-237.

[19] Baughn C, Bixby M, Woods L. Patent laws and the public good: IPR Protection in Japan and the United States [J]. Business Horizons, 1997, 40 (4): 59-65.

[20] Beason R, Weinstein D. Growth, economies of scale and targeting in Japan (1955-1990) [J]. The Review of Economics and Statistics, 1996, 78 (2): 286-295.

[21] Beneito P. The innovative performance of in-house and contracted R&D in terms of patents and utility models [J]. Research Policy, 2006, 35: 502-517.

[22] Bergek A, Bruzelius M. Are patents with multiple inventors from different countries a good indicator of international R&D collaboration? The case of ABB [J]. Research Policy, 2010, 39 (10): 1321-1334.

[23] Bosworth D. The transfer of US technology abroad [J]. Research Policy, 1980, 9 (4): 378-388.

[24] Bosworth D. Foreign patent flows to and from the United Kingdom [J]. Research Policy, 1984, 13 (2): 115-124.

[25] Bound J, Clint C, Griliches Z. Who does R&D and who patents [M]. Chicago: University of Chicago Press, 1987.

[26] Brian W, Lewis A. Policy analysis for the real world [M]. New York: Oxford University Press, 1984.

[27] Caldera A, Debande O. Performance of Spanish universities in technology

transfer: an empirical analysis [J]. Research Policy, 2010, 39 (9): 1160-1173.

[28] Caniëls M. Regional differences in technology: theory and empirics [R]. Maastricht: MERIT, Maastricht Economic Research Institute on Innovation and Technology, 1996.

[29] Cantwell J, Janne O. Technological globalisation and innovative centres: the role of corporate technological leadership and locational hierarchy [J]. Research Policy, 1999, 28 (2): 119-144.

[30] Cantwell J. The internationalization of technological activity and its implications for competitiveness [J]. 1992, 17 (4): 567-578.

[31] Carlsson B. Internationalization of innovation systems: a survey of the literature [J]. Research Policy, 2006, 35 (1): 56-67.

[32] Cassiolato J, Lastres H. Local systems of innovation in Mercosur countries [J]. Industry and Innovation, 2000, 7 (1): 33-53.

[33] Castellacci F, Archibugi D. The technology clubs: the distribution of knowledge across nations [J]. Research Policy, 2008, 37 (10): 1659-1673.

[34] Caviggioli F. Foreign applications at the Japan patent office—an empirical analysis of selected growth factors [J]. World Patent Information, 2011, 33 (2): 157-167.

[35] Cohen W, Levinthal D. A new perspective on learning and innovation [J]. Administrative Science Quarterly, 1990, 35 (1): 128-152.

[36] Criscuolo P. The "home advantage" effect and patent families: a comparison of OECD triadic patents, the USPTO and the EPO [J]. Scientometrics, 2006, 66 (1): 23-41.

[37] Cusumano M, Kahl S, Suarez F. Product, process and serive: a new industry lifecycle model [R]. A research and education initiative at the MIT Sloan School of Management, 2006.

[38] Daniel E. Knowledge-management systems: converting and connecting [J]. IEEE Intelligent Systems, 1998 (5-6): 30-33.

[39] Daniele A, Mario P. Specialization and size of technological activities in industrial countries: the analysis of patent data [J]. Research Policy, 1991, 21: 79-93.

[40] Dratler J. Licensing of intellectual property [M]. New York: Law Journal Press, 1998.

[41] Dunn E. A statistical and analytical technique for regional analysis [J]. Papers in Regional Science, 1960, 6 (1): 97-112.

[42] Dunning J, Lundan S. The Internationalization of corporate R&D: a review of the evidence and some policy implications for home countries [J]. Review of Policy Research, 2009, 26 (1–2): 13–33.

[43] Edler J, Georghiou L. Public procurement and innovation-resurrecting the demandside [J]. Research Policy, 2007, 36: 949–963.

[44] Edquist C.Identification of policy problems in systems of innovation through diagnostic analysis [C]. PRIME Conference, Mexico City, 2008 (9).

[45] Ernst D. Beyond the "Global Factory" mode: innovative capabilities for upgrading China's IT industry [J]. International Journal of Technology and Globalisation, 2007, 3 (4): 437–459.

[46] Ernst H. Patent information for strategic technology management [J]. World Patent Information, 2003, 25 (3): 233–242.

[47] Fisher K, Jefferson G. Technology diversity and development: evidence from China's industrial enterprises [J]. Journal of Comparative Economics, 2008, 36 (4): 658–672.

[48] Freeman C. Technology policy and economic performance: lessons from Japan [M]. London: Pinter Publishers, 1987.

[49] Freeman C. The "National System of Innovation" in historical perspective [J]. Cambridge Journal of Economics, 1995, 19 (1): 5–24.

[50] Fukugawa N. Determinants of licensing activities of local public technology centers in Japan [J].Technovation, 2009, 29 (12): 885–892.

[51] Garcia M. Does technological diversification promote innovation? An empirical analysis for European firms [J]. Research Policy, 2006, 35 (2): 230–246.

[52] Geroski P. Procurement policy as a tool of industrial policy [J]. International Review of Applied Economics, 1990, 4 (2): 182–198.

[53] Gerschenkron A. Economic backwardness in historical perspective [M]. Boston: Harvard University Press, 1962.

[54] Granstrand O, Håkanson L, Sjölander S.Internationalization of R&D—a survey of some recent research [J]. Research Policy, 1993, 22 (5): 413–430.

[55] Greene W. Econometric Analysis [M]. Delhi: Pearson Education, 2003.

[56] Griliches Z. Issues in assessing the contribution of research and development to productivity growth [J]. Bell Journal of Economics, 1979 (10): 92–116.

[57] Griliches Z. Patent statistics as economic indicators: a survey [J]. Journal of Economic Literature, 1990, 28: 1661–1707.

[58] Griliches Z. Patent statistics as economic indicators: a survey [A]//R&D

and productivity: the econometric evidence [C]. Chicago: University of Chicago Press, 1998: 287-343.

[59] Grupp H, Schmoch U. Patent statistics in the age of globalisation: new legal procedures, new analytical methods, new economic interpretation [J]. Research Policy, 1999, 28 (4): 377-396.

[60] Guellec D, Van Pottelsberghe de la Potterie B. The impact of public R&D expenditure on business R&D [R]. OECD Publishing, 2000.

[61] Guellec D, Van Pottelsberghe de la Potterie B. The internationalisation of technology analysed with patent data [J]. Research Policy, 2001, 30 (8): 1253-1266.

[62] Hagedoorn J, Cloodt M. Measuring innovative performance: is there an advantage in using multiple indicators? [J]. Research Policy, 2003, 32 (8): 1365-1379.

[63] Hall B. The stock market's valuation of R&D investment during the 1980's [J]. American Economic Review, 1993, 83 (2): 259-264.

[64] Han Z, Donald P, Martin K. Building global-class universities: assessing the impact of the 985 Project [J]. Research Policy, 2013, 42 (3): 765-775.

[65] Hefman P, Phal R. The emergence of new industries [R]. London: The University of Cambridge: 2008.

[66] Hong W, Su Y. The effect of institutional proximity in non-local university-industry collaborations: an analysis based on Chinese patent data [J]. Research Policy, 2013, 42 (2): 454-464.

[67] Hong W. Decline of the center: the decentralizing process of knowledge transfer of Chinese universities from 1985 to 2004 [J]. Research Policy, 2008, 37 (4): 580-595.

[68] Horlings E, Van den Besselaar P. Convergence in science: growth and structure of worldwide scientific output, 1993-2008 [C]. Science and Innovation Policy, 2011 Atlanta Conference on IEEE: 1-19.

[69] Jaffe A. Real effects of academic research [J]. The American Economic Review, 1989, 79: 957-970.

[70] Jaffe A. Technological opportunity and spillovers of R&D: evidence from firms' patents, profits and market value [J]. The American Economic Review, 1986, 76 (5): 986-1001.

[71] Jaffe A. The U.S. patent system in transition: policy innovation and the innovation process [J]. Research Policy, 2000, 29 (4-5): 531-557.

[72] Jang S, Yu Y, Wang T. Emerging firms in an emerging field: an analysis of patent citations in electronic-paper display technology [J]. Scientometrics, 2011, 89 (1): 259-272.

[73] Jayanthi S, Witt E, Singh V. Evaluation of potential of innovations: a DEA-based application to US photovoltaic industry [J]. IEEE Transactions on Engineering Management, 2009, 56 (3): 478-493.

[74] Jones C. R&D based models of economic growth [J]. Journal of Political Economy, 1995, 103 (2): 759-784.

[75] Karlsson C, Andersson M. The location of industry R&D and the location of university R&D: how are they related? [J]. Advances in Spatial Science, 2009, 18 (10): 267-290.

[76] Katila R, Ahuja G. Something old, something new: a longitudinal study of search behavior and new product introduction [J]. Academy of management journal, 2002, 45 (6): 1183-1194.

[77] Katrak H. Imports of technology and the technological effort of Indian enterprises [J]. World Development, 1990, 18 (3): 371-381.

[78] Keller J. Emerging industry: high technology [R]. 2006.

[79] Kim S, Lee B, Park B, Oh K. The effect of R&D, technology commercialization capabilities and innovation performance [J]. Technological And Economic Development of Economy, 2011, 17 (4): 563-578.

[80] Klepper S, Graddy E. The evolution of new industries and the determinants of market structure [J]. Rand Journal of Economics, 1990, 21 (1): 27-44.

[81] Klepper S. The origin and growth of industry clusters: the making of silicon valley and detroit [J]. Journal of Urban Economics, 2010, 67 (1): 15-32.

[82] Kuen T, Jiann W. The R&D performance in Taiwan's electronics industry: a longitudinal examination [J]. R&D Management, 2004, 34 (2): 179-89.

[83] Kwon K, Park H, So M, Leydesdorff L. Has globalization strengthened South Korea's national research system? National and international dynamics of the triple helix of scientific co-authorship relationships in South Korea [J]. Scientometrics, 2012, 90 (1): 163-176.

[84] Laursen K, Reichstein T, Salter A. Exploring the effect of geographical proximity and university quality on university-industry collaboration in the United Kingdom [J]. Regional Studies, 2011, 45 (4): 507-523.

[85] Lemola T. Convergence of national science and technology policies: the case of Finland [J]. Research Policy, 2002, 31 (8): 1481-1490.

[86] Li L, Xue D. Chinese logistics industry international competitiveness evaluation based on fuzzy analysis method [J]. China Mechanical Engineering, 2010, 21 (12): 1435-1440.

[87] Li T, Ding Y. Technological capability evaluation model of marine high-tech industries in China based on borda and fuzzy comprehensive method [J]. Journal of Convergence Information Technology, 2013, 8 (1): 715-723.

[88] Liang K, Zeger S. Longitudinal data analysis using generalized linear models [J]. Biometrika, 1986, 73 (1): 13-22.

[89] Liu F, Simon D, Sun Y, Cao C. China's innovation policies: evolution, institutional structure and trajectory [J]. Research Policy, 2011, 40 (7): 917-931.

[90] Liu F, Sun Y. A comparison of the spatial distribution of innovative activities in China and the US [J]. Technological Forecasting and Social Change, 2009, 76 (6): 797-805.

[91] Liu X, Zhi T. China is catching up in science and innovation: the experience of the Chinese Academy of Sciences [J]. Science and Public Policy, 2010, 37 (5): 331-342.

[92] Liu X. Can international acquisition be an effective way to boost innovation in developing countries? Evidences from China's TFT-LCD industry [J]. Journal of Science and Technology Policy in China, 2010, 1 (2): 116-134.

[93] Liu Y, Zhang G, Zhang Y, Liao L. Catastrophe evaluation of technological innovation capability in high-tech industries [J]. Industrial Engineering Journal, 2011, 14 (3): 14-19.

[94] Lundvall B, Christensen J, Universitet A, Syd H. Extending and deepening the analysis of innovation systems: with empirical illustrations from the DISCO-project [M]. Department of Industrial Economics and Strategy, Copenhagen Business School, 1999.

[95] Lundvall B. National innovation system-analytical concept and development tool [R]. DRUID Tenth Anniversary Summer Conference 2005, 2005.

[96] Ma Z, Lee Y. Patent application and technological collaboration in inventive activities: 1980-2005 [J]. Technovation, 2008, 28 (6): 379-390.

[97] Mansfield E, Lee Y. The modern university: contributor to industrial innovation and recipient of industrial R&D support [J]. Research Policy, 1996, 25 (7): 1027-1058.

[98] Marin P, Siotis G. Innovation and market structure: an empirical evaluation of the "bounds approach" in the chemical industry [J]. Journal of Industrial

Economics, 2007, 55 (1): 93-111.

[99] Marshall A. Principle of economics (8th ed.) [M]. New York: Cosimo, 2006.

[100] Miettinen R. National innovation system: scientific concept or political rhetoric [M]. Edita, 2002.

[101] Mowery D. The changing structure of the US national innovation system: implications for international conflict and cooperation in R&D policy [J]. Research Policy, 1998, 27 (6): 639-654.

[102] Muscio A. What drives the university use of technology transfer offices? Evidence from Italy [J]. The Journal of Technology Transfer, 2010, 35 (2): 181-202.

[103] Nelson R. National innovation systems: a comparative analysis [J]. University of Illinois at Urbana-Champaign's Academy for Entrepreneurial Leadership Historical Research Reference in Entrepreneurship, 1993.

[104] Niosi J, Bellon B. The global interdependence of national innovation systems: evidence, limits and implications [J]. Technology in Society, 1994, 16 (2): 173-197.

[105] OECD. Globalization and open innovation [R]. Paris, 2008.

[106] OECD. Using patent data as science and technology indicators—patent manual [M]. OECD, 1994.

[107] Oh C, Oetzel J. Multinationals' response to major disasters: how does subsidiary investment vary in response to the type of disaster and the quality of country governance? [J]. Strategic Management Journal, 2011, 32 (6): 658-681.

[108] Palmberg C. The sources of innovations-looking beyond technological opportunities [J]. Economics of Innovationand New Technology, 2004, 13 (2): 183-197.

[109] Patel P, Pavitt K. National systems of innovation under strain: the internationalisation of corporate R&D [J]. Science Policy Research Unit, 1998, 19 (5): 1-25.

[110] Pavitt K. R&D, patenting and innovative activities: a statistical exploration [J]. Research Policy, 1982, 11 (1): 33-51.

[111] Pavitt K. Public policies to support basic research: what can the rest of the world learn from US theory and practice? (and what they should not learn) [J]. Industrial and Corporate Change, 2001, 10 (3): 761-779.

[112] Pfirrmann O. Neither soft nor hard—pattern of development of new technology based firms in biotechnology [J]. Technovation, 1999, 19 (11): 651-659.

[113] Picci L. The internationalization of inventive activity: a gravity model us-

ing patent data [J]. Research Policy, 2010, 39 (8): 1070–1081.

[114] Piergiovanni R, Santarelli E. The more you spend, the more you get? The effects of R&D and capital expenditures on the patenting activities of biotechnology firms [J]. Scientometrics, 2013, 94 (2): 497–521.

[115] Ray R, Ezra W. Networks, diversity and productivity: the social capital of corporate R&D teams [J]. Organizaiton Science, 2001, 12 (4): 502–517.

[116] Rothwell R. Technology based small firms and regional innovation potential: the role of public procurement [J]. Journal of Public Policy, 1984, 4 (4): 307–332.

[117] Saarinen J. Innovations and industrial performance in Finland 1945~1998 [R]. Almqvist & Wicksell International, 2005.

[118] Sláma J. Analysis by means of a gravitation model of international flows of patent applications in the period 1967–1978 [J]. World Patent Information, 1981, 3 (1): 2–8.

[119] Soete L, Wyatt S. The use of foreign patenting as an internationally comparable science and technology output indicator [J]. Scientometrics, 1983, 5 (1): 31–54.

[120] Staniskis J, Kliopova I. The evaluation of cleaner production performance in Lithuanian industries [J]. Journal of Cleaner Production, 2006, 14 (18): 1561–1575.

[121] Sun Y. Determinants of foreign patents in China [J]. World Patent Information, 2003, 25 (1): 27–37.

[122] Sun Y. Spatial distribution of patents in China [J]. Regional Studies, 2000, 34 (5): 441–454.

[123] Szulanski G. The process of knowledge transfer: a diachronia analysis of stickiness [J]. Organizational Behavior and Decision Processes, 2000, 82 (1): 9–27.

[124] Thirlwall A. A measure of the "proper distribution of industry" [J]. Oxford Economic Papers, 1967, 19 (1): 46–58.

[125] Thursby J, Kempb S. Growth and productive efficiency of university intellectual property licesing [J]. Research Policy, 2002, 31 (1): 109–124.

[126] U.S. International Trade Commission. China: intellectual property infringement, indigenous innovation policies, and frameworks for measuring the effects on the U.S. economy [J]. Investigation, 2010 (10): 332–514.

[127] Von Zedtwitz M. International R&D strategies of TNCs from developing countries: the case of China [C]. Globalization of R&D and Developing Countries. UNCTAD: 117–140.

[128] Zhu Y, Wang R, Hipel K. Grey relational evaluation of innovation competency in an aviation industry cluster [J]. Grey Systems: Theory and Application, 2012, 2 (2): 272-283.

[129] Ziqi L. International R&D project evaluation by multinational corporations in the electronics and IT industry of Singapore [J]. R&D Management, 2001, 31 (3): 299-307.

[130] 艾冰, 陈晓红. 政府采购与自主创新的关系 [J]. 管理世界, 2008(3): 169-170.

[131] 白艳莉. 海外人才引进: 构建人力资源强国的重要路径——国际经验与启示 [J]. 生产力研究, 2009 (12): 91-93.

[132] 北京市人民政府. 关于在中关村科技园区开展政府采购自主创新产品试点工作的意见 [R]. 北京, 2008.

[133] 曹建国, 刘伟, 蔡卫星, 郑永平. 产学研合作中的专利技术转移研究 [J]. 科技管理研究, 2009 (12): 488-490.

[134] 曾繁华, 彭中, 陈曦. 战略性新兴产业发展政策研究最新进展文献综述及评价 [J]. 科技进步与对策, 2013 (7): 1-7.

[135] 曾智洪, 吴江. 我国西三角经济区的构建路径与发展战略 [J]. 统计与决策, 2012 (3): 150-152.

[136] 陈伟, 张昊一, 杨彩霞. 企业自主创新政策机制评价研究 [J]. 科技进步与对策, 2010, 27, (7): 110-113.

[137] 陈锡安. 大力吸引海外人才增强我国自主创新的能力 [J]. 中国人才, 2006 (5): 11-12.

[138] 成德宁. 公共财政政策与技术的创新和扩散 [J]. 科技进步与对策, 2005 (5): 7-76.

[139] 戴勇, 肖丁丁, 锁颖馨. 研发投入、企业家精神与产学研绩效的关系研究——以广东省部产学研合作企业为例 [J]. 科学学与科学技术管理, 2010, 31 (11): 136-142.

[140] 邓子基, 杨志宏. 财税政策激励企业技术创新的理论与实证分析 [J]. 财贸经济, 2011 (5): 3-7.

[141] 董静, 苟燕楠. 公共预算决策分析框架与中国预算管理制度改革 [J]. 财贸经济, 2004 (11): 38-42.

[142] 范柏乃, 蓝志勇. 国家中长期科技发展规划解析与思考 [J]. 浙江大学学报 (人文社会科学版), 2007, 37 (2): 25-26.

[143] 方向明, 尚言. 中国向何处去 [J]. 三联竞争力, 2006, 48 (2): 20-21.

[144] 方勇, 乔庆敏, 王明明等. 我国基础研究投入的区域战略布局研究[J]. 科技进步与对策, 2011, 28 (12): 114-118.

[145] 房汉廷, 张缨. 中国支持科技创新财税政策述评（1978~2006年）[J]. 中国科技论坛, 2007, 9 (10): 5-8.

[146] 冯锋, 汪良兵. 协同创新视角下的区域科技政策绩效提升研究——基于泛长三角区域的实证分析 [J]. 科学学与科学技术管理, 2011, 32 (12): 109-115.

[147] 符淼. 地理距离和技术外溢效应——对技术和经济集聚现象的空间计量学解释[J]. 经济学（季刊）, 2009, 4 (1): 1549-1558.

[148] 付剑峰, 李十六, 朱鸿鸣. 融资困境、知识产权质押贷款与中小企业可持续发展——来自中国的经验[J]. 北京师范大学学报（社会科学版）, 2011 (4): 135-142.

[149] 付晔, 张乐平, 马强, 陈钦昌. R&D资源投入对不同类型高校专利产出的影响[J]. 研究与发展管理, 2010, 22 (3): 103-111.

[150] 傅道忠. 发达国家科技财税优惠政策及其启示[J]. 财经问题研究, 2003 (6): 58.

[151] 傅家骥. 技术创新学 [M]. 北京: 清华大学出版社, 1998.

[152] 高飞鹏, 杨多贵, 周志田. 中国科技竞争力的成长特征及影响因素的SWOT分析[J]. 中国科技论坛, 2007 (2): 101-104.

[153] 高璐, 仝芳妍, 邓心安. 科技基本投入对论文产出的影响研究——以中国国际论文为例[J]. 科技进步与对策, 2007, 24 (9): 25-28.

[154] 高新才. 中国区域发展战略的嬗变[J]. 改革, 2008 (1): 52-54.

[155] 高子平. 在美华人科技人才回流意愿变化与我国海外人才引进政策转型[J]. 科技进步与对策, 2012 (19): 145-150.

[156] 辜胜阻, 王敏. 支持创新型国家建设的财税政策体系研究[J]. 财政研究, 2012 (10): 19-22.

[157] 郭秋梅, 刘莉. 高校科技投入、专利申请及专利管理分析[J]. 研究与发展管理, 2005, 17 (4): 87-93.

[158] 郭雯, 程郁, 任中保. 国外政府采购激励创新的政策研究及启示[J]. 中国科技论坛, 2011 (9): 146-151.

[159] 韩东林, 胡姗姗. 省际比较视角下政府研究机构R&D效率评价——基于第二次全国R&D资源清查数据[J]. 情报杂志, 2012, 31 (5): 84-89.

[160] 贺正楚, 吴艳. 战略性新兴产业的评价与选择[J]. 科学学研究, 2011, 29 (5): 678-683, 721.

[161] 胡健生. 发达国家制造业发展经验及其对江苏的启示[J]. 世界经济与

政治论坛，2004（6）：21-25.

[162] 华为投资控股有限公司.2012年年度报告［R］.2012.

[163] 黄建国.我国科技发展战略的变迁与目标模式研究［J］.科学管理研究，2009，27（3）：1-5.

[164] 黄军英.科技全球化及其政策启示［J］.国际经济合作，2007（10）：46-49.

[165] 黄鲁成，王亢抗，吴菲菲，苗红，娄岩.战略性新兴产业技术特性评价指标与标准［J］.科学学与科学技术管理，2012，33（7）：103-108.

[166] 黄鲁成，张静，吴菲菲，苗红，娄岩，罗晓梅.战略性新兴产业的全局性评价指标及标准［J］.统计与决策，2013（5）：34-37.

[167] 霍影.战略性新兴产业发展潜力评价方法研究——以东北3省为例［J］.科学管理研究，2012，30（1）：5-9.

[168] 江小涓.理解科技全球化——资源重组，优势集成和自主创新能力的提升［J］.管理世界，2004（6）：4-13.

[169] 蒋玉宏，黄勇.自主创新、知识产权和竞争政策的协调——兼评USITC对我国自主创新政策的332调查报告［J］.电子知识产权，2011（4）：43-48.

[170] 焦红丽，姜丕军.发达国家生产性服务业发展经验及对北京的启示［J］.生产力研究，2010（10）：186-188.

[171] 教育部人文社会科学重点研究基地，清华大学技术创新研究中心.创新与创业管理（第2辑）［M］.北京：清华大学出版社，2006.

[172] 李成龙，秦泽峰.产学研合作组织耦合互动对创新绩效影响的研究［J］.科学管理研究，2011，29（2）：100-103.

[173] 李国平.京津冀区域科技发展战略研究［M］.北京：中国经济出版社，2008.

[174] 李红锦，李胜会.战略性新兴产业创新效率评价研究——LED产业的实证分析［J］.中央财经大学学报，2013（4）：75-80.

[175] 李洪照.地方政府技术采购政策研究［D］.济南：山东大学，2008.

[176] 李建民.中国科技发展战略转变问题分析［J］.软科学，2004，18（2）：20-23.

[177] 李剑力.探索性创新、开发性创新及其平衡研究前沿探析［J］.外国经济与管理，2009，31（3）：23-29.

[178] 李琳.知识产权质押贷款用知识转换融资［J］.经济导刊，2007（2）：49-50.

[179] 李强，韩伯棠，翟立新.公共科研机构效率评价测度体系研究［J］.科学学研究.2006，24（2）：243-248.

[180] 李文波. 我国大学和国立科研机构技术转移影响因素分析 [J]. 科学学与科学技术管理, 2003 (6): 48-51.

[181] 李应博, 吕春燕, 何建坤. 基于创新型国家战略目标下的我国大学技术转移模式 [J]. 研究与发展管理, 2007, 19 (1): 63-71.

[182] 连燕华. 自主创新政策解读 [J]. 中国科技投资, 2006 (5): 21.

[183] 林琳. 公共政策与海外人才引进——发展中国家及新兴工业经济体的经验比较 [J]. 华中师范大学学报 (人文社会科学版), 2013 (4): 38-49.

[184] 林善波. 动态比较优势与复杂产品系统的技术追赶——以我国高铁技术为例 [J]. 科技进步与对策, 2011, 28 (14): 10-14.

[185] 林毅夫. 发展战略, 自生能力和经济收敛 [J]. 经济学 (季刊), 2002, 1 (2): 269-300.

[186] 刘凤朝, 王元地, 潘雄峰. 老工业基地知识增长结构与产业发展分析 [J]. 科学学与科学技术管理, 2004, 25 (3): 50-52.

[187] 刘军. 社会网络分析导论 [M]. 北京: 社会科学文献出版社, 2004.

[188] 刘军民. 提升企业自主创新能力的财税政策分析 [J]. 华中师范大学学报 (人文社会科学版), 2009, 48 (2): 45-55.

[189] 刘顺忠, 官建成. 区域创新系统创新绩效的评价 [J]. 中国管理科学, 2002, 10 (1): 75-78.

[190] 刘伟, 曹建国, 蔡卫星. 国外政府采购扶持自主创新的经验及对中国的启示 [J]. 管理现代化, 2009 (1): 18-20.

[191] 刘勇, 雷平. 日韩两国利用外资与自主创新模式及我国的发展思考 [J]. 中国软科学, 2008 (11): 26-33.

[192] 刘云, 李正风, 刘立, 王兆华, 张祥. 国家创新体系国际化理论与政策研究的若干思考 [J]. 科学学与科学技术管理, 2010 (3): 13.

[193] 柳卸林. 企业技术创新管理 [M]. 北京: 社会科学文献出版社, 1997.

[194] 娄贺统, 徐恬静. 税收激励对企业技术创新的影响机理研究 [J]. 研究与发展管理, 2008, 20 (6): 88-94.

[195] 吕明洁, 陈松. 我国高技术产业政策绩效及其收敛分析 [J]. 科学学与科学技术管理, 2011, 32 (2): 43-47.

[196] 吕明洁. 我国自主创新政策绩效评价的 DEA 分析——以上海市高新技术产业为例 [J]. 经济论坛, 2009 (20): 63-65.

[197] 马理. 自主创新、政府采购与招投标机制设计 [J]. 中国软科学, 2007 (6): 120-124.

[198] 马野青, 林宝玉. 在华 FDI 的知识溢出效应——基于专利授权数量的实证分析 [J]. 世界经济研究, 2007, 5: 20-25.

[199] 宁凌, 汪亮, 廖泽芳. 基于DEA的高技术产业政策评价研究——以广东省为例[J]. 国家行政学院学报, 2011 (2): 99-103.

[200] 牛盼强, 谢富纪, 董意凤. 基于知识双螺旋模型的我国产学研合作技术转移机制研究[J]. 科学学与科学技术管理, 2010 (5): 43-46, 52.

[201] 彭鸿广. 我国政府采购扶持自主创新政策效果评估与对策[J]. 科技与管理, 2011, 13 (3): 1-4.

[202] 齐燕. 中国自主创新历史演进实证研究[D]. 合肥: 合肥工业大学, 2011.

[203] 秦海. 自主创新、产业能力与经济增长[J]. 清华大学学报(哲学社会科学版), 2007, 22 (5): 139-144.

[204] 曲婉, 穆荣平, 宋河发. 自主创新人才队伍政策关联性研究[J]. 科研管理, 2012, 33 (2): 40-47.

[205] 饶凯, 孟宪飞, 徐亮, Piccaluga A. 研发投入对中国大学技术转移合同的影响[J]. 管理科学, 2012, 25 (5): 76-84.

[206] 任颖洁. 科技型中小企业知识产权质押融资问题与对策研究——以陕西为例[J]. 科学管理研究, 2012 (5): 105-108.

[207] 施培公. 自主创新是中国企业创新的长远战略[J]. 中外科技政策与管理, 1996 (1): 14-27.

[208] 宋河发, 穆荣平, 任中保. 促进自主创新的政府采购政策与实施细则关联性研究[J]. 科学学研究, 2011, 29 (2): 291-299.

[209] 孙卫, 王彩华, 刘民婷. 产学研联盟中知识转移绩效的影响因素研究[J]. 科学学与科学技术管理, 2012, 33 (8): 58-65.

[210] 孙晓华, 郑辉. 基于投入产出法的制造业间R&D溢出效应测算及比较[J]. 科研管理, 2012, 33 (2): 79-87.

[211] 佟文立. 创新驱动发展的"前生今世"[J]. 新产经, 2013, 30: 53-54.

[212] 万钢. 吸引海外人才回国创业共建人才资源强国[J]. 中国科技产业, 2008 (3): 22-24.

[213] 万君康, 李华威. 自主创新及自主创新能力的辨识[J]. 科学学研究, 2008, 26 (1): 205-209.

[214] 王春法. 关于国家创新体系理论的思考[J]. 中国软科学, 2003 (5): 99-104.

[215] 魏真. 我国公共教育财政政策评估研究[D]. 北京: 北京师范大学, 2008.

[216] 吴梦云, 徐艳. 战略性新兴产业发展路径及其评价——以镇江市为例[J]. 特区经济, 2011 (10): 56-58.

[217] 武瑞杰. 区域战略性新兴产业的评价与选择 [J]. 科学管理研究, 2012, 30 (2): 42-45.

[218] 冼国明, 严兵. FDI 对中国创新能力的溢出效应 [J]. 世界经济, 2005, 28 (10): 18-25.

[219] 冼薇. 亚洲"四小龙"吸引海归人才的经验及对我国的启示 [J]. 中国高新区, 2010 (8): 84-85.

[220] 项歌德, 朱平芳, 张征宇. 经济结构、R&D 投入及构成与 R&D 空间溢出效应 [J]. 科学学研究, 2011, 29 (2): 208-214.

[221] 肖侠. 科技型中小企业知识产权质押融资管理对策研究 [J]. 科学管理研究, 2011 (5): 116-120.

[222] 熊勇清, 曾铁铮, 李世才. 战略性新兴产业培育和成长环境: 评价模型及应用 [J]. 软科学, 2012, 26 (8): 55-59, 64.

[223] 徐国东, 叶金福, 邹艳. 企业—大学合作中的知识转移影响因素分析 [J]. 情报杂志, 2008 (2): 87-89.

[224] 徐建国. 我国科技资源空间分布的实证研究 [D]. 北京: 清华大学, 2005.

[225] 徐凯, 高山行. 中国高等院校科研投入—产出研究 [J]. 研究与发展管理, 2008, 20 (2): 97-102.

[226] 徐全勇. 外商直接投资对我国自主创新作用的实证分析——基于区域层面的面板数据分析 [J]. 世界经济研究, 2007 (6): 14-18.

[227] 徐伟民. 科技政策、开发区建设与高新技术企业全要素生产率——来自上海的证据 [J]. 中国软科学, 2008 (10): 141-147.

[228] 许景婷, 张兵, 晏慎友. 提升企业技术创新能力的税收优惠政策研究——基于江苏省的宏观分析 [J]. 生产力研究, 2013 (1): 41-43.

[229] 杨晨, 陶晶. 知识产权质押融资中的政府政策配置研究 [J]. 科技进步与对策, 2010 (13): 105-107.

[230] 杨春梅, 郑岩. 财税政策与企业技术创新: 基于吉林省的实证分析 [J]. 社会科学战线, 2012 (7): 42-47.

[231] 杨静, 吕永波, 刘子玲, 史维峰, 任远. 高校科技投入与产出的关联模型研究 [J]. 世界科技研究与发展, 2005, 27 (2): 78-83.

[232] 叶伟巍, 郑锦宜. 激发高技术企业自主创新的政府采购制度研究 [J]. 科学学研究, 2007, 25 (A01): 101-105.

[233] 易明, 刘航. 科技政策对产业研发空间结构的影响研究——基于湖北省的实证分析 [J]. 中国科技论坛, 2009 (2): 18-21.

[234] 于海峰, 谭楚玲. 欧盟与中国支持中小企业技术创新财税政策的比较

研究 [J]. 税务研究, 2009 (11): 82-85.

[235] 俞文华. 韩国在华发明专利申请格局, 技术结构与比较优势及政策含义 [J]. 中国科技论坛, 2007 (7): 132-140.

[236] 喻登科, 陈华, 涂国平. 江西省战略性新兴产业科技资源投入产出效率评价 [J]. 情报杂志, 2013, 32 (2): 178-185.

[237] 袁晓玲, 张宝山, 杨万平. 动态偏离—份额分析法在区域经济中的应用 [J]. 经济经纬, 2008 (1): 55-58.

[238] 原长弘, 高金燕, 孙会娟. 地方政府支持与区域市场需求规模不确定性对高校技术转移效率的影响——来自中国"211工程"大学的证据 [J]. 研究与发展管理, 2013, 25 (3): 10-17.

[239] 翟立新, 韩伯棠, 李晓轩. 基于知识生产函数的公共科研机构效率评价模型研究 [J]. 中国软科学, 2005 (8): 76-80.

[240] 张凤, 霍国庆. 国家科研机构创新绩效的评价模型 [J]. 科研管理, 2007, 28 (2): 35-42.

[241] 张国庆. 公共政策分析 [M]. 上海: 复旦大学出版社, 2004.

[242] 张娟, 郭炜煜, 刘明军. 大学技术转移市场化运行机制研究 [J]. 科学管理研究, 2011, 29 (4): 65-68, 73.

[243] 张良桥, 贺正楚, 吴艳. 基于灰色关联分析的战略性新兴产业评价——以生物医药为例 [J]. 经济数学, 2010, 27 (3): 79-84.

[244] 张凌, 李锦慧. 黑龙江省自主创新政策实施效果研究 [J]. 科技管理研究, 2009 (2): 50-53.

[245] 张楠, 林绍福, 孟庆国. 现行科技政策体系与ICT自主创新企业反馈研究 [J]. 中国软科学, 2010 (3): 22-26.

[246] 张瑞, 苏方林, 李臣. 基于PVAR模型的R&D投入与产出关系的实证研究 [J]. 科学学与科学技术管理, 2011, 32 (12): 18-25.

[247] 张同斌, 高铁梅. 财税政策激励, 高新技术产业发展与产业结构调整 [J]. 经济研究, 2012 (5): 58-70.

[248] 张文春. 税收政策在促进高新技术产业发展中的作用及其机理分析 [J]. 中国人民大学学报, 2006 (1): 59-64.

[249] 张小蒂, 王中兴. 中国R&D投入与高技术产业研发产出的相关性分析 [J]. 科学学研究, 2008, 26 (3): 526-529.

[250] 张也卉, 刘林青. 大学技术转移中的专利作用——基于界面理论的考察 [J]. 研究与发展管理, 2007, 19 (5): 95-99.

[251] 章洁倩. 科技型中小企业知识产权质押融资风险管理——基于银行角度 [J]. 科学管理研究, 2013 (2): 98-101.

[252] 章琰. 大学技术转移影响因素模型研究 [J]. 科学学与科学技术管理, 2007 (11): 43-47.

[253] 赵新全, 彭勇行. 管理决策分析 (第2版) [M]. 北京: 科学出版社, 2008: 234.

[254] 郑绪涛, 柳剑平. 促进 R&D 活动的税收和补贴政策工具的有效搭配 [J]. 产业经济研究, 2008 (1): 26-36.

[255] 钟卫, 袁卫, 黄志明. 工业企业 R&D 投入绩效研究——基于第一次全国经济普查数据的分析 [J]. 中国软科学, 2007 (5): 98-104.

[256] 周凤华, 朱雪忠. 资源因素与大学技术转移绩效研究 [J]. 研究与发展管理, 2007, 19 (5): 87-93.

[257] 周晶, 何锦义. 战略性新兴产业统计标准研究 [J]. 统计研究, 2011, 28 (10): 3-8.

[258] 周晶. 战略性新兴产业发展现状及地区分布 [J]. 统计研究, 2012, 29 (9): 24-30.

[259] 周叔莲. 用好科技全球化提供的重要机遇 [J]. 管理世界, 2005 (1): 169-169.

[260] 朱崇实. 经济法 [M]. 北京: 北京大学出版社, 2011.

[261] 朱军文, 沈悦青. 我国省级政府海外人才引进政策的现状、问题与建议 [J]. 上海交通大学学报 (哲学社会科学版), 2013 (1): 59-63, 88.

[262] 朱克江. 企业自主创新案例 [M]. 北京: 经济管理出版社, 2009.

[263] 朱平芳, 徐伟民. 政府的科技激励政策对大中型工业企业 R&D 投入及其专利产出的影响——上海市的实证研究 [J]. 经济研究, 2003 (6): 45-53, 94.

[264] 朱瑞博. 中国战略性新兴产业培育及其政策取向 [J]. 改革, 2010(3): 19-28.

[265] 祝昊泉, 唐裕华. 制定有效的海外科技人才引进政策 [J]. 中国人力资源开发, 2012 (12): 84-86, 95.

[266] 左玉茹. 知识产权质押融资热的冷思考——基于我国中小企业融资模式与美国 SBA 模式比较研究 [J]. 电子知识产权, 2010 (11): 48-49.

[267] http: //news.xinhuanet.com/fortune/2007-03/20/content_5869958.htm.

[268] http: //www.globalview.cn/readnews.asp?newsid=15435.

[269] http: //finance.sina.com.cn/economist/jingjiguancha/20070326/13373440013.shtml.

[270] http: //www.uschamber.com/reports/chinas-drive-indigenous-innovation-web-industrial-policies.

[271] http: //opinion.people.com.cn/GB/1036/3983018.html.

[272] http：//www.ycwb.com/gb/content/2005-12/12/content_1036463.htm.
[273] http：//www.chnsourcing.com.cn/outsourcing-news/article/26161.html.
[274] http：//finance.ifeng.com/roll/20120719/6785650.shtml.
[275] http：//finance.ifeng.com/roll/20120719/6785650.shtml.
[276] http：//money.163.com/11/0708/05/78DRNG7Q00253B0H.html
[277] http：//news.hexun.com/2013-03-13/152024709.html.
[278] http：//finance.qq.com/a/20120426/007315.htm.
[279] http：//finance.qq.com/a/20120426/007315.htm.
[280] http：//www.gov.cn/jrzg/2011-04/11/content_1841641.htm.
[281] http：//www.ankai.com/about/company/.